KB214917

한국 교회의 많은 그리스도인의 입장에서 볼 때, 현대과학의 발견과 이론들을 선뜻 받아들이기 힘든 가장 대표적인 이유 중 하나가 바로 원죄 교리다. 우주와 지구, 생명과 인류의 역사에 관한 최근 과학의 설명은 아담과 타락의 역사성에 대한 전통적인 이해와 충돌하는 것으로 보이기 때문이다. 하지만 거꾸로 생각해 보면, 성서와 기독교 전통 안에서 아담, 타락, 원죄에 관한 보다 유연한 교리를 재구성할 수만 있다면, 기독교 신앙과 현대과학의 화해가 불가능한 일은 아닐 것이다. 그런 점에서 이 책의 저자들이 시도하는 화해의 시도는 성공 여부를 떠나 매우 가치 있고 환영할 만하다. 기독교 복음과 현대과학을 모두 진지하게 생각하는 이들에게 이 책은 흥미로운 통찰을 가져다줄 것이다.

김정형 연세대학교 연합신학대학원 종교철학 부교수

현대과학의 발전과 성경의 진리는 양립할 수 있겠는가? 이른바 "과신대"(과학과 신학의 대화)는 건강하게 존립할 수 있는가? 생각 많은 현대 그리스도인들에겐 여간 고민스러운 문제가 아니다. 현대과학 중 인간 진화의 문제가 더욱 그렇다. "역사적 아담"은 정말 실제로 존재하는가? 그러하다면 아담의 원죄 교리와 현대과학(특히 인류기원과 생물학적 진화)은 어떻게 병립할 수 있을까? 성경의 권위를 신봉하면서도 인간 진화론(진화적 창조)을 받아들이는 저자는 이 책에서 몇 가지 방식으로 둘의 병립이 가능하다고 주장한다. 이 책의 상당 부분은 조화로운 가능성을 몇 가지로 범주화하고, 신학적으로 각각의 장점과 도전을 설득력 있게 제시하고 묘사한다. 저자는 과학(물리학, 천문학, 생물학)과 고대 근동학, 성서학과 조직신학에 걸쳐 흐르는 급류들 사이를 조심스럽게 항해하면서 독자들의 시야와 이해를 넓히고 깊게 한다. 그리스도인의 지성을 자극하는 책이다. 깊이 있는 독서를 요구한다. 저자 로렌 하스마는 아내(데보라 하스마)와 함께 하버드 학위를 지닌 천체 물리학자로서 진지한 신앙으로 학문의 정상에 임하는 그리스도인이다. 더할 나위 없이 신뢰할만한 이 책을 마음을 다해 추천한다.

류호준 백석대학교 신학대학원 은퇴 교수

신학의 과제는 옛사람들의 이야기를 그대로 복사해서 옮겨놓는 일이 아니다. 신학 전통이라는 강물은 다양한 흐름과 부딪히면서도 막힘없이 흘러가야 하고, 그럴 때라야 생명의 강이 될 수 있다. 지금까지 신학은 당대의 다양한 학문적 강줄기와 조우하며 기독교 신앙의 진실성과 시대 적합성, 잠재력과 영향력을 더욱 풍성하게 드러내는 과제를 수행해 왔다. 플라톤과 아리스토텔레스의 사상에서부터 르네상스와 계몽주의를 거쳐 현대철학과의 만남에 이르기까지 신학이 일궈낸 다양한 결실을 우리는 알고 있다. 오늘날 자연과학과 대화하려는 신학의 시도도 이러한 흐름의 연장선에 있다고 하겠다.

이제 한국교회와 신학은, 옛 선배 신앙인들이 그랬듯이 새로운 시대적 질문들에 정직하게 응답하기 위해 새로운 언어와 사유를 배워 나가야 한다. 이미 총론의 층위에서 몇 가지 모델들이 제시되었고, 이제는 각론으로 들어가 세밀한 논의를 수행해야 할 시점에 이르렀다. 성서가 말하는 아담은 누구인가? 아담의 역사성은 문학적 아담과 신학적 아담을 배제하는가? 진화 과학과 원죄 교리는 어떻게 공명할 수 있는가? 이런 질문에 대해 값싼 타협이 아니라 진정성 있는 대화를 통한 풍성한 결실을 맛보고자 하는 모든 이에게 이 책을 권한다.

박영식 서울신학대학교 교수, 『창조의 신학』 저자

하나님은 인류에게 세상과 성경을 주셨다. 인류는 하나님이 창조하신 세상(우주)과 영감으로 주신 성경을 통해서 하나님을 이해하고 알아간다. 일반계시에 속하는 세상과 특별계시에 속하는 성경은 하나님의 세계를 가리키고 가르치는 핵심계시라고 할 수 있다. 저자에 따르면, 과학과 철학은 하나님이 창조하신 세상에 대한 인간의 해석이다. 이러한 인간의 해석들은 실수할 수 있다. 성서학과 조직신학은 하나님이 영감으로 주신 성경에 대한 인간의 해석이다. 이 또한 인간의 해석들이라 실수할 수 있다. 서로가 절대 해석과 절대 진리를 독점할 수 없다. 저자는 신학과 과학은 타협이 아니라 대위법이라 정의한다. 대위법에서는 두 개 이상의 멜로디가 동시에 연주된다. 각각의 멜로디는 전체로서 충돌하지 않고, 서로를 신비스럽게

보완한다. 그 멜로디들은 함께 연주되면서 좀 더 풍부한 전체를 형성한다. 이 책은 신학과 과학이 음악의 대위법으로 서로를 풍부하게 한다는 점을 집요하고 탁월하게 입증한 책이다. 인간의 진화에 관한 과학 이론들과 원죄에 대한 기독교 교리 사이에 대화와 양립이 가능하다는 사실을 여러 가지 과학적 정보와 성경 해석을 통하여 설득하고 있다. 특히 창조, 진화, 원죄에 대하여 궁금한 독자들에게는 오아시스와 같은 선물이 될 것이다.

차준희 한세대학교 구약학 교수, 한국구약학연구소 소장, 한국구약학회 회장 역임

이 책은 성경과 과학에 관한 현대의 논의에서 중요한 문제를 탐구한다. 이 책은 이 논의의 과학적 측면과 성경적 측면 모두에 대해 진지하고 잘 연구된 작업을 통합한 최고의 모델이다. 몇몇 사항에 대해 동의하지 않는 때조차도(때때로 동의하지 않는 것은 불가피하다) 나는 저자가 성경이나 신학 전통을 완전히 진지하게 다루지 않았다고 비판할 수 없었다. 창조와 인간의 기원에 관한 그리스도인들 사이의 많은 논의에 대해 정보를 잘 전달해주는 입문서로서 이 책을 추천한다.

더글라스 J. 무 휘튼 칼리지 대학원

시의적절하게 나온 이 책에서 하스마는 원죄 교리와 인간의 생물학적 진화가 일치하지 않는 것처럼 보이는 문제를 다룬다. 그는 텍스트 전체를 통틀어 원죄와 관련된 다양한 시나리오를 진화의 맥락 안에서 체계적으로 다루며, 각각의 접근법 사이의 미묘한 차이를 명쾌하게 설명하고, 신학적 영향도 주의 깊게 제시한다. 하스마는 한 가지 특정한 견해로 좁히고 그것을 조장하는 대신 여러 선택지를 위한 요인들을 제시하고 독자들이 다양한 가능성을 고려할 무대를 마련해준다. 이 책은 생각할 거리를 많이 제공하며 교회에서 이렇게 어려운 질문에 우리가 어떻게 대처할 수 있는지에 대한 모델 역할을 한다.

라이언 베베즈 칼빈 대학교

이 책은 "신앙과 학문을 통합"하기 위한 노력을 구현하고 강화한다. 이 책에서 신학에 종사하고 있는 과학자가 인간의 진화가 원죄 교리와 교차하는 핵심적인 지점들을 겸손하고 질서정연하게 제시한다. 그 결과로 현재의 논의에 대한 귀중한 업데이트가 제공되어서 나 같은 신학적 전통주의자로 하여금 다양한 대안을 접하고 그것들 각각의 함의를 성찰하도록 도움을 준다.

다니엘 J. 트라이어 휘튼 칼리지 대학원

이 책은 광범위한 학자들과 견해들을 정중하고 공정하게 제시한다. 신학의 초보자든 전문가든, 과학에 대해 소심한 사람이든 대담한 사람이든 하스마 교수의 이 책은 이 중요한 주제 안으로 들어오도록 따뜻하게 환영한다.

저스틴 바레트 블루프린트 1543 설립자 겸 회장

진화와 인간의 기원이라는 주제는 자신의 신앙의 증거 및 함의와 씨름하는 그리스도인들에게 오랫동안 뜨거운 주제로 남아 있다. 과학적 주장이 옳은지 여부나 성경 텍스트의 교리에 미칠 수 있는 잠재적 영향에 초점을 맞춘 책은 별로 없었다. 하스마는 이 책을 통해 바로 그 일을 하며 인간의 기원에 관해 가능한 일련의 시나리오를 탐구하고 죄가 세상에 들어온 시기와 성격, 아담과 이브의 역사성, 우리의 원죄 이해에 미치는 함의를 평가한다.

하스마는 성경의 진리와 권위를 높게 평가하면서도 독자들을 과학적 증거가 이해될 수 있는 다양한 방식과 각각의 시나리오에서 성경의 문제들이 이해될 수 있는 다양한 방식으로 데려간다. 나는 이 책이 자주 인용되리라고 예상한다.

그레그 데이비슨 미시시피 대학교

"역사적 아담"의 문제를 성경의 가르침에 비추어 보고 진화 이론과 대화하면서 살피는 것은 오늘날 교회가 직면하는 가장 절박한 신학적 문제 중 하나다. 하스마는 독자들을 가능한 여러 시나리오로 이끌어서 독자로 하여금 이 중요한 문제를 둘러싼 이슈들을 항해하도록 도와준다. 나는 본서를 교회에 적극 추천한다.

트렘퍼 롱맨 3세 웨스트몬트 칼리지(명예 교수)

하스마는 이 책에서 한 가지 결정적인 답을 제공하지 않는데 그것은 이 책이 명확하게 밝히듯이, 이 문제는 다른 중요한 질문들의 문을 여는데 그것들 각자가 일련의 가능한 신학적 답변을 끌어내기 때문이다. 기독교 신앙이 진화의 세계와 대화할 능력이 있다고 생각하지 않는 종교적 회의주의자들은 잘못 생각한 것이다. 자원이 부족하기는 고사하고 우리가 인간의 기원에 관한 과학적 시나리오와 대화하고 심지어 그것의 역동적인 스펙트럼을 예견하도록 도와줄 수 있는 자원이 넘쳐난다.

아모스 용 풀러 신학교

사회학자로서 나 자신의 연구는 그리스도인들에게 과학과 기독교의 교리를 진지하게 대하는 깊이 있는 신학적 토론의 엄격한 예들이 필요하다는 것을 보여준다. 이 책은 이런 종류의 토론에 관한 접근하기 쉽고 생생하며 풍성한 책이다.

일레인 하워드 에클런드 『왜 과학과 신앙이 서로를 필요로 하는가』

(*Why Science and Faith Need Each Other*) 저자

WHEN DID SIN BEGIN?

HUMAN EVOLUTION AND THE DOCTRINE OF ORIGINAL SIN

LOREN HAARSMA

When Did Sin Begin?

죄의 기원

인간의 진화와 원죄 교리는 조화를 이룰 수 있는가?

로렌 하스마 지음 • 노동래 옮김

새물결플러스

목차

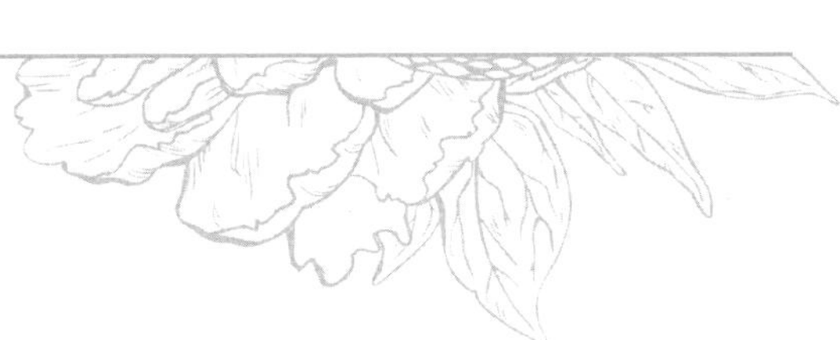

감사의 글

나는 세 그룹의 독자층을 위해 이 책을 썼다. 첫째, 이 책은 인간의 진화에 관한 과학 이론들이 원죄에 관한 기독교 교리와 충돌하는 것처럼 보이기 때문에 진화 이론에 의문을 제기하는 그리스도인들을 위한 책이다. 둘째, 이 책은 원죄를 인간의 진화에 관한 과학적 증거와 조화시킬 수 없어서 원죄 교리에 의문을 제기하는 그리스도인들을 위한 책이다. 셋째, 이 책은 그리스도인들이 이 문제를 어떻게 조화시킬지에 대해 호기심을 느끼는 다른 종교 신자들을 위한 책이다.

이 책을 쓰면서 바이오로고스 진화와 기독교 신앙(BioLogos Evolution and Christian Faith) 프로그램과 칼빈 대학교의 후원을 받았다. 이 주제에 관해 수십 년 동안 유익한 많은 대화를 할 수 있게 해준 미국 과학자 연맹(American Scientific Affiliation)에 감사한다. 리서치에 도움을 준 레이첼 헤크만과 에이미 반제넨에게 감사한다. 이전의 원고들에 귀중한 피드백을 준 다음 인물들에게 감사한다. 데보라 하스마, 존 월튼, 트렘퍼 롱맨, 대니얼 할로우, 그레그 데이비슨, 라일 비에르마, 대니얼 트라이어, 존 힐버, 제럴드 히스탠드, 클레이튼 칼슨, 조엘 화이트, 존 쿠퍼, 벤 맥팔랜드, 카라 월-셰플러, 저스틴 바레트, 라이언 베베지, 대럴 포크, 매튜 룬드버그, 랠프 스털리, 스티브 위크스트라, 그리고 스티브 롤스.

서론

신학과 과학의 조화와 대위법

당신은 죄를 짓고, 나도 죄를 짓고, 우리 모두 죄를 짓는다. 개인적으로 그리고 집합적으로 우리는 도덕적으로 옳지 않은 일을 하고, 많은 고통을 야기한다. 사실은 이것을 "죄"라고 부르는 것이 좋은 소식의 시작이다. 그것은 거룩하고 자애로운 하나님이 우리를 위해 더 나은 것을 원한다는 신호를 보낸다. 하나님이 구출 계획을 실행 중이다. 기독교는 초창기부터 예수 그리스도가 그 구출의 중심에 위치한다고 단언했다.

인간의 진화와 원죄 교리는 조화되지 않는 것처럼 보인다.

서방 교회는 수 세기 동안 성 아우구스티누스가 조직화한 원죄 교리를 따랐다. 아우구스티누스는 하나님이 아담과 하와를 거룩하고 의롭게 창조했는데 그들이 에덴동산에서 죄를 짓기로 작정해서 죄가 그들에게 손상을 입혔고, 그 죄책과 손상은 유전을 통해 그들의 자손, 즉 모든 인류에게 이어졌다고 가르쳤다. 원죄 교리는 단지 역사적으로 최초의 죄가 어떻게 발생했는지에 관한 것만이 아니다. 그것은 하나님의 선함, 인간의 책임, 죄의 편재성, 그리고 그리스도의 속죄의 필요성에 관해 성경 전체에서 가르친 많은 것들을 요약한다.

아우구스티누스 전후의 신학자들은 몇몇 사항에 관해 그에게 동의하지 않았다. 그러나 교회사를 통틀어 아우구스티누스 같은 대다수 그리스도인은 아담과 하와가 몇천 년 전에 메소포타미아 또는 그 인근에서 하나님에 의해 기적적으로 창조되었다는 것과 모든 인간이 단지 이 두 사람의 후손이라고 가정했다. 따라서 많은 그리스도인이 원죄 신학과 진화에 관한 현대의 과학 이론 사이에서 부조화를 인식하는 것이 놀라운 일이 아니다. 과학의 증거는 인간이 존재하기 오래전에 질병, 포식, 그리고 사망이 존재했다고 암시한다. 인간과 동물들 사이의 유전적 유사성은 공통 조상을 암시한다. 인간의 유전적 다양성은 인간이 한 쌍의 남녀에서 유래한 것이 아니라 아마도 결코 1,000명보다 적지 않았던 좀 더 넓은 조상 집단에서 유래했음을 가리킨다.

아우구스티누스의 창세기 2-3장 해석이 사실이 아니라면 원죄도 없고, 타락도 없고, 그리스도의 구속도 필요치 않다는 식의 사고가 존재한다. 이 관점에서는 기독교의 전체 복음이 위험에 처한 것처럼 보인다.

이 책의 중심적인 전제는 **성경이 가르치는 내용과 우리가 과학으로부터 배우는 내용을 모두 진지하게 취해서 원죄 교리와 인간의 진화 과학을 조화시킬 수 있는 몇 가지 방법이 있다**는 것이다. 이 책의 전반부는 일련의 시나리오들을 묘사하고, 후반부는 각각의 시나리오의 신학적 장점과 도전들을 묘사한다.

원죄 교리가 정말 그렇게 큰 문제인가?

죄는 큰 문제다. 성경의 모든 책이 이 점에 동의한다. 죄는 하나님과 우리의 적절한 관계를 깨뜨린다. 죄는 하나님이 구출하지 않는다면 우리를 하나님으로부터 영원히 분리할 것이다.

죄에 대한 하나님의 충격적인 답변은 예수의 성육신, 생애, 죽음 그리고 부활이다. "모든 시대 전에 성부로부터 난"[1] 하나님의 말씀이 "근본 하나님의 본체시나 하나님과 동등됨을 취할 것으로 여기지 아니하시고 오히려 자기를 비워 종의 형체를 가지사 사람들과 같이 되셨다"(빌 2:6-7). 그는 유아가 되었다. 그는 우리처럼 성장하고 살았다. 그는 죄를 짓지 않았지만, 우리의 죄의 끔찍한 결과들—친구들의 부인과 배반, 군중의 증오, 종교 및 세속 당국의 불공정한 유죄 판결, 그리고 고문을 통한 죽음 등—을 겪었다. 그의 부활과 승천은 그의 속죄 사역을 완성하고 그것의 정당성을 입증했다. 하나님이 죄를 해결하기 위해 이 모든 일을 했다면 죄 문제가 얼마나 큰 것이겠는지 생각해보라.

우리 인간이 어떻게 우리가 그런 구출을 받을 필요가 있다는 것을 알게 되었는가? 하나님이 우리를 창조했다. 하나님은 선하다. 하나님은 우리를 사랑한다. 그런데 왜 우리가 죄 없는 존재가 아닌가? 그 질문은 수백 년 동안 다양한 방식으로 답변되었다.

창세기 2-3장의 저자는 특정한 문화적 맥락 안에서 살았고 전달할 중요한 보편적 진리를 갖고 있었다. 주위의 이집트와 메소포타미아 문

---

1 Nicene Creed; translation from Christian Reformed Church, *Ecumenical Creeds and Reformed Confessions* (Grand Rapids: CRC Publications, 1988).

화에는 그들의 신들이 세상을 창조하고, 자기들끼리 서로 싸우고, 인간을 만든 이야기들이 있다. 그들에게도 과거의 황금시대 이야기가 있다. 그 맥락에서 창세기 2-3장의 저자는 몇몇 보편적인 진리를 전달할 필요가 있었다. 세상은 아브라함과 이삭과 야곱의 하나님인 한 분 참된 하나님에 의해 창조되었다. 하나님이 인간을 창조했다. 하나님은 선하다. 인간은 선과 악에 관한 하나님의 선언을 신뢰하는 대신 반역하고 자기 스스로 [선과 악을] 결정하려고 했으며 하나님과의 교제를 깨뜨렸다. 그러나 하나님은 그들을 소망이 없이 내버려 두지 않았다. 하나님에게는 구출 계획이 있었다.

수 세기 후 바울은 특정한 문화적 맥락 안에서 살았고 전달할 중요한 보편적 진리를 갖고 있었다. 바울은 메시아가 모세의 율법에 순종함으로써 이스라엘을 정치적 압제로부터 구출하고 하나님께 대한 이스라엘의 관계를 회복할 것이라고 배웠다. 그러나 바울은 부활한 예수를 만나 무언가 놀라운 진리를 배웠다. 그 메시아가 십자가에 처형당했다. 메시아는 이방인들을 위한 존재였다. 이방인들이 모세의 율법에 순종하지 않는데도 말이다! 메시아의 사역은 바울이 이해해왔던 것보다 컸다. 그리스도의 삶과 죽음과 부활은 이스라엘만을 위한 것이 아니라, 유대인들과 이방인들을 똑같이 하나님과의 올바른 관계로 회복하기 위한 것이었다. 이 진리들을 전달하기 위해 로마서 1장에서 바울은 인간이 자연을 보고서 가져야 함에도 모두 잘못되는, 하나님을 아는 지식에 관해 썼다. 로마서 2장에서 바울은 모세의 율법이 없이도 그들의 마음에 있는 하나님의 법 때문에 이방인들이 자기들이 죄인임을 안다고 썼다. 5장에서 바울은 최초의 인간인 아담의 죄를 통해 죄가 세상에 들어온 것에 관해 썼다.

수 세기 후 성 아우구스티누스는 특정한 문화적 맥락 안에서 살았고 전달할 중요한 보편적 진리를 갖고 있었다. 당시의 몇몇 교회 지도자들이 유아들은 죄 없이 태어난다고 주장했다. 아우구스티누스는 아무도 그리스도를 떠나서는 하나님과 올바른 관계를 맺을 수 없다고 믿었다. 즉 모든 사람, 심지어 고의로 죄를 짓지 않은 유아들에게도 구원의 은혜가 필요하다. 인간이 어떻게 그런 상태에 처했는가? 하나님이 인간을 죄 많은 존재로 창조했는가? 우리의 최초 조상의 죄가 왜 유아를 포함하여 그들의 자손에게 영향을 끼치는가? 이런 질문들에 대답하면서 아우구스티누스 등이 원죄 교리를 개발했는데 그것이 동방 교회들에 영향을 주었고 오늘날까지 서방 교회들을 지배해오고 있다.

우리는 오늘날 특정한 문화적 맥락 안에서 살고 있고 전달할 중요한 보편적 진리를 갖고 있다. 고고학적 발견들과 고대 근동 텍스트들의 번역 향상은 우리에게 아우구스티누스가 알지 못했던 창세기 2-3장의 문화적 맥락을 가르쳐줬다. 현대 과학은 하나님이 진화 과정을 사용해서 인간을 창조했음을 암시한다. 모든 인간이 수천 년 전에 살았던 한 쌍의 개인들의 자손이라는 아우구스티누스의 가정은 우리가 화석들 및 유전학으로부터 배우고 있는 내용과 부합하지 않는다. 그러나 오늘날의 문화적 맥락에서 우리는 여전히 전달할 보편적인 진리를 갖고 있다. 죄는 계시된 하나님의 뜻에 대한 반역이다. 하나님의 구출이 없다면 우리의 죄가 우리를 하나님으로부터 영원히 갈라놓을 것이다. 예수 그리스도의 성육신, 삶, 죽음 그리고 부활은 역사의 중심점이자 하나님의 구출의 핵심이다. 오늘날 우리의 특정한 문화적 맥락에서 이 진리들을 조화시키는 최선의 방법은 무엇인가?

우리는 하나님의 성품을 믿기 때문에 조화를 기대한다

성경의 통일성은 그리스도인들을 위한 지도원리다. 이는 단지 성경에 관한 믿음만이 아니다. 그것은 하나님의 성품에 대한 진술이다. 우리는 하나님이 성경의 한 구절에 영감을 주어서 어떤 것을 가르친 후 또 다른 구절에 영감을 주어서 처음에 가르친 내용과 모순되는 것을 가르치리라고 믿지 않는다. 두 구절이 처음 보기에 모순되는 것으로 보인다면 우리가 한 구절 또는 두 구절 모두를 적절하게 이해하지 않았기 때문일 것이다. 우리는 성경을 올바르게 해석한다면 전체적이고 일관성이 있는 음성과 메시지가 출현하리라고 신뢰한다. 우리는 근저의 조화를 분별하기 위해 노력해야 한다.

과학자들은 자연 세계에 관해 유사한 직관을 지니고 있다. 각각 실험을 통해 잘 뒷받침된 두 과학 이론들이 우리가 현재 수행할 수 있는 능력 범위를 넘는 실험들에 관해 모순되는 예측을 할 경우[2] 우리는 단순히 그 모순들을 지닌 채 살지 않는다. 우리는 전의 두 이론을 통합하고 그 이론들을 통일시키는, 전체를 아우르는 이론을 모색한다. 이 절차는 자연 세상에 관한 믿음을 반영한다. 우리는 우리가 현재로서는 부분적으로만 이해하는 통일된 일련의 자연법칙이 있다고 믿는다. 두 이론이 서로 다른 예측을 한다면 이 이론들이 불완전함이 틀림없다. 우리는 추가

---

2 양자장 이론과 일반 상대성 이론이 이에 해당한다.

로 연구해야 한다.

우리가 하나님이 우주를 창조했고 성경에 영감을 주었다고 믿는다면, 이에 기초해서 과학과 신학이 겹치는 영역에서 조화를 추구한다. 우리가 성경 연구에서 얻는 진리는 하나님으로부터 유래한다. 마찬가지로 우리가 과학을 연구함으로써 배우는 진리는 궁극적으로 하나님으로부터 유래한다. 하나님이 세상을 창조했다. 과학과 철학은 그 세상에 대한 인간의 해석이다. 우리 인간의 해석은 실수할 수 있다. 하나님은 성경에 영감을 주었다. 성서학과 조직신학은 성경에 대한 인간의 해석이다. 우리 인간의 해석들은 실수할 수 있다. 하나님의 성품을 신뢰하고 그가 우리에게 모순되는 내용을 가르치지 않으리라고 믿는다면 우리는 과학과 성경이 조화되지 않는 것처럼 보일 때마다 근저의 조화를 발견하기 위해 노력해야 한다.

그렇다고 해서 과학과 성경이 똑같이 권위가 있다는 뜻은 아니다. 자연 세상과 성경은 다른 종류의 계시들이다. 그것들의 복잡한 관계는 이후의 장들에서 논의된다. 지금으로서는 우리가 성경에 과학보다 우선적인 권위를 부여하거나 과학에 성경보다 우선적인 권위를 부여하지 않는다고 말하는 것으로 충분하다. 하나님이 둘 모두에 대한 권위를 갖고 있다.

핵심적인 교리에 관해서는 합의가 이루어지지만 모든 신학 이론에 합의가 이루어지지는 않는다

그리스도인들은 때때로 핵심적인 교리는 수용하면서도 긴장 관계에 있는 다수의 신학 이론들을 유지하고 하나의 이론을 선택해서 다른 이론들을 대체하지 않는다. 예컨대 교회는 속죄에 관한 여러 이론을 개발해 왔는데, 그 이론들은 그리스도의 사역이 어떻게 죄 문제에 대해 답변하는지를 설명하고자 한다. 하지만 제안된 속죄 이론이 교회에서 모두 받아들여진 것은 아니다. 몇몇 이론은 논의되고 거절되었다. 그러나 몇몇 보완적인 속죄 이론들은 제안된 지 수백 년 뒤에도 여전히 유지되어 연구되고, 설교되고, 서로 비교된다. 이는 성경이 그리스도의 속죄 사역에 여러 이미지—형벌 대속, 악에 대한 승리, 우리를 노예 상태로부터 해방하기 위한 속전, 언약의 희생제물, 우리가 본받을 모범 등—를 사용하기 때문이다. 실로 인간의 한 가지 이론이 어떻게 그리스도의 사역을 충분히 묘사할 수 있겠는가? 그리스도인들은 종종 핵심적인 속죄 교리를 고백하는 한편 긴장 관계에 있는 여러 이론을 유지하면서 각각의 이론이 성경에 토대를 두고 있다는 것과 그 이론들이 불완전하다는 것을 인정한다. 그렇게 하는 것이 어느 한 가지 이론이 할 수 있는 수준보다 그리스도의 속죄의 정도와 신비를 좀 더 정당하게 다룬다.

그리스도인들은 또한 핵심 교리에 관해 동의하면서도 그 교리를 둘러싼 신학 이론들에 관해서는 동의하지 않을 수도 있다. 그런 경우 개별 그리스도인이 긴장하는 여러 이론을 유지하지는 않는다. 각자 자신이 선호하는 신학 이론을 옹호하는 한편 기독교 전통이 일련의 가능한 이론들을 포함한다는 것을 인정한다. 예컨대 그리스도인들은 일반적으로 세례에 관한 핵심 교리를 공유하고 세례를 주라는 그리스도의 명령을 따르지만 유아 세례 및 성인 세례에 관한 일련의 신학 이론들이 존재한다.[3]

경쟁하는 신학 이론들은 기독교 전통의 일부다. 신학 이론들이 경쟁하는 것이 좋을 수 있다. 그 이론들은 우리가 핵심 교리들을 좀 더 잘 이해하고 그 교리들의 함의들을 좀 더 잘 탐구하도록 도움을 준다. 그러나 우리가 선호하는 신학 이론을 핵심 교리 자체로 오해할 위험이 있다.[4] 혹자가 선호하는 신학 이론에 대한 도전은 그 이론이 핵심 교리가 아닐 때조차 핵심 교리에 대한 공격처럼 느껴질 수도 있다.

---

3 추가적인 사례는 다음 문헌들을 보라. C. Marvin Pate, *Four Views on the Book of Revelation* (Grand Rapids: Zondervan, 1998); William V. Crockett, *Four Views on Hell* (Grand Rapids: Zondervan, 1996); Jason S. Sexton, *Four Views on the Church's Mission* (Grand Rapids: Zondervan, 2017); John Hick, Clark H. Pinnock, and Alister E. McGrath, *Four Views on Salvation in a Pluralistic World* (Grand Rapids: Zondervan, 1996); 그리고 Melvin Easterday Dieter, Anthony A. Hoekema, and J. Robertson McQuilkin, *Five Views on Sanctification* (Grand Rapids: Zondervan, 1996).

4 Benno van den Toren, "Distinguishing Doctrine and Theological Theory—A Tool for Exploring the Interface between Science and Faith," *Science & Christian Belief* 28, no. 2 (2016): 64은 그리스도인들이 일반적으로 공통으로 유지하는 핵심 교리와 교리들을 설명하고자 하지만 합의가 훨씬 덜 이루어진 신학 이론들을 구분하는 것의 가치에 관해 쓴다.

첫째, 교리는 진리 문제가 그렇듯이 그리스도인의 삶에서 매우 중요하다. 그러므로 교회는 하나님이 누구인지, 그가 우리와 어떤 관계인지, 그리고 하나님이 이런 하나님이라는 사실에 비추어 그리스도인이 어떤 삶을 살아야 하는지를 가르친다. 둘째, 모든 신학적 의견이 이처럼 좀 더 좁은 의미의 "교리" 지위를 지니는 것은 아니다. 신학적 의견은 이런 아이디어들이 그리스도인의 삶과 공동체에 교리와 유사한 규제적인 기능을 하지 않으면서 우리의 마음을 다해 하나님을 사랑하고, 이해에서 자라가거나, 우리의 믿음을 설명하는 새로운 방법을 발견하려는 욕구의 표현으로서 탐구적이거나 심지어 사변적일 수도 있다. 셋째, 그것들을 부인하면 기독교의 구원 이해에 필수적인 내용을 훼손하고 그것을 부인하는 사람을 정통 기독교의 외부에 위치시킬 것이라는 점에서 "교의"(dogma) 지위에 있는 매우 제한적인 범위의 교리들이 있다.

이 책은 먼저 원죄 교리를 인간의 진화와 어떻게 조화시킬 것인지에 관해 경쟁하는 신학 이론들을 묘사한다. 그러고 나서 각 이론의 몇몇 신학적 장점과 도전들을 조사한다.

이 책에서 탐구된 시나리오들은 몇몇 중요한 문제들에서 서로 동의하지 않는다. 예컨대 그 시나리오들은 최초의 역사적 죄가 언제 발생했는지, 그것은 어떤 모습이었을지, 그것이 관련된 개인들에게 끼친 즉각적인 결과는 무엇인지에 관해 동의하지 않는다. 그 이론들은 우리가 타락을 주로 소수의 개인과 관련된 집약적인 역사적 사건들로 생각해야 하는지 아니면 오랜 기간에 걸쳐 분산되었고 여러 개인과 관련된 사건으로 생각해야 하는지에 관해 일치하지 않는다. 그 이론들은 죄가 어떻게 소수에게서 다수로 퍼졌는지에 관해 동의하지 않는다. 그 이론들은 죄가 발생하기 직전의 최초의 죄인들의 지위에 관해 동의하지 않는다.

하지만 이 책에서 조사된 시나리오들은 핵심 교리에 대한 헌신을 공유한다. 이 책의 많은 부분은 그 핵심 교리가 무엇인가를 탐구한다. 현재로서는 그것을 다음과 같이 요약한다. **하나님은 선하고 의롭고 거룩하다. 죄는 계시된 하나님의 뜻에 대한 반역이다. 우리 조상들의 최초의 죄악된 불순종의 행동들이 그들과 그들의 자손들 모두에게 영향을 끼쳤다. 오늘날 모든 인간은 죄를 짓기 쉽고 죄를 짓지 않을 수 없다. 인간의 죄를 위한 하나님의 속죄에서 예수 그리스도의 성육신, 삶, 죽음 그리고 부활이 중심적이다.**

그것이 완전한 목록은 아니다. 좀 더 많은 진술이 덧붙여질 수 있다. 향후 수십 년 동안—교회가 역사 내내 그래왔듯이—교회는 정확히 무엇이 "핵심 교리" 지위를 지니고 무엇이 "신학 이론"의 지위를 지니는지를 토론하고 논쟁할 것이다. 우리가 성경 연구, 조직신학 그리고 진화 과학의 학문을 결합할 때 주의해서 작업한다면 교회는 이처럼 경쟁하는 신학 이론들의 함의들을 논의함으로써 유익을 얻을 것이다. 속죄 교리가 너무도 엄청나서 교회는 복수의 속죄 이론들 사이의 긴장을 유지하는 것이 최선임을 발견했다. 죄 문제가 하도 커서 그것이 속죄 같은 해법을 필요로 한다면, 우리는 아마도 복수의 원죄 이론이 필요하다는 것을 발견할지도 모른다. 몇몇 이론들은 조사되고 궁극적으로 하나님의 계시와 일치하지 않는 것으로 버려질 것이다. 존속하는 이론들은 하나님의 은혜에 대한 우리의 이해와 감사를 심화시킬 것이다.

과학과 신학에서 옛 이론들에 도전하는 새로운 데이터는 흥미진진하고 재미있다

과학자들이 잘 확립된 과학 이론에 모순되는 새로운 데이터를 발견하면 그들은 대개 두려워하는 반응을 보이지 않는다. 그들은 종종 호기심을 보인다. 최선의 경우 그들은 새로운 데이터가 성립할 경우 그들의 현재의 최선의 이론들에 대한 재고가 필요하리라는 것을 알기 때문에 겸손하게 반응한다. 그들은 흥미로운 주제를 연구하게 될 것이다. 그들은 새로운 데이터가 자연 세상에 대한 좀 더 깊은 이해로 이끌어주기를 희망하고 그렇게 믿는다. 그리고 그것은 과학자들에게 즐거움을 준다.

물론 과학자들은 단순히 옛 이론들을 버리지 않는다. 새로운 데이터를 설명하는 새로운 이론은 옛 이론을 통해 설명된 모든 진리도 통합해야 한다.

신학 역시 비슷한 경험을 했다. 신학도 잘 확립된 이론들에 도전했지만 궁극적으로 하나님의 특별계시에 대한 좀 더 깊은 이해로 이끈 새로운 데이터에 직면했다. 사도 베드로의 꿈이 그에게 이방인의 가정에 가서 그리스도의 복음을 설교하도록 촉구했을 때처럼(행 10장) 성령이 직접 그리고 극적으로 새로운 데이터를 제공한 때가 있었다.

다른 때에는 성령이 교회가 세상에서 일어나고 있는 일들에 관해 숙고하게 함으로써 이 일을 좀 더 서서히 했다. 수 세기 동안 많은 그리스도인이 성경에 근거해서 정치적 힘과 사회적 힘을 이용해 유대인들을 압제하는 것을 정당화했다. 하지만 이것이 초래한 고통을 숙고한 뒤, 그리고 궁극적으로 제2차 세계대전의 대학살을 목격한 뒤 교회는 자신이 이 성경들을 어떻게 해석했는지 재고할 수밖에 없었다.

자연과학이 신학에게 자신의 이론들을 개선하도록 도움을 준 새로운 데이터를 제공한 적도 있었다. 갈릴레이 등의 과학자들이 지구가 태양 주위를 돈다는 강력한 증거를 발견한 것이 한 가지 역사적 예다. 교회가 처음에는 시편 93:1 같은 구절들이 지구가 움직이지 않는다고 가르친다는 전통적인 해석들을 포기하기를 꺼렸는데, 그런 태도는 이해할 만하다. 그러나 상당한 과학적 및 신학적 연구 후 이 새로운 데이터는 궁극적으로 교회가 이런 성경 구절들을 좀 더 잘 이해하게 했다. 지구가 움직인다는 발견이 교회가 성경의 진리와 신적 영감에 관한 교회의 핵심 교리를 포기하게 만들지 않았다. 오히려 그 발견은 교회가 자연 세상에 관해 얘기하는 특정한 성경 구절들이 문자적으로 이해되는 것이 가장 좋은지에 대해 좀 더 잘 이해하도록 자극했다.

또 다른 역사적 예를 들자면 여러 세기의 그리스도인들은 가능한 곳마다 숲을 베어내고 초원을 갈아엎고, 강들을 똑바로 만들고, 습지를 매립함으로써 도시들과 농지들로 바꾸는 데 대한 신학적 정당화를 창세기 1:28 같은 구절들("땅에 충만하라, 땅을 정복하라")에서 발견했다. 과학의 발전은 궁극적으로 이런 관행이 초래한 몇몇 문제를 보여주었다. 오늘날 교회는 좀 더 많은 신학적 숙고를 통해 지구에 대한 하나님의 청지기가 된다는 것이 무엇을 의미하는지, 그리고 좋은 청지기직이 왜 몇몇 광야를 보존하는 것을 포함할 수도 있는지에 대해 좀 더 풍성한 이해를 발전시키고 있다.

물론 역사는 그리스도인들에게 과학의 발전이 전통적인 신학과 모순되는 것으로 보일 때 주의를 기울이라고 가르쳐왔다. 가령 지난 몇백 년 동안 과학자들이 성경의 특정한 구절들에 대한 문자적 이해와 모순되는 데이터를 발견했을 때 과학의 발전을 사용해서 그리스도의 신성, 성경의 영감, 그리고 심지어 하나님의 존재 같은 기독교의 핵심 교리를 부정하는 것을 정당화하는 사람들이 있었다. 과학이 신학을 위해 새로운 데이터를 제공하고 그것이 새로운 신학 이론을 자극할 수도 있지만, 새로운 모든 신학 이론이 옛 이론들을 통해 가르쳐진 진리들을 보존하는 것은 아니다.

신학과 과학은 타협이 아니라 대위법이다(1-2장)

혹자에게는 신학과 과학 사이의 "조화"가 나쁜 의미의 "타협"처럼 들릴 수도 있을 것이다. 그들은 건전한 성경 해석 원리의 타협, 기독교의 핵심 교리의 타협 또는 좋은 과학의 타협을 두려워한다. 이런 것들은 조심해야 할 진정한 위험이지만 그런 타협은 우리가 추구하는 바가 아니다. 우리는 요한 제바스티안 바흐의 대위법을 상기시키는 조화를 추구한다. 대위법에서는 두 개 이상의 멜로디가 동시에 연주된다. 각각 독립적으로 감상될 수 있다. 각각의 멜로디가 때때로 불협화음으로 들리는 선율을 연주할 수 있지만 전체로서 그 멜로디들은 충돌하지 않는다. 각각 서로를 보완한다. 각각 상대편의 복잡함을 끌어낸다. 그 멜로디들은 함께 연주되면 좀 더 풍부한 전체를 형성한다.

이 책의 1장은 과학적 발견이 교회가 특정한 성경 구절을 해석하는 방식을 재고하게 만든 몇몇 역사적 사례를 검토한다. 과학은 우리가 성경을 어떻게 해석하는지를 결정하지 않는다. 그것은 신학이 결정한다. 과학은 때때로 유용한 정보를 제공한다. 신학은 과학이 번성하도록 도와주는 개념적 토대들과 과학의 결과를 해석할 성경적 세계관을 제공한다. 2장은 신적 행동을 논의한다. 하나님은 주권자이며 우리가 기적을 인식할 때뿐만 아니라 자연 세상이 우리가 과학적으로 묘사할 수 있는 규칙적이고 반복 가능한 방식으로 작동하고 있을 때도 섭리적으로 행동한다.

과학적 발견 요약(3-4장)

3장은 과학이 "자연의 악"에 관해 우리에게 말할 수 있는 것을 요약한다. 지구는 수십 억 년에 달하는 역사를 갖고 있다.[5] 인간이 존재하기 오

5 지질학, 천문학, 생물학에서 이처럼 긴 역사를 가리키는, 상호 보강하는 증거가 있다.

래전에 식물들과 동물들이 자연재해, 죽음, 질병, 포식, 그리고 기생을 경험했다. 자연의 역사 내내 우리가 유쾌한 것으로 여기는 자연과정과 우리가 불쾌한 것으로 여기는 자연과정이 함께 발생했다. 예컨대 지질학적 판구조 과정들은 지표면의 영양물에 재순환을 제공하기 때문에 생명에 필수적이지만, 지진도 일으킨다. 유전자 변이와 관련된 생물학적 과정과 자연선택이 공생과 적응으로 이어질 수도 있지만, 기생과 질병으로 이어질 수도 있다.

4장은 인간의 진화를 논의한다. 해부학, 생리학, 발생 생물학, 그리고 유전학으로부터의 증거는 인간이 다른 동물들과 공통 조상을 공유하며 가장 최근에는 다른 영장류와 공통 조상을 공유함을 강력하게 암시한다. 수백 개의 화석이 우리 조상들이 지난 몇백만 년 동안 서서히 변화해온 역사를 발견했다. 처음에는 다른 영장류와 우리의 공통 조상에 가까운 종에서 시작해서 몇몇 중간 종들을 거쳐 최종적으로 **호모 사피엔스**에 이르렀다. 이 오랜 역사 동안 우리 조상들 사이에서 두뇌가 차츰 커

좀 더 배우기 원하는 그리스도인들에게 나는 다음 문헌들 중 한 권 이상을 추천한다. Davis A. Young and Ralph F. Stearley, *The Bible, Rocks and Time: Geological Evidence for the Age of the Earth* (Downers Grove, IL: InterVarsity, 2008[『성경 바위 시간』, IVP 역간]); Roger C. Weins, "Radiometric Dating: A Christian Perspective," *American Scientific Affiliation*, 2002, https://www.asa3.org/ASA/resources/Wiens.html; Howard J. Van Till, *The Fourth Day: What the Bible and the Heavens Are Telling Us about the Creation* (Grand Rapids: Eerdmans, 1986); Howard J. Van Till, John Stek, Robert Snow, and Davis A. Young, *Portraits of Creation: Biblical and Scientific Perspectives on the World's Formation* (Grand Rapids: Eerdmans, 1990); Deborah B. Haarsma and Loren D. Haarsma, *Origins: A Reformed Look at Creation, Design, and Evolution* (Grand Rapids: Faith Alive Christian Resources, 2011); 그리고 Darrel R. Falk, *Coming to Peace with Science: Bridging the Worlds Between Faith and Biology* (Downers Grove, IL: InterVarsity, 2004). 이 문헌들 외에도 뛰어난 다른 책들이 많이 있다.

진 것으로 보인다. 해부학상 현대의 **호모 사피엔스**의 화석들이 아프리카에서 발견되었는데 그들은 20만 년 이상 전에 살았던 것으로 추정된다. **호모 사피엔스**는 약 7만 년 전에 상당수가 아시아, 유럽, 그리고 호주로 퍼졌고 약 1만 5천 년 전에 아메리카에 도달했다. 인간 집단에서 나타나는 유전적 다양성은 모든 인간이 1만 년 전에 또는 심지어 20만 년 전에 한 쌍의 부부로부터 유래했을 경우 예상되는 바와 일치하지 않는다. 유전자 데이터는 **호모 사피엔스**의 조상 집단에서 가장 최근의 "병목" 현상은 10만 년 전 이상 과거에 나타났고 당시에 적어도 수천 명의 개체가 존재했다는 모델과 일치한다. **호모 사피엔스**가 아프리카에서 나와 이주하면서 일부는 **호모 네안데르탈렌시스** 및 그들의 조상들이 훨씬 전에 유럽과 아시아로 이주한 다른 유사한 집단과 혼혈되었다. 따라서 과학적 이유에서 그리고 아마도 신학적 이유에서도 우리는 "인간"이라는 용어를 **호모 사피엔스**와 동일시하지 못한다.

몇몇 동물들—특히 가장 영리하고 사회적인 영장류들—은 (인간에게) 이기적이고 비도덕적이라고 분류될 행동을 하는 기질과 (인간에게) 이타적이고 도덕적이라고 분류될 행동을 하는 기질을 가졌음을 보여준다. 사회 생물학은 진화 과정들이 왜 그렇게 혼합된 결과로 이어지는지에 대한 가설을 제공한다. 신경 생물학과 발생 생물학은 유사한 뇌 구조들이 인간과 다른 동물들 모두에서 이런 행동상의 기질들과 관련이 있음을 보여준다. 따라서 우리의 가장 초기의 인간 조상들 역시 그렇게 혼합된 행동상의 기질을 가졌을 가능성이 있는 것처럼 보인다. 하나님이 우리를 창조하기 위해 사용한 진화의 방법들과 우리를 "비열한" 행동과 "고상한" 행동 모두를 향하도록 자극하는 유전자 및 뇌 구조 사이에 어떤 관계가 있는 것으로 보인다.

물론 행동을 결정하는 요인은 유전자만이 아니다. 두뇌 발달과 행동상의 기질은 환경에 중대한 영향을 받는다. 사회적인 동물들과 인간들 사이에서 개인들이 양육되는 사회 집단의 문화가 그 환경의 중요한 부분이다. 우리 조상들이 좀 더 큰 두뇌를 갖게 됨에 따라 그들이 자기의 행동이 다른 사람들을 어떻게 해치거나 도와주는지 이해하는 데 도움을 준 동정심, 이성, 양심 등도 발전시킨 것으로 보인다. 그들에게는 도덕적 충동, 종교적 충동, 그리고 도덕과 신앙의 내용을 형성할 수 있는 사회가 있었을 것이다. 우리 조상들은 개인으로서 및 사회로서 모두 "비열한" 행동과 "고상한" 행동을 향한 충동들을 지녔을 것이고 신의 특별한 계시를 받고 그것을 통해 형성될 능력을 지녔을 것이다.

다시 새로워진 이전의 신학 문제들(5-11장)

최근 수십 년 동안 기독교 학자들은 원죄의 핵심 교리와 인간의 진화 과학을 조화시키기 위한 몇몇 시나리오를 제안했다.[6] 몇몇 시나리오는 인간의 최초의 죄가 우리 조상들이 최초로 도덕적 인식의 일정한 기준점을 넘었을 때인 수백만 년 전에 발생했다고 제안한다. 다른 시나리오들은 하나님이, 아마도 약 1만 년 전에, 그들에게 특별히 특정한 명령들을 계시했는데 그 전에는 우리 조상들의 행동이 죄로 생각되지 않았다고 제안한다. 몇몇 시나리오들은 창세기 2-3장이 좀 더 큰 집단 가운데 선

6 구체적인 저자, 책 그리고 논문들이 5-11장 전체에서 제시된다.

택된 특정한 역사적 인물들의 양식에 맞춰 다시 이야기한 것으로 읽혀야 한다고 제안한다. 또 다른 시나리오는 창세기 2-3장이 오랜 기간에 걸친 우리의 많은 조상의 이야기를 문학적으로 다시 이야기한 것으로 읽혀야 한다고 제안한다. 몇몇 시나리오는 최초의 죄가 우리의 창조된 인성에 손상을 가져왔다고 제안한다. 몇몇 시나리오는 최초의 죄가 초자연적인 은사의 상실을 가져왔다고 제안한다. 어떤 시나리오는 두 가지 모두를 제안한다. 다른 시나리오는 죄를 지은 최초의 인간들이 전체 집단의 대표자로 행동해서 그들 개인의 죄가 집단 전체의 타락을 가져왔다고 제안한다. 또 다른 시나리오들은 죄가 계통상으로나 문화적 접촉을 통해 최초의 죄인들로부터 집단의 다른 사람들에게 좀 더 서서히 퍼졌다고 제안한다. 이 시나리오들의 신학적 장점들과 도전들을 탐구하는 것이 5-11장의 과제다.

교회사는 이 작업에서 우리를 도와줄 신학적 성찰의 보고를 제공한다. 교회 전체가 수백 년 동안 긍정해온 원죄의 핵심 교리가 있는 반면에, 교회는 그 교리 안과 주위에서 일련의 신학 이론들을 탐구한 전통도 지니고 있다. 우리는 이 대목에서 답변들을 요약하는 것으로 시작하는 대신 신학자들이 수백 년 동안 질문하고 논쟁을 벌였던 질문들을 요약함으로써 시작할 것이다. 교회사에서 신학자들이 이 질문들에 어떻게 대답해왔는지를 탐구함으로써 우리는 이 현대의 시나리오들을 평가하도록 도와주는 자원들을 발견한다.

5장은 타락하기 직전 인간의 기원과 관련된 신학적 질문들을 다룬다. "하나님의 형상대로" 만들어졌다는 것이 지능 같은 우리의 능력을 가리키는가, 또는 하나님과 우리의 개인적인 관계를 가리키는가, 또는 하나님이 우리에게 지구의 청지기 직분을 맡긴 것을 가리키는가, 아니면 이 세 가지를 모두 가리키는가? 하나님이 우리의 영혼을 어떻게 창조했는가? 우리의 몸에 대한 영혼의 관계는 무엇인가? 인간 역사의 특정한 시점에 하나님이 다양한 방식으로 인간에게 특별계시를 주기 시작했다. 우리가 다른 어떤 유형의 신적 행동을 고려해야 하는가? 예컨대 하나님이 특정한 시점에 우리 조상들이 한동안 도덕적으로 완벽하게 의로울 수 있도록 그들에게 영적으로 초자연적인 은사를 기적적으로 수여했는가? 하나님이 기적적으로 우리 조상들의 몸, 두뇌 그리고 유전자들을 육체적으로 변화시켰는가? 각각의 답변의 신학적 함의는 무엇인가?

6장은 현대 고고학의 발견들과 성경 해석학이 우리가 아담과 하와를 언급하는 구약성서와 신약성서의 텍스트들을 이해하도록 어떻게 도움을 주는지 살펴본다. 창세기 1장과 4-11장이 창세기 2-3장에 관해 우리에게 무엇을 말해주는가? 우리가 그 텍스트들의 원래의 언어적 및 문화적 맥락에서 무엇을 배울 수 있는가? 아담과 하와가 실제로 역사적 인물이었다고 말하는 어떤 표시가 있는가? 아담과 하와가 상징적 인물이었다는 어떤 표시가 있는가? 신약성서에서는 사도 바울이 로마서 5장 등에서 아담을 언급한다. 영감을 받은 이 저자가 아담이 역사적 인물이었다고 믿었고 창세기 2-3장을 그런 식으로 해석했다는 사실이 우리도 그래야 한다고 암시하는가? 바울이 그리스도에 대한 보편적 필요를 주장한다고 해서 아담이 역사적 인물일 필요가 있는가?

7장은 초기 교회에서 개발되고 이후 신학자들을 통해 확대된 원죄 교리의 역사를 요약한다. 특정한 질문들에 관해 수 세기 동안 상당한 신학적 성찰이 이루어졌다. 아담과 하와가 죄를 짓기 전에 그들의 상태는 어떠했는가? 그들의 죄로 말미암아 무엇이 손상되었는가? 무엇이 대대로 전해지는가?

8장은 "죄"라는 용어를 통해 성경이 의미하는 바를 요약한다. 성경은 어떤 은유들을 사용하는가? 하나님으로부터 특정한 계시가 있어야 어떤 행동이 죄가 있는 것으로 묘사되는가? 위반될 명시적인 명령이 있어야 했는가? 일반계시와 보편적 은혜(양심, 동정심, 이성, 이타적인 감정 등)가 불순종이 "죄"로 여겨지기 위한 충분한 계시인가?

9장은 죄가 세상에 들어왔을 때 무엇이 변했는가에 관한 문제들을 논의한다. 죄를 지은 최초의 인간들은 지적으로 및 사회적으로 얼마나 발달했었는가? 그들은 어떤 종류의 결백을 지녔었는가? 그것은 동물의 결백이었는가. 인간의 유아 같은 결백이었는가, 완전한 성인 인간의 지성을 지닌 도덕적 결백이었는가, 아니면 법률적 결백이었는가? 완전히 발달한 도덕적 의로움의 상태는 인간이 차츰 순종을 통해 성장할 수 있는 잠재적 상태였는가, 아니면 그것은 몇몇 인간이 특정한 기간에 살았던 실제 상태였는가? 죄를 지은 최초의 인간들은 그들이 순종하리라고 합리적으로 기대될 수 있는 단순한 명령만을 순종하도록 기대되었는가 아니면 그들이 전체 도덕법을 순종하고 "진정한 거룩" 안에서 살도록 기대되었는가? 인간의 육체적 죽음과 타락 사이에 어떤 관계가 있는가? 우리가 인간이 죄악된 반역자가 된 것과 공유된 인간 본성에 손상을 입은 것 그리고 모든 인간에 대한 영적 결과가 주로 최초의 불순종 행동(또는 두 개의 행동)에 기인한 것으로 보아야 하는가 아니면 오랜 기간에 걸친 많은 불순종이 누적된 데 따른 것으로 보아야 하는가?

10장은 하나님의 예지, 죄에 대한 인간의 책임 그리고 신정론이라는 어려운 신학적 질문을 다룬다. 하나님이 완전히 선하신 주권자라면 왜 고통을 허용하는가? 하나님이 왜 죄를 지을 수 있는 인간을 창조했는가? 왜 모든 인간이—아직 고의로 죄를 짓지 않은 유아조차도—그리스도의 속죄가 필요한 상태에 있는가? 인간의 죄가 불가피했는가? 인간의 죄가 원칙상으로는 피할 수 있었지만 실제로는 피할 가능성이 작았는가? 아니면 인간이 죄 없는 상태로 남아 있을 수 있는 진정한 가능성이 있었는가?

이 책이 가능한 모든 질문을 제기하지는 않으며, 인간의 진화와 원죄 교리를 조화시키기 위해 가능한 모든 시나리오의 목록을 제공하지도 않는다. 이 책은 제안된 시나리오들에 대해 가능한 모든 이의나 이러한 이의들에 대해 가능한 모든 좋은 답변의 목록들을 제공하지 않는다. 이 책을 신학자, 성서학자, 과학자들이 자기들이 알고 있는 것과 아직 확신하지 않는 것을 나누는 원탁회의의 토론으로 생각하라. 그들은 어려운 문제들을 질문하기 위해 모였다. 많은 질문에 대해 그들은 하나의 답변이 아니라 일련의 답변들을 조사한다. 제안된 각각의 답변에 대해 그들은 그 답변의 신학적 강점과 약점을 논의한다.

동기들에 관해 관대하게 가정하기

그리스도인들은 신학 논쟁을 할 때 자신이 동의하지 않는 사람의 동기들에 관해 최악으로 가정하는 유혹에 빠질 수 있다. 진화를 하나님이 인간을 창조한 수단으로 인정하는 그리스도인들은 세속적인 대학의 비그리스도인들에게 맞추려는 욕구로 말미암아 동기가 부여되었고, 철학적 자연주의로 말미암아 그들의 신학이 타협되었다고 비난을 받아왔다. 진화를 하나님이 인간을 창조한 수단으로 받아들이기를 꺼리는 그리스도인들은 반지성주의로 말미암아 동기가 부여받았다거나 그들의 교파 안에서 힘을 상실할까 두려워한다는 비난을 받아왔다.

하나님은 우리에게 거짓된 증언을 피하라고 명령한다. 합리적인 의심이 있을 때마다 우리는 우리에게 동의하지 않는 그리스도인들의 동기에 관해 최선을 가정해야 한다.[7] 예컨대 어떤 사람들은 인간이 죄에 빠지지 않을 진정한 기회를 보유하기 위해서는 신학적으로 인간의 초기 역사의 어느 시점에 하나님이 우리 조상들을 초자연적으로 변화시키는 급진적인 행동이 필요하다고 믿기 때문에, 하나님의 급진적인 행동을 포함하는 인간의 기원 시나리오들을 강력히 지지할 수도 있다. 다른 사람들은 인간의 초기 역사의 어느 시점에 하나님이 우리 조상들을 초자연적으로 변화시키는 급진적인 행동을 했다면 그것은 하나님이 "허위의 역사의 외관"을 지니도록 창조했음을 암시하는 것이라고 믿기 때문에 하나님의 급진적인 행동을 포함하지 않는 인간의 기원 시나리오들을 강

7 하이델베르크 교리문답 Q&A 112는 거짓된 증언을 금지하는 명령에 순종하는 것에 관해 다음과 같이 말한다: "나는 누구에 대해서도 거짓된 증언을 하지 않고, 누구의 말도 왜곡하지 않고, 험담하거나 비방하지 않고, 성급하게 또는 들어보지도 않고 누군가를 정죄하는 데 가담하지 않습니다. 법원과 다른 모든 곳에서 나는 거짓말과 모든 종류의 속임수를 피해야 합니다. 이것들은 악마가 사용하는 책략이며 그것들은 내게 하나님의 격노가 임하게 할 것입니다. 나는 진리를 사랑하고 진리를 솔직하게 말하고 진리를 공개적으로 인정해야 합니다. 그리고 나는 내 이웃의 좋은 평판을 지키고 증진하기 위해 내가 할 수 있는 일을 해야 합니다." Christian Reformed Church, https://www.crcna.org/welcome/beliefs/confessions/heidelberg-catechism.

력히 지지할 수도 있다.

혹자는 성경의 텍스트에서 역사적 정보를 도출하려는 시도를 경시하는 접근법은 하나님이 원래 청중의 문화와 문학적 양식에 맞춘 것을 가장 진지하게 받아들인다고 믿기 때문에 그런 시도를 경시하는 창세기 2-3장 해석을 강력하게 지지할 수도 있다. 또 다른 그리스도인들은 성경의 뒷부분에서 전개된 특정한 신학적 요점들은 창세기에 대한 좀 더 역사적인 해석에 의존한다고 믿기 때문에 창세기 2-3장의 문학적·문화적인 맥락을 진지하게 취하면서도 창세기의 좀 더 역사적인 해석을 유지하는 해석학을 강력하게 지지할 수도 있다.

또는 혹자는 성령이 과학적 발견들을 사용해서 교회를 새롭고 좀 더 나은 성경 이해로 인도하고 있다고 믿기 때문에, 이 문제에 있어서 학계에 좀 더 많은 자유를 압박할 수도 있다. 따른 사람은 특정한 종류의 시나리오들은 명백하게 성경에 어긋나며 그리스도의 복음을 진척시키는 데 파괴적일 수 있다고 믿기 때문에 논의를 시작할 때 어느 정도 신학적 경계를 그림으로써 고려 대상 시나리오에 좀 더 제한을 두는 것을 선호할 수도 있다.

논쟁이 되는 신학적 이슈들에 대해 그리스도인들은 타당한 다양한 우려에서 다른 결론을 도출할 수 있다. 의심스러운 경우 우리는 우리와 동의하지 않는 사람들의 동기에 관해 최선을 가정해야 한다.

일반적인 유형의 네 가지 시나리오

이 단락에서는 원죄와 인간의 진화를 조화시키기 위한 일반적인 유형의 네 가지 시나리오가 간략하게 요약되어 제시된다. 이 네 유형은 이 주제에 관해 최근에 책을 펴낸 열두 명이 넘는 저자들에게서 나온 특정한 제안들에 해당한다. 독자들은 이 시나리오들을 기억해 두는 것이 좋을 것이다. 우리는 5-11장에서 이 시나리오들을 계속 언급할 것이다.

1. **아담과 하와는 인간의 대표자로서 행동하는 특정한 역사적 인물들이었다.** 어느 시점에 하나님이 한 쌍(또는 작은 집단)의 개인들을 특별히 선택해서 모든 인간의 대표자로 행동하게 했다. 이 시기는 기록된 인간의 역사가 시작한 직후인 약 1만 년 전이나 그보다 훨씬 전이었을 수도 있다. 그들은 하나님으로부터 특별계시를 받았다. 그들은 하나님께 불순종했고 [시기적으로] 집중된 역사적 사건에서 죄에 빠졌다. 그들이 모든 인간의 대표로서 죄를 지었기 때문에 모든 인간이 죄에 빠졌다. 그들은 그들 자신과 나머지 인간들이 추가적인 영적 은사를 받고 죄로 망가지지 않은 삶을 살 기회를 상실했다.

2. **아담과 하와는 특정한 역사적 인물이었다. 죄는 문화나 가계를 통해 퍼졌다.** 어느 시점에 하나님이 한 쌍 또는 작은 집단의 개인들을 특별히 선택해서 모든 인간의 대표자로 행동하게 했다. 이 시기는 기록된 인간의 역사가 시작한 직후인 약 1만 년 전이나 그보다 훨씬 전이었을 수도 있다. 그들은 하나님으로부터 특별계시를 받았다. 그들은 하나님께 불순종했고 집중된 역사적 사건에서 죄에 빠졌다. 그들이 불순종하고 나서 수백 년 동안 그들과 그들의 자손들이 당시 살아 있던 그들의 종의 다른 모든 개체와 문화적으로 및 궁극적으로 계통상으로 혼합되

었다. 이런 식으로 죄의 영적·심리적·문화적 효과들이 모든 인간에 퍼졌다.

3. **아담과 하와는 오랜 기간에 걸쳐 특별계시를 받은 많은 개인을 일컫는 고도로 압축된 역사다**. 하나님은 때때로 일반계시를 확대하기 위해 오랜 기간에 걸쳐 특별계시를 받을 특정한 개인들 또는 집단들을 선택해서 하나님과 그들 사이의 관계, 그들 서로의 관계, 그리고 그들이 어떻게 살아야 하는가에 관해 뭔가를 가르쳤다. 그들이 순종했더라면 하나님이 그들을 차츰 좀 더 원숙한 도덕적 및 영적 성숙으로 이끌 수 있었을 것이다. 그들은 개인적으로 및 전체적으로 거듭 불순종을 선택했다. 하나님은 알지만 우리는 과학이나 고고학을 통해서는 그런 최초의 불순종 행위가 언제 발생했는지를 결코 알 수 없을지도 모른다. 하나의 불순종 행위가 모든 인간을 위한 경로를 정한 것이 아니라 각각의 불순종의 결과들이 축적되었고 사람에게서 사람으로 그리고 대대로 퍼졌다. 창세기 2-3장은 많은 역사적 사건들이 하나의 원형적인 이야기로 압축된, 양식화된 개작(改作)이다.

4. **아담과 하와는 모두 책임을 질 준비가 되어 있었고 죄를 선택한, 오랜 기간에 걸친 많은 개인을 일컫는 상징적인 인물들이었다**. 오랜 기간에 걸쳐 우리 조상들이 책임질 수 있게 될 때마다 하나님은 그들이 일반계시로부터 이해할 수 있는 것들과 그들이 보유한 특별계시에 관해 책임지게 하기 시작했다. 그들이 순종했더라면 하나님이 그들을 차츰 좀 더 원숙한 도덕적 및 영적 성숙으로 이끌 수 있었을 것이다. 그들은 개인적으로 및 전체적으로 거듭 불순종을 선택했다. 하나님은 알지만 우리는 과학이나 고고학을 통해서는 우리 조상들이 언제 도덕 전의

동물적인 자기 이익에서 인간의 죄 있는 불순종으로 옮겨갔는지를 결코 알 수 없을지도 모른다. 창세기 2-3장은 전체 역사가 하나의 원형적인 이야기로 압축된, 양식화된 개작이다.

위의 시나리오들이 시나리오 유형들의 완전한 목록인 것은 아니다.[8] 이 네 가지 시나리오들에 많은 이형이 존재할 수 있으며 그런 시나리오 중 몇몇은 혼합될 수 있다. 내가 이 네 가지 일반적인 유형의 시나리오들을 소개한 것은 일련의 가능한 시나리오들에 대한 개관을 보여주기 위함이다.

그렇게 광범위한 제안들은 골치 아프게 보일 수도 있다. 인간의 진화와 원죄 교리를 조화시킬 방법이 없는 것이 아니다. 오히려 방법이 너무 많아서 문제인 것처럼 보인다. 나는 이것이 기독교 신학 전통의 풍요로움을 보여준다고 믿는다. 교회는 제안된 각각의 시나리오의 장점들과 도전들을 우리가 이해하도록 도와줄, 여러 세기에 걸친 신학적 성찰의 보고라는 축복을 받았다.

성령이 우리에게 이 일을 하도록 자극한다. 우리가 이 일을 잘할 수도 있고 잘하지 못할 수도 있다. 우리의 연구가 우리를 두려워하거나 분

---

8 예컨대 다음과 같은 다른 시나리오 유형들이 고려될 수 있다. (5) 인간이 기적적으로, 그리고 다른 동물들과 공통 조상을 가지지는 않지만, 유전학적으로 공통 조상을 지니는 외관을 띠도록 새롭게 창조되었다. (6) 아담과 하와는 모든 인간의 유일한 조상인 한 쌍이다. (7) 아담과 하와가 **호모 사피엔스**의 좀 더 큰 집단 중에서 새로 창조되었고 아담과 하와의 자손들이 좀 더 큰 집단과 혼합되었다. (8) 하나님이 진화 과정을 사용하여 인간을 창조하는 과정에서 인간의 선택과 무관하게 타락이 필연적으로 인간의 본성 안에 내장되었고, 죄의 실재와 하나님의 구속 계획이 훗날 인간에게 계시되었다. 이 시나리오들은 이 책의 초점이 아니지만 좀 더 많은 견해가 있을 수 있음을 보여주기 위해 이 대목에서 언급된다(그리고 뒤에서 간략하게 논의된다).

개하게 만든다면 우리가 그 일을 잘하지 못하고 있는 셈이다. 그러나 이 주제에 관한 우리의 연구가 우리가 하나님의 성품, 하나님의 거룩하심, 그리고 하나님의 은혜를 더 깊이 이해하게 만든다면 우리는 그 일을 우리가 마땅히 해야 하는 대로 행하고 있는 셈이다.

1장

성경, 과학, 그리고 성령*

* 이 장의 여러 부분은 원래 Loren Haarsma, "The Intersection of Science and Scripture," *BioLogos*, October 8, 2015, https://biologos.org/articles/the-intersection-of-science-and-scripture에 발표되었다.

성경과 과학 모두 인간의 기원 같은 주제에 관해 얘기할 때 어느 것이 좀 더 권위를 가지는가? 그것들이 서로에게 어떻게 올바른 영향을 줄 수 있는가?

수백 년 동안 대다수 신학자는 창세기 2-3장을 특정한 최초의 부부였던 아담과 하와가 모든 인간의 단일한 조상이었다고 암시하는 문자적-역사적 방식으로 해석했는데, 그것은 이해할 만하다. 과학과 고고학 분야에서의 발견들로 인해 교회가 이 해석을 재고하고 있다. 교회는 단지 과학의 발견사항들이 오래 유지되어온 특정한 성경 구절들의 해석들에 도전한다는 이유로 그 발견사항들을 무시하지 말아야 함을 배웠다. 교회는 또한 단순히 새로운 과학에 부합하는 최초의 새로운 성경 해석을 받아들이지 않아야 한다는 것도 배웠다.

신학은 과학 연구를 위한 토대를 제공하며 과학 연구 결과에 대한 해석 틀을 제공한다. 과학 자체는 결코 우리가 성경을 해석하는 방식을 지시하지 않는다. 자연과학 분야의 발견사항들이 신학에 새로운 데이터를 제공하며 때때로 새로운 해석들을 촉구하지만, 궁극적으로 신학이 최선의 성경 해석을 결정한다. 역사는 우리에게 교회가 특정한 구절에 대한 최상의 해석에 관한 이론들을—적절하게 주의하면서—조정하면서도, 성경이 영감을 받았고 권위가 있으며 가르치려고 의도한 것에서 오류가 없다는 핵심 교리를 유지할 수 있음을 가르쳐주었다.[1]

이 장은 교회가 신학과 과학이 어떻게 조화로운 대위법에서 작업해서 성경과 자연 세상 모두에 대한 우리의 이해를 높일 수 있는지에 대해 역사로부터 배운 것을 요약한다. 6장은 이 교훈들을 아담과 하와에 적용한다.

---

1 기독교 전통 안에서 성경의 "무오성"에 관해 많은 신학 이론이 있다. 몇몇 그리스도인들은 적절하게 정의되면 "무오성"이 중요한 단어라는 입장을 유지한다. 다른 그리스도인들은 그 단어에 문제가 있다고 보고 성경의 영감과 권위에 관한 그들의 견해를 표현할 다른 단어들을 사용하기를 선호한다. 성경의 무오성을 긍정하고 4장에 묘사된 인간의 진화에 관한 과학적 합의를 받아들이는 그리스도인들은 종종 Kevin J. Vanhoozer in "Augustinian Inerrancy: Literary Meaning, Literal Truth, and Literate Interpretation in the Economy of Biblical Discourse," in *Five Views on Biblical Inerrancy*(Grand Rapids: Zondervan, 2013)에 묘사된 것과 유사한, 다음과 같은 견해를 취한다. "성경에 오류가 없다고 말하는 것은 저자들이 (그들이 어떤 주장을 할 경우) 그들이 주장하는 모든 것에서 진리를 말하고 있고 궁극적으로 (올바른 독자가 올바르게 읽을 경우) 진실하게 말했음이 입증되리라는 믿음을 고백하는 것이다"(207). Vanhoozer는 다음과 같이 상세히 설명한다:

> 하나님의 말씀은 그 말씀이 보내진 목적을 달성하리라고 신뢰될 수 있는데, 이 목적이 주장하는 것일 경우 하나님의 말씀은 오류가 없이 주장한다. 하지만 우리가 보았듯이 텍스트들이 실재에 "관한" 다른 방식의 묘사일 수 있고(여러 종류의 지도가 있다), 그것들이—가장 작은 세부사항부터 큰 그림까지—실재의 다른 측면들에 초점을 맞출 수도 있다. 성경을 바르게 해석한다는 것은 성경의 저자들이 그들이 사용한 단어들로 어떤 종류의 일을 하고 있는지 인식하는 것을 의미한다. 우리가 역사, 이야기, 묵시, 지혜, 과학, 또는 다른 어떤 것을 읽고 있는가? 우리는 문학 장르를 올바르게 결정하는 것 또는 특정한 내러티브나 우화나 시가 명시적으로 제시하는 명제(들)를 올바로 분별하는 도전의 중요성을 과소평가하지 말아야 한다. 요컨대 하나님의 말씀은 전적으로 신뢰할 만하지만, 말씀에 대한 인간 해석자들은 그다지 미덥지 않다(223).

성경이 어떻게 과학에 올바르게 영향을 주는가?

(지구가 태양 주위를 돈다는 갈릴레이의 증거나 훗날의 지구의 오래된 나이의 발견처럼) 우리가 과학 때문에 우리의 성경 해석이 변한 역사적 사례만 고려할 경우, 과학과 신학 사이의 관계는 과학이 때때로 끼어들어서 몇몇 성경 구절에 대한 우리의 해석을 "교정"하는 일방적인 관계로 느껴질 수 있다. 그러나 그 관계는 그렇게 일방적이지 않다. 우리가 과학을 연구할 때 성경이 우리가 자연 세상을 바라보는 렌즈를 제공하는 여러 방식이 있다.

현대 과학은 과학의 성공을 통해 뒷받침되는 근본적인 몇몇 철학적 전제를 지니고 있지만 그것들은 과학 너머에서 유래한다. 오늘날 거의 모든 과학자가 그들이 과학 연구를 할 수 있게 해주는 일련의 공통적인 믿음을 지니고 있는데 그런 믿음에는 다음 사항들이 포함된다: (1) 인간은 최소한 부분적으로라도 자연 세상을 이해할 수 있다. (2) 자연은 대개 규칙적이고, 반복될 수 있고, 보편적인 인과 관계의 패턴에 따라 작동하므로 우리가 오늘 실험실에서 배우는 것이 일주일 후 지구의 반대쪽에서도 성립할 것이다. (3) 세상이 어떻게 작동하리라는 이론을 세우는 것만으로는 충분치 않다. 우리는 우리의 이론들을 검증해야 한다. (4) 자연 세상 연구는 가치가 있는 추구다. 이 전제들이 오늘날 우리에게는 명백해 보일 수도 있지만, 인간의 역사의 대부분에서 많은 사람이 이 전제들을 모두 유지하지는 않았다. 예컨대 신들이나 영들이 세상의 많은 측면에 거주한다고 믿은 정령 숭배자들은 자연이 규칙적이고, 반복될 수 있고, 보편적인 인과 관계의 패턴에 따라 작동한다는 것을 의심했다. 대신 그들은 자연이 제의를 통해 진정시키거나 조종될 필요가 있는 신들에 의해 통제된다고 믿었다. 그리고 고대 세계의 뛰어난 몇몇 철학자들은 논리와 제1원리들로부터 세상이 어떻게 행동해야 하는지를 유도할 수 있다고 생각했기 때문에 실험할 필요를 느끼지 못했다.

최초의 몇몇 과학자들은 성경의 가르침 때문에 과학의 이런 기초적인 전제들에 대한 그들의 믿음을 정당화했다. 그들은 우리가 하나님의 형상대로 창조되었고 하나님이 우리에게 자신의 창조세계를 연구할 은사를 준 덕분에 우리가 자연 세상이 어떻게 작동하는지를 부분적으로 이해할 수 있다고 생각했다. 자연은 변덕스러운 신들로 가득한 것이 아니라 한 분 하나님을 통해 신실하고 일관성이 있는 방식으로 다스려지기 때문에 규칙적이고, 반복될 수 있고, 보편적인 인과 관계의 패턴에 따라 작동한다. 하나님은 자신의 세상과 일관성이 있는 어떤 방식으로든 창조하기로 선택할 수 있었지만, 우리 인간은 한계가 있고 죄악된 존재이기 때문에 우리의 이론들을 실험을 통해 검증할 필요가 있다. 우리가 세상을 연구할 때 하나님의 작품을 연구하는 것이기 때문에 과학은 연구할 가치가 있다.

역사적으로 기독교 신학은 과학 연구를 하기 위한 이 기초적인 전제들을 모으는 데 중요한 역할을 했다. 그러나 그렇다고 해서 그리스도인들만 과학 연구를 할 수 있다는 뜻은 아니다. 비그리스도인들도 그리스도인들이 지니는 근저의 신학적 믿음을 받아들이지 않고서도 이런 철학적 전제들을 긍정할 수 있다. 하나님의 보편적인 은혜 때문에[2] 그리스

---

2 보편적인 은혜에 관해 Louis Berkhof는 *Systematic Theology* (Grand Rapids: Eerdmans, 1941), 432-33에서 다음과 같이 쓴다:

보편적인 은혜 교리는 세상에는 모든 축복을 동반한 그리스도인의 삶의 경로와 더불

도인들과 비그리스도인들 모두 과학을 연구할 수 있다.

그리스도인들은 성경에서 하나님의 창조세계를 연구할 동기뿐만 아니라 과학 연구를 위한 기초적인 원리들을 뒷받침하는 가르침도 발견한다. 따라서 성경이 가르치는 것과 충돌하는 과학적 가설들의 역사적인 예가 매우 적다는 것이 놀랄 일이 아니다. 비록 그런 경우가 약간 있기는 했지만 말이다(급진적 행동주의가 그런 역사적 사례의 하나일 수 있다).[3]

어, 구속적이지는 않지만, 진실함과 선함과 아름다움의 많은 자취를 보이는 자연적인 삶의 경로가 있다는 사실로 말미암아 시작되었다. 온 세상이 죄의 저주 아래 있음에도 불구하고 세상에 존재하는 비교적 질서 정연한 삶을 우리가 어떻게 설명할 수 있는가라는 문제가 부상(浮上)했다. 어떻게 땅이 가시와 엉겅퀴들만을 내는 것이 아니라 귀한 열매들을 풍부하게 내는가? 죄악된 인간이 하나님, 자연의 사물, 그리고 선과 악의 차이에 관한 어느 정도의 지식을 유지하고 있고 미덕과 선행에 대한 어느 정도의 존중을 보이는 것을 우리가 어떻게 설명할 수 있는가? 자연적인 인간에게 부여된 특별한 은사와 재능들에 대해, 그리고 그리스도 예수 안에 있는 새 생명이 전혀 없는 사람들을 통한 과학과 예술의 발달에 대해 어떤 설명이 주어질 수 있는가? 기독교를 접해보지 않은 사람들에게서조차 나타나는 여러 지역 사람들의 종교적 열망을 우리가 어떻게 설명할 수 있는가? 거듭나지 않은 사람들이 어떻게 진리를 말하고 다른 사람들에게 선을 행하고 외적으로 고결한 삶을 살 수 있는가? 이 질문들은 보편적 은혜 교리가 대답을 제공하려고 하는 몇몇 질문들이다.

3 조작적 조건화(operant conditioning)의 발견 이후 급진적 행동주의의 과학적 가설이 유행하게 되었다. 조작적 조건화는 강화와 처벌을 통해 행동을 수정하는 일종의 학습 방법이다. 그것은 강화나 처벌을 통해 동물들이 단순한 행동부터 차츰 복잡한 행동을 수행하도록 훈련시킨 B. F. Skinner의 실험들을 통해 유명해졌다. 급진적 행동주의의 몇몇 형태는 인간의 모든 행동과 의사 결정이 조작적 조건화로부터 구축되며 인간의 모든 행동이 이 조건화에 의해 결정된다는 가설을 세웠다. 이는 광범위한 과학적 가설이다. 급진적 행동주의는 사실은 전혀 과학적 가설이 아니며 과학에 대한 과대한 철학적 첨가라고 주장될 수도 있지만, 그것은 아마도 공정한 비판이 아닐 것이다. 급진적 행동주의는 검증 가능한 예측을 하는 진정한 과학적 가설의 지위를 누릴 자격이 있으며, 과학자들은 수십 년 동안 이것을 진지하게 고려했다. 성경과 기독교 신학을 급진적 행동주의와 조화시키기는 어려워 보인다. 대다수 그리스도인은 성경이 그것과 반대로 가르친다고 결론지을 것이다. 급진적 행동주의가 좀 더 유행했을 때인 몇십 년 전에 그리스도인 과학자가 다음과 같이 말하는 것이 적절했을 것이다. "부분적으로는 과학적인 이유로, 그러나 또한 하나님과 자연 세상에 대한 나의 믿음 때문에 나는 급진적 행동주의가 아마도 그릇된 과학적 가

성경이 우리가 자연 세상을 바라보는 방식에 영향을 주는 훨씬 흔한 방식은 과학 이론 자체에 놓여 있는 것이 아니라 과학적 결과에 덧붙여질 수 있는 철학적·종교적 해석에 놓여 있다. 그리스도인들과 비그리스도인들은 흔히 같은 과학적 결과를 보고 데이터를 가장 잘 설명하는 과학 이론들에 관해 동의하지만, 이 이론들에 대해 매우 다른 철학적 또는 종교적 해석을 한다.

예컨대 그리스도인들과 비그리스도인들은 행성들이 안정적이고 반복 가능한 패턴으로 태양 주위를 공전하고 있어서 우리가 중력과 운동의 자연법칙으로 모델을 수립할 수 있다는 데 동의한다. 자연신론자는 이에 대해 태양계가 하나님에 의해 시작되었지만 이제 하나님은 멀리 있고 더 이상 관여하지 않는다고 해석할 수 있을 것이다. 그리스도인은 동일한 과학적 데이터와 이론들을 성경의 렌즈를 통해서 보고 다른 해석을 내릴 것이다. 하나님은 우리가 과학적으로 설명할 수 있는 사건들에 부재한 것이 아니다. 오히려 하나님이 창조세계를 계속 유지하고 있고 자연법칙은 하나님이 창조세계를 일반적으로 어떻게 다스리는지를 묘사한다.

마찬가지로 그리스도인과 비그리스도인 모두 자연 세상에서 일어나는 많은 사건이 무작위의 요소들을 포함하는 결과들을 지닌다고 과학적으로 결론지을 수 있다. 최종 결과들이 초기 조건과 자연법칙의 관점에서 완전히 예측될 수 없고 확률적으로 모델이 수립되어야 한다. 무신

설이라고 생각한다." 궁극적으로 추가 연구를 통해 대다수 과학자가 급진적 행동주의는 참이 아니라고 결론짓게 되었다. 오늘날 대다수 과학자는 조작적 조건화가 실제로 존재하지만 모든 행동이 그것으로 말미암아 결정되지는 않는다고 결론짓는다.

론자는 자연 세상에 존재하는 무작위를 보고서 무작위 사건은 근본적으로 원인이 없고 방향성이 없다는 결론을 내릴 수도 있을 것이다. 그리스도인은 자연 세상에 나타나는 똑같은 무작위를 보고서 이것은 하나님이 자연 세상을 다스릴 때 사용할 수 있는 또 다른 수단이라고 결론지을 수 있다. 그리스도인은 "제비는 사람이 뽑으나 모든 일을 작정하기는 여호와께 있느니라"라는 잠언 16:33을 인용하여 하나님이 인간에게는 무작위로 보이는 사건들의 결과에 직접 영향을 줄 수 있다고 말할 수도 있을 것이다.

그리스도인과 비그리스도인이 어떤 과학 이론이 데이터에 가장 잘 들어맞는지에 대해 동의하면서도 그 이론의 철학적·종교적 함의에 관해서는 동의하지 않는 많은 예가 있다. 과학자인 그리스도인들에게 성경은 우리가 자연 세상을 하나님이 만든 작품이자 하나님이 계속 보살피는 존재로 볼 수 있는 렌즈를 제공한다. 성경은 우리가 과학적 데이터와 이론들을 취해서 그것들을 창조주로서의 하나님과 하나님의 형상 담지자로서의 인간이라는 좀 더 넓은 신학적 틀 안에 맞추도록 도와준다.

과학이 아니라 신학이 우리가 성경을 어떻게 재해석할지를 결정한다

과학은 우리가 성경을 어떻게 해석할지를 지시하지 않는다. 그러나 과학은 때때로 우리가 전에는 고려하지 않았던 새로운 신학적 문제를 우리에게 경고한다.

예컨대 갈릴레이의 연구 전에는 시편 93:1 및 실제로 지구가 고정되어 있다고 가르치는 다른 구절들을 해석하는 데 신학적인 문제가 별로 없었다. 갈릴레이 등의 학자들이 지구가 움직인다는 것을 강력하게 보여주는 과학적 발견을 했다. 그러나 이런 과학적 발견들 자체는 교회가 성경의 해석을 변경하도록 요구하지 않았다. 오늘날에도 여전히 성경이 지구가 고정되어 있다고 참되게 가르친다고 믿을 수 있다. 지구가 고정되어 있다고 믿기를 원하는 몇몇 사람에게 있어 한 가지 가능성은 하나님이 속임수를 써서 (또는 악마가 속임수를 쓰도록 허용해서) 우리의 모든 측정이 지구가 움직인다는 그릇된 데이터를 제시하고 있다고 말하는 것이다. 두 번째 가능성은 우리 인간은 유한하고 죄가 있으므로 지구가 움직인다는 산더미 같은 증거에도 불구하고 우리의 감각과 우리의 추론 능력을 신뢰하지 말아야 한다는 것이다. 세 번째 가능성은 하나님과 성경에 대한 신뢰를 훼손하기를 원하기 때문에 그릇된 데이터를 만들어내는 무신론자 과학자들 사이에 거대한 음모가 있다는 것이다.

이 세 가지 가능성 각각에 커다란 **신학적** 문제가 있으므로 거의 모든 그리스도인이 이런 가능성을 거부한다. 그것들이 논리적으로는 가능하지만 우리는 그것들이 우리가 하나님과 하나님의 형상 담지자인 우리 자신에 관해 믿는 바와 일치하지 않는다고 판단한다. 지구가 움직인다는 증거 자체는 우리에게 지구가 고정되어 있다는 성경 해석을 포기하라고 요구하지 않는다. 과학적 증거는 지구가 고정되어 있다는 해석에는 큰 신학적 문제가 있다고 지적할 뿐이다. 갈릴레이의 연구 전에는 교회가 그런 문제들에 직면하지 않았다.

과학이 새로운 정보를 제공하지만, 신학이 어떤 성경 해석이 최선인지를 결정한다.

성경 해석 원칙

신학자들과 성서학자들은 성령의 인도 아래 성경 해석을 위한 "모범 관행"(best practices)으로 생각될 수 있는 해석 방법을 발전시켰다. 성경 해석 방법만을 다루는 책들이 저술되었다. 신학교들은 이 모범 관행들에 관한 과목들을 가르친다. 이 대목에서는 나는 특히 과학이 성경을 다시 보도록 촉구할 때 교회에 특히 도움이 되는 몇 가지 원칙만 다음과 같이 열거한다.[4]

---

4 해석학에 관한 좋은 책들이 많이 나와 있는데 그것들을 이곳에서 모두 열거할 수는 없다. 그런 책을 읽어볼 것을 강력히 권고한다. 나는 지금으로서는 다음과 같은 책만 추천한다. 첫 번째는 Douglas Stuart, *Old Testament Exegesis: A Handbook for Students and Pastors*(Louisville: Westminster John Knox, 2009)다. 문학 장르 이해의 중요성은 특히 12-19에서 논의된다. 문법의 맥락에서 단어 번역에 대한 세심한 주의는 특히 8-9 및 20-21에서 논의되고, 성경이 성경을 해석한다는 원칙이 22-25에서 논의되며, 문화적·역사적 맥락은 9-11에서 논의된다. 다른 유형의 성경 문헌들을 중심으로 조직된 장들에서 이 원칙들을 논의하는 관련 서적은 Gordon D. Fee and Douglas Stuart, *How to Read the Bible for All Its Worth*, 4th ed.(Grand Rapids: Zondervan, 2014[『성경을 어떻게 읽을 것인가』, 성서유니온 역간])이다.

Louis Berkhof, *Principles of Biblical Interpretation*(Grand Rapids: Baker, 1950)은 문학 장르 이해의 중요성을 특히 82-111에서 논의한다. 문법의 맥락에서 단어 번역에 대한 세심한 주의는 특히 67-81에서 논의되고 성경이 성경을 해석한다는 원칙이 133-60에서 논의되며, 문화적·역사적 맥락은 113-32에서 논의된다.

William W. Klein, Craig L. Blomberg, and Robert L. Hubbard Jr., *Introduction to Biblical Interpretation*(Grand Rapids: Zondervan, 2017)은 문학 장르 이해의 중요성을 특히 214-28에서 논의하고 성경의 특정한 부분에 대한 적용을 323-448에서 논의한다. 문법의 맥락에서 단어 번역에 대한 세심한 주의는 특히 240-72에서 논의되고 성경이 성경을 해석한다는 원칙이 135-67에서 논의되며, 문화적·역사적 맥락은 229-39에서 논의된다.

Henry A. Virkler and Karelynne Ayayo, *Hermeneutics: Principles and Processes of Biblical Interpretation*, 2nd ed.(Grand Rapids: Baker Academic, 2007)은 문학 장르 이해의 중요성을 특히 147-91에서 논의한다. 문법의 맥락에서 단어 번역에 대한 세심한 주의는 특히 97-120에서 논의되고 성경이 성경을 해석한다는 원칙이 121-46에서 논의되며, 문화적·역사적 맥락은 79-95에서 논의된다.

우리는 단어, 어구, 문장의 문법상의 맥락에서 그것들을 가장 잘 번역하기 위해 노력한다.

우리는 각 구절의 문학 장르를 살핀다. 그것은 명확하게 시인가, 노래인가, 역사인가, 비유인가? 그것은 오늘날 흔히 사용되는 문학 양식인가 아니면 고대에는 흔하게 사용되었지만 오늘날에는 좀처럼 사용되지 않는 양식인가? 문학 장르를 이해하면 우리가 그 구절이 무엇을 가르칠 의도였는지를 이해하는 데 도움이 된다.

우리는 각각의 성경 구절을 성경 전체의 맥락에서 본다. 우리는 성경의 한 구절을 떼어내서 그것을 성경의 다른 부분과 모순되는 방식으로 해석하지 않는다. 우리는 이후의 성경 저자들이 이전의 텍스트들을 어떻게 사용했는지를 살펴본다. 우리는 성경 전체를 사용해서 가급적 성경 전체가 가르치는 통일성이 있는 이야기와 신학을 구축한다. 이렇게 하면 우리가 개별 구절들을 더 잘 이해하는 데 도움이 된다.

우리는 원저자와 청중의 문화적·역사적 맥락을 본다. 그 구절이 쓰일 때 원저자가 무엇을 생각했고 원래의 청중이 무엇을 들었는가? 우리 자신을 원래의 인간 저자와 의도된 청중의 입장에 둠으로써 우리는 때때로 그 구절의 메시지가 오늘날 우리에게 어떻게 적용되는지를 좀 더 잘 이해하게 된다. 우리는 언제 텍스트들이 정경에 덧붙여졌는지, 그 텍스트들이 어디에 놓였는지, 그리고 그것들이 왜 덧붙여졌는지에 관한 문화적·역사적 맥락도 살펴본다.

이 원칙들은 우리가 언제 구절들이 문자적으로 해석되어야 하고 언제 비문자적으로 해석되어야 하는지 이해하도록 도움을 주고 그럼으로써 우리가 미끄러운 비탈에 관한 논쟁을 피하도록 도움을 준다.[5] 예컨대 시편 91:2-4은 다음과 같이 말한다. "나는 여호와를 향하여 말하기를 '그는 나의 피난처요 나의 요새요 내가 의뢰하는 하나님이라' 하리니 이는 그가 너를 새 사냥꾼의 올무에서와 심한 전염병에서 건지실 것임이로다. 그가 너를 그의 깃으로 덮으시리니 네가 그의 날개 아래에 피하리로다." 원저자와 청중은 그 깃과 날개가 문자적이라고 생각하지 않았다. 그 시편이 작성되었던 시대에 몇몇 주변 문화들은 신들이 날개들과 깃들을 가진 것으로 묘사했지만 이스라엘의 자손들에게는 그런 하나님의 형상을 만드는 것이 금지되었다. 그들은 그 구절에 등장하는 날개들과 깃들을 은유로 이해했으며 우리도 그래야 한다.

다윗 왕이 밧세바와 간음을 저지르고 우리아를 살해한 후 예언자 나단이 그를 직면했을 때 나단은 양을 많이 소유하고 있지만 가난한 이웃의 유일한 암양 새끼를 훔친 부자에 관한 이야기를 들려주었다. 왕으로서 정의를 시행하기를 열망한 다윗은 나단의 이야기가 문자적-역사적 사건이라고 생각했고 따라서 그 이야기의 메시지를 놓쳤다. 나단은 다윗의 해석을 바로잡아야 했다. 다윗이 나단의 이야기를 비유적으로

5 미끄러운 비탈 논거들은 논리적 오류들이다(이는 다음의 예에서 볼 수 있다. "당신이 하나의 미끄러운 비탈 논거로 시작하면 모든 미끄러운 비탈 논거를 믿게 될 것이다"). 그리고 미끄러운 비탈은 반대 방향으로 갈 수도 있다. 우리가 충분히 문자적이지 않다는 미끄러운 비탈에 관해 우려하는 반면에("당신이 창 1-11장을 비문자적으로 해석할 경우 당신은 예수의 죽음과 부활을 비문자적으로 해석하는 미끄러운 비탈 위에 있게 된다), 지나치게 문자적이라는 미끄러운 비탈에 관해서도 우려할 수 있다("24시간의 날들의 창조에 대한 문자적 해석을 믿으면 당신은 지구가 문자적으로 평평하고 고정되어 있으며 단단한 둥근 천장인 궁창이 그 위의 물을 떠받치고 있다고 믿는 미끄러운 비탈 위에 있게 된다). 좋은 해석 원리는 어느 방향으로든 미끄러운 비탈에 대한 우리의 우려를 완화해줄 것이다.

받아들이자 그는 그 이야기의 메시지를 이해했다.

이 해석 방법들을 다른 구절들에 적용할 때 우리는 좀 더 많은 문자적-역사적 독법으로 인도된다. 누가복음 1:1-4은 다음과 같이 말한다. "우리 중에 이루어진 사실에 대하여 처음부터 목격자와 말씀의 일꾼 된 자들이 전하여 준 그대로 내력을 저술하려고 붓을 든 사람이 많은지라. 그 모든 일을 근원부터 자세히 미루어 살핀 나도 데오빌로 각하에게 차례대로 써 보내는 것이 좋은 줄 알았노니 이는 각하가 알고 있는 바를 더 확실하게 하려 함이로라." 그 구절은 오늘날 우리에게 현대의 역사학과 비슷한 것처럼 들린다. 원저자와 청중은 누가가 기록한 사건들이 실제로 역사적으로 일어났다고 생각했다. 그것이 원저자가 의도한 메시지였고, 원래의 청중이 들었던 방식이었으며, 오늘날의 교회가 텍스트를 해석하는 방식이다.

역사적 예들: 지구와 태양계에 관한 발견들

이 해석 방법들은 특정 구절들에 관한 교회의 전통적인 해석이 새로운 과학적 발견과 충돌한 몇몇 역사적 사례에서 교회에 도움을 주었다. 가장 유명한 예는 갈릴레이 이야기다. 당시 많은 그리스도인은 "세계가 굳게 서고 흔들리지 않으리라"라고 말하는 시편 96:10 같은 구절이 지구가 움직이지 않는다고 가르치는 것으로 해석했다. 하지만 교회는 궁극적으로 시편 96편의 문학적 맥락이 하나님의 신실함을 가르치고 있다고 결론지었다. 그 구절의 목적은 천문학을 가르치는 것이 아니라 하나님의 약속이 얼마나 믿을 만한지를 가르치는 것이다. 더욱이 그 구절의 역사적 맥락은 원래의 저자와 청중이 실제로 지구가 움직이지 않는다고 믿었던 문화였다.

오늘날 우리가 예컨대 하나님이 지구를 태양 주위의 궤도에 "고정시켰다"고 말함으로써 현대 과학과 일치하는, 이 구절의 반(半)문자적 해석을 "구제"하려고 시도할 필요가 없다. 원래의 저자와 청중은 행성의 궤도에 관해 생각하지 않았다. 그들은 지구가 창조주 하나님의 능력을 통해 물속의 혼돈으로부터 형성되어서 한 장소에 고정되어 흔들리지 않는다고 생각했다. 하나님이 시편 96편에 영감을 불어넣었을 때 그는 성경을 사용해서 원래 청중의 천문학을 수정하지 않았다. 대신 하나님은 (비록 부정확하지만) 지구가 한 곳에 고정되었다는 보편적인 믿음을 사용해서 지구의 명백한 확고함을 통해 하나님의 능력과 신실함에 관한 중요한 **신학적** 진리를 보여주었다.

장 칼뱅의 시대에 천문학자들이 토성이 달보다 훨씬 멀리 있어서 더 작아 보이지만 사실은 달보다 더 크다는 것을 발견했다. 당시 몇몇 그리스도인은 성경이 밤과 낮을 주관하는 창세기 1장의 "큰 광명체와 작은 광명체"(태양과 달)가 틀림없이 별들 및 토성 같은 행성들보다 크다고 가르친다고 주장했다. 칼뱅은 다음과 같이 천문학자들을 옹호했다.

> 모세는 훈련과 교육을 받지 않은 모든 보통 사람이 그들의 보통의 지각으로 인식하는 대중적인 스타일로 묘사한다. 이와 대조적으로 천문학자들은 인간의 지성이 발견할 수 있는 것은 무엇이든 발견하기 위해 큰 노력을 기울여 조사한다. 그런 연구는 확실히 불승인되지 말아야 하며 자신들에게 알려지지 않는 것을 습관적으로 부정하는 몇몇 광신자들의 오만한 비난을 받지

도 말아야 한다.…모세가 과학에 속한 세부사항을 생략한 것은 그가 우리가 그런 연구를 삼가기를 바랐기 때문이 아니었다. 모세는 학식 있는 사람들이 아니라 무례하고 학식 없는 사람들의 안내자로 임명되었기 때문에 그가 그런 사람들의 수준으로 내려오기 전에는 그 임무를 수행할 수 없었다. 만일 그가 군중에게 알려지지 않은 사안들에 관해 말했더라면 학식이 없는 사람들이 자신은 모세의 가르침을 이해할 수 없다고 말했을 것이다. 사실 하나님의 성령이 모든 사람을 위해 보편적인 학교를 열 때, 그가 특히 모든 사람에게 이해될 수 있는 것을 가르치겠다고 작정하는 것이 이상한 일이 아니다. 천문학자가 별들의 진정한 크기를 연구해서 달이 토성보다 작다는 것을 발견할 때 그는 우리에게 전문 지식을 전해준다. 그러나 [우리 인간의] 눈은 사물을 다르게 보며, 모세는 자신을 보통 사람들의 견해에 적응시킨다.[6]

교부 시대부터 종교개혁 시대까지 몇몇 그리스도인은 성경이 하늘 위의 물과 땅 아래의 물이 있다고 가르친다고 주장했다. 그 당시의 과학이 지구가 구체(球體)라는 것과 물이 존재하는 자연적인 위치는 땅 위와 대기 아래임을 보여주었다. 과학은 하늘 위에도 물이 없고 땅 아래에도 물이 없다고 말했다. 그러나 많은 구약성서 구절이 하늘 위의 물과 땅 아래의 물에 대해 말하기 때문에[7] 몇몇 그리스도인은 성경이 문자적으로 하늘

---

6 Joseph Haroutunian, *John Calvin: Commentaries* (London: SCM, 1958), 356.

7 예컨대 다음 구절들을 보라. 창 1:1-22; 7:11-20; 11:4; 8:1-5; 49:25; 출 15:8; 20:4; 신. 5:8; 28:12; 33:13; 삼하 22:8-17; 왕하 7:2, 19; 욥 9:6; 22:12-14; 26:8-14; 36:27-30; 37:18; 38:4-38; 시 19:4-6; 74:13-17; 75:3; 89:9-12; 93:1-4; 102:25; 104:1-9; 135:6-7; 136:5-9; 139:8-9; 146:6; 148:1-7; 잠 3:19-20; 8:22-29; 25:3; 사 14:12-15; 24:18-19; 40:21-26; 42:5; 45:18; 48:13; 51:13; 65:17; 66:1-2; 렘 4:23-28;

위의 물과 땅 아래의 물이 존재하는 것으로 가르친다고 주장했다. 예컨대 마르틴 루터는 다음과 같이 썼다. "성경은 달과 해와 별들이 하늘의 궁창에 두어졌고, 궁창 아래와 위에 하늘과 물들이 있다고 말한다.…별들이 밤에 빛을 비추는 불의 잔들처럼 궁창에 고정되어 있을 가능성이 있다.…우리 그리스도인들은 사물의 원인에 관해 생각할 때 철학자들과 달라야 하며, 하늘 위의 물들에 관한 것처럼 우리가 이해하지 못하는 사안들에 관해서는 사악하게 그것들을 부인하거나 주제넘게 그것들을 우리의 이해와 일치하게 해석하지 말고 그것들을 믿어야 한다."[8]

하늘 위의 물과 땅 아래의 물에 관해 말하는 많은 구절 때문에 루터와 다른 그리스도인들이 이 구절들을 문자적으로 해석한 것도 이해할 만하다. 그러나 아우구스티누스(루터보다 몇 세기 전의 인물임)는 자기 시대의 과학을 알았고 그리스도인들이 성경이 문자적으로 땅 아래의 물과 하늘 위의 물이 있다고 가르친다고 해석하지 말 것을 강력하게 주장했다. 아우구스티누스는 성경이 잘 확립된 과학적 지식과 모순되는 것을 가르친다고 말하는 그리스도인들에게 날카롭게 말했다. "대개, 비그리스도인조차도 지구에 관해 뭔가를 안다.…그리고 그는 이성과 경험으로부터 이 지식이 확실하다고 생각한다. 그런데 이교도가 어떤 그리스도인이 아마도 성경의 의미를 설명하면서 이 주제들에 관해 허튼 말을 하는 것을 들으면 그것은 [우리 그리스도인에게] 수치스럽고 위험한 일이다. 우리는 모든 수단을 취해 사람들이 그리스도인에게서 엄청난 무식

10:11-13; 51:16; 겔 32:7-8; 단 4:10-11; 슥 12:1; 말 3:10.

8 Martin Luther, *Luther's Works*, ed. Jaroslav Pelikan, vol. 1 (St. Louis: Concordia, 1958), 30, 42-43.

을 보고서 그것을 비웃고 경멸하게 되는 난처한 상황을 막아야 한다."[9]

고대 문화의 지식을 통해 알려진 해석

18세기와 19세기의 지질학자들이 지구가 매우 오래되었다는 설득력 있는 증거를 축적했다. 이로 말미암아 창세기 1장에 대한 몇몇 오래된 지구 "일치주의" 해석의 발달이 촉발되었다. "간격 해석"은 1절과 2절 사이에 오랜 시간이 흘렀고, 2절부터 지구의 재창조가 묘사된다고 제안한다. "날-시대 해석"은 각각의 날(히브리어 **욤**[*yôm*])을 긴 시대(수백만 년 또는 수십억 년)로 늘림으로써 창세기 1장의 사건들의 순서를 과학적인 자연사와 조화시키려고 한다.

과학적 발견들로 말미암아 교회가 창세기 1장이 양식화되고 압축된 창조사건일지도 모른다고 생각하게 되었지만, 그 발견들은 "궁창"(히브리어 **라키아**[*rāqîaʿ*]), "궁창 아래의 물" 또는 "궁창 위의 물"(창 1:6-7)에 대한 명확한 이해를 제공해주지 않는다. 그 단어들의 의미에 관해 교회는 고대 근동 문화를 연구하는 역사가들의 연구에서 유익을 얻었다.

고고학의 발견들로 구약성서 시대의 문화적·역사적 맥락에 대한 우리의 이해가 향상되었다. 고대 히브리 주위의 문화들—이집트, 아시리아, 바빌로니아—은 지구가 구체라는 것을 몰랐다. 그들은 지구가 평평하고 원시 바다—캄캄하고 물로 덮인 혼돈—가 땅 아래의 물과 하늘

---

9 John Hammond, *Augustine: The Literal Meaning of Genesis*, vol. 41 (New York: Newman, 1982), 42.

위의 물을 나누고 있으며, 뭔가("궁창"으로 번역된, 히브리어의 **라키아**)가 하늘 위의 물을 떠받치고 있는 그림을 그렸다.[10] 이런 우주 그림에서는 태양과 달과 별들이 궁창을 따라서 움직였다. 하나님이 명령하면 하늘의 수문들이 열려 궁창 위의 물을 내려보낼 수 있었다.

폴 실리는 고대 근동 문헌 및 고고학 연구들과 히브리어 단어 **라키아**의 언어 연구를 요약한 후 고대 히브리인은 세상의 물리적 구조에 관한 이 믿음을 그들 주위 문화와 공유했다고 결론짓는다. "우리가 창세기 1장의 저자와 원래 독자들이 창세기 1:6-8에 등장하는 **라키아**가 단단하다고 믿었다고 생각할 충분한 이유가 있다. 따라서 창세기 1:6-8에 등장하는 **라키아**의 역사적 의미는 '단단한 하늘'이다.…그들에게 라키아는 땅 자체처럼 단단한, 문자적인 우주의 물리적 부분이었다. 단단함은 그 단어의 역사적 의미의 필수적인 부분이다."[11] 데니스 라무뤼는 『진화적 창조』(*Evolutionary Creation*)에서 마찬가지로 구약성서에 등장하는 **라키아**라는 단어의 몇몇 용법을 다음과 같이 요약한다.

이 명사의 어근은 "평평하게 하다", "짓이기다", "펼치다", "두드려 펴다"

---

10 "궁창("firmament)"이라는 검색어로 인터넷 이미지를 검색하면 이런 그림들을 찾아볼 수 있다.

11 Paul H. Seely, "The Firmament and the Water Above," *Westminster Theological Journal* 53 (1991): 227-40. 이 논문의 두 번째 단락은 다음과 같이 요약한다. "하지만 우리가 상세하게 제시할 역사적 증거는 **라키아**가 원래 고체로 생각되었고 단순한 대기의 창공으로 생각되지 않았음을 보여준다. 우리가 후에 살펴볼 구약성서의 문법상의 증거는 이 단단함 개념을 반영하고 확인한다. 창 1장에 등장하는 **라키아**의 의미를 정의하는 기본적인 역사적 사실은 고대 세계의 모든 사람이 하늘이 단단하다고 생각했다는 것이다"(227-28).

를 의미하는 동사 **라카**(*rāqa*ʿ)다. 즉 히브리어 동사는 넓은 빈 공간을 펼친다기보다는 뭔가 단단한 것을 평평하게 만드는 뉘앙스를 지닌다. 출애굽기 39:3과 이사야 40:19은 금속을 두드려 얇은 판을 만드는 데 **라카**를 사용하며, 민수기 16:38은 유사한 맥락에서 **리쿠아**(*riqqûa*ʿ, 넓은 판)를 채용한다. 동사 **라카**는 심지어 하늘의 창조를 언급하는 구절에서도 발견되는데, 하늘은 금속처럼 단단한 표면으로 이해된다. 욥기 37:18은 다음과 같이 묻는다. "그대는 그를 도와 구름장들을 두들겨 넓게 만들어 녹여 부어 만든 거울 같이 단단하게 할 수 있겠느냐?"[12]

고대 근동 학자들 사이에 이 문화의 사람들이 어느 정도로 문자적이고 물리적인 단단한 둥근 천장이 하늘 위 원시의 물들을 떠받치고 있다고 믿었고, 이 언어와 사상 모델이 어느 정도로 비유적이고 현상학적으로 사용되었는지에 관해 다소 논란이 있다.[13] 이 고대의 지식은 여러 세기에

---

12 Denis O. Lamoureux, *Evolutionary Creation: A Christian Approach to Evolution* (Eugene, OR: Wipf & Stock, 2008), 123.

13 나는 몇몇 구약성서 구절들의 원래 저자들과 청중들이 실제로 문자적인 단단한 창공을 믿었으며 이것이 하나님이 성경에 영감을 불어넣었을 때 하나님이 인간의 수준에 자신을 맞춘 것의 일부라고 결론짓는 학자들에 동의한다. 몇몇 학자들은 구약성서의 언어는 좀 더 비유적이고 현상학적이었다고 주장한다. 다음 문헌들을 보라. Othmar Keel and Silvia Schroer, *Creation: Biblical Theologies in the Context of the Ancient Near East*, trans. Peter T. Daniels (Winona Lake, IN: Eisenbrauns, 2015); Noel K. Weeks, "Cosmology in Historical Context," *Westminster Theological Journal* 68 (2006): 283-93; C. John Collins, *Reading Genesis Well: Navigating History, Poetry, Science, and Truth in Genesis 1-11* (Grand Rapids: Zondervan, 2018); 그리고 Richard E. Averbeck, "Ancient Near Eastern Mythography as It Relates to Historiography in the Hebrew Bible: Genesis 3 and the Cosmic Battle," in *The Future of Biblical Archaeology: Reassessing Methodologies and Assumptions*, ed. James K. Hoffmeier and Alan Millard (Grand Rapids: Eerdmans, 2004), 328-56. 이 논의에 대한 최근의 분석은 John W. Hilber, *Old Testament Cosmology and*

걸친 여러 문화와 여러 언어에서 도출되었기 때문에 많은 고대인이 이것들이 문자적인 물리적 구조를 가리킨다고 가정했을 가능성이 있는 것처럼 보인다. 다른 학자들은 그것들을 좀 더 비유적으로 생각하지만 말이다.

고고학자들이 이 고대의 우주론 그림을 발견한 결과 우리가 구약성서 전체에서 왜 하늘 위의 물과 땅 아래의 물이 그렇게 많이 언급되는지를 이해하는 데 도움이 되었다. 고대의 모든 저자가 이런 것들이 실제 물리적 구조라고 믿었든 아니면 그들 중 몇몇은 이것을 비유적이고 현상학적으로 말하는 보편적인 방식으로 사용했든 간에 오늘날 성경의 이런 텍스트들을 읽을 때 우리는 확실히 현대의 과학적 이해를 버릴 것으로 기대되지 않는다. 우리는 이 고대의 그림으로 말미암아 오늘날 이런 구절들이 문자적으로 사실이라고 해석할 필요가 없다. 오히려 고고학의 발견 덕분에 우리는 성경의 이런 텍스트에서 하나님이 원래의 독자에게 하나님과 인간 및 세상 사이의 관계에 관한 중요한 신학적 진리를 가르치기 위해 그들이 쉽게 이해할 수 있는 방식으로 말하고 있다는 것을 이해한다.

영감을 받은 시인이 하나님에 관해 "주께서 하늘을 휘장 같이 치시며 물에 자기 누각의 들보를 얹으시며"라고 말했을 때(시 104:2-3), 그 시인은 지구의 푸른 하늘을 생각한 것이 아니고, 최근에 천문학자들이 발견한, 암흑 에너지로 인한 공간의 확장에 관해 생각한 것도 아니다. 그

Divine Accommodation: A Relevance Theory Approach (Eugene, OR: Wipf & Stock, 2020), 2장을 보라.

시인은 온 세상에 펼쳐져 하늘 위의 원시의 혼돈의 물을 억제할 수 있는 궁창을 지적함으로써 하나님의 능력을 기리고 있었다. 그 시인은 하나님이 인간이 장막을 치듯이 쉽게 궁창을 펼쳐서 그 아래서 자신의 창조물들이 살 수 있는 지붕을 만들었다고 말하고 있었다.

고대 이집트인, 바빌로니아인, 아시리아인들은 이런 물리적 구조가 특정한 신들을 자기들과 관련시켰다고 믿었다. 이집트에는 궁창(누트), 땅(게브), 하늘(슈), 태양(레), 그리고 지하 세계(오시리스)의 신들과 여신들이 있었다.[14] 창세기 1장의 신학은 주위 문화들의 다신론과는 현저하게 다르다. 창세기 1장은 이 모든 물리적 구조를 창조한 한 분 하나님에 관해 말한다. 창세기 1장에서는 태양과 달의 본명조차 사용되지 않는다. 대신 그것들은 큰 광명과 작은 광명으로 불려서 그것들이 신적 존재가 아님이 강조된다. 그것들은 진정한 한 분 하나님에 의해 창조되었다. 원래의 저자와 청중에게 있어서 창세기 1장의 메시지는 명백했다. 주위 문화의 신들은 결코 진정한 신이 아니라는 것이다. 땅, 하늘, 태양 그리고 달은 신들이 아니므로 숭배되지 않아야 한다. 그것들은 참된 한 분 하나님인 이스라엘 자손의 하나님이 만든 물체들일 뿐이다.

하나님이 창세기 1장과 **라키아**, 그리고 땅 아래의 물과 하늘 위의 물에 관해 말하는 다른 구절들에 영감을 주었을 때 원래의 독자들에게

---

14 이 이름들로 인터넷 이미지를 검색하면 이 신들의 이미지를 찾아볼 수 있다. John H. Stek, "What Says the Scripture?," in Howard J. Van Till, John Stek, Robert Snow, and Davis A. Young, *Portraits of Creation* (Grand Rapids: Eerdmans, 1990), 226-32에서 유익한 논의를 찾아볼 수 있다. 그곳에 Othmar Keel, *The Symbolism of the Biblical World: Ancient Near Eastern Iconography and the Book of Psalms*(New York: Crossroad, 1985)에서 취한 이미지 하나가 수록되어 있다.

그들이 이해할 수 있는 방식으로 말했다. 하나님은 세상의 물리적 구조에 관한 그들의 그릇된 그림을 바로잡을 필요가 없었다. 하나님은 그들에게 증발과 응축이 비의 원천이라고 가르칠 필요가 없었다. 하나님은 그들에게 지구가 구체라거나 태양 주위를 돈다고 가르칠 필요가 없었다. 그렇게 했더라면 원래의 독자들에게 혼란이 야기되었을 것이고 전하려는 메시지에서 빗나갔을 것이다. 하나님이 그들이 이해할 수 있는 언어로 말했기 때문에 창세기 1장의 신학적 메시지가 좀 더 명확하게 다가왔다. 이 점은 이스라엘 백성에게 그들의 이야기를 주위 문화들과 나누도록 도움을 주었다. 그들은 창세기 1장의 본질적인 진리를 이집트인, 아시리아인, 그리고 바빌로니아인들에게 이들의 문화 역시 쉽게 이해할 수 있는 방식으로 전달할 수 있었다.

칼뱅의 적응 원리: 하나님이 우리에게 "아이 같은 말투"를 사용한다

장 칼뱅은 성경이 종종 하나님에게 입, 귀, 눈, 손 그리고 발이 있는 것처럼 묘사하는 것을 지적했다. 하지만 우리는 그렇다고 해서 하나님께 물질적인 몸이 있다고 결론지어서는 안 된다. 칼뱅은 다음과 같이 썼다. "하나님이 유모들이 아이들에게 하듯이 우리에게 불완전하게 발음한다는 것을 이해하지 못할 만큼 이해력이 없는 사람이 누가 있겠는가? 그러므로 그런 표현 양식은 하나님이 어떤 존재인가에 관해 표현한다기보다는 그에 관한 지식을 우리의 연약함에 적응시키는 것이다."[15] 하나님

---

15 John Calvin, *Institutes of the Christian Religion* 1.13.1 (Beveridge trans.[『기독교강요 세

은 많은 사람이 메시지를 이해할 수 있도록 보편적인 언어를 사용한다. 이 점은 하나님의 은혜로움을 보여준다. 이 점은 또한 사람들이 변명할 수 없게 만든다(만일 하나님이 언제나 전문 용어를 사용한다면 사람들이 "이것은 이해하기에 너무 어렵다"고 변명하기 쉬울 것이다). 제임스 I. 패커는 그 원리를 다음과 같이 좀 더 상세하게 묘사한다.

> 명확하게 전달하기 위해 하나님은 성경을 줄 때 우리의 능력에 맞춰 자신을 낮춰서 인간의 언어로 말할 뿐만 아니라, 세속적이고 세련되지 않은 방식으로 말하며 때때로 "경멸할 만하게 비천한 단어들로" 말한다. "하나님이 우리의 미성숙한 수준으로 자신을 낮춘다.…하나님이 성경에서 우리에게 서툴고 수수한 방식으로 더듬거릴 때 이는 그가 우리를 향한 사랑 때문에 그렇게 한다는 것을 알자." 칼뱅은 아이의 언어에 적응하고 그와 대화할 때 기꺼이 아이의 말투를 사용하는 것은 그를 향한 사랑의 표시인데, 하나님이 성경에서 우리에게 단순하고 별로 고귀하지 않은 방식으로 말할 때 바로 그렇게 하는 것이라고 말했다. 그것은 우리가 하나님을 이해하도록 도와주며, 하나님이 그렇게 한다는 사실이 우리에게 그의 애정과 선의를 확신시킨다.[16]

트』, 생명의말씀사 역간]), https://www.ccel.org/ccel/calvin/institutes. 인간의 한계와 죄악됨에 대한 하나님의 적응 원리는 광범위한 주제다. 역사적 개관은 Glenn S. Sunshine, "Accommodation Historically Considered," in *The Enduring Authority of the Christian Scriptures*, ed. Donald A. Carson(Grand Rapids: Eerdmans, 2016), 238-65을 보라. 칼뱅이 그 원칙을 사용한 것에 대한 Sunshine의 요약은 252-55에 수록되었다. 그것이 자연 세상과 칼뱅 시대의 과학에 관련된 부분은 254-55을 보라.

16 J. I. Packer, "John Calvin and the Inerrancy of Holy Scripture," in *Inerrancy and the Church*, ed. John D. Hannah (Chicago: Moody, 1984), 166.

하나님의 완전한 본성은 우리 인간의 이해를 훨씬 뛰어넘기 때문에 칼뱅은 주로 하나님 자신에 관해 하나님이 계시한 진리들을 논의할 때 이 적응의 원리를 언급했다. 그러나 앞서 언급한 바와 같이 칼뱅은 그의 시대의 과학적 발견(토성의 크기)에 비추어 성경을 해석하는 것에 관해 논의할 때 적어도 한 번은 이 원리를 사용했다. 칼뱅의 시대 이후 많은 학자가 다른 과학적 발견들을 다룰 때 이 원리가 유용함을 발견했다.

최근의 두 저자 존 월튼(『아담과 하와의 잃어버린 세계』([*The Lost World of Adam and Eve*]에서)과 데니스 라무뤼(『진화적 창조』[*Evolutionary Creation*]에서)는 창세기 2-3장 해석의 몇몇 측면에서는 서로 동의하지 않고 다른 측면에서는 동의한다(이 책의 6장을 보라). 두 사람 모두 이 해석 원리를 염두에 두고 성경을 읽는다고 해서 성경의 권위가 훼손되지 않는다고 강력하게 주장한다. 오히려 그것은 하나님이 권위를 부여하기로 선택한 곳을 존중한다. 월튼은 다음과 같이 쓴다.

> 고대 과학의 일부인 성경의 진술들이 현대 과학의 이해에 대한 하나님의 묘사인 것처럼 사용될 때 그 텍스트의 권위가 존중되지 않는다. 그 텍스트가 우리의 심장이나 내장들이 생각하는 기능과 관련이 있다고 말할 때 그 텍스트는 만일 우리가 성경의 권위를 진지하게 받아들이기를 원하면 반드시 확인해야 하는 과학적 아이디어를 제안하는 것이 아니다. 우리는 우리의 혈액을 펌프질하는 기관이나 소화 시스템들이 인지 과정에 생리학적으로 관련되는 방식을 제안하기 위해 노력할 필요가 없다. 이는 단지 고대 과학의 맥락에서의 의사소통일 뿐이다. 마찬가지로 텍스트가 궁창 아래의 물과 궁창 위의 물에 관해 말할 때(창 1:6), 우리는 위의 물과 아래의 물을 지니는 우

주 시스템을 구축할 필요가 없다. 비가 올 때 물이 내려왔으므로 고대 세계의 누구나 [궁창] 위에 물이 있다고 믿었다. 그러므로 성경 텍스트가 "위의 물"에 관해 말할 때(창 1:7) 그 텍스트가 과학적 사실에 관한 권위 있는 계시를 제공하고 있는 것이 아니다. 우리가 엄격히 말하자면 위의 물이 없다고 결론을 내리더라도, 그것을 통해 성경에서 오류를 찾아낸 것이 아니다. 오히려 우리는 하나님이 다른 곳에 그 텍스트의 권위를 부여했음을 인식했다. 권위는 하나님의 계시의 대리인으로서 저자가 전달하기를 원하는 메시지에 연계된다. 하나님은 그 계시를 시작하기 위해 고대 이스라엘 세계에 자신을 적응시켰다.[17]

라무뤼는 다음과 같이 진술한다.

이 접근법은 고대인들에게 영적 진리를 가급적 효과적으로 계시하기 위해 성령이 그들의 현상학적 자연관을 사용했다고 주장한다. 즉 현대의 과학적 개념으로 성경의 저자들이나 그 독자들에게 혼란을 주는 대신 하나님은 그들의 수준으로 내려와 그 당시의 과학적 개념을 사용했다.…그러므로 물리적 세상을 언급하는 성경 구절들은 신앙의 메시지이며 부차적으로 고대 과학이라는 특징이 있다. 이 해석 원칙들에 따르면 성경의 무오성과 무오류성은 자연을 언급하는 진술들이 아니라 신적 신학에 놓여 있다. 고대 과학을 "부차적"이라고 수식하는 것은 그것이 중요하지 않음을 암시하지 않는다.

17 John H. Walton, *The Lost World of Adam and Eve* (Downers Grove, IL: InterVarsity, 2015), 18-19(『아담과 하와의 잃어버린 세계』, 새물결플러스 역간).

성경에 나타난 과학은 영적 진리 전달에 필수적이다.[18]

성경의 "명백한 교훈"(반드시 "명백한 독법"은 아닐 수도 있다)

하나님이 구약성서에 영감을 주었을 때 원래의 저자들과 청중들은 별들과 행성들이 평평한 지구 위의 궁창을 따라 움직인다고 이해했다. 하나님은 현대의 과학적 개념으로 그 이해를 수정하지 않았다. 대신 하나님은 그들이 배울 필요가 있는 것을 이해할 수 있는 방식으로 말했다. 그들은 태양, 달 그리고 궁창이 이집트나 가나안에서 숭배된 신들이 아니라 단지 참된 하나님에 의해 창조된 물체에 지나지 않는다는 것을 배울 필요가 있었다.

그 이후 수 세기 동안 과학이 발전했다. 기원전 4세기가 되자 그리스의 자연 철학자들이 지구가 평평하지 않고 둥글다는 것을 보여주었다. 따라서 사람들은 한동안 각각의 행성이 지구 주위의 다른 투명한 천구(天球)상에서 움직인다고 생각했다. 훗날 우리는 지구가 태양 주위를 돈다는 것을 발견했다. 아이작 뉴턴 이후 우리는 운동 법칙과 중력 법칙을 사용해서 행성의 움직임을 묘사했다. 오늘날 우리는 아인슈타인의 일반 상대성 이론을 갖고 있다. 그러나 과학이 진보하더라도 성경의 메시지는 동일하게 유지되었다.

언어들과 문화들은 시대에 따라 변한다. 과학은 진보한다. 성경 구

---

18 Denis O. Lamoureux, *Evolutionary Creation: A Christian Approach to Evolution*, 110. Lamoureux는 이것을 "메시지-부수 사건" 원칙으로 부른다.

절의 "명백한 독법"은 시대마다 변할 수도 있지만, 성경의 "명백한 교훈"—하나님이 원래의 청중을 위해 그리고 오늘날 우리를 위해 의도한 교훈—은 동일하게 유지된다.

하나님은 창세기 1장에 나타난 자신의 메시지를 고대의 역사적-문화적 이해에 적응시킴으로써 오늘날 우리를 도와준다. 미래의 모든 세대는 그들의 과학적 진보가 어떠하든 간에 창세기 1장의 메시지를 배울 수 있다. 창세기 1장의 메시지는 5세기의 과학, 15세기의 과학, 21세기의 과학, 또는 26세기의 과학과 일치하는지에 의존하지 않는다.

하나님의 적응을 찬양하기

우리는 하나님이 성경의 권위 있는 메시지를 원래의 저자들과 청중들이 때때로 오해한 문화적 신념에 맞춘 방식으로 전달했다는 개념에 위안을 받아야 한다. 그것은 하나님의 은혜의 또 다른 예다. 그러나 이 개념은 처음에는 무섭게 생각될 수도 있다. 그리스도인은 성경에서 하나님이 궁창을 창조한 데 대해 찬양을 받는다는 말을 듣고서 "그렇다면 하나님이 성경에서 거짓말한 것인가?"라고 질문할 수도 있다.

현대의 과학적 문화는 창세기의 원래 청중의 문화가 아니다. 우리는 성경을 읽을 때 현대 문화가 우리에게 주는 영향을 피할 수 없다. 그 영향이 얼마나 편만한지를 보여주는 아래의 이야기를 고려해보라.

> 옛날에 외진 산악 지역에 작은 민족이 있었다. 그들에게는 자체의 언어와 문화가 있었다. 그들에게는 **인간의 특성과 관련된 이야기는 실제 사람에게**

실제로 일어난 일을 정확히 묘사해야 한다는 규칙이 있었다. 그 규칙이 강력하게 집행되었기 때문에 이 문화에는 악의적인 험담이나 법적인 문제에서 허위 증언하는 일이 별로 없었다. 그리고 이 문화에는 인간의 특성에 관해 가공의 이야기들도 없었다. 그러나 그들은 가공의 도덕 이야기, 인간의 동기를 탐구하는 가공의 이야기, 그리고 친구 및 가족과 나누기 위한 단지 오락적인 가공의 이야기가 있으면 유익하다는 것을 알았다.

따라서 이 문화에는 다음과 같은 또 다른 규칙이 있었다. **가공의 이야기들은 반드시 동물의 특성을 말해야 한다**. 만일 당신이 이 문화에서 산다면 당신은 어떤 이야기가 허구인지 즉시 알 것이다(비록 그것이 중요한 교훈을 가진 이야기일 수도 있지만 말이다). 그리고 만일 당신이 인간의 특성과 관련된 이야기를 듣는다면 당신은 그것이 실제 사건을 정확히 묘사한다고 확신할 것이다.

어느 날 이 민족에게 그리스도의 복음이 전해졌다. 많은 사람이 기쁘게 복음을 받았다. 성경이 그들의 언어로 번역되었고 신자들이 성경을 공부했다.

이 신자들이 예수의 비유들을 토론할 때 그들은 예수가 자신이 가르치고 있는 영적 교훈들을 완벽하게 보여주는, 인간의 특성에 관한 이야기를 많이 알고 있다는 데 놀랐다. 어떻게 예수가 그렇게 많은 완벽한 이야기들을 알 수 있었는가? 그들은 모두 예수가 틀림없이 종종 그런 이야기들을 듣고 그것들을 기억했을 것이라고 동의했다. 몇몇 사람은 예수 시대의 다른 교사들도 그렇게 했을 것이고 그들이 아마도 그런 이야기들을 수집한 것을 공유했으리라고 추정했다. 그리고 예수는 하나님의 아들이었으니 그에게는 아무것도 어렵지 않았을 것이다.

수십 년 후 이 나라의 지도자들은 그 나라에서 가장 똑똑한 젊은이 중 몇 명을 세계의 가장 좋은 신학교들에 보내 성경과 교회사에 관해 그들이 배울 수 있는 모든 것을 배우게 했다. 그 후 이 젊은 신학생들은 고국에 돌아와서 가르칠 예정이었다.

어느 날 그 사람들이 여느 때처럼 예수의 우화들에 관해 토론하면서 예수가 어떻게 이 모든 이야기를 알게 되었는지 추측할 때 그 신학생들 중 몇 명이 말했다. "사실 우리는 신학교에서 예수 시대의 유대인들의 관습과 문화에 관해 뭔가 재미있는 것을 배웠습니다. 그 문화, 그 시대와 장소에서는 인간의 특성에 관한 가공의 이야기를 지어내는 것이 잘못으로 여겨지지 않았습니다. 듣는 사람들이 모두 그것이 실제 인물에 관한 허위의 이야기라기보다는 가공의 인물에 대한 가공의 이야기라는 것을 아는 한 말입니다. 그 문화에서는 종교 교사들이 참된 영적 교훈을 가르치기 위해 가공의 인물에 관한 가공의 이야기들을 지어내는 것이 보편적인 관습이었습니다. 그 당시 모든 사람이 이것을 알았습니다. 예수가 그의 비유들을 말했을 때 아마도 그렇게 했을 것입니다."

당신은 그 말을 듣는 사람들이 충격과 두려움에 빠져 이 신학생들에게 다음과 같이 외치는 것을 상상할 수 있을 것이다. "자네들은 예수가 거짓말을 했다고 말하고 있는 건가?"

우리가 그 가공의 민족이다. 우리는 계몽주의로부터 특정한 종류의 진리를 가르치는 데 어떤 종류의 문헌이 적절하고 부적절한지에 관한 문화적 기대들을 물려받았다. 우리의 문화에서는 과학적 진리와 역사적 정확성이 존중받는다. 위의 예에 등장하는 가공의 민족의 문화적 규칙처럼 과학적 진리와 역사적 정확성에 대한 우리의 존중은 나쁜 것이 아니다. 그것들은 수백 년 동안 우리에게 크게 기여해왔다. 우리는 그것들로부터 많은 유익을 얻었다. 그러나 우리는 우리의 문화적 관습들은 성경이 쓰일 때의 관습들이 아니었음을 기억해야 한다.

사람들이 최초의 공포에서 회복되자 그들 중 몇 명이 질문하기 시작했다. "우리는 자네들이 예수 시대의 문화에 관해 이야기하는 것을 이해했네. 우리는 모든 사람이 무슨 일이 벌어지고 있는지 이해하는 한, 가공의 인간에 관해 가공의 이야기를 하더라도 그 당시의 사람들에게 무방했다는 것과 심지어 종교 지도자들도 그렇게 했다는 것을 받아들일 수 있네. 하지만 자네들은 왜 예수도 그렇게 했다고 주장하는가? 예수의 비유들이 실제 사람들에 관한 실제 이야기일 수도 있지 않은가? 그 당시 예수의 말을 듣는 사람 중 몇 사람이 예수가 영적 요점을 말하기 위해 가공의 이야기들을 지어내고 있다고 생각했더라도 예수는 그런 인간 교사들처럼 제한되지 않았다네. 예수의 비유들이 실제 사람들에 관한 실제 이야기였을 수 있지 않은가?"

신학생들이 대답했다. "맞습니다. 예수의 비유들이 실제 사람에 관한 실제 이야기들이었을 수도 있습니다. 하지만 아마도 그 비유들은 실제 이야기가 아니었을 것입니다. 그것은 그 당시의 문화적 관습이었습니다."

사람들이 물었다. "예수의 비유들이 영적 진리를 가르치는 것 외에, 가공의 사람들에 관한 가공의 이야기가 아니라 실제 사람들에 관한 실제 이야기라면 더 좋지 않겠는가? 우리가 성경을 받아들인 이후 우리는 예수의 비유들을 한 가지 방식으로 해석했다네. 그런데 수십 년 뒤에 자네들이 우리에게 소위 역사적 학문에 기초해서 우리의 해석을 바꾸게 만들려고 하는군.

자네들이 성경의 권위를 인간의 학문의 권위에 종속시키고 있는 것은 아닌가?"

신학생들이 대답했다. "우리가 우리의 전통적인 해석을 고집한다면—우리가 예수가 가공의 사람들에 관한 가공의 이야기를 하는 것이 가치가 없었다고 주장한다면—우리가 성경의 권위를 우리 자신의 특정한 문화적 관습에 종속시키는 것입니다. 우리의 문화적 관습은 잘못되지 않았습니다. 그 관습은 우리에게 큰 도움이 됩니다. 하지만 우리의 관습은 예수가 그의 비유들을 가르쳤을 때 존재했던 문화적 관습이 아닙니다. 우리는 예수가 원래의 청자들의 문화적 관습에 적응하면서도 그의 교훈을 가르친 것을 찬양할 수 있습니다. 그러나 여러분이 우리의 새로운 해석을 받아들이든 여러분의 전통적인 해석을 고수하든 간에 예수의 비유들의 근본적인 메시지는 변하지 않았습니다."

성경의 좋은 재해석은 성령의 사역이다

예수는 성령이 "[우리를] 모든 진리 가운데로 인도할" 것이라고 약속했다(요 16:13). 그 약속의 한 가지 함의는 과학적 발견이 교회에게 성경 해석을 재검토하도록 자극할 경우, 그리고 새 해석이 건전하다고 입증될 경우 궁극적으로 이는 성령의 사역이라는 것이다.

성령은 다양한 방식으로 교회가 성경을 재해석하도록 자극한다. 한 가지 방법은 성령의 선물을 줌으로써 자극하는 것이다. 사도행전 11장은 사도 베드로와 백부장 고넬료에 관한 이야기를 들려준다. 베드로가 고넬료를 방문한 후 다른 사도들이 베드로가 이방인의 집에 감으로써 모세의 율법을 어겼다고 비판했다. 베드로는 그들에게 자기의 예언적 꿈에 관해 말했고, 고넬료와 그의 집안이 세례를 받기도 전에 성령이 어떻게 그들에게 임했는지를 말했다. 이것이 그 논쟁을 중단시켰다(11:18). 성령은 많은 개인에게 명확하게 성령의 선물을 줌으로써 유대인의 메시아인 예수가 이방인들에게도 죄의 회개와 그리스도 안의 새 생명을 주고 있음을 교회가 이해하도록 이끌었다. 마찬가지로 몇 년 후 예루살렘 교회의 공의회는 로마 제국 전역에 흩어져 있는 새로운 이방인 신자들이 모세의 율법을 따라야 하는지 논쟁을 벌이고 있었다. 우리는 전통주의자들과 비전통주의자들이 제기한 성경 논쟁들을 상상할 수 있다. 사도행전 15:12-15은 바울과 바나바가 하나님이 이방인들 중에서 행하고 있는 기적적인 표적들을 묘사했을 때 그 논쟁들이 그쳤다고 말한다. 하나님이 이방인 신자들에게 성령의 선물을 주었을 때 그들은 먼저 모세의 율법을 순종해야 할 필요가 없었다. 이 점이 그 공의회를 납득시키는 데 도움이 되었다. 성령의 인도를 따르기 위해 구약성서 전체의 매우 중요한 주제—모세의 율법 순종의 중요성—에 대한 교회의 해석이 바뀌었다.

때로는 성령이 사회악으로 말미암아 야기된 고통을 사용해서 교회가 성경을 재해석하도록 자극했다. 노예 제도를 생각해보라. 수백 년 동안 몇몇 그리스도인들은 성경을 인용해서 노예 제도 관습을 정당화했다.[19] 그러나 성령은 교회가 노예 제도로 말미암아 야기된 고통에 거듭 직면하게 했고, 이 구절들에 대한 해석을 재고하게 했다. 마찬가지로 종

19 예컨대 엡 6:5; 골 3:22; 딛 2:9.

교개혁 전후 수백 년 동안 몇몇 교회들은 자기들이 이단자라고 판단한 사람들을 고문하고 살해했다. 몇몇 교회들은 정치 지도자들에게 폭력과 전쟁을 사용해서 신학적 불일치를 억압하도록 격려했다. 당시에 성경의 해석을 통해 이런 관행들이 정당화되었다. 오늘날 대다수 그리스도인은 교회 안에서 신학적 올바름을 유지하기 위한 수단으로서 고문과 살해를 사용한 것을 돌이켜 보며 그것을 혐오한다. 몇십 년 전까지 북미의 몇몇 그리스도인이 성경을 사용해서 인종 분리를 정당화하는 일이 흔했다. 인종 분리에 반대했던 사람들의 용감한 행동과 그들에게 가해진 폭력을 목격한 많은 그리스도인이 마침내 제도화된 인종차별로 말미암아 야기된 부정의와 고통을 알게 되었다. 인종차별이 여전히 문제이기는 하지만, 오늘날 성경 해석을 통해 차별을 정당화하는 그리스도인은 훨씬 적다.

때때로 성령은 사회 혁신을 통해 야기된 선을 사용해서 교회가 성경을 재해석하도록 촉구한다. 수백 년 동안 많은 그리스도인이 군주제를 신적으로 제도화된 통치 수단으로 정당화했고 성경을 인용해서 그것을 뒷받침했다. 그러나 군주제하에서 종종 발생한 권력의 남용과 민주주의와 함께 오는 사회적 선을 숙고한 결과 궁극적으로 많은 그리스도인이 민주주의가 인간의 본성에 관해 성경이 가르치는 내용과 좀 더 궤를 같이하는 정부 형태라고 생각하게 되었다. 오늘날 군주제가 민주주의보다 좀 더 성경적인 정부 형태라고 말하는 그리스도인은 별로 없을 것이다. 또는 은행업 관행, 특히 대출에 대한 이자 수수 관행을 생각해보라. 성경에 수록된 몇몇 구절은 대출에 대해 이자를 받는 것에 대해 부정적이다.[20] 어떤 구절도 그것에 관해 호의적으로 말하지 않는다. 수백 년 동안 교회는 성경이 그리스도인들에게 결코 이자를 부과하지 말도록 가르친다고 말했다. 그러나 궁극적으로 교회는 은행들이 예금과 대출에 알맞은 이자율을 책정하도록 허용될 때 사람들이 집을 사고, 교육을 받고, 사업을 시작하고, 노후에 대비해 저축할 수 있게 됨으로써 막대한 사회적 유익이 창출될 수 있음을 알게 되었다. 오늘날 성경이 은행들이 온건한 이자율로 대출을 하거나 예금을 받도록 허용되면 안 된다고 가르친다고 믿는 그리스도인은 별로 없다.

물론 단지 성경의 재해석이 어떤 주제에 관한 현대의 학문과 잘 들어맞는다는 이유로 그것이 올바른 재해석임을 의미하지는 않는다. 교회사는 출현한 후 오랫동안 인기를 끌다가 궁극적으로 대다수 교회에게 거절된 성경 해석의 긴 목록을 제공한다. 좋은 재해석의 궁극적인 표준이 단지 성경을 해석하는 각각의 개인이 성령이 자기를 인도하고 있다고 **생각하는** 방식일 수는 없다. 우리는 서로를 필요로 한다. 성령의 인도 외에 교회는 좋은 인간적 학문을 필요로 한다. 참으로 좋은 학문은 성령이 사용하는 수단의 하나다. 좋은 재해석은 교회가 수백 년 동안 배워온 건전한 해석학 원칙들을 따라야 한다.

이런 역사적 예들은 과학적 발견들이 성경을 재해석하도록 동기를 부여하는 것이 과학과의 타협이나 과학에 대한 항복에 해당한다는 두려움을 제거할 것이다. 교회사에서 과학적 발견들은 성령이 교회가 특정한 구절들을 재해석하도록 자극한 여러 방식 중 하나다. 재해석 작업은

20 예컨대 출 22:25; 레 25:36-37; 느 5:10-11; 시 15:5; 겔 18:8, 13, 17; 22:12.

성령의 인도하에 과학, 성경 전체, 그리고 수백 년 동안의 신학이라는 학문을 포함한 모든 자원을 사용해서 이뤄져야 한다. 궁극적으로 과학이 우리의 성경 해석에 대해 권위를 가지지도 않고, 우리의 성경 해석이 과학에 대해 권위를 가지지도 않는다. 하나님이 우리의 모든 노력에 권위를 가진다.

2장

창조, 진화, 그리고 신적 행동

인간의 진화에 대한 과학적 증거가 옳다면 그것은 인간의 창조에 있어서 하나님의 행동에 관해 무엇을 함축하는가?

성경은 고대의 문화들에 적절한 방식으로 하나님의 자연 세상 창조와 통치를 묘사한다. 성경은 왕의 포고, 수세공, 하나님의 숨, 그리고 심지어 "하나님의 손가락"이라는 은유를 사용한다.

앞 장에서 논의된 바와 같이 과학의 기본적인 전제들은 기독교 신학과 양립할 수 있다. 그러나 과학은 자연과정을 명시적으로 하나님을 언급하지 않는 방식으로 묘사한다. 과학은 자연적인 원인과 결과의 사슬들을 묘사한다. 따라서 이 두 종류의 묘사가 처음에는 조화되지 않는 것처럼 보이는 것이 놀랄 일이 아니다.

성경은 하나님이 비를 의로운 자와 불의한 자에게 내려준다고 가르친다(마 5:45). 많은 구절이 하나님이 비와 가뭄을 가져온다고 선언하며[1] 몇몇 구절은 하나님의 눈과 비의 창고를 언급한다.[2] 대기 과학자들은 비를 증발과 응축, 고기압과 저기압, 그리고 한랭전선과 온난전선의 관점

1 예컨대 신 11:14-17; 왕상 8:35-36; 욥 5:10; 37:6; 렘 14:22.
2 예컨대 신 28:12; 욥 38:22; 시 135:7; 렘 10:13.

에서 설명한다. 성경은 하나님이 공중의 새들을 먹인다고 가르치는 반면(마 6:26) 조류학자들은 울새들이 어떻게 벌레들을 사냥하는지 과학적으로 묘사할 수 있다. 성경은 하나님이 태양과 별들을 창조했다고 가르치는 반면(창 1:14-16) 천체물리학자들은 성간 먼지구름의 중력 붕괴를 통한 별들의 형성에 관해 수학적으로 모델을 세울 수 있다. 시편의 저자는 하나님이 자신을 자기 모친의 태에서 만든 데 대해 하나님을 찬양한다(시 139:13). 발생생물학자들은 세포 성장, 유전자 규제, 신호를 보내는 분자들, 형태 발생, 그리고 세포 분화의 관점에서 배아 및 태아의 발달 과정을 묘사한다.

현대의 과학적 묘사가 신학적 묘사를 대체하게 할 유혹을 받기 쉽다. 대안적으로, 성경에 기록된 묘사들이 우리에게 귀하다면, 그리고 우리가 언제나 하나님이 이런 일들을 하나의 특정한 방식으로 달성하는 것으로 묘사해왔다면 과학이 하나님으로부터 뭔가를 빼앗아가려 한다고 비난할 유혹을 받기 쉽다. 우리는 그런 일은 어느 쪽도 하지 않아야 한다.

교회는 성경이 과학이 발견한 것에 대한 우리의 해석을 인도하게 하고 대위법에 귀를 기울임으로써 과학이 발견한 것과 교회가 하나님의 통치에 관해 가르쳐온 바를 조화시키는 법을 배웠다. 이번 장은 주로 현재 그리고 인간이 최초로 출현하기 전 오랜 자연의 역사 동안 하나님의 계속적인 자연 세상 통치에 초점을 맞춘다. 4장과 5장은 이것을 하나님의 인간 창조에 적용한다.

과학의 언어를 사용한 자연의 역사 요약

이 단락은 우리가 살아가는 세상의 자연사에 관한 과학자들의 합의를 요약하고,[3] 과학자들이 상당한 확실성을 가지는 부분과 아직 논란이 되는 부분을 지적한다. 이 단락은 사건들과 과정들을 자연적인 인과 관점에서 언급한다. 이 장의 나머지는 이런 과정들이 하나님의 행동들을 반영하는 방식들을 탐구한다.

행동 1: 빅뱅(137억 9천만 ± 2천만 년 전). 우리가 살아가는 우주의 모든 물질, 에너지, 그리고 공간이 작은 부피 안에 응축되어 있었다. 우리의 최고의 물리학 이론들도 무슨 일이 벌어지고 있었는지 묘사하지 못할 정도로 온도와 밀도가 높았다. 과학자들은 우주의 역사를 빅뱅 직후로 거슬러 올라가 추정할 수 있을 뿐이고, 실제 빅뱅의 시작은 현재 알려진 물리 법칙을 통해 설명될 수 없다.

행동 2: 원자, 은하, 별, 행성들의 형성(137억 9천만 년 전부터 현재까지).

---

3 이 단락은 어떤 이론들이 복수의 데이터를 통해 잘 확립되었는지 그리고 어떤 이론들이 덜 확립되었는지에 관한 과학자들의 합의를 요약한다. 학계에서 합의가 이뤄져 있는 경우에도 일반 대중 가운데 항상 합의가 있는 것은 아니다. 예컨대 2014년에 1,012명의 미국인 성인을 대상으로 한 연합통신-GfK 조사에서 응답자의 51퍼센트는 "우주가 138억 년 전에 빅뱅으로 시작했다"는 진술이 옳다는 것을 "그다지 확신하지 않거나" "전혀 확신하지 않았다." "The AP-GfK Poll," AP-GfK Public Affairs & Corporate Communications, March 2014, http://surveys.associatedpress.com/data/GfK/AP-GfK%20March%202014%20Poll%20Topline%20%20Final_SCIENCE.pdf. 하지만 물리학이나 천문학에서 석사 이상의 학위를 보유한 사람들 가운데서는 빅뱅이 일어났다는 데 대해 거의 완전한 합의가 이루어져 있다(국립 과학 협회 회원의 99.9퍼센트). Alexis C. Madrigal, "A Majority of Americans Still Aren't Sure About the Big Bang," *Atlantic*, April 21, 2014, https://www.theatlantic.com/technology/archive/2014/04/a-majority-of-americans-question-the-science-of-the-big-bang/360976/.

공간이 확장됨에 따라 최초의 뜨겁고 조밀한, 불안정한 입자들의 혼합물이 냉각되어 오늘날 우리가 아는 익숙한 입자들—양성자, 중성자, 전자, 그리고 약간의 다른 입자들—이 되었다.[4] 이것들이 결합해서 수소, 헬륨, 그리고 소량의 몇몇 다른 원자들을 형성했다. 중력 붕괴를 통해 이것들이 결합해서 은하들과 별들 및 행성들을 형성했다. 수십억 년 동안 별들 안의 핵융합을 통해 주기율표의 절반에 가벼운 원자들이 형성되었다. 초신성들(그리고 충돌하는 중성자별 같은 좀 더 색다른 과정들)이 좀 더 무거운 원자들을 만들고 새로운 세대들의 별과 행성의 형성을 촉발했다. 아직 많은 세부사항이 발견되지 않고 있지만, 과학자들은 이 자연의 역사에 관해 많은 것을 이해하고 있는데, 발견되지 않은 세부사항 중 몇 가지는 상당히 중요할 수도 있다.

행동 3: 지구의 대양, 대기, 그리고 땅의 형성(약 45억 4천만 년 전에서 현재까지). 이 이야기에 많은 물리적 및 화학적 이야기들이 관련을 맺고 있다. 앞 세대들의 별들에서 남은 원자들과 분자들을 포함한 물질의 성간운이 중력의 끌어당김을 겪었다. 그 물질 중 일부가 우리의 태양을 형성했다. 형성되고 있는 태양 주위를 돌던 몇몇 물질이 합쳐져 지구와 다른 행성들 그리고 태양계의 좀 더 작은 물체들을 형성했다. 형성되고 있는 지구에 물질들이 부가됨에 따라 지구가 가열되었고 금속 질인 핵과 암석으로 구성된 맨틀 그리고 최초의 지각이 분리되었다. 이 열로 말미암아 기체가 없어졌는데 그것은 대기와 액체 해양을 생성하는 데 도움

4 양성자와 중성자는 기본 입자(소립자)가 아니라 "위" 쿼크와 "아래" 쿼크라 불리는 입자들로 구성된다. 중성자들은 자체로는 안정적이지 않고 원자핵 안에서 양성자와 결합할 때 안정적이다.

이 되었다. 처음에는 진정한 대륙들이 없었다. 뜨거운 초기 지구에서의 마그마 과정들을 통해 최초의 작은 대륙들이 형성되었다. 계속되는 판 구조론 과정들과 화산 활동들이 계속 대륙들을 재형성하고, 섬들을 만들고 가라앉히고, 새로운 산맥과 해구들 및 강의 삼각주들을 형성하고, 물질들을 순환시키고, 새로운 토양을 만든다. 아직 많은 세부사항이 더 발견되어야 하지만 과학자들은 이 자연사에 관해 많은 것을 이해하고 있다.

행동 4: 지구상 최초의 생명(42억 년과 38억 년 전 사이의 어느 시점). 과학자들은 초기 지구의 물리적 및 화학적 상태 및 일어나고 있던 몇몇 화학 반응에 대해 상당히 잘 알고 있다. 과학자들은 우리가 화석 증거를 가지고 있는 가장 초기의 단세포 생물 형태에 관해 약간 알고 있다. 그들은 아직 그 중간에 존재하는 매우 많은 단계에 관해 이해하지 못하고 있다. 지구상에 생명이 어떻게 형성되었는지는 아마도 과학적 미결 문제 목록에서 빅뱅의 시작에만 뒤질 것이다.[5]

행동 5: 생물학적 진화(약 38억 년 전에서 현재까지). 일단 지구상에서 생명이 시작되고 나자 생명의 형태들이 진화하고 확산했다. 진화는 때때로 여러 세대에 걸쳐 발생하는, 생물학적 집단에서 유전될 수 있는 특

---

5 과학자들 중 소수는 최초의 생명의 형성은 알려진 자연법칙을 통해 "설명될 수 없다"고 말한다. 그들 중 몇몇은 이는 초자연적인 기적이 일어났음을 가리킨다고 말할 것이다. 다른 학자들은 아직 알려지지 않은 자연법칙이 발견을 기다리고 있다고 말할 것이다. 그러나 과학자의 대다수는 생명의 형성이 알려진 법칙과 물리학 및 화학의 관점에서 "설명될 수 없는" 것이 아니라 "부분적으로 설명될 수 있다"고 말할 것이다. 비록 우리가 모든 단계를 과학적으로 설명하는 것과는 거리가 멀지만 말이다. "설명될 수 없는" 것과 "부분적으로 설명될 수 있는" 것의 구별은 이 장의 뒤에서 논의된다.

성들의 변화로 정의된다. 진화의 한 가지 중요한 자연적 메커니즘은 무작위적인 유전적 돌연변이다. 살아 있는 모든 세포에서 DNA 분자들은 세포들에게 자신이 필요로 하는 화학물질을 만들고 규제하라는 지시를 내린다. 돌연변이가 일어나면 DNA에서 일어난 변화가 부모로부터 자손에게 전달될 수 있다. 돌연변이가 "무작위적"이라는 말은 과학자들이 돌연변이가 언제 일어날지 또는 그것이 어떤 형태를 취할지 예측할 수 없다는 것과 부모들의 행동이 자손들에게서 어떤 돌연변이가 일어날지를 결정하지 않는다는 것을 의미한다. 돌연변이들은 유기체들의 집단에서 유전자의 변이성을 증가시킨다. 두 번째로 중요한 진화의 자연적인 메커니즘은 생식 성공의 차이다. 몇몇 유기체들은 다른 유기체들보다 그것들의 환경에 좀 더 잘 적응한다. 적응력이 떨어지는 유기체들도 생존하고 번성하고 생식할 수 있지만, 좀 더 잘 적응하는 유기체들이 평균적으로 좀 더 많은 자손을 두는 경향이 있다. 이 과정은 무작위적이지 않다. 그것은 돌연변이를 통해 만들어진 변화를 새겨 넣는다. 시간이 지나면 이로 말미암아 환경의 특정한 틈새에 좀 더 잘 적응하는 집단이 만들어질 수 있다. 생물학적 진화는 때때로 단순히 무작위적인 유전적 돌연변이와 생식 성공의 차이가 결합한 것으로 요약된다. 이 두 메커니즘이 중요한 요소이기는 하지만 그것들이 진화 이야기의 전부는 아니다. 생물학적 진화에서 다른 많은 자연적인 메커니즘이 중요한 역할을 한다.[6] 수십억 년에 걸친 이런 메커니즘을 통해 단세포 생명의 다양성과 복잡

6 이런 메커니즘 중 몇몇과 그것들의 중요성에 관해서는 Dennis Venema, "Evolution Basics," *BioLogos*, October 30, 2018, https://biologos.org/blogs/dennis-venema-letters-to-the-duchess/series/evolution-basics를 보라.

성이 증가했다. 다세포 유기체들이 진화했다. 서로 관련된 유기체들의 상호작용 망들이 생태계를 형성했다. 과학자들은 이 자연사에 관해 많은 것을 알고 있다. 이 대목에서도 아직 발견되지 않은 세부사항이 많지만 말이다.

행동 6: 유전자-문화의 공(共)진화(약 200만 년전에서 현재까지). 신경학적으로 가장 복잡한 많은 동물은 가족 집단 안에서만 사는 것이 아니라 그들의 직계 가족보다 크고 좀 더 중요한 사회 집단 안에서 산다. 이런 사회 집단 안의 개인들은 생존이라는 과제를 상호 공유할 뿐만 아니라 지식과 기술을 한 세대에서 다음 세대로 넘겨주기도 한다. 우리 조상들은 약 200만 년 전의 어느 시점부터 새로운 많은 도구, 의사소통 기술, 가르치고 배우는 기술, 그리고 그들이 자신들의 환경을 변화시킨 사회적 관습들을 발달시키기 시작했다. 각각의 세대는 자신의 조상으로부터 유전자와 문화적 관습 모두를 물려받았고, 그 두 가지 모두 생존과 생식에 중요했다. 우리 조상들의 신경학적 및 사회적 복잡성이 증가함에 따라 유전자와 문화가 함께 진화했다(이 점은 14장에서 좀 더 깊이 있게 논의된다).

하나님이 기본 법칙, 원재료, 그리고 최초의 상태를 설계했다

하나님은 물질이나 에너지 또는 자연법칙이 존재하기 전에 자연의 역사의 모든 행동이 어떻게 자신의 의도를 달성할지에 관한 계획을 지니고 있었다. 이것을 "행동 0"으로 생각하라.

과학자들이 하나님의 설계에 관해 발견한 가장 놀라운 사항 중 하나는 소수의 단순한 부분들로부터 매우 다양한 것들이 만들어질 수 있다는 것이다. 양성자, 중성자, 그리고 전자라는 단순한 세 개의 입자들을 생각해보라. 그것들이 움직이고 서로 영향력을 행사하는 방법을 본뜨는 수학 공식들이 대략 종이 한 장에 쓰일 수 있다. 이 세 가지 유형의 입자들이 대략 100가지 유형의 다른 원자들을 형성한다. 이 100가지 유형의 원자들이 결합해서 매우 다양한 분자들을 형성한다. 지금 당신이 있는 교실을 둘러보고 그곳에 존재하고 있는 다양한 고체, 액체, 기체들을 생각해보라. 그러고 나서 당신의 몸 안에 있는 수천 개의 다른 생물학적 분자들을 생각해보라. 분자들 각각은 독특한 속성을 지닌다. 그것들 각각은 단지 이 세 종류의 입자들의 다양한 배열들을 통해 만들어진다. 이어서 분자들이 결합해서 우리가 보는 거의 모든 것—산과 호수, 살아 있는 세포, 나무와 딱정벌레 그리고 사람 등—을 형성한다. 이 세상—그리고 달, 소행성, 행성, 별, 성운, 그리고 은하수들—의 다양한 사물들은 단지 세 가지 종류의 입자들의 다양한 배열들로부터 만들어진다.

하나님이 양성자, 중성자, 그리고 전자들의 속성들과 그것들의 상호작용을 묘사하는 법칙을 설계했을 때 하나님은 그것들을 다른 방식으로 결합함으로써 만들 수 있는 모든 것들을 염두에 두었다. 그뿐만 아니라 하나님은 자연의 모든 역사를 염두에 두었다. 하나님은 수소와 헬륨의 구름들이 중력하에서 결합해서 최초의 별들을 형성하고(행동 2), 가벼운 핵들이 융합해서 무거운 핵들을 만들고, 액체 물의 해양과 기체 대기를 가진 지구형 행성들이 오래 살고 안정적인 별들 주위를 도는 방식으로 형성되도록(행동 3) 설계했다. 하나님은 이 입자들이 어떤 형태로 결합할 수 있는지뿐만 아니라 그것들이 상호작용하도록 창조된 방식으로 상호

작용함으로써 어떻게 이것들을 자연스럽게 형성할지도 설계했다. 자연사가 이런 식으로 일어나기 위해서는 자연법칙들의 수학적 구조, 기본 입자들의 속성, 그리고 우주의 최초의 상태 모두가 정교하게 조율되어야 했다.

DNA 분자는 양성자, 중성자, 그리고 전자들이 결합해서 형성할 수 있는 특히 놀라운 물질이다. DNA 분자들은 뉴클레오타이드로 불리는 단지 네 가지 종류의 분자들(대개 C, G, A, 그리고 T로 불린다)의 끈들이다. 그러나 그것들은 거의 어떤 순서로도 결합해서 긴 끈들을 만들 수 있다. 포유동물의 세포들에 들어 있는 DNA는 전체적으로 약 10억 개의 뉴클레오타이드들이 함께 묶여 있다. 그렇게 긴 DNA 끈을 결합할 수 있는 방법은 약 $10^{500,000,000}$가지가 있다. 하나님은 살아 있는 생물과 DNA를 만드는 것이 가능하도록 자연법칙을 설계했고 그러는 과정에서 방대한 가능성들—우리는 이것을 이론상으로는 이 모든 조합을 통해 생성될 수도 있는 모든 생물로 구성된 "가능성 공간"으로 부를 수도 있을 것이다—도 창조했다. 지구의 생명의 역사 동안 진화 과정을 통해 나타난 살아 있는 유기체들은(행동 5) 하나님이 설계한 그 가능성 공간의 지극히 작은 부분만을 탐험했을 뿐이다.

하나님이 물질, 에너지, 공간, 그리고 시간을 존재하게 한다

물질, 에너지, 공간, 그리고 시간은 하나님과 함께 영원히 존재하는 존재가 아니다. 하나님이 무로부터(*ex nihilo*) 그것들을 창조했다. 그것들은 현재 하나님으로부터 독립적으로 존재하지 않는다. 하나님이 매 순간 자연 세상이 존재하도록 계속 자연 세상을 유지한다.

하나님이 이 우주를 무로부터 창조했다는 신학적 개념을 빅뱅에 대한 과학적 묘사(행동 1)와 동일시하려는 유혹을 받기 쉽다. 우리가 아는 한 그럴 수도 있다. 빅뱅의 순간이 하나님이 무로부터 기적적으로 이 우주를 창조한 것에 상응할 수도 있다. 물론 하나님이 오늘날 자연적인 메커니즘을 통해 새로운 별들과 새로운 나무들을 창조하는 것처럼 자연적인 메커니즘—우리가 아직 발견하지 못한—을 창조해서 빅뱅으로 특정한 우주를 시작했을 수도 있다. 이 이론의 형태 하나가 "다중우주 가설"로 불린다.[7] 설사 과학자들이 미래의 어느 날 우리의 빅뱅을 초래했을 수도 있는 자연적인 메커니즘을 발견한다고 하더라도 그것이 무로부터의 창조라는 신학적 가르침을 위협하지 않을 것이다. 그것은 단순히 과학이 연구할 수 있는 자연적인 인과의 사슬을 늘리기만 할 것이다. 궁극적으로 하나님이 처음부터 끝까지 인과의 사슬 전체를 존재하게 하고 그것을 유지한다. 하나님이 존재하는 물질, 에너지, 공간, 그리고 시간의 궁극적인 원인이다.

---

7 다중우주 가설은 선재하는 몇몇 우주 안의 어떤 자연적인 과정이 우리의 빅뱅(우리의 특정한 우주의 모든 물질, 에너지, 공간, 그리고 시간) 및 다른 많은 우주들도 만들었다고 제안한다. 이 아이디어는 사변적이지만 이것이 사실일지도 모른다고 생각할 건전한 몇몇 과학적 이유가 있다. 무신론자들은 때때로 하나님에 대한 대안으로서 다중우주 가설을 제시한다. 그리스도인들에게 있어서는 설사 다중우주 가설이 과학적으로 타당한 것으로 판명되더라도 그것이 하나님을 대체하지 않고 오히려 우리에게 하나님이 우리의 특정한 우주를 창조한 수단에 관해 좀 더 많은 것을 말해줄 것이다. 이 주제에 관해 좀 더 자세한 내용은 다음 문헌들을 보라. Deborah Haarsma, "Universe or Multiverse, God Is Still the Creator," *BioLogos*, May 3, 2018, https://biologos.org/blogs/deborah-haarsma-the-presidents-notebook/universe-or-multiverse-god-is-still-the-creator; 그리고 Deborah Haarsma, "God and the Multiverse," *Trinity Forum Lectures*, September 13, 2016, https://www.youtube.com/watch?v=KTS_8B0CNeU.

하나님이 자연법칙을 유지한다

자연에서—폭풍우와, 고기압·저기압 중심 및 온난전선·한랭전선과 폭풍우 사이의 관계 같은—규칙적인 패턴을 관찰할 때 과학자들은 그 근저의 인과 관계의 패턴을 이해하려고 한다. 몇몇 경우에는 그 패턴들이 매우 기본적이고 보편적이어서 과학자들이 그것들을 "자연법칙"으로 부른다. 예컨대 두 물체 사이의 중력을 예측할 수 있어서 과학자들이 수학 공식으로 그것의 모델을 구축할 수 있다. 그것은 매우 규칙적이고 보편적이어서 과학자들은 그것을 자연법칙으로 부른다. 과학자들은 심지어 "중력 법칙이 행성들의 움직임을 다스린다"고 말하기까지 한다.

성경은 우리에게 이것이 전체 이야기가 아니라고 말한다. 자연법칙들이 다스리지 않는다. 하나님이 다스린다. 하나님은 자신이 "주야와 맺은 언약"과 고정된 "천지의 법칙"에 관해 말한다(렘 33:25).

시편 104:19-24은 하나님의 다스림을 찬양한다.

> 여호와께서 달로 절기를 정하심이여,
> 해는 그 지는 때를 알도다.
> 주께서 흑암을 지어 밤이 되게 하시니
> 삼림의 모든 짐승이 기어나오나이다.
> 젊은 사자들은 그들의 먹이를 쫓아 부르짖으며
> 그들의 먹이를 하나님께 구하다가
> 해가 돋으면 물러가서 그들의 굴 속에 눕고
> 사람은 나와서 일하며 저녁까지 수고하는도다.
> 여호와여, 주께서 하신 일이 어찌 그리 많은지요?

주께서 지혜로 그들을 다 지으셨으니

주께서 지으신 것들이 땅에 가득하니이다.

이 시편은 같은 사건들을 자연적인 사건들(해가 지고 사자들이 사냥한다)로 및 신적 행동들(하나님이 어둠을 가져오고 사자들이 하나님으로부터 그것들의 먹이를 받는다)로 묘사한다. 이 시편은 현대 과학이 등장하기 수백 년 전에 쓰였지만, 그 시편 저자는 기적들과 해가 지는 것 같은 통상적인 자연적인 사건들 사이의 차이를 알았다. 시편들은 이스라엘의 과거에 있었던 기적적인 구원 행위로 인해 하나님께 드리는 찬양으로 가득 차 있다. 그러나 이 시편 및 다른 많은 구절은 통상적인 자연적인 사건들에서조차 하나님이 완전하게 책임을 지고 있다고 주장한다. 하나님의 의지나 하나님과 창조된 세상 사이의 협력을 떠나서는 이 창조된 세상에서 아무 일도 일어나지 않는다.[8]

하나님이 새로운 별들과 새로운 종들을 기적적으로 창조할 수 있지만, 그는 종종 자신의 창조물과의 협력을 통해 창조하기로 작정하는데

8 기독교 정통파의 전통 안에서 자연법칙의 지위를 이해하는 최소한 두 가지 방법이 있다. 한 가지 견해는 창조물들에게는 하나님에 의해 부여된 진정한 인과 관계상의 능력이 있지만, 그것들이 하나님과 독립적으로 작동하지 않는다는 것이다. 그것들은 계속적인 존재를 하나님께 의존하고 하나님이 자연적인 인과 관계에 "동의한다." 종종 "동의"(concurrence)로 불리는 이 견해는 아마도 그리스도인 과학자들 사이에 가장 흔한 견해일 것이다. 우인론(偶因論, occasionalism)으로 불리는, 좀 덜 흔하게 주장되는 또 다른 전통적인 기독교의 견해는 창조물들은 자체의 인과 관계상의 능력을 지니지 않는다고 말한다. 일어나는 모든 일은 직접 하나님으로 말미암아 일어난다는 것이다. 창조물의 행동들은 단지 신적 행동으로 비롯될 뿐이다. 이 장은 우인론보다는 동의를 가정한다. 이 주제에 관한 좀 더 광범위한 의견 조사와 분석은 C. John Collins, *The God of Miracles: An Exegetical Examination of God's Action in the World*(Wheaton: Crossway, 2000)를 보라.

이는 "매개된 창조"로 불리는 신적 행동의 한 유형이다. 그는 자연에게 자신의 창조 사역과 섭리 사역의 협력자가 되라고 요구한다. 새로운 별들은 성간운들의 중력 붕괴를 통해 형성된다. 이처럼 하나님은 자신이 전에 창조한 물질들에 의존해서 그리고 자연법칙들과 협력해서 새로운 별들을 창조한다. 마찬가지로 하나님은 별들의 핵 안에서 일어난 융합이라는 자연과정을 통해 우리 몸 안의 탄소와 산소를 형성했다. 하나님은 초기 태양계의 원재료들에 작용한 중력 작용과 화학 작용을 통해 지구의 해양과 대기와 육지를 형성했다. 이 장의 앞에서 묘사된 자연의 역사의 모든 "행동들"은 자연적인 인과 관계라는 과학적 언어와 하나님의 행동이라는 신학적 언어 모두를 사용해 묘사될 수 있다. 과학적 묘사가 신학적 묘사를 제거하지 않는다.

철학자이자 물리학자인 로버트 비숍은 창조세계에 나타난 하나님의 매개된 행동을 하나님이 창조세계의 한 부분에게 다른 부분에 봉사하도록 요구하는 것으로 묘사한다.

> 창조세계의 몇몇 부분들은 창조세계가 하나님이 요구하는 존재가 되는 데 참여할 수 있도록 창조세계의 다른 부분들에 대한 매개자나 봉사자로 섬기도록 요구되고, 그렇게 할 수 있는 능력을 부여받는다. 예컨대 창세기 1장에서 "하나님이 이르시되 '땅은 풀과 씨 맺는 채소…를 내라'"고 했고(창 1:11) "하나님이 이르시되 '땅은 생물을…내라'"고 했다(창 1:24).…위대한 창조 시편인 시편 104편은 창조세계가 신적 요구와 인도와 능력 부여하에서 창조세계에 봉사하는 예들로 가득하다. 나무들과 산의 바위들이 동물들에게 은신처를 제공하고, 풀과 물이 식물들과 동물들에게 자양분과 원기

회복을 제공하며, 주야와 계절들의 순환이 식물들의 삶을 떠받치고, 사자들은 먹잇감을 사냥함으로써 하나님으로부터 먹이를 구한다. 또는 산상수훈에서 예수가 한 말을 생각해보라. "공중의 새를 보라. 심지도 않고 거두지도 않고 창고에 모아들이지도 아니하되 너희 하늘 아버지께서 기르시나니…"(마 6:26). 다양한 종들이 씨앗, 식물, 곤충, 벌레 등을 먹기에 새들의 먹이는 매우 다양하다. 종마다 먹이를 찾는 전략이 다르지만, 이 모든 먹이 활동 행동에 대해 예수는 하나님이 창조세계에서 활동함으로써 창조세계가 새들이 필요로 하는 먹이를 공급하게 하여 새들을 먹이는 것으로 묘사한다(욥 38:39-41과 비교하라).[9]

하나님이 과학적으로 이해될 수 있는 자연과정을 사용해서 우리 각자가 수태 당시 하나의 세포에서 아홉 달 뒤 갓난아기로 자라게 했지만, 우리 각자는 시편 저자처럼 하나님이 "나의 모태에서 나를 만드셨다"라고 선언할 수 있다(시 139:13). 하나님이 우리 인간이라는 종을 형성할 때 과학적으로 이해될 수 있는 진화 과정들을 사용했지만, 우리는 여전히 하나님이 우리를 창조했다고 선언할 수 있다. 과학자들이 자연 세상의 몇몇 부분을 자연법칙의 관점에서 설명하더라도 이것이 하나님을 그림에서 제거하지 않는다. 오히려 과학은 우리가 하나님의 다스림의 패턴을 부분적으로 이해하도록 도움을 준다. 성경은 우리가 우주에서의 하나님의 매개된 행동을 하나님이 멀리 떨어져 있다는 표지로 해석할 것이 아니

9 Robert Bishop, "Recovering the Doctrine of Creation: A Theological View of Science," *BioLogos*, January 31, 2011, https://biologos.org/articles/recovering-the-doctrine-of-creation-a-theological-view-of-science.

라, 하나님이 은혜롭게도 자신의 창조물이 자신의 목적을 성취하는 데 협력하게 하는 표지로 해석하라고 가르친다.

하나님은 무작위성을 포함하는 자연과정들을 사용한다

어떤 눈송이도 똑같지 않다고 한다. 눈송이들은 물 분자들로 만들어진다. 각각의 물 분자는 똑같은데 어떻게 각각의 눈송이는 독특할 수 있는가? 이에 대한 답은 자연법칙과 우연의 상호작용에 놓여 있다. 자연법칙의 규칙성은 각각의 눈송이를 육각형의 결정으로 만든다. 무작위성—각각의 물 분자가 커지는 결정 위에 축적될 때 그 분자들의 무작위 운동—이 각각의 눈송이를 독특하게 만든다.

하나님은 물 분자들에게 그것들의 속성을 주는 물리 법칙과 화학 법칙을 설계했고 그 과정에서 (특히) 눈송이들을 위한 **가능성** 공간, 즉 눈송이들이 취할 수도 있는 형태의 방대한 배열도 창조했다. 만일 당신이 물 분자들이 눈송이들로 배열될 수 있는 가능한 수를 세려고 한다면 그 수는 매우 많을 것이다(가시적인 우주 안의 모든 입자의 수보다 훨씬 많을 것이다). 당신이 지구의 생애 동안 만들어졌던 모든 눈송이를 수집할 수 있다고 할지라도 그 수는 가능한 눈송이 형태의 작은 부분에 지나지 않을 것이다. 각각의 눈송이가 무작위 운동을 통해 형성되므로 우리는 그것을 모든 눈송이의 가능성이라는 방대한 배열을 통과하는 좁은 경로들이라고 생각할 수 있다.

하나님이 자신의 창조세계와 협력해서 일하기에 우리는 하나님이 우리에게 무작위로 보이는 과정들을 사용하는 것을 보고 있다. 일상의 언어에서 사용되는 "무작위"는 종종 "무의미한" 또는 "목적이 없는"을 의미한다. 그러나 과학자들이 "무작위"라는 말을 과학적 맥락에서 사용할 때 그 말은 단지 "예측 불가능한"을 의미한다.[10]

"무작위"가 반드시 목적이 없음을 함축하지는 않는다. 사실 인간들은 종종 의도적으로 무작위성을 채택한다. 우리가 동전 던지기를 축구 경기에서 어느 팀이 먼저 공을 받을지를 결정하는 가장 공정한 방법으로 간주하기 때문에 축구 경기가 시작될 때 심판들이 동전을 던진다. 카지노들은 오락의 원천으로서, 그리고 비록 카지노가 장기적으로는 이익을 보도록 승산이 정해지기는 하지만 소수의 고객은 잃는 것보다 더 많이 따게 하는 방법으로서 우연의 게임을 사용한다. 비디오 게임 설계자들은 게임이 좀 더 재미있어지도록 게임에 다소의 무작위성을 덧붙인다. 예술가는 컴퓨터가 수학 공식들에 기초해서 일련의 아름다운 그림들을 보여주되, 컴퓨터가 그 공식 안의 변수들을 무작위로 변경해서 완전히 새로운 아름다운 그림들을 보여주도록 프로그램을 설계할 수 있다.

---

10 과학자들은 때때로 "무작위"라는 단어를 원칙적으로는 예측할 수 있지만, 최종 결과가 최초 조건의 작은 변화에 매우 민감해서 실제로는 예측 불가능한 과정들에 사용한다. 한 쌍의 주사위를 굴리는 것을 생각해보라. 우리는 두 주사위의 숫자 합계가 7이나 9가 나올 확률을 계산할 수 있지만 어느 특정한 조합이 나올지 예측할 수 없다. 주사위들은 굴려질 때마다 똑같은 중력 법칙과 운동 법칙을 따르지만, 그것들은 어떻게 튀고 회전하는지에 따라 다른 결과를 낳는다. 주사위들이 던져질 때마다 조금만 다르게 던져지더라도 그 작은 차이가 튈 때마다 확대되고 몇 번 튄 뒤에는 최종 결과가 달라진다. 과학자들은 또한 "무작위"라는 단어를 우리가 알 수 있는 한 원칙상으로 예측할 수 없는 과정들에 대해 사용한다. 분자, 원자, 기본 입자들의 운동을 묘사하는 데 사용되는 물리학인 양자역학은 이런 식으로 작동하는 것처럼 보인다. 백만 개의 동일한 원자들이 똑같이 불안정한 상태에 놓이면 각각 다른 시기에 붕괴할 것이다. 우리는 붕괴 시기들의 확률과 분포를 예측할 수 있지만, 각각의 입자 원자의 정확한 붕괴 시기는 우리가 아는 한 원칙적으로 예측할 수 없다.

공기 중으로의 꽃들의 향기 발산, 태양의 핵 안에서 일어나는 양성자들의 충돌과 융합, 당신의 폐에서 일어나는 산소들의 혈류로의 발산 등 많은 자연과정이 무작위성을 채택한다. 진화 과정이 어떻게 무작위성을 사용해서 종들이 변하고 적응할 수 있게 하는지(행동 5)가 이 장에서 특히 우리에게 적실성이 있다.

어떤 숲에서 번성하는 특정한 새의 종을 상상해보라. 장기간에 걸쳐 기후가 충분히 천천히 건조해지거나 습해지면 진화의 메커니즘이 그 새의 종이 기후 변화에 적응하게 할 것이다. DNA 복제의 예측 불가능한 측면이 이따금 무작위적인 돌연변이로 이어질 것이다. 후손에게 전해진 각각의 돌연변이는 한 종 안에서의 유전자 변이를 증가시킨다. 몇몇 개체들은 그것들을 변하는 환경에 좀 더 잘 적응하게 하는 변이들을 지니며, 이런 개체들은 좀 더 성공적으로 재생산하는 경향이 있다.

그러나 무작위 돌연변이가 종 안에서의 다양성만을 증가시킬 수 있는 것은 아니다. 돌연변이는 종들과 심지어 생태계의 다양성 증가에도 이바지할 수 있다. 또다시 어떤 숲에서 번성하는 특정한 새의 종을 상상해보라. 그 숲의 남쪽에는 늪지대가 있고 동쪽에는 모래가 많은 초지가 있으며 서쪽에는 산들이 있다고 가정하라. 그 숲 지역들의 경계들에서 사는 새들은 여러 지역에 적응된 아종(亞種)들로 진화할 수 있다. 충분한 시간이 지나면 그것들의 후손들은 이웃하는 각각의 환경에서 살도록 추가로 적응하여 새로운 별개의 종이 될 수 있다. 전에는 하나의 종이 있던 곳에 이제 두 개나 세 개 또는 네 개의 종이 존재한다. 그리고 한 생태계에 새로운 종이 출현할 때마다 생태계는 더 많은 종이 옮겨 올 수 있는 틈새들과 기회들을 만들어낼 수 있다.

하나님은 DNA에게 그것의 속성들을 부여하는 물리 법칙과 화학 법칙들을 창조했고 그 과정에서 특히 생명이 취할 수 있는 모든 가능한 형태로 구성된 광대한 가능성 공간도 창조했다. 만일 당신이 DNA 염기쌍의 가능한 모든 배열인 30억 개의 DNA 염기쌍으로부터 만들어질 수 있는 모든 생명의 형태를 상상하려고 한다면 가능한 생명 형태의 수는 매우 많을 것이다(가시적인 우주 안의 입자들의 수보다 훨씬 많을 것이다). 만일 당신이 지구의 역사에서 존재했던 모든 생물의 목록을 작성한다고 하더라도 그것은 가능한 모든 생명 형태의 작은 부분에 지나지 않을 것이다. 종들이 지구의 전체 역사를 통틀어 진화하기 때문에 우리는 그것들이 모든 가능한 생명 형태라는 방대한 가능성 공간의 경로들을 탐험한다고 생각할 수 있다.

하나님이 특정한 무작위 사건들의 결과들을 선택했을 수도 있다

인간의 관점에서는 무작위로 보이는 사건들이 완전히 하나님에 의해 결정되었을 수도 있다. 잠언 16:33을 고려해보라 "제비는 사람이 뽑으나 모든 일을 작정하기는 여호와께 있느니라." 현대 과학이 등장하기 수백 년 전에 고대인들은 제비뽑기나 날씨 같은 몇몇 사항들은 예측할 수 없음을 알았다. 잠언의 이 구절과 성경의 다른 구절들은 오늘날 과학자들이 확률을 사용해서 묘사할 사건들에 대한 하나님의 주권을 선언한다.

하나님이 특정한 시간에 특정한 돌연변이가 일어나도록 선택함으로써 생물학적 진화 일반 그리고 특히 인간의 진화를 인도했는가? 그 답을 알려 주는 데 도움이 되는 과학적 질문도 있지만, 그것은 주로 신학적인 질문이다.

좀 더 넓은 신학적 질문으로 시작해보자. 하나님이 과학적 관점에서 무작위로 보이는, 자연에서 일어나는 모든 사건을 직접 통제하는가? 또는 하나님이 자연과정 안에 진정한 무작위성을 내장해놓고 자신이 창조한 시스템이 무작위성을 통해 그가 정한 한계 안에서 선택지들을 탐험하도록 허용하는가? 그리스도인 학자들은 몇몇 답변을 제공해왔다. 그들은 하나님이 자연법칙 및 과학적으로 무작위적이라고 묘사되는 사건들에 대해 주권을 행사한다는 데 동의한다. 하지만 그들은 이 주권을 어떻게 묘사하는 것이 가장 좋은지에 대해 동의하지 않는다.[11]

어떤 신학적 견해에 따르면 하나님이 매 순간 과학적으로 무작위로 보이는 각각의 사건의 결과를 포함하여 모든 물체의 활동을 결정한다. 하나님이 각각의 눈송이에 들어있는 모든 물 분자의 정확한 위치를 결정한다. 하나님이 각각의 불안정한 원자가 붕괴하는 정확한 순간을 결정한다. 하나님이 생명의 전체 역사에 걸친 모든 유기체의 집단에서 발생하는 각각의 돌연변이의 정확한 시기와 장소를 결정한다. 이 견해의 옹호자들은 이 견해가 하나님의 주권을 중요하게 보는 관점을 유지한다고 지적한다. 이 견해의 비판자들은 이 견해가 하나님을 자신의 창조물

---

11 이 주제에 관해 의견을 달리하는, 그리스도인 학자들의 몇몇 유용한 서적은 다음을 포함한다. Donald MacKay, *Science, Chance and Providence* (Oxford: Oxford University Press, 1978); John Polkinghorne, *Quarks, Chaos, and Christianity* (New York: Crossroad, 1994[『쿼크, 카오스, 그리스도교: 종교와 과학에 관한 질문들』, 비아 역간]); John Polkinghorne, *Science and Providence* (Boston: Shambhala, 1989); 그리고 Robert John Russell, Nancey Murphy, and Arthur Robert Peacocke, *Chaos and Complexity* (Notre Dame, IN: University of Notre Dame Press, 1995).

에게 자유로운 존재라는 환상만을 주는, 인형 조종자 같은 존재로 만든다고 주장한다.

두 번째 신학적 견해는 하나님이 물질적인 대상들에게 자신이 유지하는 자연법칙을 통해 허용된 일련의 가능성을 탐험할 자유를 준다고 주장한다. 하나님은 어떤 특정한 무작위 사건의 결과를 결정하지 않고 대신 가능한 결과들의 범위와 각각의 결과의 확률을 정함으로써 무작위성을 규율한다. 따라서 하나님은 입자와 시스템과 유기체들에게 이 경계 내에서 자연법칙에 따라 상호작용해서 아름답고 복잡한 광범위한 결과들을 낳도록 허용한다. 비록 하나님이 물체들에게 어느 정도 자유를 부여하지만, 그것들은 여전히 자신의 계속적인 존재를 하나님께 의존한다. (그리고 무작위적인 요소를 지닌 자연법칙을 사용한 하나님의 일반적인 다스림에 더하여, 하나님은 여전히 이런 자연법칙 밖에서 기적을 행하기로 선택할 수도 있다.) 이 견해의 옹호자들은 무작위성은 하나님이 자신의 창조물에게 은혜롭게 인과 관계상의 능력을 주어서 그것들이 하나님이 자신을 위해 창조한 가능성의 범위를 탐험하도록 허용하는 방법의 하나라고 주장한다. 이 견해의 비판자들은 때때로 이 견해가 하나님의 주권을 너무 많이 약화시킨다고 주장한다.

방금 언급된 두 견해의 중간에 위치하는 세 번째 신학적 견해는 하나님이 과학적으로 예측 불가능한 모든 사건의 결과를 직접 선택하지는 않지만, 전략적으로 중요한 시점에 몇몇 결과를 직접 선택해서 특정한 일들이 확실히 일어나게 한다고 주장한다. 예컨대 하나님이 생명의 역사에서 모든 무작위 돌연변이를 결정하지는 않았을 수도 있지만, 특정한 돌연변이들을 인도해서 특정한 경로를 따라 특정한 종이 진화하도록 인도했을 수도 있다. 이 견해의 옹호자들은 이 견해가 하나님의 뜻이 언제나 성취되게 하면서도 하나님의 창조물에게 진정한 인과 관계상의 능력과 진정한 자유를 부여한다고 주장한다. 이 견해의 비판자들은 때때로 이 견해가 신정론 문제(왜 하나님이 악을 허용하는가?)를 좀 더 어렵게 만든다고 주장한다. 왜 하나님이 때로는 무작위 사건들의 결과를 선택해서 선을 이루거나 고통을 방지하고 때로는 그렇게 하지 않는가?

과학적 검증들은 이 중 어느 견해가 옳은지 결정하지 못한다.[12] 하나님이 무작위 사건들의 결과를 언제나 선택하는가, 전혀 선택하지 않는가, 아니면 때때로 선택하는가는 하나님의 주권, 창조물의 자유, 그리고 신정론에 관한 좀 더 넓은 일련의 신학적 질문 중 하나다. 여기서 논의된 견해들 각각은 대다수 기독교 전통의 경계 안에 위치한다. 그 견해들 각각에 관해 좀 더 신학적인 찬반 논거가 제시될 수 있지만, 그 견해들의

---

12 몇몇 사람은 "하나님이 진화를 인도했다"라는 어구를 다음과 같은 의미로 사용한다. "자연적인 진화 메커니즘들은 그것 자체로는 종들에서 소규모 변화만을 낳을 수 있다. 그것들은 생명의 역사에서 대규모 변화, 특히 복잡성 증가와 지능의 향상을 설명하지 못한다. 이런 변화는 일반적인 진화 메커니즘을 통해서는 일어날 가능성이 지극히 낮다. 그러므로 생물학적 역사에서 하나님이 틀림없이 이런 대규모 변화를 낳기 위해 적시에 올바른 돌연변이들을 공급함으로써 진화를 인도했을 것이다." 이 견해가 옳다면 (아마도 어느 하나의 돌연변이 수준에서가 아니라 장기간에 걸쳐 있을법하지 않은 결과를 달성하는 돌연변이들의 누적을 통한) 하나님의 무작위 사건들의 인도가 실제로 과학적으로 탐지될 수 있을 것이다. 하지만 나는 이 견해가 옳다고 생각하지 않는다. 나는 대다수 과학자와 마찬가지로 자연적인 진화 메커니즘이 종들에서의 소규모 변화뿐만 아니라 복잡성 증가와 지능 향상을 포함한 대규모 변화도 낳을 수 있다고 믿는다. 다음 문헌들을 보라. Deborah B. Haarsma and Loren D. Haarsma, *Origins: Christian Perspectives on Creation, Evolution, and Intelligent Design* (Grand Rapids: Faith Alive Christian Resources, 2011); Loren Haarsma and Terry M. Gray, "Complexity, Self-Organization, and Design," in *Perspectives on an Evolving Creation*, ed. Keith B. Miller (Grand Rapids: Eerdmans, 2003), 288-309.

요약은 이 책의 필요를 벗어날 것이다. 우리는 이런 견해들이 인간의 진화에 관한 우리의 사고에 어떤 영향을 주는지에 가장 큰 관심이 있다.

내가 위에서 언급한 바와 같이 이 신학적 질문에 대한 우리의 대답에 영향을 줄 수 있는 과학적 질문도 있다. 진화가 특정한 역사적 사건들에 어느 정도로 고도로 **조건부**이고, 취해진 특정한 경로에 무관하게 본질적으로 동일한 결과로 **수렴**하는가?

돌연변이들은 우발적인 사건들이다. 과학적 관점에서는 그것들은 무작위적이다. 그리고 몇몇 돌연변이들은 어떤 종이 다른 방식으로가 아니라 하나의 방식으로 발전하도록 허용하는 핵심적인 사건들로 보인다. 전체 종들 또는 생태계를 말살하는 지진, 화산 폭발, 운석 충돌의 정확한 시기와 위치 같은 다른 우발적인 사건들 역시 진화의 역사에 영향을 줄 수 있다. 몇몇 과학자는 진화는 우발적인 사건들에 매우 의존적이어서 그 결과가 완전히 예측 불가능하다고 결론짓는다. 아마도 이런 주장 중 가장 유명한 것은 스티븐 제이 굴드의 『놀라운 생명』(*Wonderful Life*)일 것이다.[13] 그는 만일 우리가 "생명의 테이프"를 다세포 생물이 등장하기 전의 시점으로 되감아서 그것을 재생한다면 지구의 생명의 역사가 완전히 달라질 것이라고 말한다. 인간 같은 생물이 진화하지 않았을 수도 있다.

진화의 다른 측면들은 무작위적이지 않다. 자연선택은 종 안에서의 다양성에 대해 작용해서 종이 특정한 환경들에 좀 더 잘 적응하게 만든

13 Stephen Jay Gould, *Wonderful Life: The Burgess Shale and the Nature of History* (New York: Norton, 1990), 14, 238, 317, 323.

다. 그 결과 다른 진화의 역사를 지닌 판이한 종들이 때때로 그것들의 환경에 의해 제기된 도전들에 대해 독립적으로 매우 유사한 해법들로 수렴한다. 고생물학자인 사이먼 콘웨이 모리스는 이 결론을 지지하는 데이터를 묘사하는 몇 권의 책을 썼다.[14] 새와 박쥐의 날개, 척추동물(어류, 양서류, 파충류, 조류, 그리고 포유류)과 자포동물(특정한 해파리) 그리고 두족류(오징어와 낙지)의 카메라 같은 눈, 박쥐와 돌고래에게서 발견되는 음향탐지, 물고기와 물개와 펭귄과 고래의 유선형인 몸의 형태처럼 수렴성 진화의 유명한 몇 가지 예가 있다. 어떤 과학자는 우발성이 진화에서 일정한 역할을 하지만 진화의 대규모 결과는 대체로 수렴한다고 결론짓는다. 이 견해에서는 설사 우리가 생명의 테이프를 다시 돌린다고 해도 매우 유사한 생명의 형태가 다시 나올 것이다.

과학자들은 진화가 어느 정도로 특정한 역사적 사건들에 고도로 조건부이고 어느 정도로 수렴하는지에 관한 합의에 아직 도달하지 않았다. 이 과학적 질문이 하나님의 무작위성 규율에 관한 우리의 신학적 질문에 어떤 정보를 제공하는가?

하나님이 과학적으로 무작위적인 모든 사건의 결과 또는 몇몇 무작위적인 사건의 결과를 선택한다면 그 과학적 질문은 신학적으로 중요하지 않게 된다. 진화가 과학적 관점에서 고도로 조건부이거나 고도로 수렴하는 것은 중요하지 않다. 어느 쪽이든 하나님이 무작위 사건들의 결과들을 선택해서 인간의 진화를 포함한 진화를 자신이 원하는 특정한

---

14 다음 문헌들을 보라. Simon Conway Morris, *The Crucible of Creation: The Burgess Shale and the Rise of Animals* (Denver: Peterson's, 1998); *Life's Solution: Inevitable Humans in a Lonely Universe* (Cambridge: Cambridge University Press, 2003).

방식으로 인도했을 테니 말이다.

다른 한편으로 하나님이 과학적으로 무작위적인 사건들의 결과를 선택하지 않는다면 그 과학적 질문이 신학적으로 좀 더 큰 영향을 준다. 진화가 고도로 수렴성이라면 인간과 매우 비슷한 어떤 존재의 진화는 애초부터 하나님에 의해 내장되어서 진화의 과정에서 어떤 무작위 사건이 일어나든 그것이 일어나도록 정해진 셈이다. 그러나 진화가 고도로 조건부라면 인간과 매우 비슷한 어떤 존재의 진화는 불가피한 것이 아니었던 셈이다. 이 견해를 취하면서도 우주에는 매우 많은 행성이 존재하며 하나님은 궁극적으로 인간과 비슷한 것의 진화가 어느 곳에선가는 불가피하다는 점을 알았을 것이기 때문에 이것이 하나님이 자기의 뜻을 성취하는 데 아무런 장애가 되지 않는다고 결론을 내릴 수도 있을 것이다.

하나님이 자연의 역사 동안 기적적으로 행동했을 수도 있다

하나님은 우리가 과학적으로 묘사할 수 있는 자연적인 사건들에 대해 주권을 행사한다. 성경은 기적들에 관해서도 말한다. "기적"이 언제나 자연적인 인과 관계의 위반을 함축하지는 않는다. 기적들은 예언자 엘리야의 선언과 더불어 기근이 시작하고 끝난 것처럼 일반적인 사건들이 매우 이례적인 시기에 일어나는 경우일 수도 있다.[15] 그런 기적들은 과학

15 몇몇 신학자는 이런 사건들을 "특별 섭리"로 부르기를 선호한다. 그들은 "기적"이라는 용어를 하나님이 이차적인 원인이 없이 일어나게 하는 일들에 대해서만 사용한다. 그러나 그런 사건들을 "기적들"로 부르는 것이 보편적이며, 나 역시 이 책에서 그렇게 한다.

적으로 불가능하거나 개연성이 낮지도 않지만, 기적이 발생하는 시기가 하나님에 의해 특별히 배열되고 그것의 중요성을 설명하는 특별계시가 수반된다. 기적들은 또한 기적적인 질병의 치유처럼 개연성이 매우 낮은 사건들일 수도 있다. 성경에 기록된 예수의 부활 같은 기적들은 자연법칙의 토대에서 설명되지 않는다. "기적"이라는 용어가 과학과 종교라는 맥락에서 사용될 때 사람들은 대개 일반적이고 자연적인 인과 관계 사슬이 초자연적으로 중단되는 사건들을 생각한다. 이 책에서도 이 용어가 그런 식으로 사용된다.

자연법칙들이 하나님이 일반적으로 자신의 창조세계를 감독하는 방법일 경우 특별한 사안에서 하나님이 그 일반적인 규율을 대체할 수 있다. 인간들도 때때로 타당한 이유로 예기치 않은 방식으로 행동한다. 예컨대 당신이 어떤 친구가 대다수 상황에서 어떻게 행동할지 예측할 수 있을 정도로 그 친구를 아주 잘 알 수도 있다. 만일 그 친구가 어느 날 매우 유별난 일을 한다면 당신은 그날의 특별한 상황을 조사하기 전에는 친구의 그 행동으로 말미암아 당황할지도 모른다. 그 특별한 상황을 알게 되면 당신은 그 친구가 그날 그 놀라운 행동을 할 충분한 이유—그 친구의 성품과 일치하는 이유—가 있었음을 이해할 것이다. 성경에서 기적들이 종종 그런 식으로 묘사된다. 하나님이 (그가 일반적으로 창조세계를 다스리는 방식에 기초했을 때) 뭔가 예기치 않은 일을 하지만, 우리가 특별한 상황을 고려하면 그것이 매우 적절한 행동임이 드러난다.

과학은 자연에서 일어나는 인과 관계의 일반적인 패턴을 발견하는 데 탁월하다. 예기치 않은 일이 일어나면 과학은 그 예기치 않은 사건이 자연법칙에 대한 우리의 현재의 이해에 비추어 볼 때 고도로 개연성이 낮거나 불가능한지를 우리에게 말해준다. 그것은 유용하지만 과학이 예기치 않은 사건의 영적 의미를 우리에게 말해주지는 못한다. 그리고 자연법칙은 하나님을 제약하지 않는다.[16]

성경은 하나님의 계시의 일부로서 인간의 역사 동안 일어난 많은 기적을 기록한다. 이런 기적 중 대다수는 구원사의 특별한 시기, 특히 모세와 엘리야와 예수의 시대에 일어났다. 이로부터 추정해서 지구의 형성이나 최초의 생명 형성 또는 인류 발생 이전의 우리의 호미닌(사람족) 조상의 지적 능력 향상 같은 인류 발생 이전의 자연사의 특별한 시기에 하나님이 몇몇 기적을 행했다고 결론지을 유혹을 받기 쉽다. 하나님이 그랬을 수도 있다. 하지만 우리는 이런 종류의 기적들 사이의 차이를 주목해야 한다. 구원사 동안의 기적들은 목격자들에게 영적 메시지가 명시적으로 가르쳐지는(또는 명백했을) 맥락에서 행해졌다. (만일 그런 기적이 일어났다면) 인류 발생 이전의 자연사에서 일어난 기적들은 인간 목격자가 없을 때 수행되었을 것이고, 아마도 하나님이 창조한 자연법칙들과 과정들이 하나님이 이런 과정들을 초자연적으로 증폭하지 않는 한 하나님이 원한 뭔가를 달성할 수 없었기 때문에 수행되었을 것이다.

지구상 최초의 생명의 형성(행동 4)을 고려해보라. 과학자들은 알려진 자연과정들을 통해 그것이 어떻게 형성되었을지에 관한 상세하고 검증 가능한 설명을 제시하지 못한다. 그 문제를 연구하는 대다수 과학자

16 이 점에 관해 좀 더 자세한 내용은 다음 문헌들을 보라. Loren Haarsma, "Does Science Exclude God? Natural Law, Chance, Miracles, and Scientific Practice," in *Perspectives on an Evolving Creation*, ed. Keith B. Miller (Grand Rapids: Eerdmans, 2003), 72?94; Haarsma and Haarsma, *Origins*, 44-53.

는 자기들이 진전을 이루고 있고 궁극적으로 설명을 발견하리라고 믿는다. 그러나 몇몇 과학자는 알려진 자연과정 관점의 설명은 이미 개연성이 매우 낮은 것으로 판단되었다고 믿는다. 과학계는 이 문제에 대해 아직 합의에 이르지 못했다. 신학적으로는 두 선택지 모두 수용될 수 있다. 하나님이 지구상 최초의 생명이 자연과정들을 통해 형성되도록 물리 법칙들과 화학 법칙들을 설계하고 창조했을 수도 있는데, 이는 과학자들이 아직 풀지 못한 많은 수수께끼 중 하나다. 하나님이 지구상 최초의 생명이 자연과정들을 통해 형성될 개연성이 매우 낮도록 물리 법칙들과 화학 법칙들을 설계하고 창조했기에 하나님이 기적을 행해서 지구상 최초의 생명을 창조했을 수도 있다. 우리의 신학이 하나님을 자연적인 사건들과 초자연적인 기적들 모두에 대해 주권자로 본다면 우리가 최초의 생명 문제에 관한 과학적 연구로 말미암아 신학적으로 위협받는다고 느낄 필요가 없다.

하나님이 기적을 행할 수 있으므로 하나님이 진화 과정을 통해서는 인간이라는 종 안에 창조할 수 없었던 특별한 정신적, 사회적, 도덕적, 영적 능력들을 우리 조상들에게 주기 위해 인간 종이 시작될 때 기적들을 행했을 수도 있다. 이런 선택지들에 대한 몇몇 찬반 의견이 이 책의 5장과 9장에서 논의된다.

신학적 문제 피하기: 허위의 외관을 지닌 역사

우리는 극단적인 예를 통해 허위의 외관을 지닌 역사를 예시할 수 있다. 하나님이 2주 전에 우리의 두뇌에 새겨진 허위인 사건들의 기억, 마모된

건물, 일어나지 않았던 역사로 가득 찬 교과서들, 땅속에 묻힌 화석 등이 존재하는 세상을 창조했다고 상상하라. 하나님께는 이렇게 할 능력이 있다. 과학이 그것이 그릇되었다고 증명하지 못할 것이다. 하지만 대다수 그리스도인은 그 아이디어가 하나님의 계시된 성품과 일치하지 않는다고 보기 때문에 그것을 거부한다.

이제 좀 덜 극단적인 예를 고려해보라. 누군가가 당신에게 완전히 자란 나무 한 그루가 지난주에 기적적으로 근처의 숲에 나타났다고 말한다고 상상하라. 이 사람이 일반적으로 믿을 만하고 신뢰할 수 있는 사람이라고 하더라도 당신은 그 사람이 오해했다고 생각할 수도 있고, 그 나무를 과학적으로 조사해 볼 수도 있을 것이다. 당신이 나무의 몸통에서 취한 시료에서 77개의 나이테 각각의 넓이가 똑같다는 것과 잎들이 꼭대기 부근에서 완벽하게 대칭적으로 분포되어 있다는 것을 발견했고(식물학자들은 나무들이 성장할 때 이런 일은 일반적으로 일어나지 않는다고 말한다), 나무껍질 안에서 곤충들이 살았던 증거를 발견하지 못했으며(곤충학자에게는 놀라운 일이다), 각각의 잎이 아무런 체세포 돌연변이도 없이 유전학적으로 동일한 것을 발견했고(유전학자들은 그럴 가능성이 매우 낮다고 말할 것이다), 수소 대 중수소의 동위원소 비율이 주위의 나무들의 비율과 조화되지 않는다는 것을 발견했다(어느 화학자에게나 놀라운 일이다)고 가정하라. 이 나무는 이 모든 세부사항에서 그 나무가 그곳에서 정상적으로 성장했을 경우 당신이 예상했을 내용과 너무도 다르므로 당신은 아마도 과학적 증거가 그 나무가 기적적으로 창조되었다는 주장을 뒷받침한다고 결론지을 것이다.

그러나 과학적 조사가 뭔가 다른 것을 보여주었다고 가정하라. 나무껍질과 몸통을 주의 깊게 조사해보니 가장 오래된 나이테부터 가장 젊은 나이테까지 곤충들과 딱다구리가 활동한 증거를 보여준다. 나뭇잎들은 나무의 양지 부분과 응달 부분에서 성장하는 잎들에서 예상되는 전형적인 패턴으로 분포한다. 나이테들의 넓이는 주위의 나무들 및 과거의 건기와 우기의 기상학 기록들과 일치하는 패턴으로 변한다. 나무의 모든 나이테에서 측정된 모든 동위원소 비율은 20년 전에 화산재가 떨어진 뒤 5년 동안의 기간을 포함하여 주위의 나무들에서 발견되는 비율과 정확히 일치한다. 유전자 분석 결과 다른 가지들에 달린 잎들이 정상적인 나무의 성장 동안에 기대되는 소수의 체세포 돌연변이를 보인다. 요컨대 당신이 수행하는 모든 과학적 검증이 그 나무가 그 위치에서 지난 77년 동안 성장했을 경우 예상되는 바와 일치한다. 그 나무의 모든 부분에 매우 상세한 외관상의 역사가 쓰여 있다.

이 두 번째 경우 당신은 아마도 그 나무가 지난주에 기적적으로 창조되지 않았다고 믿을 것이다. 왜 지난주에 창조된 것이 아닌가? 하나님은 확실히 그렇게 할 수 있다. 어떤 과학적 검증도 그 나무가 오랜 기간에 걸쳐 성장했는지 아니면 하나님이 그것을 기적적으로 **새롭게** 창조하고서 그것이 모든 과학적 검증이란 측면에서 그곳에서 성장한 것으로 보이도록 만들었는지 결정할 수 없을 것이다. 그 나무가 기적적으로 창조되었다는 주장의 난점은 과학적인 어려움이 아니라 신학적인 어려움이다. 성경에 계시된 하나님의 성품에 관해 우리가 아는 바에 비춰보면 하나님이 기적적으로 완전히 성장한 나무를 창조하고서 그것이 모든 과학적 검증에서 오랜 기간의 복잡하고 매우 상세한, **가짜인** 역사를 지닌 것처럼 보이게 만들었을 것 같지는 않다. 하나님은 이렇게 할 능력이 있지만, (그 나무의 기적적인 창조를 긍정하고 매우 상세한 외관상의 역사에 대한 신학적 목적도 설명하는 특별계시가 수반하지 않는 한) 성경의 하나님이 그럴 것으로 보이지는 않는다.

과학자들은 자연 세상을 연구할 때 오래된 나이에 대한 증거만을 보지 않는다. 그들은 매우 상세한 역사에 대한 증거를 본다. 천문학자들은 먼 곳에 있는 은하들을 볼 때 단순히 빛이 수백만 년 또는 수십억 년을 여행 중이라는 것만을 계산하지 않는다. 그들은 광양자와 중력파의 패턴들에서 장기간에 걸친 변화의 매혹적인 이야기를 본다. 이 이야기에는 다음과 같은 것들이 포함된다: 우주의 역사 동안 별들의 구성 변화, 거듭된 은하 병합의 증거, 초신성으로부터 서서히 팽창하는 성운, 초신성 폭발과 알려진 방사성 원소들의 반감기에 상응하는 광도 곡선의 흐려짐, 성단에서 거의 모든 별이 거의 동시에 형성되었음을 암시하는 광도와 기온의 상관관계, 최근에 만들어진 중력파 탐지기를 통해서만 탐지될 수 있는 블랙홀의 순간적인 신호들과 중성자별 병합들, 그리고 문자적으로 수십억 년 전으로 거슬러 올라가는 오래되고 상세한 이야기에 대한 문자적으로 수십 개의 다른 독립적이고 상호 보강하는 표시들. 우주가 단지 수천 년 전에 창조되었고 수십억 광년 떨어진 곳에서 나온 빛과 중력파들이 단지 수천 년 전에 창조되어 지구에 도달했다면, 그 빛과 그 중력파들은 실제로는 일어난 적이 없는 사건들의 매우 상세한 역사에 관한 정보를 지니도록 창조된 것이다.

지질학자들 역시 수십억 년 전으로 거슬러 올라가는 풍부하고 상세한 지구의 역사를 말해주는 수십 개의 인상적인 증거 목록을 제시할 수 있다. 고생물학자들은 화석들을 통해 유사한 이야기를 들려줄 수 있다.

유전학자들은 모든 현생 (그리고 몇몇 멸종한) 종의 DNA 안에 쓰인 유사한 이야기를 들려줄 수 있다.

이런 이유로 창세기 1장이 허위의 외관을 지닌 역사라는 해석을 옹호하는 그리스도인은 별로 없다.[17] 우리는 5장에서 이것이 하나님의 인간 창조에 어떻게 적용될 수도 있는지 논의할 것이다.

신학적 문제 피하기: 자연신론

자연신론은 하나님이 우주를 창조했고 우주가 시작되게 했음을 긍정하지만, 하나님이 섭리적으로 우주를 감독하거나 기적을 행하거나 다른 방식으로 자신을 계시한다는 것은 긍정하지 않는 철학적 또는 종교적 견해다. 혹자가 성경이 가르치는 것을 거부하고 과학이 배운 내용만을 바라본다면 자연신론이 솔깃한 철학일 수 있지만, 자연신론은 성경적이지 않다. 기독교 신학은 과학이 자연적인 인과 관계에 관해 배운 것과 성경이 자연 세상에 대한 하나님의 섭리적 감독 및 기적에 관해 가르치는 것 모두를 긍정한다.

17 이것이 젊은 지구 창조론자 조직들이 창 1-11장의 문자적-역사적 해석을 옹호하면서도 대개 허위의 외관을 지닌 역사 해석을 옹호하지 않고, 대신 과학자들이 과학적 데이터가 수십억 년의 역사를 나타낸다고 올바로 해석하고 있다는 주장을 논박하는 이유다.

신학적 문제 피하기: 에피소드적인 자연신론(틈새의 하나님)

우리의 현대 문화는 과학적인 자연 세상 연구와 경건한 창조주 찬양을 완전히 별개인 정신적·문화적 범주에 두려고 한다. 그 결과 별들의 형성이나 새로운 종의 진화 또는 모태에서 아기들의 발달 같은 중요한 일들에 대한 과학적 설명을 발견할 때 우리는 하나님을 덜 관련되게 만들었다고 느낄 수도 있다. 설상가상으로 일부 무신론자들은 과학의 발전을 사용해서 하나님에 대한 믿음에 반대하는 주장을 펼친다. 그리스도인들은 때때로 과학적 이해에 있어서 현재의 틈새들, 즉 과학이 (아직) 설명하지 못하는 것들에서 하나님의 기적적인 행동들의 증거를 찾는 것으로 대응한다.

우리의 과학적 지식에는 많은 틈새가 있다. 우리가 하나님이 창조한 세상을 과학적으로 연구함에 따라 우리의 발견들이 몇몇 틈새들을 메우고 종종 새로운 틈새에 대한 우리의 눈을 연다. 우리가 하나님의 세상을 더 많이 연구할수록 우리는 더 많은 놀라운 신비들을 발견한다. 제왕나비들의 변태와 이동은 이에 대한 흥미로운 예다. 프로젝트 크리에이션(Project Creation) 웹사이트는 우리의 과학적 지식에서의 틈새들을 요약하고 나서 하나님의 행동들에 관한 결론을 도출한다.

> 유충이 번데기 안에서 우선 그것의 몸 안에 저장된 화학물질들을 방출하고 자신을 액체 형태의 죽으로 해체한다.…이 액체 형태의 죽에서 몸통, 머리, 날개 그리고 내부 기관들이 형성된다. 단지 8일 만에 완전히 자란 제왕나비가 출현한다. "그 죽이 어떻게 스스로 조직해서 믿을 수 없을 정도로 복잡한 나비가 되는가?"라는 문제가 수백 년 동안 사람들의 호기심을 끌었다.…곤

충학자들이 오랫동안 이 신비를 연구해 왔지만, 그 일이 어떻게 일어나는지에 관한 답을 찾지 못하고 있다.

애벌레에서 나비로의 변태는 제왕나비의 놀라운 이야기 중 일부에 지나지 않는다. 대다수 제왕나비는 미국 북부나 캐나다에서 태어나지만, 멕시코에서 겨울을 나기 위해 4,800킬로미터까지 이동할 수 있다. 이 이동에서 그 나비들은 놀랍게도 자신의 부모를 만난 적이 없지만, 자신의 부모나 조부모가 전년도에 멕시코에서 겨울을 보냈던 바로 그 나무로 날아갈 수 있다. 제왕나비들이 그 왕복 여행을 마치는 데 세 세대가 소요된다는 기록까지 존재한다. 제왕나비들이 어떻게 바로 그 나무를 찾을 수 있는지는 그 나비들의 또 다른 신비다.

애벌레/나비 발달 단계들의 어느 것도 진화론의 종교의 핵심 원칙인 우연에 의해 일어나지 않기 때문에 제왕나비들은 창조세계에서 하나님의 설계에 관한 가장 좋은 사례 중 하나다.[18] 그 사실들은 하나님이 애벌레/나비 생애 주기의 모든 단계의 프로그램을 짰음을 보여준다. 애벌레들과 나비들 외에는 창조세계에서 하나님의 설계의 다른 증거가 없다고 할지라도, 이것 하나만으로도 하나님의 창조세계에서 하나님의 설계에 관한 사실을 보여주기에 충분할 것이다.[19]

---

18 프로젝트 크리에이션(Project Creation) 웹사이트는 "우연"과 "설계"를 내가 이 장에서 사용하는 것과 다른 의미로 사용한다. 그들은 "우연"과 "진화론의 종교"라는 용어를 통해 하나님의 관여 없이 돌연변이들이 일어난다는 무신론적인 진화 해석을 의미한다. "설계""라는 용어를 통해 그들은 하나님이 진화 과정들에 일치하게 창조한 것이 아니라 기적적으로 새롭게 창조한 것을 의미한다.

19 "Butterflies—the Miracle of Metamorphosis," Project Creation, https://projectcreation.org/butterflies-the-miracle-of-metamorphosis/.

하나님이 제왕나비를 창조했다는 것은 확실히 옳지만, 그리스도인들이 우리의 현재 과학 지식에서의 이 틈새들을 하나님이 초자연적인 기적들을 통해서 제왕나비들을 창조했다는 증거로 사용해야 하는가? 수행되고 있는 연구에 비추어볼 때[20] 과학자들이 궁극적으로 이 나비들이 어떻게 변태 및 이동하는지에 관한 설명뿐만 아니라 이 능력들이 어떻게 진화했는지도 알아낼 가능성이 있는 것으로 보인다.

창조주와 설계자로서 하나님의 지위가 현재의 과학적 설명들에 존재하는 틈새에서만 선언된다면 과학적 지식이 커짐에 따라 하나님의 역할이 오그라드는 것으로 보인다. 과학이 설명할 수 없는 것들과 설명할 수 있는 것들 모두에서 하나님의 설계와 통치를 선언하는 것이 좀 더 나은 접근법이다. 과학적 설명이 하나님을 좀 더 멀어지게 한다고 생각되어서는 안 된다. 우리는 하나님이 우리가 자연 세상을 연구하고 무슨 일이 일어나고 있는지 부분적으로 이해할 수 있도록 허용하는 방식으로 자신의 창조세계를 다스리는 데 감사해야 한다. 우리는 하나님이 우리에게 어떻게 서로 섬기라고 요구하는지에 대한 성찰로서, 하나님이 매개된 방식으로 행동하기로 작정해서 창조세계의 특정한 부분들에게 다른 부분들을 섬기도록 요구하는 것을 기뻐해야 한다. 과학자들이 궁극적으로 제왕나비들이 어떻게 변태 및 이동하는지, 그리고 이런 능력들이 어떻게 진화했는지를 이해하면 그것은 놀라운 일일 것이다. 과학자들이 무엇을 배우든 그들의 발견이 하나님으로부터 아무것도 손상하지

---

20 리서치 문헌 조사는 작은 초파리인 드로소필라(Drosophila)의 변태에 관한 과학적 이해에 상당한 진전이 이루어졌음을 보여준다.

않을 것이다. 이 지식은 설계자와 유지자로서 하나님께 대한 우리의 경외와 찬양을 증가시켜야 한다.

모든 과학적 수수께끼에서 기적에 대한 증거를 좀 더 많이 구하면 우리가 하나님께 좀 더 충실하다고 생각하기 쉽다. 그러나 하나님의 지문들을 찾는 것이 반드시 하나님의 창조세계에 대한 가장 충실한 접근법인 것은 아니다. 하나님이 창조했고 유지하는 자연법칙들의 관점에서 새로운 과학적 설명을 구하는 것이 똑같이 하나님께 영광을 돌리는 행동일 수 있으며, 몇몇 경우에는 신학적으로 좀 더 옹호될 수 있을지도 모른다. 새로운 과학적 난제를 풀 때마다 우리가 하나님의 통제에서 영토를 떼 내는 것이 아니라, 하나님이 자신의 창조세계를 일반적으로 어떻게 다스리는가에 관해 좀 더 많이 배우게 된다. 우리의 발견들이 우리로 하여금 창조주를 훨씬 더 예배하도록 자극해야 한다.

신학과 과학이 미해결 문제들에 각각 어떻게 공헌할 수 있는가?

빅뱅이 어떻게 일어났는가(행동 1)? 지구상의 최초의 생명이 어떻게 생겨났는가(행동 4)? 인간이 어떻게 도덕적·영적 감각을 지닌, 지적이고 자의식이 있는 존재가 되었는가(행동 6)? 하나님은 기적을 행할 수 있다. 하나님은 과학적으로 설명될 수 있는 사건들과 그럴 수 없는 사건들 모두에 대해 주권을 행사한다. 우리는 틈새의 하나님 사고를 피해야 하지만 위와 같은 특별한 사례에서 하나님이 기적을 행했다고 생각할 신학적인 이유들이 있을 수도 있다.

이 대목에서 과학이 이바지할 수 있는 부분이 있다. 곤혹스러운 사건이나 과정에 직면할 때 과학은 자연법칙들이 대체되었음을 증명할 수도 없고 그렇지 않았음을 증명할 수도 없다. 과학은 자연법칙들에 대한 과학의 이해와 해당 사건 전후 및 그 사건이 일어나는 동안의 물리적 상태에 관한 정보를 사용해서 그 사건의 계량적·경험적 모델을 구축하려고 한다. 경험적 모델을 구축하려는 노력의 성공 정도는 다양하다. 과학자들은 다음과 같은 세 가지 일반적인 유형의 결론을 내릴 수 있다.

1. **설명될 수 있는 사건**. 좋은 경험적 모델들은 알려진 자연법칙들이 그 사건을 설명할 수 있다고 예측한다. 일부 어려운 점들이 남을 수 있지만, 그 사건의 대부분이 잘 이해된다.
2. **부분적으로 설명될 수 있는 사건**. 최상의 경험적 모델로도 그 사건의 중요한 요소들을 설명하기에 충분치 않다. 그러나 지금까지 가지고 있는 것을 토대로 판단할 때 우리는 알려진 자연적 메커니즘이 그 사건을 설명하기에 충분하다고 믿는다. 우리는 향후 지식의 향상이나 좀 더 정밀한 모델들 또는 계산 능력의 향상으로 그 사건이 설명될 수 있음이 증명되리라고 믿는다.
3. **설명될 수 없는 사건**. 알려진 어떤 자연법칙도 그 사건을 설명할 수 없다. 사실 알려진 자연법칙들에만 의존하는 모델을 배제할 충분한 경험적 이유들이 있다.

과학자들은 시간의 대부분을 두 번째 범주의 사건들을 첫 번째 범주로 옮기려고 노력하는 데 사용하며, 때때로 세 번째 범주에서 두 번째 범주로 옮기려고 한다. 과학자들이 종종 자기들이 어느 정도로 진전을 이루었는지에 대해 합의에 이르기도 하지만 그 점에 관해 항상 동의하는 것은 아니다. 어느 특정한 사건에 대해 과학계에서 그것이 설명될 수 있는 것인지, 부분적으로 설명될 수 있는 것인지, 또는 설명될 수 없는 것인지에 관해 논란이 있을 수 있다. 하지만 논란이 있는 경우에도 대다수 과학자는 일반적으로 동의한다. 예컨대 대다수 과학자는 초신성들이 (비록 아직 더 조사되어야 할 몇 가지 신비들이 남아 있지만) 설명될 수 있는 사건들이라는 데 동의한다. 대다수 과학자는 단세포 수정란에서 성숙한 성체로의 동물의 발달은 부분적으로 설명될 수 있는 범주에 속한다는 데 동의한다. 소수의 과학자들은 지구상 최초의 생명의 기원(행동 4)은 알려진 자연법칙들의 관점에서 설명될 수 없다고 주장하지만, 대다수 과학자는 그것이 부분적으로 설명될 수 있는 것으로 여겨져야 한다고 주장한다. 대다수 학자는 빅뱅의 원천(행동 1)이 알려진 자연법칙들의 관점에서 설명될 수 없다는 데 동의한다.

과학적 결론들은 잠정적이다. 오늘 설명될 수 있는 것으로 여겨지는 사건들이나 설명될 수 없는 것으로 여겨지는 사건들이 내일 새로운 자연법칙들이나 좀 더 나은 경험적 모델들의 발견으로 다른 범주로 재분류될 수 있다.

이것이 과학 자체가 공헌할 수 있는 부분이다. 이 지점을 넘어가면 철학적·종교적 숙고가 이 논의에 중대한 기여를 한다.

과학자들이 어떤 사건이 과학적으로 설명될 수 없다는 결론을 내리면 개별 과학자는 그것의 원인에 관해 (적어도) 다음과 같은 다섯 가지 결론에 도달할 수 있다: (1) 아직 알려지지 않은 자연법칙이 그 사건에 책임이 있다. (2) 초자연적인 사건이 일어났다. (3) 초인간적인 기술이 그 사건을 일으켰다. 즉 그 사건은 우리의 우주 안에 제약되어 있고 우리의 우주에 의해 제한되어 있지만, 우리의 기술보다 우수한 기술을 가지고 있는 지적인 존재로 말미암아 야기되었다. (4) 일어날 개연성이 매우 낮은 사건이 일어났을 뿐이다. (5) 일어날 개연성이 매우 낮은 사건이 일어났지만, 많은 우주가 존재하는데 우리가 그저 우연히 그 사건이 일어난 우주에서 살고 있으므로 그것은 별로 놀라운 일이 아니다.

과학자들이 쓴 유명한 책들과 논문들을 조사해보면 이 다섯 가지 유형의 결론에 대한 각각의 예들이 수록되어 있다. 이 다섯 가지 결론들은 철학적으로 및 종교적으로 매우 다르지만, 그것들은 **과학적** 연구에서 사실상 동일한 역할을 한다. 경험 과학은 이들 다섯 가지 가능성을 구분하지 못한다. 과학자 각자는 부분적으로는 자신의 철학적 및 종교적 선호에 기초해서 결론에 도달한다.

신학은 우리에게 하나님이 기적을 행할 수 있다고 말한다. 신학은 또한 너무 빨리 틈새의 하나님 설명에 도달하지 말도록 우리에게 경고한다. 교회사와 신학은 문제의 사안에 따라 우리를 기적 관점의 설명으로 밀어붙이기도 하고 그 설명으로부터 떼 내기도 한다. 다음의 네 가지 예를 고려해보라.

요한복음 11:1-44은 예수가 나사로를 죽은 자 가운데서 살리는 이야기를 들려준다. 혹자는 자연과정들의 관점에서 무슨 일이 일어났는지 설명하려고 할 수도 있다(아마도 나사로가 혼수상태에 빠졌는데 죽었다고 오해되었을 것이라는 식으로 말이다). 그러나 맥락상 그 이야기는 예수가 심지어 죽음에 대해서조차 신적 권위를 지니고 있음을 우리에게 알려주기 위한 것이다. 그 사건은 예수 자신의 죽음과 부활 직전에 일어난다. 따라서 이 사례에서 우리가 이것이 초자연적인 기적이었다고 결론지을 설득력이 있는 신학적 이유가 있다.

이제 실험 과학에서의 가상의 사례를 고려해보라. 어떤 과학자가 특정한 실험실 효과—예컨대 신물질 표본의 전기 저항 5퍼센트의 변화—가 하나님이 자연법칙들을 대체한 증거라고 주장한다고 가정하라. 이 주장을 성급하게 받아들이는 그리스도인 과학자는 거의 없을 것이다. 표본에 영향을 주는, 알려진 자연적인 메커니즘들이 아무리 철저하게 그리고 설득력이 있게 고려되었다고 하더라도 우리는 여전히 그 과학자가 실수했다고 믿거나 아마도 아직 발견되지 않은 몇몇 자연적인 메커니즘이 그 전기 저항 변화를 가져왔다고 믿을 것이다. 설사 그 과학자가 특정한 기도가 드려질 때마다 저항 변화가 일어났음을 보여줄 수 있다고 하더라도 우리는 그것이 초자연적인 자연법칙 중단의 증거였다는 것을 의심할 것이다. 우리가 어떤 지적인 행위자가 전기 저항 변화를 낳는 데 관여하고 있었다고 믿을 수도 있지만, 우리는 이 행위자가 그 과학자였거나 공모자였다고 강력하게 의심할 것이다. 신학적으로 우리는 하나님이 실험실에서 요구가 있는 즉시 기적을 행할 것으로 기대하지 않는다. 그런 행동은 성경에서 가르치는 하나님의 성품에 어긋나는 것으로 보인다. (우리는 사기꾼들이 이런 식의 속임수를 쓴 역사도 알고 있는데 이는 우리가 이 특정한 주장을 의심할 추가적인 이유를 제공한다.)

세 번째 예를 고려해보라. 인간이 어떻게 단세포 수정란으로부터 모태에서 배아 발달을 통해 태어날 준비가 된 아기로 자라는지에 관해 우리가 아직 이해하지 못하는 것이 많다. 그 과정은 매우 복잡하다. 새로 태어난 아기들이 그들의 여러 기관이 적절하게 기능하고 신경계와 두뇌가 기능하는 상태로 건강하게 태어나려면 여러 단계가 올바른 순서로 일어나야 한다. 우리는 이 일들이 어떻게 일어나는지를 어느 정도 과학적으로 이해한다. 우리는 이 사건들이 원칙적으로 과학적으로 설명될 수 없고 뭔가 기적적인 일이 일어났음을 암시한다는 어떤 증거도 발견하지 못했다. 그러나 우리의 지식에는 많은 틈새가 존재한다. 새로운 인간이 만들어질 때마다 하나님이 이 과정들이 일어나는 동안 몇몇 기적을 행하는데, 이 기적들이 충분히 미묘해서 오늘날 과학자들에게 탐지될 수 있는 증거를 남기지 않는다고 제안될 수 있을 것이다. 그러나 그리스도인들은 그런 주장을 하는 데 조심스러울 것이다. 왜 그런가? 한 가지 이유는 우리가 과학이 계속 발전해서 우리의 현재의 이해에 존재하는 틈을 메우리라고 생각하기 때문이다. 또 다른 이유는 성경의 주해에서 우리가 하나님이 인간의 새로운 아기 각각의 몸을 창조하기 위해 기적을 행해야 한다고 결론지을 강력한 이유가 없기 때문이다. 많은 구절이 하나님의 돌봄과 감독에 관해 말한다. 시편 139:13은 "주께서…나의 모태에서 나를 만드셨나이다"라고 하나님을 찬양한다. 그러나 이 구절들을 해석할 때 우리는 이 구절들의 문학 유형, 문화적-역사적 맥락, 원래의 저자와 청중의 근대 과학 발생 전의 가정들, 그리고 하나님의 적응 원리를 고려한다. 우리가 각 사람의 수태와 배아 발달 기간 중 하나님이 그들을 돌본다고 결론지을 충분한 이유가 있지만, 하나님이 기적적으로 행동한다고 결론지어야 할 강력한 신학적 이유는 없다. 따라서 배아 발달에 관한 우리의 과학적 이해에 여전히 많은 틈새가 있지만, 신학적으로 우리는 하나님이 초자연적인 기적을 행해서 각각의 새로운 유아의 발달을 도와주어야 한다고 기대하지 않는다.

마지막으로 지구상 최초의 생명 형성(행동 4)이라는 네 번째 예를 고려해보라. 하나님이 초기 지구의 조건하에서 이런 법칙들을 기적적으로 대체하지 않고서는 생명이 발생하는 것이 불가능하도록 화학 법칙들과 생물학 법칙들을 설계하기로 작정했을 수도 있다. 하나님이 그렇게 했다면 생명의 기원에 관한 과학적 연구는 궁극적으로 지구상 최초의 생명의 기원은 자연법칙들의 관점에서는 과학적으로 설명될 수 없다는 합의에 이르게 될 것이다. 하지만 오늘날 과학자들이 최초의 생명의 형성에 관한 상세한 모델을 갖고 있지 않다고 해서 그리스도인들이 이것을 기적에 대한 잠재적 증거로 포용해야 하는 것은 아니다. 실험실에서의 저항 변화라는 가상의 예에서와 마찬가지로 우리는 몇몇 과학적, 신학적, 경험적 요인들을 고려해야 한다. 최초의 생명 문제에 관해 어느 정도의 과학적 진전이 이루어졌는가? 이 분야에서 향후 획기적 발전이 이루어질 가망은 어떠한가? 이 특별한 예에서 우리가 하나님이 자연법칙을 통해 행동했으리라고 예상할 강력한 신학적 이유들이 있는가? 또는 우리가 하나님이 자연법칙들을 대체했다고 예상할 신학적 이유들이 있는가? 이런 질문들에 관해 우리는 몇몇 상충하는 신학적 직관들이 있음을 인정할 수 있다. 몇몇 그리스도인은 최초의 생명의 형성은 특별한 사건이고 따라서 하나님이 특별하고 기적적인 방식으로 행동하는 것이 일리가 있다고 주장한다. 다른 그리스도인들은 창세기 1장에서 살아 있는 식물들과 동물들의 창조는 태양, 달, 별들 및 지구의 해양, 대기, 육지의 창조와 비슷한 방식으로 묘사된다—그것들은 모두 우리가 하나님이 자연과정에 대한 자신의 일반적인 다스림을 사용해서 장기간에 걸쳐 창조했다고 믿을 충분한 이유가 있다—고 지적한다.

나사로가 죽은 자들 가운데서 살림을 받은 것 같은 경우에는 우리가 초자연적인 기적이 발생했다고 믿을 강력한 신학적 이유가 있다. 실험실에서 일어난 가상의 전기 저항 변화 같은 다른 경우에는 그런 기적이 일어났음을 의심할 강력한 신학적인 이유가 있다. 그리고 지구상 최초의 생명 같은 경우에는 신학이 양쪽 답변의 어느 쪽이든 수용할 이유를 제공할 수 있다.

어느 시점에 하나님이 우리 조상들에게 특별계시를 주기 시작했다

행동 6 동안의 어느 시점에 하나님이 우리 조상들과 새로운 종류의 관계를 시작했다. 역사의 어느 시점—이사야 전, 모세 전, 아브라함 전, 그리고 아마도 인간이 파피루스나 점토 위에 뭔가를 적기 시작하기 훨씬 전—에 하나님이 우리 조상들에게 "특별계시"를 주기 시작했다. 특별계시는 하나님의 초자연적인 활동을 통해서 오는, 하나님과 영적인 문제들에 관한 지식이다. 하나님은 모세에게 불타는 덤불 가운데 의사를 전달했던 것 같이 들을 수 있는 말과 볼 수 있는 표적을 통해 의사를 전달할 수 있다. 하나님은 창세기 15장에서 아브라함에게 했던 것처럼 환상을 통해 소통할 수 있다. 하나님은 역사의 전 기간을 통해 예언자들과 제사장들에게 소통했던 것처럼 영감을 받은 인간의 말들과 행동들 및 이에 수반하는 성령의 내적 증언을 통해 의사를 전달할 수 있다. 구약성서와 신약성서가 보여주듯이 특별계시는 여러 형태로 올 수 있다. 우리는 하나님이 정확히 언제 그리고 어떻게 우리의 최초 조상들에게 이런 식으로 의사를 전달하기 시작했는지 모른다. 몇몇 시나리오와 그것들에 대한 신학적 찬반 의견이 4장과 5장 그리고 9장에서 논의된다.

3장

인간 출현 전의 고통과 죽음

인간이 죄를 짓기 전에 동물에게 고통과 죽음이 있었는가? 그랬다면 우리가 그것을 하나님이 세상을 "매우 좋게" 창조했다는 성경의 이해와 어떻게 조화시킬 수 있는가?

신학자들은 도덕적인 악과 자연적인 악을 구분한다. 도덕적인 악은 사람들이 타인들과 자신을 해치는 죄악된 도덕적 선택을 하는 데서 기인하는 악으로 정의된다. 자연적인 악은 지진, 기생충, 질병 같은 것들—해치고, 파괴하고, 죽이지만 개인의 선택으로 말미암아 야기되지 않는 것들—에 대한 이름이다.

우리를 귀찮게 하거나 상하게 하는 모든 것이 타락과 저주의 결과는 아니다

고통의 기원을 고려할 때 그리스도인들이 바라보는 곳 중 하나는 창세기 3장이다. 아담과 하와가 하나님의 명령에 불순종해서 선과 악을 알게 하는 나무의 열매를 먹는다. 창세기 3:14-19에서 즉시 "저주"—때때로 그렇게 불린다—가 뒤따른다.

여호와 하나님이 뱀에게 이르시되

"네가 이렇게 하였으니
네가 모든 가축과 들의 모든 짐승보다
더욱 저주를 받아
배로 다니고
살아 있는 동안
흙을 먹을지니라.
내가 너로 여자와 원수가 되게 하고
네 후손도 여자의 후손과 원수가 되게 하리니
여자의 후손은 네 머리를 상하게 할 것이요
너는 그의 발꿈치를 상하게 할 것이니라" 하시고

또 여자에게 이르시되
"내가 네게 임신하는 고통을 크게 더하리니
네가 수고하고 자식을 낳을 것이며
너는 남편을 원하고
남편은 너를 다스릴 것이니라" 하시고

아담에게 이르시되
"네가 네 아내의 말을 듣고
내가 네게 먹지 말라 한
나무의 열매를 먹었은즉
땅은 너로 말미암아 저주를 받고
너는 네 평생에 수고하여야 그 소산을 먹으리라.

땅이 네게 가시덤불과 엉겅퀴를 낼 것이라.
　네가 먹을 것은 밭의 채소인즉
네가 흙으로 돌아갈 때까지
얼굴에 땀을 흘려야
　먹을 것을 먹으리니
네가 그것에서 취함을 입었음이라.
　너는 흙이니 흙으로 돌아갈 것이니라" 하시니라.

이 구절들은 창조된 세상이 타락과 저주 당시에 얼마나 많이 변했는가에 관해 많은 추측을 자극해왔다. 현대 과학이 발달함에 따라 그리스도인들은 때때로 과학의 언어를 사용해서 이 질문을 해왔다. 인간이 하나님께 반란을 일으켰을 때 근본적인 자연법칙들이 급진적으로 변했는가? 아니면 근본적인 자연법칙들은 동일하게 유지된 채 인간의 반역의 결과가 주로 인간 안의 변화—우리와 하나님 사이의 관계, 우리 인간들 사이의 관계, 우리와 자연 세상 사이의 관계—로 한정되었는가?

자연 세상의 많은 것들이 우리를 귀찮게 하거나 상하게 한다. 우리가 하나님이 세상을 인간들이 어떤 위해(危害)나 심지어 귀찮음으로부터도 완전히 자유로운 곳으로 창조했다고 믿을 유혹을 받기 쉽다. 하나님이 그렇게 했다면 오늘날 우리를 귀찮게 하거나 해치는 것은 무엇이든 타락과 저주 탓일 것이다. 예컨대 우리 집 주차장에 저지대가 있다. 내 차 지붕 위의 눈이 녹으면 그것이 그 저지대로 흘러내려 차와 집으로 들어가는 문 사이에 커다란 진흙 웅덩이를 만든다. 겨울철에 나는 자주 주차장의 가장 불편한 장소에 생긴 커다란 진흙 웅덩이를 빙 돌아가야 한다. 내 주차장 바닥에 왜 귀찮은 저지대가 있는가? 그것이 [창세기 3장의] 타락 때문인가? 주차장 바닥에 콘크리트를 부었던 사람이 죄악 되게 게을렀을 수도 있다. 그랬을 수도 있지만 아마도 그렇지 않았을 것이다. 그 특정한 지점 아래의 흙이 주위의 흙보다 좀 더 부드러워서 콘크리트를 붓고 나서 얼마 뒤에 밑으로 가라앉았고 콘크리트를 부은 사람은 그 사실을 몰랐을 수도 있다. 내 주차장 바닥에 있는 저지대는 그저 창조세계의 자연스러운 작동의 일부일 뿐이다. 아마도 내 차고에 생긴 진흙은 타락의 결과가 아닐 것이다. 하지만 그 진흙이 나를 매우 귀찮게 한다는 사실은 타락의 결과일 수도 있다.

지진들은 어떠한가? 모기들은 어떠한가? 고통은 어떠한가? 기생충들과 질병은 어떠한가? 신학이 이런 문제들을 제기한다. 과학이 우리가 오늘날 자연 세상이 어떻게 작동하는지를 이해하도록 도움을 주기만 하는 것은 아니다. 과학은 우리에게 자연의 역사에 관한 정보도 제공한다. 그러므로 과학은 이런 특정한 문제들에 관해 신학에게 몇몇 유용한 정보를 제공할 수 있다.

엔트로피

당신이 당구공 열여섯 개가 테이블 위에서 움직이며 충돌하는 영화를 본다고 상상하라. 그 공들을 늦출 마찰이 없다면 공들이 계속 움직이면서 충돌할 것이고 당신은 그 영화가 정방향으로 상영되고 있는지 역방향으로 상영되고 있는지 알 수 없을 것이다. 이 충돌들을 묘사하는 자연법칙들은 시간의 앞뒤를 바라본다. 그러나 그 영화가 번호가 적힌 공 열다섯 개가 테이블의 한 지점에 삼각형 형태로 정지되어 있고 큐볼이 빠르게 멀어져가는 모습을 보여주었다면 당신은 그 영화가 역방향으로 상영되고 있었다고 생각할 것이다. 당신은 큐볼이 정지상태에 있는 공 열다섯 개를 쳐서 공들이 말쑥한 형태로 정지된 정돈된 상태에서 모두 속도와 방향을 달리해서 움직이고 있는 무질서한 상태로 변하게 하면 놀라지 않을 것이다. 그러나 충돌이 열다섯 개의 공들을 무질서한 상태에서 자동적으로 모두 말쑥한 형태로 정지된 정돈된 상태로 변하게 하면 당신은 깜짝 놀랄 것이다.

자연의 시스템들은 흔히 정돈된 상태(낮은 엔트로피)에서 무질서한 상태(높은 엔트로피)로 변한다. 하지만 그것들이 자동으로 반대 방향으로 갈 개연성은 지극히 낮다. "엔트로피"는 물질과 에너지의 무질서에 대한 수학적 척도다(좀 더 기술적으로는 엔트로피는 일정한 양의 입자들과 에너지가 얼마나 많은 방식으로 배열될 수 있는지에 대한 척도다). 열역학 제2법칙은 우주 또는 우주의 닫힌 하위계(closed subsystem)의 엔트로피는 감소하지 않고 일정하게 유지되거나 증가한다고 말한다.

시간이 지남에 따라 더 복잡해지고 질서가 잡힐 수 있는 생물계조차 열역학 제2법칙을 따른다. 식물들은 공기와 토양으로부터 정돈된 햇빛 에너지와 단순한 분자들을 섭취해서 좀 더 복잡한 분자들을 만들고 무질서한 폐열(waste heat)과 분자들을 배출한다. 우리 몸 안의 세포들은 음식 분자들에 저장된 정돈된 화학 에너지를 사용해서 유사한 일들을 한다. 세포 같은 몇몇 열린계들이 국지적으로는 좀 더 정돈될 수 있지만, 우주 전체의 총 엔트로피를 증가시킴으로써만 그렇게 된다.

첫인상으로는 열역학 제2법칙이 나쁜 것처럼 보인다. 그것은 닫힌 자연계(그리고 우주 전체)가 언제나 질서에서 무질서로 변한다는 것을 함축한다. 그러나 열역학 제2법칙은 많은 입자가 움직이면서 상호작용하고 있다는 사실의 불가피한 통계적 결과다. 당구공의 예를 고려해보라. 공 열여섯 개가 무작위로 움직이면서 부딪힌다면 그것들이 올바른 방식으로 충돌해서 정돈된 패턴을 만들 통계적 가능성이 지극히 작다. 하지만 그런 충돌들이 정돈된 배열을 무질서한 배열로 바꿀 통계적 가능성이 매우 크다. 열역학 제2법칙은 상호작용하는 입자들이 많으면 그것들을 무질서하게 배열하는 방법이 질서 있게 정돈하는 방법보다 많다는 단순한 통계적 사실과 연결되어 있다. 우리는 숨을 쉴 때마다 그 사실에 의존한다. 이제 당신이 실내에 있고 그 방의 공기 분자들이 무작위적이고 균등하게 분포되어 있다고 가정하라. 공기 분자들은 모든 방향으로 무작위로 움직이고 있다. 즉 방 안의 공기 분자들은 높은 엔트로피 상태에 있다. 모든 공기 분자들이 무작위로 충돌함으로써 모든 공기 분자들이 갑자기 방의 서쪽 절반에 쌓일 가능성은 지극히 작다. 그리고 당신이 그 방의 동쪽 절반에 앉아 있다면 그것은 좋은 일이다.

열역학 제2법칙은 우리가 좋다고 부를 많은 자연과정에서 매우 중요한 역할을 한다. 열이 자동으로 뜨거운 물체에서 차가운 물체로 흐를 때 엔트로피가 증가한다. 꽃이 피어서 꽃의 향기가 공기 중으로 발산하여 온 지역에 향기가 나고 벌들이 그 꽃으로 인도될 수 있을 때 엔트로피가 증가한다. 우리의 태양이 핵에너지를 햇빛으로 전환할 때 엔트로피가 증가한다. 얼음이 녹을 때 엔트로피가 증가한다. 바람이 불고 비가 내릴 때 엔트로피가 증가한다. 산소가 우리의 허파로부터 혈류로 들어갈 때 엔트로피가 증가한다. 우리가 어떤 것을 보고 듣고 우리의 두뇌에 기억을 저장할 때 엔트로피가 증가한다. 열역학 제2법칙은 하나님의 선한 창조세계와 세상을 향한 하나님의 원래의 의도의 일부인 것으로 보인다.

엔트로피는 영원히 증가할 수 없다. 아주 오래 뒤에 우주에 존재하는 모든 에너지는 무질서한 에너지로 전환될 것이다. 우리의 태양은 몇십 억 년 동안 연소하겠지만 궁극적으로는 다 타서 없어질 것이다. 자연의 법칙들이 항상 작동해왔던 방식대로 계속 작동한다면 궁극적으로 모든 별이 다 타서 없어지고 새로운 별의 탄생이 불가능할 것이다. 궁극적으로 우주의 모든 뜨거운 부분이 차가운 부분과 평형에 이를 것이다. 모든 것이 같은 온도일 것이다. 유의미한 변화가 더 이상 일어날 수 없을 것이다. 우주가 그것이 존재해왔던 방식대로 아주 오래 계속된다면 궁극적으로 우주는 생명을 뒷받침하지 못할 것이다. 엔트로피가 최대치에 이르고 우주는 매우 지루한 결론으로 끝날 것이다. 이것은 때때로 우주의 "열사"(heat death, 열 죽음)로 불린다.

우리의 우주가 열사할 것이라는 과학자들의 예측이 신학적 문제를 만들어내는가? 우리가 이 우주가 존재하는 모든 것이라고 생각한다면 신학적 문제가 있는 것처럼 보인다. 하지만 성경은 이 우주가 인간을 위한 영원한 거처로 의도되었다고 가르치지 않는다. 그리스도인들은 그들의 궁극적인 소망을 성경에 기록된 부활과 새로워진 창조세계에 관한 하나님의 약속에 둔다. 그리스도인들은 항상 이 세상이 영원하지 않다고 믿어왔다. 하나님의 모든 창조물이 유한하다. 우리는 공간상으로 및 시간상으로 유한하다. 열역학 제2법칙은 이 전체 우주 역시 하나님의 모든 창조물과 마찬가지로 시간상으로 유한하다고 말해준다. 그러나 하나님은 이 우주상의 생명의 종말 또는 이 우주 자체의 종말이 우리에게 종말이 아니라고 약속한다. 새로운 창조세계가 기다린다.

창조 이후 근본적인 물리 법칙들이 변하지 않았다

엔트로피와 열역학 제2법칙은 현재 작동하고 있는 자연의 기본 법칙들의 불가피한 결과다. 그러나 자연의 기본 법칙들이 타락과 저주로 변했다면 어떻게 되는가? 몇몇 그리스도인은 창세기 3:14-19과 로마서 8:20-21을 언급하면서 이 아이디어를 지지해왔다. 로마서 8:20-21은 "피조물이 허무한 데 굴복하는 것은 자기 뜻이 아니요 오직 굴복하게 하시는 이로 말미암음이라. 그 바라는 것은 피조물도 썩어짐의 종 노릇 한 데서 해방되어 하나님의 자녀들의 영광의 자유에 이르는 것이니라"라고 말한다.

그러나 타락과 저주의 효과가 모든 창조세계의 기본적인 기능에 광범위하게 적용되는 것이 아니라, 주로 인간 및 우리와 하나님 사이의 관계, 우리 상호 간의 관계, 그리고 우리와 창조세계의 나머지 사이의 관계로 제한된다고 해석될 수도 있다. 로마서 8장의 주위의 맥락은 그 구절이 우리 인간—우리가 그리스도를 통해 죄에 얽매여있던 데서 하나님의 자녀들이 되는 것—에 관한 것임을 보여준다. 인간들이 현재 죄 없는 하나님의 형상 담지자이자 창조세계의 청지기라는 고유한 역할을 하지 않고 있어서 창조세계가 좌절하고 있다. C. 존 콜린스는 다른 구약성서의 축복과 저주(예컨대 신 28:16-17)에 근거해서 창세기 3장이 인간의 죄 때문에 땅이나 식물들의 속성들이 변했다고 가르치지 않는다고 주장한다.

대신 하나님이 땅과 식물들에게 부여한 속성들을 사용해서 죄 있는 인간들을 징계한다.[1] 다른 성경 구절들도 타락과 저주가 모든 자연법칙을 근본적으로 다시 쓰지 않았다는 아이디어를 지지한다. 예레미야 33:20-26은 "주야와 맺은 언약과…천지의 법칙"(25절)에 관해 말한다. 하나님이 자연 세상과 맺은 이 언약을 타락과 저주 전과 마찬가지 방식으로 오늘날에도 유지하고 있는 것으로 보인다. 그리고 "하늘이 하나님의 영광을 선포하고 궁창이 그의 손으로 하신 일을 나타내는도다"라고 말하는 시편 19:1은 오늘날의 창조세계가 여전히 하나님의 영광을 선포한다고 가르친다.

그러면 타락과 저주가 자연법칙들을 근본적으로 다시 쓰게 했는가 아니면 그 영향이 좀 더 제한적이고 인간의 규모로 한정되는가? 창세기 3:14-19은 최소 두 가지로 해석될 수 있는데 각각 성경의 다른 부분에서 그 해석을 뒷받침하는 구절이 발견된다. 이 질문은 자연 세상에 관한 문제이기 때문에 과학이 이 대목에서 신학에게 유용한 몇몇 정보를 줄 수 있을지도 모른다. 그리고 이 경우 과학의 데이터는 명확한 방향을 가리킨다.

천문학자들은 각각의 별에서 나오는 빛이 그 별에서 작동하고 있는 자연법칙들에 관한 상세한 정보—중력 법칙, 압력, 원자들의 양자역학적 행동, 전자기(電磁氣), 그리고 빛의 속도—를 포함하고 있음을 발견했다. 과학자들이 우리의 태양, 근처의 별들, 그리고 가장 먼 별들에서 나온 빛을 비교하면 그들은 모든 경우에 정확히 똑같은 근본적인 자연법

1 C. John Collins, *Science and Faith: Friends or Foes?* (Wheaton: Crossway, 2003), 150-51.

칙들이 작동하는 것을 본다. 이는 축하할 가치가 있는 놀라운 발견이다. 천문학자들은 먼 별들에서 나온 빛을 주의 깊게 연구함으로써 가장 먼 은하들을 포함하여 우주 안의 만물이 이곳 지구에서 작동하는 동일한 자연법칙들에 순종하는 똑같은 원자들로 만들어졌음을 발견했다.

빛이 여행하려면 시간이 소요되기 때문에 오늘날 우리가 보는 빛은 수백만 년 또는 심지어 수십억 년 전에 이 먼 별들을 떠난 빛이다. 오늘날 우리가 보는 빛은 그 빛이 방출되었을 때인 먼 과거에 근본적인 법칙들이 어떤 모습이었는지를 우리에게 보여준다. 먼 별들이 모두 인근의 별들과 동일한 물리 법칙들을 보여주므로 이는 자연법칙들이 과거의 어느 시점에 근본적으로 변한 것이 아니라는 명확한 증거다.

지질학자들도 비슷한 증거를 갖고 있다. 그들이 암석들을 연구할 때 그들 역시 이 암석들이 만들어질 때 작동하고 있던 근본적인 자연법칙들을 연구한다. 그들은 최근에 만들어진 암석들을 지구에서 가장 오래된 암석들과 비교할 수 있다. 천문학자들과 마찬가지로 지질학자들 역시 자연법칙들이 과거에 근본적으로 변하지 않았다는 명확한 증거를 본다.

타락 때문에 근본적인 자연법칙들이 달라졌을 수 있는가?

몇몇 그리스도인은 인간이 죄에 빠졌을 때 하나님이 타락의 효과가 시간을 거슬러 퍼지게 해서 어떤 의미에서는 자연법칙들이 시간이 시작되었을 때로 거슬러 올라가 변하게 했기 때문에, 현재 우주에서 작동하고 있는 자연법칙들은 인간이 죄에 빠지지 않았더라면 작동했을 법칙들과 다르다고 주장한다. 사탄의 타락이 우주가 시작된 이래 우주의 자연법칙들이 변화된 데 책임이 있다는 또 다른 유사한 주장이 있다. 이 주장들 중 어느 것도 과학적으로 그르다는 것이 증명될 수 없지만, 두 주장 모두 몇몇 심각한 신학적·과학적 어려움을 제기한다.

신학적으로는 이 주장들은 악의 세력이 창조세계의 형성에 있어서 가장 기본적인 수준에 이르기까지 막강한 영향을 주었다고 암시함으로써 악을 거의 하나님과 공동의 창조자로 만든다. 하나님이 좀 더 높은 선을 이루기 위해 창조세계의 시작까지 거슬러 올라가서 창조세계의 모든 수준에 악의 그런 근본적인 영향을 허용했다고 생각할 수는 있다. 이런 제안들이 마니교의 변두리와 겹치기는 하지만[2] 반드시 정통 기독교 신학의 범위를 벗어나는 것은 아니다. 그러나 이 장의 뒤에서 논의하는 바와 같이 이런 제안들은 자연 세상에서 때때로 인간을 해치는 것들을 하나님이 창조했다고 묘사하는 시편과 욥기의 많은 구절과 조화되기 어렵다.

과학적으로는 우리 우주 안의 물리 법칙들이 어떻게 파괴와 고통을 제거하는 방식으로 미묘하게 변경될 수 있는지 상상하기 어렵다. 과학자들은 물리 법칙들이 별들과 행성들의 형성 및 나무, 식물, 곤충, 그리고 모든 종류의 아름다운 것들의 성장을 가능하게 만들기 위해 정교하게 조정되었다는 것을 배웠다. 단순히 물리 법칙들을 약간 비트는 것—아마도 수소 원자의 질량이나 중력의 강도 변화—만으로 이 모든 아름

2 초기 교회는 선과 악이 모두 영원한 힘을 지니고 있고 둘 모두 이 세상의 창조에 관여했다고 가르치는 마니교의 종교와 철학을 거절했다.

다운 것을 유지하되 엔트로피나 지진이나 모기 같은 것들을 제거하는 우주를 만들어내지는 않을 것이다. 특히 열역학 제2법칙은 많은 입자가 움직이고 상호작용하는 어떤 시스템에서든 통계적으로 불가피한 결과로 보인다. 엔트로피나 지진 또는 모기들은 허용하지 않으면서 별들과 행성들과 생명 등 우리가 좋아하는 모든 것을 허용하는 근본적인 자연법칙들이 되려면 현재 작동 중인 자연법칙을 약간만 비틀면 되는 것이 아니라 전적으로 다른 토대에서 자연법칙을 완전히 다시 써야 하는 것으로 보인다.

지진

1755년 리스본 근처에서 일어난 큰 지진으로 거의 50,000명이 죽었다. 그 지진은 일요일에 많은 사람이 교회에 있을 때 일어났는데, 아마도 그래서 사망자 수가 더 많아졌을 것이다. 파괴적인 끔찍한 사건들은 수백 년 동안 신학자들에게 하나님과 죄와 자연재해에 관한 어려운 문제들을 붙들고 씨름하도록 자극했다. 그런 자연재해들의 원인을 과학적으로 살펴보면 신학자들에게 유용한 몇몇 정보가 제공된다.

지진은 지각판들이 서로 부딪치고 마찰함으로써 야기된다. 이 지각판들은 지각판 아래의 맨틀의 운동 때문에 움직인다. 맨틀 암석은 대류 순환(convection cycles)에 따라 움직인다. 대류 순환은 열역학의 기본 법칙들의 결과이며 맨틀의 주요 속성이다. 지구가 만들어진 방법과 기본적인 자연법칙들에 비춰볼 때 지진은 불가피하다.

지각판의 운동은 좋은 시스템의 일부다. 그것은 다양한 생태학적 영역들—깊은 대양, 얕은 바다, 해안, 평평한 평원, 언덕, 그리고 산들—을 만든다. 이 모든 생태학적 영역들은 다양한 식물들과 동물들이 존재할 수 있게 해준다. 더욱이 비와 바람이 계속 기름진 토양과 자양분을 씻어내 바다로 나른다. 오랫동안 이 일이 발생하면 모든 지면이 생명을 뒷받침하지 못하는 메마른 암석으로 변할 것이다. 지각판의 움직임은 지면 아래의 새로운 자양분들을 지표면으로 가져온다. 이 운동이 지진을 일으키지만, 육지에 생명이 존재하기 위해서는 이것이 필요하다.

물리학자이자 신학자인 존 폴킹혼은 2011년 저술에서 1755년 리스본 지진에서 하나님의 뜻이 무엇이었을까에 관한 질문에 대한 신학자 오스틴 패러(1904-68)의 답변을 긍정한다. "그 사건[지진]에서 하나님의 뜻은 지구의 지각 또는 지각 아래의 원소들에 대한 하나님의 뜻이다. 하나님의 뜻은 그 원소들이 그것들 자신이 되고 그것들의 본성에 따라 행동하는 것이다."[3]

지진은 엔트로피와 마찬가지로 물질이 자기의 할 일을 하는 것, 즉 하나님이 정한 기본적인 자연법칙에 따라 행동하는 것의 불가피한 결과다. 지진은 엔트로피와 마찬가지로 생명이 존재하기 위해서 필요한, 좀 더 큰 시스템의 일부다. 지구에 생명이 존재하고 지진이 없으려면 하나님이 계속 자연법칙들을 뒤엎거나 자연법칙들을 완전히 새롭게 바꿔야 한다.

이 점에 비춰볼 때 우리는 "하나님이 왜 직접 1755년 리스본 지진

---

3 Austin Marsden Farrer, "A Science of God?," in John C. Polkinghorne, *Science and Providence: God's Interaction with the World* (Conshohocken, PA: Templeton Foundation Press, 2011), 67.

을 일으켰는가?"라는 질문에 대한 답을 찾기보다 "하나님이 왜 1755년 리스본 지진이나 그 지진으로 야기된 고통을 기적적으로 방지하지 않았는가?"라는 질문에 대한 답을 찾도록 자극된다. 그 지진 및 기타 재해들로 야기된 황폐와 고통과 죽음으로 인해 이 질문은 여전히 중요한 신학적 질문이다. 우리가 완전히 만족스러운 답을 결코 발견하지 못할 수도 있지만, 이 장의 남은 부분과 10장에서 몇몇 가능한 대답이 탐구된다.

모기, 잡초, 돌연변이, 그리고 질병

모기들은 우리를 귀찮게 한다. 하지만 모기들은 우리가 즐기는 나비나 무당벌레 같은 곤충들처럼 자신의 생태학적 틈새에 잘 적응했다. 보도를 뚫고 자라는 잡초들은 우리를 귀찮게 하며 우리의 토지를 보기 흉하게 만든다. 하지만 다른 아무것도 자랄 수 없는 곳인 절벽의 벌거벗은 암석에 달라붙을 수 있는 이끼를 생각해보라. 이끼는 자라면서 벌거벗은 암석을 다른 식물들을 뒷받침할 수 있는 비옥한 토양으로 바꾼다. 그것이 없었더라면 벌거벗은 암석이었을 곳에서 자라는 이끼를 볼 때마다 나는 생명이 얼마나 견고하고, 모든 종류의 생태학적 틈새에 적합하며, 강인하게 달라붙어 자랄 수 있는지를 치하한다. 우리의 보도들을 망치는 바랭이와 민들레 그리고 암석을 비옥한 토양으로 바꾸는 이끼는 동일한 자연법칙을 따르고 있다. 그것들은 동일한 생명의 내구력과 강건함을 보인다. 그것들은 모두 꾸러미의 일부다.

꽃이 피는 식물과 가루받이하는 곤충의 공생은 우리에게 아름답게 보인다. 각각 상대방에게 생존을 위해 필요한 뭔가를 제공한다. 그러나 유충이 숙주 동물 안에서 그 동물을 먹을 수 있도록 다른 동물들의 몸 안에 알을 낳는 장수말벌 같은 기생충들은 어떤가? 그것은 추해 보인다. 그러나 이번에도 우리가 이 시스템들을 과학적으로 연구해보면 그것들은 일괄 거래(package deal)의 일부로 보인다. 두 종 사이의 아름다운 공생이 발달하도록 허용하는 동일한 자연법칙들이 기생도 발달하도록 허용한다. 하나님이 설계한 자연법칙들에 비춰볼 때 우리가 하나를 가지려면 다른 것도 가져야 하는 것으로 보인다.

우리가 생물학을 미시적으로 연구할 때에도 동일한 일괄 거래가 나타난다. 흰개미에게 나무를 소화할 수 있게 해주는 박테리아 같은 특정한 박테리아는 공생하며 숙주동물들에게 도움이 된다. 그리고 몇몇 박테리아들은 숙주들을 아프게 하고 때때로 죽게 하는 해로운 질병을 일으킨다. 지구상의 생명의 전체 역사가 이런 식으로 진행되어 온 것처럼 보인다. 화석 기록은 인간이 존재하기 오래전에 질병과 기생충과 포식자들이 있었다고 말해준다.

유전자 돌연변이에서도 비슷한 일괄 거래가 있다. 몇몇 유전자 돌연변이는 동물들이 기형으로 태어나 생존할 수 없게 한다. 그러나 우리가 앞 장에서 본 바와 같이 돌연변이들은 종들이 변화하는 환경 또는 새로운 환경에 적응할 수 있게 해주기도 한다. 돌연변이들은 생물의 다양성을 증가시킨다. 장기적으로 돌연변이들은 복잡하고 아름다운 생태계가 발달할 수 있게 해준다. 그리고 근본적으로 돌연변이들의 특정한 빈도는 DNA 분자들에 작용하는 물리 법칙들과 화학 법칙들의 불가피한 결과다.

몸 안의 살아 있는 세포가 적절하게 작동할 때는 그 세포가 치료와 재생산 메커니즘을 지닌다. 이런 메커니즘 중 일부가 미묘하게 변해서 세포가 암세포가 될 때 동일한 자연법칙들에 순종하는 똑같은 과정이 작동한다. 이 대목에서도 기본적인 자연법칙들에 대한 우리의 이해는 우리가 일괄 거래를 지니고 있음을 암시한다.

이처럼 돌연변이들은 적응과 다양성을 허용하고 기형과 질병을 허용한다. 공생과 더불어 기생도 존재한다. 우리는 살아 있는 세포들의 치료와 재생산을 위한 메커니즘들과 더불어 암의 가능성도 갖고 있다. 우주에 존재하는 기본적인 자연법칙들에 비춰볼 때, 뭔가가 우리를 해칠 수도 있을 때마다 하나님이 계속 그리고 기적적으로 개입하지 않는 한, 우리가 다른 쪽 없이 어느 한쪽만 가질 수는 없는 것으로 보인다. 그러나 하나님이 우주를 일련의 법칙들하에서 작동하도록 창조하고서 해로운 것은 무엇이든지 교정하기 위해 기적적으로 개입한다는 아이디어는 하나님이 애초에 세상을 "매우 좋게" 창조했다는 말이 무슨 의미인지에 관한 심각한 몇몇 신학적 문제를 제기한다.

고통

동물들이 고통을 경험한다는 많은 과학적 증거가 있다. 포유류, 조류, 파충류, 그리고 다른 동물들의 신경계의 유사성은 동물이 경험하는 고통이 진화 역사의 매우 초기에 나타났음을 암시한다. 우리 조상들은 죄를 지을 수 있기 전에도 어떤 면에서는 고통을 알았고 고통을 경험했다.

창세기 2-3장은 죄를 짓기 전에 고통이 전혀 존재하지 않았음을 암시하지 않는다. 창세기 3장에서 아담과 하와가 죄를 지은 뒤 하나님이 하와에게 "내가 네게 임신하는 고통을 크게 더하리니 네가 수고하고 자식을 낳을 것"이라고 말했다(3:16). "더하다"(increase)라는 단어는 아담과 하와가 이미 고통이 무엇인지를 이해했음을 암시한다.

필립 얀시는 하나님이 창조한 선하고 필요한 시스템으로서의 고통에 관해서 썼다. 『고통당할 때 하나님은 어디 계시는가?』(*Where Is God When It Hurts*)라는 책[4]에서 얀시는 고통이 우리에게 위험에 처해 있거나 돌봄이 필요한 몸의 부분들에 관해 어떻게 경보를 울리는지를 묘사한다. 고통을 느끼지 못하는 동물들과 인간들(예컨대 나병을 앓고 있는 환자들)은 상처가 나도 그 상처를 알아차리지 못하고 추가적인 합병증으로 이어진다. 얀시는 고통이 우리에게 상처를 피하고 질병을 다루도록 도와주는, 정교하게 고안된 시스템의 일부로 창조되었다고 결론짓는다. 얀시는 「크리스천 투데이」에 다음과 같이 썼다.

> 고통은 좋기도 하고 나쁘기도 하다. 고통은 구속될 수 있다.… 나는 나병 전문 의사인 폴 브랜드와의 동역을 통해서 고통 시스템은 의심할 나위 없이 인체의 가장 놀라운 기술적 위업이라고 확신하게 되었다. 인체에서 정교하게 조율된 고통의 경고를 없애면 그 사람은 스스로를 파괴하는 사람이 되는데, 이것이 바로 나병의 문제다. 하지만 고통은 나쁜 또는 "타락한" 것이기도 하다. 호스피스에서 일하는 내 아내는 날마다 더 이상 유용한 목적이 없는 고통의 파괴적인 효과들을 본다. 죽어가는 환자에게 고통의 경고들은 우

4 Philip Yancey, *Where Is God When It Hurts?* (Grand Rapids: Zondervan, 1997[『내가 고통당할 때 하나님 어디 계십니까』, 생명의말씀사 역간]).

주의 가학성 변태성욕자의 조롱처럼 보일 수도 있다. 그러나 고통은 구속될 수 있다. 죽어가는 사람, 개별적인 나병 환자들, 그리고 영원한 고통을 안고 사는 조니 에릭슨 타다 같은 사람들은 삶이 제공하는 최악 가운데서 위대한 선이 나올 수 있음을 보여주었다.[5]

인간이 죄를 짓기 전의 동물의 죽음

지구의 나이가 수십억 년이라는 과학적 증거가 발견되기 전에도 신학자들은 순전히 성경을 토대로 "타락 전에 동물의 죽음이 있었는가?"라는 문제를 논의했다. 죽음을 죄의 결과로 논의하는 성경 구절들(창 2:16-17; 3:19, 22; 롬 5:12-21; 고전 15장)은 확실히 인간의 죽음을 가리키지만, 그 구절들이 동물들의 죽음도 가리키는지는 확실하지 않다. 몇몇 학자들은 곰과 사자 같은 육식 동물들이 소와 양과 더불어 평화롭게 산다고 언급하는 이사야 11:6-7과 65:25 같은 예언서의 구절들을 지적하면서 아담과 하와가 죄를 짓지 않았더라면 동물들이 죽지 않았을 것이라고 제안했다. 이 구절들은 확실히 미래의 메시아 시대를 가리키는데, 신약성서 시대에는 그 구절들이 요한계시록에 언급된, 예수의 재림으로 나타날 새 하늘과 새 땅을 가리키는 것으로 생각된다. 그러나 몇몇 학자들은 이 구절들이 인간이 죄를 짓기 전 지구에서의 삶도 묘사한다고 주장했다.[6]

---

5 Philip Yancey, "Back Page," *Christianity Today*, September 11, 1995, 96.

6 교부들 중에서는 다음 문헌들을 보라. Irenaeus of Lyons(기원후 130년경-202년), *Adversus haereses* 5.33; 그리고 Theophilus, bishop of Antioch(Syria, 기원후 183년경 사망), *Ad Autolycum* 2.17.

다른 학자들은 이사야서의 이 구절들이 새 하늘과 새 땅에만 적용되어야 한다고 주장했다. 그들은 한정된 수명과 육체적 죽음이 동물들의 지상에서의 피조물로서의 존재의 자연스러운 일부라고 주장했다.[7] 욥기 38:39-40과 시편 104:21은 하나님이 육식 동물들에게 먹이를 공급하는 것을 언급하는데 이는 하나님이 처음부터 동물들이 죽을 것과 새로운 세대들을 만들 방법을 의도했음을 암시한다. 더욱이 요한계시록 21-22장에 묘사된 새 하늘과 새 땅은 단순히 이 창조세계를 인간이 죄를 짓기 전의 상태로 회복하는 것이 아니다. 예컨대 결혼은 이 창조세계의 좋은 부분으로 생각되지만, 예수는 "저 세상과 및 죽은 자 가운데서 부활함을 얻기에 합당히 여김을 받은 자들은 장가 가고 시집 가는 일이 없다"고 가르쳤다(눅 20:35). 요한계시록 21:23은 새 예루살렘을 "하나님의 영광이 비치고 어린 양이 그 등불이 되기 때문에" 해나 달이 필요 없는 곳으로 묘사한다. 요한계시록 21:1은 새 땅에 더 이상 바다가 없다고 묘사한다. 성경 저자들의 생각에서는 바다가 하나님이 이 창조세계를 만들기 위해 구성한 원시의 "물의 깊은"—어둡고 형태가 없고 공허한(창 1:2)—곳과 연결되었음을 기억하라. 요한계시록 21:1의 원래 독자들에게는 더 이상 바다가 없다는 것이 아마도 21-22장의 나머지 부분에서와 마찬가지로 하나님의 임재가 새 하늘과 새 땅의 모든 부분에 퍼지는 것을 암시했을 것이다.

성경이 인간이 죄를 짓기 전 동물의 죽음 주제에 관해 명확하게 언

---

7 교부들 중에서는 다음 문헌들을 보라. Basil of Caesarea(329-79), *Hexaemeron* 9.2; 그리고 Augustine, *The City of God* 12.4, https://www.ccel.org/ccel/schaff/npnf102.iv.XII.4.html(『하나님의 도성(신국론)』, CH북스 역간).

급하지 않기 때문에, 그리고 신학자들이 성경의 나머지 부분들과 조화를 이룰 수 있는 경쟁하는 해석들을 제공해왔기 때문에, 이 상황에서도 우리가 자연에 나타난 하나님의 계시를 보고서 그것이 유용한 정보를 제공할 수 있는지를 알아볼 수 있는 것처럼 보인다. 그럴 수 있다. 오래된 지구와 지구상의 생명의 오랜 역사에 관한 풍부한 과학적 증거는 죽음이 애초부터 동물과 식물 모두의 존재의 자연스러운 부분이었음을 가리킨다.

동물들과 식물들의 죽음은 좀 더 큰 시스템의 일부다. 동물들과 식물들이 죽지 않으면 새로운 세대들이 성장하고 번성할 여지가 없을 것이다. 재생산이 중단되어야 할 것이고, 그렇지 않으면 지구가 곧 과밀해질 것이다. 죽음과 재생산이 없었다면 동물과 식물 종들이 환경의 변화에 유전학적으로 대응하지 못했을 것이다. 자연 세상으로부터의 증거는 하나님이 동물들과 식물들을 영원한 존재가 아니라 유한한 존재로 창조했다고 암시한다. 따라서 동물과 식물의 죽음은 한 세대가 다음 세대에게 길을 내주고, 종들이 적응하고, 생태계가 시간이 지남에 따라 좀 더 복잡해지고 다양한 창조물들로 가득 차게 될 수 있는 좋은 시스템에서 일정한 역할을 한다.

현대 과학이 등장하기 수백 년 전에 아우구스티누스는 하나님이 동물과 식물을 시간적으로 유한한 존재로 창조하기로 작정했다는 주장을 요약했다. 변화와 부패와 죽음은 현세의 창조물들에게 자연스럽다.

> 그러나 짐승들과 나무들 그리고 지성이나 지각 또는 생명이 없는, 죽을 수밖에 없고 변하기 쉬운 것들의 허물을 비난하는 것은 우스운 일이다. 비록

이런 허물들이 그것들의 부패하기 쉬운 본성을 파괴하더라도 말이다. 이 창조물들은 가장 낮은 형태의 아름다움인 시절의 아름다움을 확보하기 위해 창조주의 뜻에 따라 죽어서 다른 것들에게 자리를 내어줌으로써 그것들에게 적합한 존재를 받았는데 ,그것이 자기의 자리에 위치하는 것은 이 세상의 필요한 부분이기 때문이다. 땅의 것들은 하늘의 것들과 동일하게 만들어지지 않았고 비록 열등하기는 하지만 우주에서 빠뜨려지지도 않았다. 따라서 그런 것들이 적절한 그런 상황들에서는 몇몇이 죽어서 그것들의 자리에 태어나는 다른 것들을 위해 길을 내주고, 정복되는 것들은 지배력을 갖는 것들의 특질로 전환되는데, 이것이 일시적인 것들에게 지정된 질서다. 이 질서에서 아름다움은 우리의 마음에 떠오르지 않는다. 죽을 운명인 우리의 연약함으로 말미암아 우리가 그것의 일부에 너무 깊이 관여하고 있어서, 우리를 해치는 이 조각들이 가장 정확한 적합성 및 아름다움과 조화를 이루는 전체를 인식하지 못하기 때문이다. 그러므로 우리가 창조주의 지혜를 잘 인식할 수 없는 곳에서 우리가 인간의 헛된 경솔함으로 그처럼 위대한 숙련공의 작품에 흠을 잡지 않도록 그 지혜를 믿으라고 명령되는 것이 적절하다.[8]

우리 인간 조상들의 "자연스러운" 필멸성

인류 발생 전의 우리의 영장류 조상들은 다른 동물들과 마찬가지로 자연적으로 필멸의 존재였을 것이다. 이것이 성경이 죄와 인간의 죽음 사이의 관계에 관해 가르치는 것과 어떻게 관련되는가? 9장에서 이 문제

8 Augustine, *The City of God* 12.4, https://www.ccel.org/ccel/schaff/npnf102.iv.XII.4.html.

가 좀 더 자세히 다뤄지지만 우리는 이 장에서 이 문제를 간략히 논의할 것이다.

인간의 죽음이라는 주제에 관해 성경은 여러 장소에서 죽음을 죄의 결과로 말하지만, 이 주제에 관해서조차 몇 가지 해석이 있다. 한 가지 해석은 로마서 5:12-21과 창세기 2:17 같이 죽음을 죄의 결과라고 말하는 구절들은 육체의 죽음이 아니라 단지 "영적 죽음"(하나님으로부터의 영적 분리)만을 가리킨다고 본다. 창세기 2:17에서 하나님이 아담과 하와에게 "선악을 알게 하는 나무의 열매는 먹지 말라. 네가 먹는 날에는 반드시 죽으리라"고 말한다. 아담과 하와는 하나님께 불순종한 뒤 영적으로 하나님으로부터 분리되었지만 불순종한 직후 육체적으로 죽지는 않았다. 이 해석은 골로새서 2:13과 에베소서 2:1-3 같은 구절들에 의해 뒷받침되는데, 거기서 사도 바울은 그의 독자들에게 그들이 죄 용서를 통해 그리스도 안에서 살아나기 전에 "그들의 죄로 죽었었다"고 말한다.

그러나 성경의 또 다른 보편적인 해석은 영적 죽음뿐만 아니라 인간의 육체적 죽음이 죄의 결과라고 본다. 고린도전서 15:21-22에서 바울은 죽음(육체적 죽음이 강하게 암시된다)이 아담의 죄를 통해서 왔다고 진술한다. 26절은 육체적 죽음을 "맨 나중에 멸망받을 원수"라고 말한다. 이 해석을 유지하는 사람들 가운데서도 여전히 인간의 원래의 육체적 상태에 관한 잠재적인 의견 불일치가 있다. 육체의 불멸성이 처음부터 인간의 몸에 내장되었다가 인간이 죄를 지었을 때 거둬졌는가? 아니면 인간이 필멸의 존재로 창조되었지만 그들이 죄를 짓지 않기로 선택했더라면 그들이 육체적 불멸성이라는 잠재적인 선물을 받을 수 있었던 것인가? 최초의 인간들이 육체적으로 불멸의 존재로 창조되었다면 그들은 나이가 들지 않고 모든 질병과 부상을 극복할 수 있는 몸을 가졌을 것이다. 최초의 인간들이 불멸성에 대한 잠재력만을 가졌다면 그들은 하나님의 기적적인 행동을 통해서만 불멸의 존재가 될 수 있는, 우리의 몸과 비슷한 몸을 가졌을 것이다. 창세기 2-3장에서 에덴동산에 생명나무가 존재했다는 사실은 두 번째 해석을 지지한다. 생명나무는 아담과 하와가 죄를 짓기 전에 그 동산에 있었다(창 2:9). 아담과 하와가 타락 전에 자연적으로 불멸의 존재였다면 동산 중앙에 있던 생명나무의 목적이 명확하지 않다. 아담과 하와가 필멸의 존재였고 그들에게 불멸성을 부여하기 위해서는 뭔가 다른 것이 필요했을 경우 생명나무의 존재가 일리가 있다. 우리가 에덴동산과 생명나무를 얼마나 상징적으로 또는 문자적으로 해석하든 간에 생명나무는 그들이 죄를 지었을 때 상실했던 선물인, 육체적 불멸성에 대한 잠재력을 나타내는 것으로 보인다. 생명나무는 요한계시록 22장에서 죽음이 없어진 새 땅에 재등장한다. 이는 인간의 불멸성에 관한 하나님의 궁극적인 계획이 그리스도를 통해 새로운 창조세계에서 성취될 것임을 암시한다.

우리는 9장에서 이 신학적 논의로 돌아올 것이다. 지금은 자연 세상에 관한 과학적 연구로부터 우리가 어떤 추가적인 정보를 얻을 수 있는지를 고려해보라. 우리의 몸을 연구해보면 인체가 내장된 육체적 불멸성을 가지고 있다면 그것이 어떻게 기능할지를 상상하기 어렵다. 우리의 몸은 오늘날 다른 창조물들과 비슷한 방식으로 늙고 질병과 부상에 반응한다. 인간들과 동물들은 부상을 치료할 제한적인 능력만을 지니고 있다. 어떤 질병이나 부상에서도 회복할 수 있는 육체적 몸은 우리의 현재 몸을 규율하는 원칙들과 완전히 다른 원칙들 위에서 구성되었어야 할 것이다. 노화 자체는 우리의 DNA 안에 내장되어 있다. 우리의 세포들 자체가 닳아 마모되고 죽는다. 인체를 불멸의 존재로 만들려면 우리의 현재의 몸에 약간의 변화를 가하는 것 이상이 요구될 것이다. 그러려면 근본적으로 다른 과정들이 갖춰지고 완전한 재구축이 필요할 것이다. 사실 창조된 이 우주에 영원히 계속되도록 지어진 물체는 없는 듯하다. 산들은 침식되고, 대륙들은 이동하며, 태양은 영원히 빛나기 위해 충분한 연료를 갖고 있지 않다. 하나님이 설계한 자연과정들은 이 창조세계에서 불멸성을 뒷받침하지 않는 것으로 보인다. 참된 불멸성은 다음 창조세계를 위한 모종의 것이다. 이 창조세계나 다음 창조세계에서 불멸성은 하나님의 기적적이고 은혜로운 행동을 통해서만 가능하다.

타락, 자연적인 악, 그리고 로마서 8장

자연 세상에 관한 우리의 과학적 연구는 우리에게 지진과 질병과 기생충—우리가 "자연적인 악"이라고 부를 수 있는 것들—에 관한 몇몇 중요한 것들을 알려 주었다. 첫째, 그것들은 인간이 존재하거나 죄를 짓기 오래전에 이미 창조된 세상의 일부였다. 둘째, 그것들은 자연법칙들이 작동하는 방식의 불가피한 결과로 보인다. 셋째, 그런 근본적인 자연법칙들은 우주의 역사 중에 변하지 않았다. 넷째, 개별적인 지진과 질병과 기생충들이 고통과 죽음을 야기하지만 그것들은 전체적으로 아름답고, 복잡하고, 생명을 지탱하는 좀 더 큰 시스템의 결과다.

이는 타락의 결과로써 그런 것들이 존재하게 되지 않았음을 암시한다. 타락은 이런 것들을 향한 우리의 태도 및 반응과 훨씬 더 많은 관계가 있는 것으로 보인다. 뭔가가 우리를 귀찮게 하거나 우리에게 피해를 줄 때 우리는 하나님이나 서로에게 어떻게 반응하는가? 자연적인 악이 우리를 좀 더 자애롭게 만드는가 아니면 좀 더 이기적으로 만드는가? 그것이 우리를 하나님께 좀 더 가까워지게 하는가 아니면 하나님으로부터 좀 더 멀어지게 하는가? 사건들이 우리를 귀찮게 하거나 해칠 때 다른 사람들을 향해서 및 하나님을 향해서 우리가 어떻게 반응하는지 자신을 조사해보면 우리는 확실히 우리가 죄 많은 존재라는 증거를 보게 될 것이다.

그렇다면 창조세계가 "허무한 데 굴복한다"(롬 8:20)는 것이 무엇을 의미하는가? 물론 죄 있는 인간이 창조세계를 남용하기도 한다. 우리는 이기적으로 그리고 불필요하게 종들과 생태계를 파괴하고 환경을 해친다. 게다가 지구에서 가장 강력하고 영리한 존재인 인간들은 창조세계를 대변하도록 의도되었다. 창조세계의 나머지는 우리의 집이며, 우리는 창조세계 안에서 하나님의 형상 담지자로서 개인적으로 하나님을 찬양하고 하나님과 올바른 관계 안에서 살도록 의도되었다. 그런데 우리는 우리가 해야 할 일을 하지 않는다. 따라서 창조세계의 나머지는 그것에게 의도된 대로 하나님을 찬양하거나 하나님을 섬기지 못한다.

자연적인 악과 욥기

욥기 1-2장에서 욥은 도덕적인 악과 자연적인 악 모두로 말미암아 야기된 공격으로 고통당한다. 강도와 자연재해와 질병이 욥의 재산과 자녀와 건강을 빼앗는다. 독자인 우리는 알지만, 욥은 자기가 영적인 원수에게 공격받고 있다는 것을 모르고 있다. 어떤 고소자가 하나님께 인간은 단지 착함 자체를 위해 착할 수 없다고 말했다. 그 고소는 인간은 하나님이 그에게 잘 대해주어서 착하다고, 즉 인간은 단지 이기적인 이유로 착하다고 주장한다. 인간은 구속될 수 있고 우리는 단지 얻을 수 있는 이익 때문이 아니라 올바른 이유로 선할 수 있다는 아이디어가 위험에 처해 있다. 하나님은 인간이 아무것도 얻지 못하더라도 착할 수 있음을 보여주기 위해 욥에게 악으로 인해 고통을 당하도록 허용함으로써 그 고소를 반박하기로 작정한 것으로 보인다.

의로운 사람들이 도덕적인 악과 자연적인 악 모두로 말미암아 야기된 부당한 공격에 노출될 때 어떻게 반응해야 하는가? 욥기의 이후 장들은 세 가지 반응들을 보여준다. 첫째, 욥의 아내는 욥이 의롭기를 중단해야 한다고 말한다. 그녀는 "하나님을 욕하고[저주하고] 죽으라"고 말한다. 욥은 그 아이디어를 거부한다. 둘째, 욥의 친구들은 그에게 "그대가 고통을 받고 있다면 그대가 틀림없이 뭔가 잘못을 저지른 것이다. 그것이 하나님이 항상 일하는 방식이다. 그대가 선을 행하면 그대는 번성할 것이다. 그대가 악을 행하면 하나님이 그대가 고통을 당하게 할 것이다"라고 말한다. 욥과 하나님 모두 그 아이디어를 거부한다. 욥 자신이 고통에 대한 세 번째 반응을 제시한다. 욥은 본질적으로 "하나님이 나를 부당하게 공격하고 있는데 나는 그것에 관해 아무것도 할 수 없다"고 말한다. 한동안 이렇게 진행된 후 38-41장에서 하나님이 마침내 욥에게 대답한다.

흥미롭게도 하나님은 욥에게 원래의 고소에 관해 말하지 않는다. 하나님은 욥에게 그가 인간이 구속될 수 있다는 영적인 요점을 증명하기 위해 고통받고 있다는 것을 말해주지 않는다. 하나님은 욥에게 무엇을 말해주는가? 하나님은 창조 때의 혼란스러운, 원시의 물들과 자신이 이 물들에 대해 세운 경계들을 지적하고 욥에게 "네가 그것을 할 수 있느냐?"고 묻는다. 하나님은 땅 밑 어둠의 장소들—바다의 샘들과 사망의 문들—을 지적하고 "네가 그곳에 있었느냐?"고 묻는다. 하나님은 번개와 폭우, 사막의 황무지, 산 염소와 타조와 육식성 독수리와 사자 같이 길들일 수 없는 야생 동물들을 지적하고 "네가 이런 것들을 이해하느냐? 네가 그것들을 보살필 수 있느냐?"고 묻는다. 하나님은 베헤못(behemoth)과 리워야단(leviathan)이라는 육지 괴물과 바다 괴물을 지적하고 "네가 그것들을 다룰 수 있느냐?"고 묻는다.

욥의 시대의 고대 세계관에서 이런 것들—땅의 끝, 어두운 장소, 사막의 황무지, 야생 동물, 베헤못과 리워야단 같은 원시 괴물들—은 물리적으로 위험할 뿐만 아니라 영적으로도 위험하다고 생각되었다. 당시의 이방 종교에서 이런 것들은 문자적으로 신들에게 버려진, 신들에게 대적하는 영적 인물들이나 세력들이었다. 이와 대조적으로 욥기와 창세기 1장은 이 사나운 것들이 하나님의 통제 아래 있다고 말한다. 욥기에서 하나님은 또 다른 요점을 지적한다. 이런 사나운 것들이 하나님의 통제 아래 있지만, 그것들이 욥의 통제 아래 있지는 않다. 위험하고, 거칠고, 혼란스러운 것들은 사라지지 않는다. 그것들이 존재하고 인간에게 위험하지만, 그것들은 하나님의 통제 아래 있다.[9]

---

9 욥기에 나타난 이 주제에 관한 추가 논의는 다음 문헌들을 보라. Tremper Longman III, *Job*, Baker Commentary on the Old Testament (Grand Rapids: Baker Academic, 2012[『욥기 주석』, 기독교문서선교회 역간]); Tom McLeish, *Faith and Wisdom in Science*

욥은 하나님이 자기를 부당하게 공격하고 자신의 고통을 야기했다고 하나님을 비난했다. 하나님은 창조세계에 존재하는 강력하고 거칠고 위험한 모든 장소들을 지적하고 "이런 것들은 내 지배 아래 있지만 네 지배 아래 있는 것은 아니다. 그것들은 네 목적이 아니라 나의 목적에 봉사한다"라고 대답한다. 이 말을 들은 후 욥은 하나님을 비난하기를 그친다.

창세기에 등장하는 질서와 무질서 주제

구약성서 학자들은 창세기 1장에서 하나님이 무질서 가운데서 질서를 가져왔을 때 어느 정도 무질서가 남아 있다고 지적해왔다. 존 월튼은 다음과 같이 쓴다.

> 창세기 1:2에서 그 이야기가 시작될 때 우주의 상태는 아직 아무것도 제대로 기능하지 않고 있었다. 이 무질서한 상태는 우주에 질서의 외관을 가져오는 창조 행위를 위한 배경 역할을 한다.…하나님의 창조 사역은 이 무질서한 실존에 질서를 가져오는 것으로 정의된다. 이것은 일정한 과정을 통해 단계적으로 수행될 것이다. 비록 하나님이 질서를 가져오지만, 무질서의 측면들이 남아 있었다. (비록 바다의 경계가 정해지기는 했지만) 여전히 바다가 있었고 여전히 어둠이 있었다. 동산 안보다 질서가 덜 잡힌 동산 밖이 있

(Oxford: Oxford University Press, 2014);그리고 Richard F. Carlson and Jason N. Hine, "Two Interlocking Stories: Job and Natural Evil and Modern Science and Randomness," *Perspectives on Science and Christian Faith* 66, no. 1 (2014): 23-35.

었다.…이 최초의 질서 부여가 자연재해, 고통, 또는 죽음을 제거하지 않았을 것이다. 이런 것들이 비록 하나님의 통제를 벗어나지는 않았고 종종 긍정적인 결과를 가져올 수도 있지만, 우리가 그것들을 질서 잡힌 세상의 일부로 생각할 필요는 없다. 모든 무질서는 새 창조 때까지 해결되지 않을 것이다. 요한계시록 21장에서 우리는 "더 이상 바다가 없고"(계 21:1), 고통이나 사망이 없고(21:4), 어둠이 없을 것(21:23-25)이라는 말을 듣는다. 하나님의 현존이 모든 창조세계에 편만할 것이기 때문에 더 이상 성전이 없다(21:3, 22).[10]

왜 창조세계가 해치고 파괴할 수 있는 것들을 포함하는가?

우리는 "왜 하나님이 사납고 위험한 것들이 있는 세상을 창조하겠는가?"라고 물을 수도 있을 것이다. 성경은 우리에게 간단한 답을 주지 않는다. 신학자들과 철학자들이 가능한 몇몇 설명을 제시해왔다.

"하나님이 왜 도덕적인 악을 허용하는가?"라는, 관련이 있는 질문에 대한 답변에서 몇몇 학자는 "자유 의지 변호"(free will defense)라 불리는 견해를 제시한다.[11] 하나님은 도덕적인 악을 미워하지만 인간의 자유 의지를 존중한다. 하나님은 사람들이 해로운 악을 행하기로 작정할 때 그들의 자유 의지에 간섭하지 않기로 작정한다. 인간의 자유 의지가 매

10 John H. Walton, *The Lost World of Adam and Eve* (Downers Grove, IL: InterVarsity, 2015), 149-50

11 예컨대 Alvin Plantinga, *God, Freedom, and Evil* (Grand Rapids: Eerdmans, 1977), 30을 보라.

우 중요해서 하나님은 기꺼이 도덕적으로 악한 행동들을 참는다. 도덕적인 악에 대한 하나님의 궁극적인 대답은 우리의 자유 의지를 분쇄하는 것이 아니다. 그 답은 예수의 성육신, 생애, 죽음 그리고 부활에서 발견된다.

자유 의지 변호가 하나님이 왜 **도덕적**인 악을 허용하는가라는 질문에 대한 타당한 답변이라면, 몇몇 신학자는 하나님이 왜 **자연적**인 악을 허용하는가라는 질문에 대한 답변으로 "자유 과정 변호"(free process defense)를 제시해왔다.[12] 하나님은 창조세계를 사랑해서 그것이 창조된 의도대로 행할 자유를 주었고 그 자유를 계속해서 뒤엎지 않는다. 하나님은 지구상에 생명을 촉진하는 지각판 움직임이라는 좋은 과정을 창조했고, 때때로 지각판의 움직임으로 인한 지진들이 피해를 주고 생명을 죽이기까지 할지라도 지각판들이 움직이게 한다. 하나님은 생명, 재생산, 그리고 적응이라는 놀라운 생물학적 과정으로 가득 찬 멋진 생물 세상을 창조했고 비록 그것들이 때때로 기생충과 질병을 가져올지라도 그것들이 제 할 일을 하게 한다.

그리고 이 세상이 자유 의지를 지닌 인간의 집이 되려면 아마도 이 세상에 어느 정도의 자연적인 악이 필요할 것이다. 아마도 선과 악 사이에서 선택할 능력을 지니려면 인간이 이 세상에서 좋은 일들과 나쁜 일들이 일어나는 것을 보고, 자신의 자유로운 선택이 어떻게 다른 사람들에게 좋은 결과나 나쁜 결과를 가져올 수 있는지를 이해해야 할 것이다. 아마도 하나님이 진화 과정을 사용해서 인간을 창조하기로 작정한 결과

12 예컨대 Polkinghorne, *Science and Providence*를 보라

(다음 장에서 논의된다) 우리가 오늘날의 세상에서와 자연의 전체 역사에서 보고 있는 자연적인 선과 자연적인 악이 필요했을 것이다. 이 아이디어는 10장에서 좀 더 논의될 것이다.

욥은 하나님으로부터 그의 모든 고난을 설명한 완전한 대답을 듣지 못했다. 우리도 마찬가지다. 그러나 성경이 더 많은 방식으로, 설득력이 있는 많은 방식으로 하나님이 자비롭고 우리의 최상의 이익을 염두에 두고 있다고 말하기 때문에 우리는 나머지를 믿음으로 받아들인다. 우리는 하나님이 자연적인 악을 일으키는 모든 과정을 통제하고 있고, 이 과정들이 설사 우리 인간의 욕구에 봉사하지 않는다고 할지라도 하나님의 목적에 봉사할 것이라고 믿는다. 그리고 우리는 정의와 평화에 대한 궁극적인 소망은 이 세상에 놓여 있는 것이 아니라 하나님의 부활과 새 창조의 약속에 놓여 있다는 것을 상기한다.

황야와 "땅의 정복"

우리가 단순히 자연적인 악과 더불어 살기로 단념해야 하는가? 이 모든 점이 자연적인 악을 "선하게" 만드는가? 그리고 이것이 우리가 자연적인 악이 부활 후 하나님의 새 창조의 일부라고 예상해야 함을 의미하는가?

첫째, 자연적인 악이 이 창조세계의 자연적인 부분이라고 할지라도 그것이 반드시 하나님의 새 창조의 일부인 것은 아니다. 몇몇 좋은 것들은 지금 하나님의 창조 질서의 일부라고 하더라도(예컨대 결혼) 새로운 창조세계에서 되풀이되지 않을 것이다. 더욱이 이사야서와 요한계시록에 기록된 새로운 창조세계의 상(像)은 생명나무와 상시적인 하나님의 가까운 현존으로 폭력과 죽음이 끝나는 새로운 창조세계를 암시한다.

현재 세상에 관해서는 우리가 기생충과 해로운 돌연변이와 질병과 지진이 이 세상의 자연스러운 부분이라고 결론지었지만, 우리가 그것들에 복종할 필요가 없다. 그것들은 인간의 죄로 말미암아 초래된 것으로 보이지 않으며 매우 좋은 시스템의 일부일 수도 있지만, 우리가 그것들을 본질적으로 그리고 자연히 "좋다"고 말할 필요는 없다.

창세기 1:28은 이런 것들에 대한 또 다른 신학적 범주를 제시한다. 인간이 죄에 빠지기 전에 하나님은 인간들에게 소위 "문화 명령"을 내렸다. 하나님은 인간들에게 "생육하고 번성하여 땅에 충만하라. 땅을 정복하라"고 명령한다. 성서학자들은 "정복하라"로 번역된 히브리어 단어가 무기력한 단어가 아니라고 말해준다. D. C. 스패너는 다음과 같이 쓴다.

> 창세기 1:28에서 인간에게 주어진 명령은 " 생육하고 번성하여 땅에 충만하라. 땅을 정복하라.…모든 생물을 다스리라"는 것이다.…인간에게 땅의 "정복"이 맡겨졌다. "정복하다"에 해당하는 히브리어 단어는 **카바쉬**(*kabaš*)인데 성경에 등장하는 다른 모든 용례(약 열두 번 등장한다)에서 그 단어는 반대, 적, 또는 악에 직면했을 때 강한 행동을 가리킨다. 가나안 사람들이 철 병거를 가지고 있었지만 가나안 땅이 이스라엘 앞에서 "정복되었다"(수 17:8; 18:1). 전쟁 무기들이 "정복되고" 불법도 정복된다(슥 9:15; 미 7:19). 그 단어는 결코 부드러운 의미로 사용되지 않는다. 나는 아담이 모든 것이 달콤하고 밝지는 **않은** 세상에 보내졌음을 암시한다고 믿는다. 모든 것이 달콤하고 밝은 세상이라면 무슨 정복할 것이 있겠는가? 그 단어는

동물들에 몇몇 사나운 야생 동물이 포함되었음을 암시한다. 그리고 아담은 참으로 문명화하는 역할을 하고 그것들 가운데서 조화를 촉진하라는 임무를 부여받았다.[13]

"정복하다"라는 단어가 성경의 다른 곳에서 어떻게 사용되는지에 대한 감을 잡기 위해 우리는 그 단어가 다른 구절들에서 어떻게 번역되는지 조사해볼 수 있다. 킹 제임스 역본에서 히브리어 **카바쉬**는 "노예"(bondage, 느 5:5), "강제력"(force, 에 7:8), "정복하다"(subdue, 창 1:28; 미 7:19; 슥 9:15), "정복했다"(subdued, 민 32:22, 29; 수 18:1; 삼하 8:11; 대상 22:18), "복종"(subjection, 렘 34:11, 16), 그리고 "아래"(under, 대하 28:10)로 번역되었다.[14]

창세기 2장은 어떤 동산(정원)에 대해 말한다. 오늘날 우리는 동산을 개방된 장소로 생각하지만, 고대 근동에서 동산들은 대개 울타리가 쳐진 경내로서 외부 세상으로부터의 피난처였다. 하나님은 많은 **황무지**가 있는 세상을 창조했다. 우리 인간이라면 우리 자신의 편안함을 위해 세상을 이런 식으로 창조하지 않았을 수도 있었겠지만, 하나님은 그렇게 창조하기로 작정했고 그런 세상을 좋다고 평가한다. 하나님은 인간을 위해 적합한 집으로서 선한 세상을 만들었고 우리에게 그것을 돌보도록 맡겼다. 이 집은 정복할 도전을 포함한다.

---

13 Douglas Clemant Spanner, *Biblical Creation and the Theory of Evolution* (Milton Keynes, UK: Paternoster, 1987), http://www.creationandevolution.co.uk/the_primal.htm.

14 www.htmlbible.com/sacrednamebiblecom/kjvstrongs/CONHEB353.htm#S3540에서 온라인 킹제임스 성경 히브리어 용어 색인 표제어 "kabash"를 보라.

아마도 지진, 모기, 질병—그것들이 가져오는 고통 때문에 우리가 자연적인 악으로 부르는 것들—에 대해 우리는 그것들이 자체적으로 그리고 자연히 선하다고 생각하거나 그 저주를 탓하지 말고 세 번째 종류의 것으로 분류해야 할 것이다. 그것은 우리가 정복해야 할, 창조세계의 자연적인 부분이다. 하지만 그 정복은 자연에 존재하는 것 중에서 우리를 귀찮게 하는 모든 것을 거만하게 파괴하거나 순전히 우리 자신의 편안함과 편의를 위해 자연에 존재하는 모든 것을 이용하는 정복이 아니다. 대신에 그것은 진정한 도전과 반대에 직면해서 고통을 완화하고 예방하기 위해 노력하는 정복이다.

그리스도의 모범을 따르기

우리는 자연적인 악을 과학자로서 볼 수도 있고 신학자로서 볼 수도 있지만, 그것을 목회자답게 다뤄야 한다. 우리 모두 인생의 다양한 시기에 자연재해와 질병으로 고통받는 사람들을 도와주어야 한다. 이 고통은 실제적이며 이런 일들이 좀 더 큰 패턴에 어떻게 잘 들어맞는지에 관한 과학 강의나 신학 강의는 별로 도움이 되지 않을 수도 있다.

고통받는 누군가를 도와줄 때 우리는 대개 복잡한 신학적 논쟁으로 그들을 위로하려고 하지 않는다. 그들이 고통당하는 한가운데서 우리는 그들과 함께 고통당하고 그들에게 공감하며 그들의 고통을 완화하기 위해 우리가 할 수 있는 일을 해야 한다.

욥기의 끝부분에서 하나님은 욥의 고통을 완화해주었다. 하나님은 욥의 건강과 부와 가족을 회복해주었다. 우리는 오늘날 많은 사람이 욥과 달리 자연적인 악으로부터 고통을 당하고 이생에서 결코 그 고통으로부터 회복되지 못한다는 것을 안다. 그러나 우리는 다음에 무엇이 오는지에 관해 욥기의 저자가 알았던 것보다 더 많이 안다.

오늘날 우리는 예수의 생애와 죽음과 부활을 뒤돌아보는 통찰력을 갖고 있고, 우리의 부활과 새 창조에 관한 예수의 약속들에 관해 안다. 그리스도인들에게는 새 창조가 자연적인 악에 대한 최종적인 해답이다. 자연적인 악의 원천이 무엇이든 간에 예수는 우리가 그것에 관해 어떻게 해야 하는가에 관한 궁극적인 모범이다. 예수는 병든 사람들을 치료했다. 예수는 심지어 때때로 위험한 폭풍도 진정시켰다. 예수는 고통이 도덕적인 악에 의해 야기되었든 자연적인 악에 의해 야기되었든 다른 사람들의 고통을 덜어주었다. 우리도 같은 일을 할 수 있다.

인간의 역사가 동틀 때 하나님은 인간에게 땅을 정복하라고 명령했다. 하나님은 이후의 계시들에서, 그리고 특히 예수라는 인물 안에서 우리에게 다른 사람들의 고통을 완화하라고 명령했다.

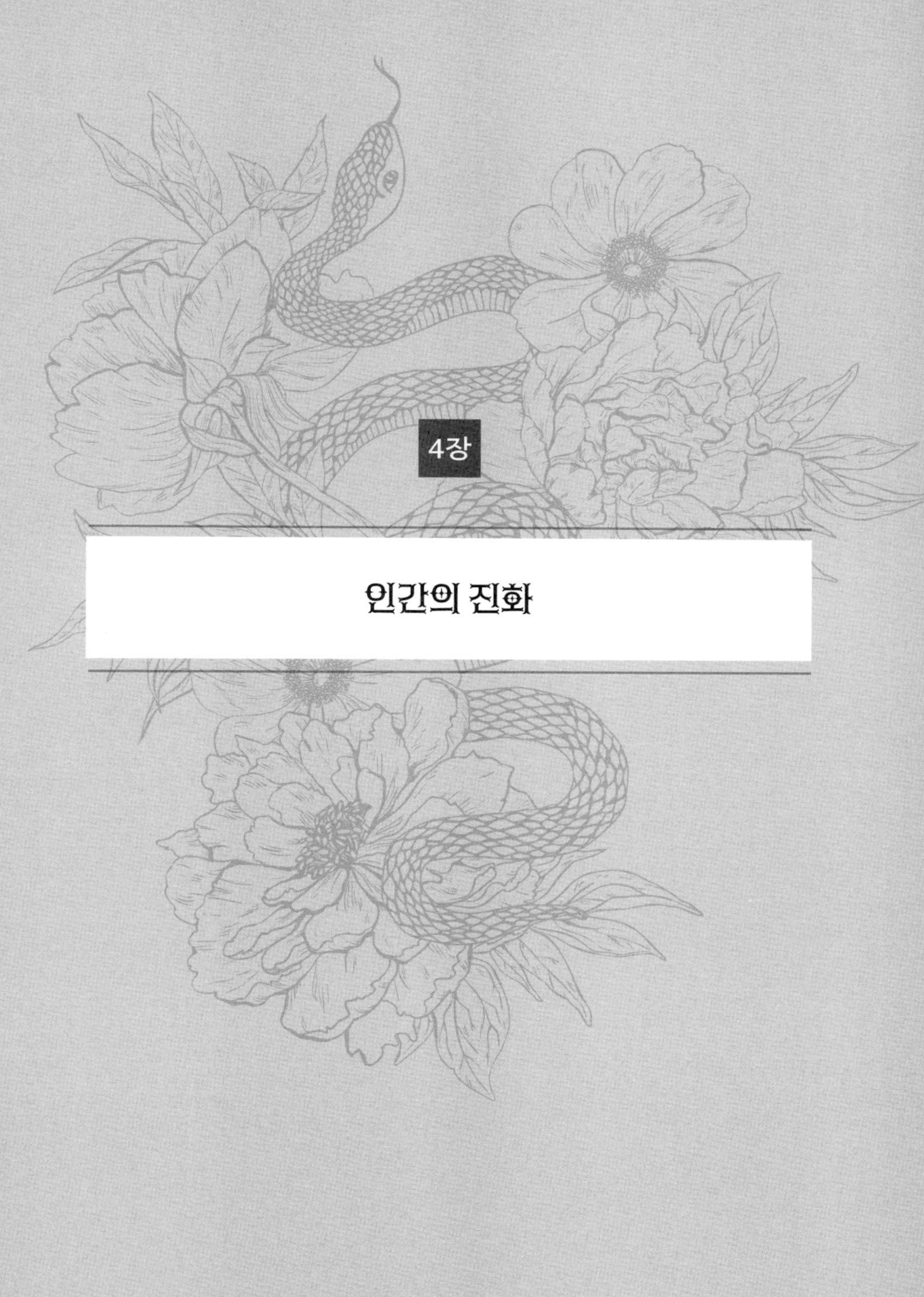

4장

인간의 진화

인간이 진화했다는 증거는 무엇인가? 그것이 우리 조상들이 죄를 짓기 시작하기 전에 어떤 모습이었을지에 관해 우리에게 얼마나 많이 말해주는가?

이 책의 5장은 영혼, 하나님의 형상, 그리고 자연과정에 대한 하나님의 통치를 넘어서는 신적 행동이라는 신학적 주제를 논의할 것이다. 이번 장은 과학이 우리에게 말해 줄 수 있는 내용에 초점을 맞춘다. 하나님이 이 장에서 논의된 모든 자연적인 메커니즘을 설계했고 유지한다. 나는 "과학이 우리에게 말해 줄 수 있는 내용"이라는 어구를 "하나님의 창조세계에 존재하는 증거가 우리에게 하나님이 사용한 자연적인 메커니즘에 관해 말해줄 수 있는 내용"의 줄인 말로 사용한다.

인간의 진화에 대해 서로 보강해주는 과학적 증거를 모두 논의할 공간이 없으므로 이번 장은 특히 "죄가 언제 시작했는가?"라는 질문과 관련이 있는 몇 가지 과학적 주제에 초점을 맞춘다. 과학적 증거를 좀 더 자세하게 공부하기를 원하는 독자는 다른 책들을 찾아보아야 할 것이다.[1]

---

1 과학자가 아니면서 이 과학적 증거를 좀 더 배우기를 원하는 그리스도인들에게 나는 다

이 장은 우리가 과학에서 배울 수 있는 내용에 초점을 맞춘다. 이후의 장들은 이 증거가 아담과 하와에 대해 가능한 시나리오들에 어떻게 들어맞는지를 논의한다. 이 장이 끝날 때쯤에는 우리가 과학이 인간의 진화에 관해 우리에게 말해주는 많은 내용이 원죄에 관한 전통적인 신학의 가르침과 연결하기가 매우 쉽다는 것을 알게 되겠지만, 과학이 우리에게 알려주는 몇 가지 내용에는 좀 더 많은 작업이 요구될 것이다.

이 책의 대부분에서 "인간"이라는 단어는 의도적으로 정확하게 정의되지 않는다. 우리가 "인간"이라는 단어를 **호모 사피엔스** 종과 동일시한다고 하더라도 언제 그 종이 시작되었는지에 관한 뚜렷한 구분 시점이 없다. 어떤 학자는 "인간"이라는 단어를 좀 더 광의로—**호모** 속 또는 심지어 그보다 먼저 출현한 **오스트랄로피테쿠스** 속의 모든 종을 포함하는 것으로—사용하기를 선호한다. 특정한 신학적 또는 철학적 문제에 관심이 있는 다른 학자들은 "인간"이라는 용어를 좀 더 협소하게—지능, 합리성, 자아의식, 또는 영성의 일정한 기준을 넘은 **호모 사피엔스**의 하위집단만을 지칭하는 것으로—사용할 것이다. 이후의 장들에서 이 세상

음 중 한 권 이상을 추천한다. Francis S. Collins, *The Language of God: A Scientist Presents Evidence for Belief* (New York: Simon & Schuster, 2006[『신의 언어』, 김영사 역간]); Denis O. Lamoureux, *Evolutionary Creation: A Christian Approach to Evolution* (Eugene, OR: Wipf & Stock, 2008); Scot McKnight and Dennis Venema, *Adam and the Genome* (Grand Rapids: Brazos, 2017); Deborah B. Haarsma and Loren D. Haarsma, *Origins: A Reformed Look at Creation, Design, and Evolution* (Grand Rapids: Faith Alive Christian Resources, 2007, 2011); Darrel R. Falk, *Coming to Peace with Science: Bridging the Worlds Between Faith and Biology* (Downers Grove, IL: InterVarsity, 2004); Gregg Davidson, *Friend of Science, Friend of Faith: Listening to God in His Works and Word* (Grand Rapids: Kregel, 2019); 그리고 Agustin Fuentes, *The Creative Spark: How Imagination Made Humans Exceptional* (New York: Penguin, 2017). 이것은 완전한 목록이 아니다. 이 책들 외에도 다른 훌륭한 책들이 있다.

에 죄가 들어온 것에 관한 구체적인 시나리오들을 논의할 때 각각의 시나리오에서 “인간”을 좀 더 주의 깊게 정의할 필요가 있을 것이다. 그러나 이 장에서는 그 단어를 느슨하게 정의해 두는 것이 가장 좋다.

인간들은 동물들과 공통 조상을 공유한다

당신이 수백 명의 가족 친목회에 갔다고 상상해보라. 만일 당신이 각각의 개인들로부터 DNA 시료를 취하면 과학자들은 그 정보만을 사용해서 전체 계통 관계를 재구성할 수 있을 것이다. 형제자매들은 4촌보다 좀 더 비슷한 DNA를 지니고, 4촌들은 6촌보다 좀 더 비슷한 DNA를 지니는 식의 예측 가능한 중첩된 패턴(nested pattern)이 있다.

과학자들은 모든 생물 종에 대해 비슷한 일을 할 수 있다. 그들은 다른 종들 사이의 DNA의 유사성의 중첩된 패턴만을 살펴봄으로써 계통수를 재구성하고 두 종이 얼마나 오래전에 공통 조상을 공유하는지 추정할 수 있다. DNA를 이용해 재구성된 계통수를 다른 종류—화석, 비교해부학, 발생 생물학, 생물 지리학—의 증거에서 도출된 계통수와 비교해서 그것을 확인하거나 약간 수정할 수 있다.

인간의 DNA는 다른 영장류의 DNA보다 침팬지의 DNA와 좀 더 비슷하다. 다른 포유류 사이의 DNA는 포유류의 DNA와 도마뱀이나 어류의 DNA보다 좀 더 비슷하다. 인간의 DNA는 다른 모든 생물 종의 DNA처럼 모든 생물을 계통수로 묶는 좀 더 큰 패턴에 들어맞는다. 위에 열거된 모든 종류의 증거로부터 현생 침팬지와 현생 인류로 이어진 계통이 400만-700만 년 전에 완전히 갈라진 것으로 추정된다.

때때로 다른 종들이 비슷한 유전자를 지니는 것이 공통 조상을 공유하기 때문이 아니라 그 유전자들이 공통 기능을 지니기 때문이라고 주장된다. 따라서 그 주장은 아마도 인간, 침팬지, 오랑우탄, 그리고 다른 유인원들이 유사한 유전자를 지니는 것은 단지 그 유전자들이 유사한 신체 계획을 지니는 종들에서 매우 유사한 기능을 수행하기 때문이라고 설명한다. 이 "공통 기능" 이론은 때때로 모든 종 사이의 유전적 유사성의 중첩된 패턴을 설명하는 "공통 조상" 이론과 경쟁하는 대안적인 이론으로 제시된다. 그러나 사실은 그 두 이론이 경쟁하지 않는다. 오히려 공통 조상 이론은 공통 기능 이론의 특별하고 좀 더 구체적인 형태다. DNA 암호에는 많은 중복이 있다. 형태가 다른 많은 DNA 끈들이 같은 기능을 암호화한다(하나의 비유로서 어떤 회사의 웹 주소가 같은 웹 페이지로 가는 여러 개의 웹 주소 철자를 지닐 수도 있음을 생각해보라). 공통 기능 이론과 일치할 수 있는 모든 DNA 서열 중 소수만 공통 조상 이론과도 일치한다.

공통 조상이 있었음을 가리키는 유전적 증거는 적어도 네 개의 독립적이고 상호 보강하는 증거에서 볼 수 있다. 단백질을 구성하는 아미노산들이 DNA에서 암호화되는 방식에 중복이 있고,[2] 단백질에 들어있는 몇몇 아미노산들이 기능을 변화시키지 않고서 유사한 아미노산들로

2 단백질 안으로 들어가는 각각의 아미노산은 세 개로 이루어진 DNA 한 벌(DNA triplet)을 통해 암호화된다. 예컨대 메티오닌이라는 아미노산은 DNA 트리플렛 "ATG"(아데닌 + 티민 + 구아닌)를 통해 암호화된다. 많은 아미노산이 두 개나 네 개 또는 여섯 개의 다른 DNA 트리플렛을 통해 암호화될 수 있다. 기능상으로는 같은 아미노산을 암호화하는 어떤 DNA라도 무방할 것이다. 그러나 공통 조상 이론이 예측하듯이 우리는 같은 단백질의 같은 위치에서 암호화되는 같은 아미노산은, 공통 기능만 작용할 경우 필요한 수준보다 훨씬 자주 동일한 DNA 트리플렛을 통해서 암호화된다는 것을 발견한다.

대체될 수 있는 방식에 중복이 있으며,[3] DNA의 비암호화 영역에 반복이 있고,[4] 염색체들에서 유전자들이 배열되는 방식에 유사성이 있다.[5] 이 네 가지 종류의 증거는 서로 독립적이다(다른 증거가 옳지 않더라도 한 개나 두 개 또는 세 개의 증거가 옳을 수 있다). 각각의 증거가 게놈 전체의 모든 염색체에서 중복적으로 유지된다. 더욱이 복수의 종 사이의 유사성의 중첩된 패턴은 DNA와 관련되지 않은 다른 방법들(화석, 해부학적 비교, 발생생물학, 그리고 생물 지리학)을 통해 구성된 공통 조상 "계통수"에 들어맞는다. 유사성의 중첩된 패턴은 유사한 신체 유형에 수렴하는 진화가 일어나는 경우에도 공통 조상에 부합한다.[6]

---

3 이는 종종 "보존적 아미노산 대체"로 불린다. 단백질에서는 많은 아미노산이 그 단백질의 기능을 변화시키지 않으면서 유사한 생물 물리학적 속성을 지니는 다른 아미노산들로 대체될 수 있다. 기능상으로는 각각의 단백질에서 그 단백질의 기능을 변화시키지 않으면서 많은 보존적 아미노산 대체가 일어날 수 있다. 그러나 공통 조상 이론이 예측하는 바와 같이 우리는 같은 단백질의 같은 위치에서 똑같은 아미노산이 공통 기능만 작용할 경우 필요한 수준보다 훨씬 자주 사용되는 것을 발견한다.

4 DNA의 몇몇 비암호화 영역들은 인트론, 위(僞)유전자, 그리고 레트로바이러스 삽입이 있다. DNA의 이 영역들은 때때로 기능할 수도 있지만, 그것들의 기능은 대개 점 돌연변이 또는 심지어 대규모 삽입이나 삭제에도 민감하지 않다. 그러나 공통 조상 이론이 예측하듯이 밀접한 관계가 있는 종들에서 우리는 이러한 비암호화 영역에서 공통 기능만 작용할 경우 필요한 수준보다 훨씬 자주 서열의 유사성을 발견한다.

5 이는 유전자들이 배열뿐만 아니라 위유전자들과 레트로바이러스 삽입에도 적용된다. 종종 기능을 해치지 않으면서 염색체들의 덩어리들이 잘려서 동일한 염색체(또는 다른 염색체)의 다른 곳에 삽입되거나 역위(逆位)될 수 있다. 그러나 공통 조상 이론이 예측하듯이 밀접한 관계가 있는 종들에서 우리는 염색체들의 유전자(그리고 위유전자와 레트로바이러스 삽입) 서열의 순서가 공통 기능만 작용할 경우 필요한 수준보다 훨씬 유사한 것을 발견한다.

6 예컨대 태반포유류에 스라소니, 이리, 개미핥기, 두더지, 날다람쥐, 그라운드호그, 생쥐가 있다. 태반포유류의 짝과 몸의 형태와 생활양식이 유사한 유대류 포유류가 있다. 공통 기능이 DNA 유사성의 유일한 설명이라면 우리는 예컨대 태반포유류 이리와 유대류 이리의 근육 성장과 근육 부착을 암호화하는 유전자가 가장 유사할 것으로 예상할 것이다. 마찬가지로 우리는 태반포유류 개미핥기와 유대류 개미핥기의 발톱들과 뻬죽한 코들 그리

인간의 DNA를 침팬지나 다른 영장류의 DNA와 비교하면 우리는 데이터가 공통 기능 이론과 일치할 뿐만 아니라 훨씬 더 제한적인 공통 조상 이론과도 일치함을 발견한다.[7]

화석 기록들은 이전의 영장류에서 현대의 인간들로 진화하는 변화를 보여준다

인간의 진화 역사에 관한 데이터를 제공하는 화석 수천 개가 발견되었다. 골격의 조각뿐인 것도 있고 조각 여러 개가 함께 발견된 것도 있으며, 두개골의 많은 부분이나 전체 골격을 포함하는 화석들도 있다. 대다수 화석은 **호모 사피엔스**(*Homo sapiens*)의 직접 조상의 것이 아니라 직접 조상 종들과 밀접한 관련이 있는 종들의 것으로 생각된다. 따라서 그것들은 중요한 정보를 제공한다. 침팬지 계통과 분리된 후 발생한 종들은 집합적으로 "호미닌"들로 불린다. 560만-400만 년 전으로 추정되고 **아르디피테쿠스**(*Ardipithecus*)라는 이름이 주어진 가장 오래된 호미닌 화

고 혀들을 암호화하는 유전자들이 가장 유사할 것으로 예상할 것이다(공통 기능이 그렇게 요구하는 것은 아니지만 우리는 그렇게 예상할 것이다). 그러나 공통 조상 이론은 모든 유대류 사이의 유전자들 서로가 비슷한 정도가 그것들이 태반포유류 짝을 포함한 어떤 태반포유류 동물의 유전자들과 비슷한 정도보다 더 클 것으로 예상한다. 우리는 이 점을 데이터에서 발견한다. 또한 우리가 관련된 종들의 게놈들을 비교하면 선택되지 않은 점 돌연변이들의 변화율이 화석 기록을 통해 결정된 마지막 공통 조상의 때와 일치한다.

7 탐정 소설의 유비를 사용하자면 공통 기능 이론은 "증거가 절도범이 오른손잡이임을 암시한다"고 말하는 격이다. 공통 조상 이론은 다음과 같이 말하는 격이다. "증거가 절도범은 오른손잡이이고, 키가 185센티미터가 넘고, 체중이 약 120킬로그램이며, 적어도 약 8센티미터 길이의 연한 갈색 머리카락을 가졌고, 왼발을 절고, 275센티미터 크기의 밑창이 단단한 신발을 신었고, 최근에 황토와 단풍나무 꽃가루가 있는 진흙 웅덩이에 들어갔다." 이 이론들은 경쟁하는 이론들이 아니다. 두 번째 이론이 첫 번째 이론보다 훨씬 더 제한적인 예측을 한다.

석 중 일부의 두뇌 크기는 현대의 침팬지의 두뇌 크기와 비슷하다. 그들의 해부학적 특성은 그들이 아마도 호미닌 계통에 속할 것이라고 암시하지만, 그들은 여러모로 같은 시기의 침팬지 계통의 종들과 비슷하다. 약 400만-200만 년 전의 것으로 추정되는 다양한 **오스트랄로피테쿠스**(*Australopithecus*)의 화석들은 **아르디피테쿠스**보다 약간 큰 두뇌를 가졌고 그들의 골격들은 그들이 대부분의 시간을 직립보행했음을 암시한다. 약 240만-150만 년 전의 것으로 추정되는 **호모 하빌리스**(*Homo habilis*)의 화석들은 그들의 두뇌 크기가 훨씬 더 커졌지만 그들의 두뇌 크기는 아직 현대 인간의 두뇌의 절반에 지나지 않음을 보여준다. 때때로 석기 도구들이 **호모 하빌리스** 화석들과 함께 발견된다(그리고 **오스트랄로피테쿠스**와 관련된, 훨씬 이전의 석기 도구 사용에 관한 몇몇 증거도 있다). 200만-약 20만 년 전으로 추정되는 **호모 에렉투스**(*Homo erectus*) 화석들은 훨씬 현대적으로 보인다. 그들의 두뇌 크기는 **호모 하빌리스**(*Homo habilis*)의 두뇌 크기에서 거의 현대 인간의 두뇌 크기에 달했다(가장 큰 것은 현대 인간들의 두뇌 크기 범위에 해당했지만, 그들의 두뇌 구조는 다소 달랐다). **호모 에렉투스**가 불을 통제하고 음식을 요리했다는 고고학의 증거가 있다. 화석들은 아프리카뿐만 아니라 유럽과 아시아의 많은 지역에서도 발견되는데, 이는 이 종이 널리 퍼진 매우 성공적인 종이었음을 암시한다. **호모 하이델베르겐시스**(*Homo heidelbergensis*) 화석들은 오늘날 현생 인류에 훨씬 더 가깝다. 약 70만-60만 년 전에 존재했던 것으로 추정되는 그들은 유럽과 아프리카에서 동시에 발견되며 그들의 두뇌 크기는 평균적으로 현대 인간의 두뇌 크기보다 약간만 작다. 그들 또한 아시아의 지역들로 퍼졌고 아마도 네안데르탈인(유럽), 데니소바인(아시아), 그리고 **호모 사피엔스**(아프리카)의 직계 조상으로 생각된다. 30만-10만 년 미만 전의 것으로 추정되는 "고풍의" **호모 사피엔스** 화석들은 현생 인류와 비슷해 보이지만 말기의 **호모 에렉투스** 및 **호모 하이델베르겐시스**와 좀 더 가까운 몇몇 특징을 지닌다. 그들의 두뇌 크기는 현생 인류의 두뇌 크기 범위에 속하지만, 평균적으로는 좀 작았다. 약 44만-3만 년 전에 살았던 것으로 추정되는 **호모 네안데르탈렌시스**(*Homo neanderthalensis*, 네안데르탈인)는 일반적으로 현생 인류보다 체구가 작고 좀 더 단단했지만 그들의 두뇌 크기는 현생 인류의 두뇌 크기와 비슷했다. 고고학의 증거는 그들이 석기 도구와 기타 도구들을 만들었고 불을 통제했으며 죽은 이들을 매장했음을 보여준다. 네안데르탈인과 대략 같은 시기에 살았던 데니소바인이라는 또 다른 집단에서 나온 뼈의 조각들과 DNA가 중앙아시아에서 발견되었다. 네안데르탈인, 데니소바인, 그리고 **호모 사피엔스**의 가장 마지막 공통 조상은 약 50만 년 전에 살았던 것으로 생각된다. 비록 몇몇 연구 그룹은 이 시기를 상당히 그 이전으로 보지만 말이다. 거의 현대적으로 보이는 **호모 사피엔스**의 화석들이 아프리카에서 발견되는데 그것들은 이르게는 거의 30만 년 전의 것으로 보인다. 이 **호모 사피엔스** 중 몇몇이 이르게는 20만 년 전에 아프리카에서 아시아와 유럽으로 퍼졌다. 이 초기 **호모 사피엔스**의 이동들이 몇몇 고고학의 증거를 남겼지만, 그들은 유의미한 후손 집단을 남기지 않은 것으로 보인다. 적어도 수천 명의 **호모 사피엔스**가 아프리카에서 유럽과 아시아로 이주한 중요한 이동이 약 7만-6만 년 전에 일어났다. 이렇게 이동한 집단의 후손이 세계의 나머지 지역으로 퍼졌는데, 그들이 호주에는 5만 년 이상 전에 도달했고 아메리카 대륙에는 15,000년 이상 전에 도달했다. 지난 10만 년 동안 도구들이 점점 더 정교해졌고, 어떤 악기들과 작은 조각상들은 35,000년 된 것도 있다.

화석들은 호미닌들의 해부학적 구조에 관해 많은 것을 말해주는데, 화석 기록은 점진적인 진화적 변화와 일치한다. 예컨대 호미닌 화석들의 두뇌 크기를 시간의 함수로 그래프를 그려보면 그것은 갑작스럽게 도약하지 않고 **아르디피테쿠스**부터 현생 인류에 이르기까지 점진적으로 커진다. 그러나 화석들은 행동에 관해서는 많은 것을 말해 줄 수 없다. 화석들이 호미닌들이 얼마나 일찍 걸어 다녔거나 기어 다녔는지 그리고 그들이 얼마나 컸거나 작았는지에 관해 알려 주는 데는 매우 유용하지만, 뼈들을 사용해서 호미닌들이 얼마나 많이 말로 의사소통했는지 등의 다른 것들을 알아내기는 좀 더 어렵다. **호모 에렉투스**, 고대의 **호모 사피엔스**, 그리고 네안데르탈인의 언어 능력들에 관해서는 아직 과학자들 사이에 의견이 분분하다. 마찬가지로 15,000년 이상 전에 현대인처럼 보이는 **호모 사피엔스**가 남긴 그림들과 조각들 또는 그보다 더 이전의 네안데르탈인의 매장 관습에 종교적 의미가 있었는지에 관해서도 다양한 의견이 있다. 하지만 수만 년 전에 만들어진 상당수의 예술 작품들이 발견되었다. 그 작품들 대다수는 **호모 사피엔스**가 남긴 것이지만 일부 고인류학자들은 약 65,000년 전의 것으로 추정되는, 현재 알려진 최초의 동굴 벽화는 네안데르탈인의 것이라고 주장한다.

인간 조상 집단은 아마도 결코 두 명의 개인이 아니었을 것이다

아담과 하와에 관한 전통적인 해석에 대해 가장 도전적인 과학적 발견 중 하나는 아마도 최초의 호모 사피엔스가 단지 두 명만이 아니라 좀 더 큰 집단이었다는 유전적 증거일 것이다.

종은 대개 단지 한 쌍에서 시작하지 않는다. 종 형성은 대개 상호 교배할 수 있는 좀 더 큰 집단이 생식 측면에서 서로 격리된 둘 이상의 하위집단으로 분할될 때 집단 차원에서 일어난다. 각각의 하위집단은 대개 두 개체 이상이다. 새로운 종을 창시하는 하위집단의 크기가 클수록 그 집단의 유전적 다양성이 증대될 가능성이 있다.

어떤 사람이 수캐 한 마리와 암캐 한 마리를 한 섬에 가져다 두었다고 상상하라. 200년 년 후 우리는 1,000마리의 후손이 그 섬을 채운 것을 발견한다. 우리가 그 개들 모두에서 유전자 표본을 취하면 그것들의 유전적 다양성이 별로 크지 않을 것이다. 그 집단의 유전 정보는 그동안에 발생한 약간의 돌연변이를 제외하고 최초의 한 쌍에게서 왔을 것이다. 이제 다른 섬에서 50마리의 수캐와 50마리의 암캐로 같은 실험을 시작한다고 상상하라. 200년 후 우리가 1,000마리의 후손으로부터 유전적 표본을 취하면 그것들의 유전적 다양성은 훨씬 클 것이다. 최종 집단의 유전적 다양성만을 사용한 컴퓨터 모델링을 통해 원래의 "개체군 병목현상"(population bottleneck) 때 집단의 크기와 과거에 개체군 병목현상이 얼마나 오래전에 일어났는지를 알 수 있다.

과학자들은 몇 가지 기법을 사용해서 인간의 다양성을 연구했다.[8]

8 이 방법들에 관한 읽기 쉽고 훌륭한 묘사는 McKnight and Venema, *Adam and the*

그들은 인간 집단의 각각의 유전자의 다른 이형의 수를 세었고,[9] 같은 염색체상의 이웃하는 유전자들의 다른 이형들 사이의 통계적 상관관계의 양을 주목했으며,[10] 같은 유전자의 유사한 이형이 가까운 공통 조상을 둔 종에서 발견되는 패턴을 비교했다.[11] 이러한 여러 증거는 **호모 사피엔스**에서 가장 최근의 개체군 병목현상이 대략 10만-20만 년 전에 발생했

---

*Genome*을 보라. BioLogos Editorial Team, "Adam, Eve, and Human Population Genetics: Signature in the SNPs," *BioLogos*, November 12, 2014, https://biologos.org/articles/series/genetics-and-the-historical-adam-responses-to-popular-arguments/adam-eve-and-human-population-genetics#signature-in-the-snps를 보라.

9 한 유전자의 특수한 이형을 "대립유전자"(allele)라 한다. 한 유전자의 "대립유전자 다양성"은 한 집단 안에 존재하는 그 유전자의 다른 이형들의 수를 가리킨다. 두 개체로만 시작한다면 그들의 모든 후손이 처음에는 각각의 유전자에 대해 4개의 다른 대립유전자를 지닐 것이다. 이후의 돌연변이들이 그 수를 늘릴 수 있지만 말이다. "유전자 빈도 스펙트럼"은 집단 전체에서 모든 유전자의 대립유전자 다양성의 분포다.

10 돌연변이들을 제외하면 각각의 부모는 그 후손에게 각각의 유전자의 두 이형 중 하나를 물려줄 수 있다. 각각의 유전자가 무작위로 상속되면 어떤 이형의 유전자가 한 장소에서 발견되고 또 다른 이형의 유전자가 또 다른 장소에서 발견되는지 사이에 상관관계가 없을 것이다. 우리는 대체로 그런 패턴을 발견한다. 그러나 같은 염색체상에서 서로 가까운 유전자들은 덩어리로 상속되는 경향이 있다. 그러므로 한 장소에서 발견되는 어느 유전자의 이형들과 이웃하는 장소에서 발견되는 또 다른 유전자의 이형들 사이에 어느 정도 상관관계가 있는 경향이 있다. 이것을 "연관 불평형"(linkage disequilibrium)이라 한다. 우리가 이 데이터를 컴퓨터로 모델링하면 때때로 한 종이 언제 언제 개체군 병목현상을 겪었는지와 그 병목의 대략적인 크기를 알 수 있다.

11 이는 때때로 대립유전자들의 "불완전한 계통 분류"(incomplete lineage sorting)로 불린다. 한 집단이 어느 유전자의 네 가지 이형(A, B, C, D)을 갖고 있다고 상상하라. 그 집단이 두 개의 하위집단으로 나눠진다. 한 집단은 세 개의 이형(A, B, C)을 갖고 있고, 다른 집단은 또 다른 세 개의 이형(A, B, D)을 갖고 있다. 각각의 하위집단의 후손 종은 그 패턴을 보일 것이다. 불안전한 계보 분류를 사용해서 계통도의 부분들을 재구성하고 그것을 다른 방법들과 비교할 수 있다. 그리고 데이터가 충분히 많으면 두 종이 공통 조상을 공유한 때부터 경과한 세대 수가 추정될 수 있고 개체군 병목의 크기가 대략적으로 추정될 수 있다. Dennis Venema, "Evolution Basics: Incomplete Lineage Sorting and Ancestral Population Sizes," *BioLogos*, July 29, 2013, https://biologos.org/articles/series/evolution-basics/incomplete-lineage-sorting을 보라.

고 상호교배하는 집단은 약 10,000명의 개인들이었음을 가리킨다(컴퓨터 모델에서 이 수는 재생산하는 개인들의 "유효 모집단 크기"[effective population size]로 불린다. 실제 집단 크기는 아마도 이 수보다 약간 컸을 것이다).

때때로 "오늘날 인류의 유전적 다양성이, 한 쌍의 개인들이 충분히 오래전에 살았더라면, 우리 모두 그들의 자손일 경우와 일치하는가?"라는 질문이 제기된다. (해부학적으로 현대의 **호모 사피엔스**가 최초로 출현하기 훨씬 전인) 한 쌍이 50만 년 전 이내에 있었다면 그 질문에 대한 대답은 부정적이다. 한 쌍이 50만 년도 더 전에 있었다면 "좀 더 많은 연구가 필요하다"가 그 질문에 대한 대답이다.[12] 우리가 지금까지 보유하고 있는 데이터에 비춰볼 때 과학자들은 일반적으로 조상의 병목이 매우 먼 과거(50만 년 전에서 몇백만 년 전 사이)에 존재했던 한 쌍으로 줄어들 수도 (이론상으로는) 있지만 (실제적으로는) 그럴 가능성이 매우 낮다는 데 동의한다. 우리가 현재 보유하고 있는 유전적 다양성 데이터에 대한 가장 그럴듯한 설명은 우리 조상 집단이 지난 수백만 년 동안 몇천 명 아래로 떨어진

---

12 이 장이 집필되고 있는 시점에서, 복수의 방법들을 사용해서 우리가 오늘날 인간에게서 보는 모든 유전적 다양성을 설명하기 위해서는 그런 한 쌍이 얼마나 오래전에 살았어야 했는가를 가리키는 좋은 추정치는 존재하지 않는다. 발표되지 않은 최근의 몇몇 연구는 그 한 쌍이 50만 년 전 전에 살았다면 그 데이터가 위의 세 가지 방법 중 하나인 대립유전자 빈도 스펙트럼과 조화될 수 있다고 주장한다. 연관 불평형과 불완전한 계통 분류 데이터를 모델링하는 유사한 연구는 아직 수행되지 않았다. 그 연구가 수행되면 이 두 방법들 역시 오늘날 우리가 보는 인간의 유전적 다양성이 대략 50만 년 전에 살았던 한 쌍의 조상으로부터 유래했다는 아이디어와 일치할지도 모른다. 또는 그 방법들이 그 한 쌍이 수백만 년 전—심지어 인간과 침팬지의 마지막 공통 조상보다 이전 시기일 수도 있다—에 살았어야 함을 보여줄지도 모른다. 이 연구가 모든 인간이 오직 한 쌍의 개인의 자손일 가능성을 허용할 수도 있지만(만일 그들이 충분히 오래전에 살았더라면 말이다), 그 데이터의 가장 개연성이 높은 해석은 여전히 몇천 명의 병목 모집단을 가리킬 것이라는 점도 지적되어야 한다.

적이 없다는 것이다.

화석, 유전자, 그리고 기타 데이터를 종합하면 우리의 현재의 이해는 **호모 사피엔스**가 주로 아프리카에서 **호모 에렉투스**의 하위집단에서 진화되었고, 그 집단의 크기가 결코 1만 명 아래로 떨어지지 않았음을 가리킨다. 약 7만 년 전부터 **호모 사피엔스**의 상당한 일부가 중동과 유럽과 아시아로 퍼지기 시작했고, 거기서 태평양의 섬들과 아메리카 대륙들로 퍼졌다(그 전에 그리고 좀 더 소규모로 아프리카 밖으로 이주한 증거가 있다). 아프리카에서 다른 곳으로 퍼질 때 **호모 사피엔스**는 **호모 에렉투스**의 다른 자손들과 조우했다. 네안데르탈인들이 이미 중동과 유럽에 살고 있었다. 현재 유전자 증거는 **호모 사피엔스**와 네안데르탈인 사이에 약간의 혼혈이 있었음을 보여준다. 오늘날 비아프리카 지역 인간의 게놈에는 네안데르탈인의 DNA가 1-4퍼센트 들어있는 반면 아프리카인들의 게놈에는 네안데르탈인의 DNA 비중이 그보다 작다. 중앙아시아에서는 **호모 사피엔스**가 데니소바인으로 알려진 집단을 만났다. 유전자 증거는 데니소바인과 네안데르탈인이 약 30만 년 전에 공통 조상을 공유했음을 보여준다. 몇몇 **호모 사피엔스**와 데니소바인 사이에 혼혈이 일어났고 그들의 자손들이 동남아시아, 오세아니아, 그리고 호주를 개척했다. 현대의 멜라네시아(뉴기니 및 좀 더 작은 섬들을 포함하는 오세아니아의 한 지역)인들에게는 데니소바인의 DNA가 약 5퍼센트 포함되어 있다. 현생 아프리카인은 세계의 나머지 부분 전체보다 유전적 다양성이 큰데도 지금까지의 대다수 유전자 연구에서 아프리카인의 표본이 적었다는 사실에 비춰볼 때 이 이야기는 불완전하고 복잡하다. 향후 몇십 년 동안의 유전자 연구를 통해 그 이야기는 좀 더 재미있어지고 자세해질 것이다.

인간들은 유전적 통일성과 계통상의 통일성을 공유한다

오늘날의 인간들은 유전적 통일성을 공유한다. 우리는 모두 약 20만 년 전에 아프리카에서 살았던, 상호교배하는 공통적인 집단으로부터 우리의 유전자 서열의 대부분을 획득한다.

오늘날의 인간은 또한 계통상의 통일성을 공유한다. 당신이 당신의 모든 조상의 이름을 쓸 수 있다고 상상하라. 두 명의 부모, 네 명의 조부모, 여덟 명의 증조부모가 있을 것이고, 그런 식으로 계속 진행될 것이다. 약 750년에 불과한 서른 세대에 이를 때쯤에는 당신이 10억 명이 조금 넘는 이름을 쓰고 있을 것이다. 그러나 약 750년 전 세계의 인구는 5억 명에 미치지 못하는 것으로 추정된다. 어떻게 그럴 수 있는가? 당신이 몇 세대 뒤로 거슬러 올라가면 몇몇 사람은 당신의 계통수의 여러 자리에 나타나기 시작한다. 당신과 혈연관계가 가장 먼 사람이라도 열 세대나 열다섯 세대만 위로 거슬러 올라가면 적어도 한 명의 공통 조상을 당신과 공유한다. 역사에서 충분히 뒤로 거슬러 올라가면 우리는 오늘날 살아 있는 **모든** 사람의 공통 조상들인 개인들을 발견하기 시작한다. 우리가 얼마나 뒤로 거슬러 올라가야 오늘날 살아 있는 **모든** 사람의 공통 계보상의 조상인 **한** 사람을 발견하는가? 최근의 몇몇 학자는 겨우 약 3,000년이라고 추정한다.[13]

우리가 2천 년 전 또는 1만 년 전에 살았던 모든 인간에 관해 똑같은 질문을 한다면, 당시의 인간은 이동을 덜 했기 때문에 가장 최근의 공

13 Douglas L. T. Rohde, Steve Olson, and Joseph T. Chang, "Modelling the Recent Common Ancestry of All Living Humans," *Nature* 431, no. 7008 (2004): 562-66.

통 조상에 이르기까지의 시간은 아마도 좀 더 길었을 것이다. 그럴지라도 **호모 사피엔스**의 역사의 어느 시점에서든 우리가 "그 당시에 살고 있던 모든 **호모 사피엔스**의 공통 조상 **한** 명을 발견하려면 얼마나 뒤로 거슬러 올라가야 하는가?"라고 질문한다면 그 답은 "몇천 년만 거슬러 가면 된다"일 것이다.[14] 우리가 "그 당시에 살고 있던 모든 **호모 사피엔스**가 모든 공통 조상들의 동일한 목록을 공유하려면 얼마나 더 뒤로 거슬러 올라가야 하는가?" 라는 질문을 한다면 그 대답은 "몇천 년만 더 뒤로 거슬러가면 된다"일 것이다.[15] 오늘날 살고 있는 모든 사람은 우리가 충분히 많은 세대를 거슬러 올라가면 (비록 다르게 배열될지라도) 그들의 계통수에서 동일한 조상 목록을 지니고 있다. 따라서 우리가 충분히 뒤로, 아마도 단지 2만 년 전으로 거슬러 올라가면 그 당시의 사람 중 오늘날 살아 있는 **어떤** 사람의 조상인 모든 사람은 오늘날 살아 있는 사실상 **모든** 사람의 조상일 것이다.

---

14 우리는 몇몇 하위집단이 얼마나 오래 격리되었는지 모르기 때문에 고고학과 DNA로부터 그 질문에 대한 답이 정확히 몇천 년 전인지 추정하기 어렵다. 호주의 최초의 **호모 사피엔스** 정착자들이 아시아의 **호모 사피엔스**들로부터 몇만 년 동안 격리되었을 수 있다. 마찬가지로 아메리카 대륙들의 최초의 **호모 사피엔스** 정착자들이 아시아와 유럽의 **호모 사피엔스**로부터 약 1만 년 동안 격리되었을 수 있다. 그러나 두 경우에서 비교적 격리된 기간 동안 소수가 양방향으로 이주해서 그 기간이 가장 최근의 공통 조상의 시기로 줄어들 수도 있다. 따라서 가령 2천 년 전에 살던 호모 사피엔스는 단지 몇천 년 전에 공통 조상을 지녔을 어느 정도의 가능성도 있다.

15 네안데르탈인과 데니소바인의 DNA를 **호모 사피엔스**의 하위 집단들에 추가해도 이 결론을 중대하게 변화시키지 않는다.

인간의 조상 집단은 아마도 결코 한 장소에서 살지 않았을 것이다

호모 사피엔스 집단이 가장 작았을 때—약 10만-20만 년 전 약 1만 명 남짓한 개인들—**호모 사피엔스**는 많아야 수십 명의 소규모 수렵-채취 집단으로 살았을 것이다. 이 집단들이 아프리카의 넓은 지역과 아프리카에서 약간 벗어난 지역에 퍼져 있었을 것이다. 그들에게는 비교적 인접한 한 장소에서 몇천 명의 개인들이 함께 살 수 있게 해줄 농업이나 기타 기술들이 없었다.

우리는 인간의 역사로부터, 그리고 다른 영장류들을 관찰함으로써 하나의 사회 집단에서 성장한 개체들이나 작은 하위집단이 흔히 성년기에 도달했을 때나 그 후에 이동해서 이웃 집단이나 좀 더 먼 곳에 있는 집단에 합류한다는 것을 안다. 이런 식으로 유전자와 문화적 혁신이 전체 집단으로 퍼진다. 하지만 그 집단들이 지리적으로 얼마나 퍼져 있는가에 따라 문화적 정보가 그 종의 전체에 퍼지는 데는 적어도 수백 년이 걸렸을 것이고, 계보상 가족의 연결이 모집단의 한쪽 끝에서 다른 쪽 끝으로 퍼지는 데는 적어도 몇천 년이 소요되었을 것이다(이 점의 몇몇 신학적 함의가 9장에서 논의된다).

호모 사피엔스 종이 언제 시작되었는지에 관한 명확한 경계는 없다

일상적으로 사용하기에 유용한 "종"이라는 용어의 정의는 두 종이 상호 교배할 수 있으면 같은 종이고 교배할 수 없으면 다른 종이라는 것이다. 이 정의는 왜 종들이 진화할 때 우리가 어떤 종이 언제 "시작"하는지 알 수 없는지 이해하도록 도와준다. 언어가 시간이 지나면서 종종 어떻게 변화하는지가 이에 대한 유용한 유비를 보여준다.

모두 같은 언어를 사용하는, 어느 지역의 인간 집단을 상상해보라. 무슨 이유에서든—이주, 사회적 고립, 전쟁, 또는 정치 등—그들이 두 집단으로 분리되어 거의 소통하지 않게 된다(인간의 역사에서 이와 비슷한 일이 여러 번 일어났다). 두 집단의 언어가 갈라진다. 1, 2세기 후 두 집단은 여전히 공통의 언어를 가지고 있고 서로 이해하지만 현저하게 다른 방언들을 갖고 있다. 4, 5세기 후 그 두 집단 사이의 소통이 어려울 수도 있다. 7, 8세기 후에는(역사의 사례들에 기초할 때) 두 언어가 다른 언어들로 여겨질 정도로 많이 갈라지고 어느 것도 원래의 언어와 같지 않을 수 있다. 한쪽 언어 사용자가 다른 쪽 언어의 몇몇 단어를 인식할 수 있을지도 모르지만, 정상적인 서면 소통이나 구술 소통은 매우 어렵거나 불가능하다.

하나의 언어가 복수의 언어들로 갈라지지 않을 때도 시간이 지나면 비슷한 일이 일어난다. 현대 영어를 1800년이나 1600년 또는 1400년이나 1200년의 영어와 비교하라. 고대 언어 교육을 받지 않은 현대 영어 사용자는 800년 전의 문어와 구어를 이해하기 어렵다. 언어의 변화는 점진적으로 일어났다. 어느 특정한 시대의 영어 사용자는 한 세기 전이나 후의 영어 사용자를 이해할 수 있을 것이다. 그러나 1200년의 영어는 대다수 정의에 따르면 현대 영어와는 다른 언어다.

언어의 진화는 생물학적 진화에 대한 완벽한 유비는 아니지만 (종의 진화에는 훨씬 더 긴 기간이 소요되지만) 종의 진화의 몇몇 측면들을 보여준다. 새로운 종이 "시작"하는 보편적인 방식은 상호교배하는 한 집단이 더 이상 상호교배할 수 없는 두 개 이상의 하위집단으로 갈라지는 것이다. 이런 현상은 이주, 지리적 변화, 행태의 변화, 새로운 생태학적 틈의 생성, 또는 기타 요인들에 기인할 수 있다. 처음에는 하위집단들이 거의 동일하게 보이며 같은 종으로 간주된다. 차츰 각각의 하위집단이 자신의 특정한 환경에 적응함에 따라 각각의 하위집단에서 변화들이 누적된다. 상당한 기간 후에는 두 하위집단이 상호교배할 수는 있지만 각각의 하위집단은 서로 상당히 달라진다. (이 시점부터 그것들 각자는 아종으로 불릴 수도 있다.) 오랜 기간 뒤에는 다소 어렵더라도 여전히 상호교배가 가능하지만 차이가 좀 더 현저해진다. 처음에는 명백하게 하나의 종이 있었다. 궁극적으로는 명백하게 두 개 이상의 종이 존재한다. 그러나 그 변화는 점진적이고 새로운 종이 시작한 특정한 시기를 가려내기란 다소 임의적이다.

한 종이 갈라지지 않고 차츰 변화할 때도 마찬가지다. 현대의 동물과 7백만 년 전 그것의 조상은 쉽게 구별될 수 있을 것이고—그것들이 같은 시기에 살았더라면—상호교배할 수 없었을 것이다. 그것들은 다른 종들로 여겨질 것이다. 그러나 고대 동물로부터 현대 동물로의 변화들은 그 사이의 전체 집단들을 통틀어 점진적으로 일어났고 고대 종에서 현대 종으로 옮겨간 특정한 시기를 가려내기란 다소 임의적이다.

종들 사이의 뚜렷한 경계가 없음을 고려할 때 우리는 이 책의 앞에서 우리 조상들에 관해 요약한 내용을 다음과 같이 수정할 수도 있을 것이다. 인간과 침팬지의 최후의 공통 조상이었던 종은 점진적으로 몇몇 **아르디피테쿠스** 같은 종들을 포함한 몇몇 종들을 만들어냈다. 오늘날 우리가 보유하고 있는 화석은 인간의 조상 종의 것일 수도 있고 매우 가까운 자매 종의 것일 수도 있다. 이런 종들 중 하나가 서서히 **오스트랄로**

피테쿠스 같은 종들을 낳았다. 이 종들 중 하나가 **호모 하빌리스** 및 다른 관련 종들을 낳았다. 이 종들 중 하나로부터 궁극적으로 **호모 에렉투스**가 나왔고 그것들은 아프리카, 유럽, 아시아로 퍼졌다. 약 50만 년 전에 후기 **호모 에렉투스** 또는 **호모 하이델베르겐시스**의 하위집단이 네안데르탈인, 데니소바인, 그리고 **호모 사피엔스**의 최후의 공통 조상이었다. 네안데르탈인과 데니소바인의 조상들은 중동으로 이주해서 그곳으로부터 퍼진 반면, 그들 중 아프리카에 남았던 몇몇은 궁극적으로 20만-30만 년 전에 현대인처럼 보이는 **호모 사피엔스**를 낳았다. 이들 중 몇몇이 약 7만-4만 년 전에 중동, 유럽, 아시아로 이주했고 네안데르탈인 및 데니소바인과 조우했다. 거의 50만 년 가까이 비교적 격리된 동안 많은 변화가 누적되었지만, 그들이 다시 조우했을 때 약간의 혼혈이 여전히 가능했다. 우리는 네안테르탈인과 데니소바인과 **호모 사피엔스**를 다른 아종들로 부르거나 여전히 제한된 혼혈이 가능한 별개의 자매 종들로 부를 수 있을 것이다.

이는 과학적 관점에서 "인간"을 정의하기의 어려움을 보여준다. 유용한 정의 하나는 다음과 같다. 현재 살아 있는 다수의 호미닌 집단을 포함하는 **호모** 속의 모든 구성원이 약 2백만 년 전에 시작되었는데 그들 중 몇몇은 **호모 사피엔스**의 조상들이 아니다. 맥락에 따라 유용한 또 다른 유용한 정의는 다음과 같다. 네안데르탈인과 데니소바인과 **호모 사피엔스**와 그들의 모든 후손이 약 60만 년 전에 시작되었다. 또 다른 유용한 정의는 다음과 같다. 모든 해부학적 **호모 사피엔스**는 약 30만 년 전에 시작되었다. 맥락에 따라 유용할 수도 있는 또 다른 정의는 다음과 같다. "행동상으로 현대적인" **호모 사피엔스**(현대 인간의 행동은 이 장의 뒤에서 논의된다)는 약 10만-5만 년 전에 시작되었다. 또 다른 가능한 정의는 다음과 같다. 모든 **호모 사피엔스**가 약 15,000년 전에 농업과 도시들의 급격한 성장과 더불어 시작되었다.

과학적으로는 **호모 사피엔스**를 **호모 하이델베르겐시스** 같은 조상 종이나 네안데르탈인과 데니소바인 같은 자매 종들로부터 구분하는 뚜렷한 경계 시점이 없다. 신학적으로는 인간이 하나님의 형상 담지자가 되기 시작한 특정한 시점이 있을 수 있고, 인간이 죄인이 되기 시작한 특정한 시점이 있을 수 있다. 신학적으로는 "인간"이라는 단어를 "하나님의 형상"을 지닌 개인들에 대해서만 사용할 이유가 있을 수 있다. 다음 장은 그 일이 언제 일어나기 시작했는지를 결정하는 데 대한 몇몇 도전을 논의한다. 그러나 화석과 유전자 데이터로부터 우리는 **호모 사피엔스**가 거의 모든 종과 마찬가지로 큰 집단 안에서 오랜 기간에 걸친 점진적인 변화를 통해 출현했다는 것과 우리 종이 시작된 시기를 특정할 수 없다는 것을 알 수 있다.

초기 인간들은 사회적이고 박식한 존재였고 점점 복잡한 선택들에 직면했다

단순한 신경계를 가지고 있는 단순한 동물들은 그것들의 필요도 단순하다. 그런 종들 각각은 자신의 본능적이고 예측 가능한 행동들이 그것의 특정한 필요를 충족시키는 특정한 환경에서 번성한다.

좀 더 복잡한 동물들은 좀 더 복잡한 범위의 행동을 한다. 그런 동물의 행동은 본능부터 시작하지만, 자기 부모나 다른 동물들의 행동을 보고서 배운 것을 통해 형성된다. 그런 동물은 좀 더 넓은 범위의 환경에서 번성할 수 있다. 그런 동물은 선택을 통해 지형, 날씨, 하루 중의 시간, 위험의 근접성, 자기가 혼자 있는지 집단의 일부인지, 또는 자손을 돌보는지에 따라 사냥이나 은신처 발견 전략을 적응시킨다.

영리한 대다수 포유류는 사회 집단을 이루어 산다. 새끼들은 자기 부모뿐만 아니라 전체 집단을 보고서 배운다. 각 개체의 생존과 재생산 성공은 집단에 의존한다. 각자 자신의 즉각적인 생존의 필요(먹이, 은신처 등)를 채워야 할 뿐만 아니라 집단 안에서 자신의 사회적 지위와 그 집단의 다른 구성원들과의 관계(적대적, 우호적 또는 무관심한 관계)도 유지해야 한다. 각자 자신의 단기적 생존 대 장기적 생존의 우선순위뿐만 아니라 자신의 즉각적인 욕구 대 다른 구성원들과의 장기적 관계의 우선순위를 선택한다. 예컨대 가까운 곳에 맛있는 먹이 몇 조각이 있고 집단의 다른 구성원들이 지켜보고 있을 때 개별 개체는 "내가 저 조각들을 즉시 다 먹어야 하는가 아니면 저걸 나눠 먹어야 하는가?"를 고려해야 한다.

우리의 호미닌 조상들이 점점 더 영리해짐에 따라 그들의 사회 집단들이 점점 더 중요해졌다. 그들의 사회 집단이 좀 더 커지고 좀 더 복잡해짐에 따라 이 복잡성이 아마도 좀 더 영리한 개인에게 이점을 제공했을 것이다. 어느 시점에 우리 조상들은 새로운 많은 도구, 의사소통 기술, 사회적 관습(이것들은 모두 많은 가르침과 배움을 요구한다)을 발전시켜서 그들의 "환경"을 변화시켰다. 각각의 세대는 그들의 조상들로부터 유전자와 문화적 관습을 물려받았고, 이 둘은 생존과 재생산에 중요했다. 신경학적, 사회적, 문화적 복잡성이 증가함에 따라 유전자와 문화가 함께 진화했다. 문화에 일어난 변화들이 그 문화에서 사는 개인들의 유전자 선택을 변화시켰고 특정한 유전자 조합이 좀 더 성공적으로 재생산했다. 여러 세대에 걸쳐 집단의 유전자가 변함에 따라 새로운 문화적 혁신이 가능해졌다.

유전자-문화 공(共)진화에서 문화의 중요성

유전자-문화 공진화에서 문화적 측면의 중요성을 예시하기 위해 아이들이 배우는 몇몇 중요한 기술들을 고려해보라.

당신은 당신 생애의 처음 몇 년 동안 당신을 돌봐준 사람들과의 상호작용을 통해 언어를 배웠다. 그뿐만 아니라 당신이 구분할 수 있는 자음들과 모음들이 당신의 성장 초기에 당신의 두뇌 안에 새겨졌다. 하나의 언어를 말하는 성인은 다른 언어에 존재하는, 유사하지만 다른 자음이나 모음이 자신의 모국어에 존재하지 않으면 그것들을 구분하는 데 어려움을 겪는다. 여러 연구에 따르면 어린 아기들은 다른 언어들에 존재하는 유사하지만 다른 모음들과 자음들을 구분할 수 있지만, 몇 년 후에는 아이들의 두뇌가 자신을 돌봐준 사람들의 언어의 모음들과 자음들을 구분하는 데 특화된다.

당신이 어릴 때 배우는 기술들—걷기, 뛰기, 시각적으로 추적하기, 가리키기, 던지기, 붙잡기 등—을 고려해보라. 이런 것들은 연습과 당신 생애의 처음 몇 년 동안 당신을 돌봐준 사람들과의 상호작용으로 당신의 두뇌에 새겨졌다.

당신이 보유하고 있는 기본적인 다른 생존 기술—특정한 도구들을 만드는 방법, 어느 것이 음식으로 좋은지 및 그것들을 얻는 방법을 알기 등—을 고려해보라. 이것들 역시 당신에게 가르쳐준 사람들과의 수십 년 동안의 상호작용 및 연습을 통해 당신의 두뇌에 새겨졌다.

얼굴 인식 기술을 고려해보라. 아기들은 사람들과의 상호작용을 통해 특정한 얼굴들을 인식하는 것을 배운다. 시간이 지남에 따라 우리의 뇌는 얼굴의 특정한 특징의 독특한 조합을 통해 사람들을 인식하도록 훈련된다. 이것은 자동화되고 무의식적인 것이 되어서, 성인이 된 후 우리가 자란 문화의 사람들의 얼굴 특징과는 다른 얼굴 특징을 지닌 문화 또는 이종 집단의 사람을 만날 때 그들의 얼굴을 구별하려면 우리가 의식적으로 더 노력할 필요가 있다.[16]

당신이 다른 사람의 고통에 동정하고 공감할 수 있는 능력을 고려해보라. 어린 시절에 이런 능력이 적절하게 발달하는 것은 사람들과의 상호작용 및 돌봐주는 사람들의 가르침에 의존한다. 어린아이들이 사회적으로 혜택받지 못한 환경에서 양육되고 이런 것들을 배우지 않으면 그들은 이런 능력이 결핍된 성인이 될 가능성이 훨씬 크다.

당신이 이기적이거나 이타적으로 선택할 능력을 고려해보라. 스무 살 시절에 당신이 하는 선택은 당신의 역사에 의존한다. 그 역사는 유전자와 태어나기 전의 환경부터 시작한다. 그 역사는 당신의 부모, 보살펴주는 사람들, 그리고 친구들에 의해 큰 영향을 받았다. 그것은 당신이 성

16 이 효과에 관한 많은 연구가 있다. 두 개의 예를 들자면 다음과 같다. Jessica L. Marcon, Christian A. Meissner, Michael Frueh, Kyle J. Susa, and Otto H. MacLin, "Perceptual Identification and the Cross-Race Effect," *Visual Cognition* 18, no. 5 (October 2009): 767-79; Kathleen L. Hourihan, Aaron S. Benjamin, and Xiping Liu, "A Cross-Race Effect in Metamemory: Predictions of Face Recognition Are More Accurate for Members of Our Own Race," *Journal of Applied Research in Memory and Cognition* 1, no. 3 (September 2012): 158-62.

장하면서 내린 결정들을 통해서도 형성되었다. 당신은 선택할 때마다 성장하고 있는 당신의 두뇌를 형성했다. 당신의 선택들은 나아가 당신의 부모, 교사, 돌보는 사람, 그리고 친구들이 당신과 상호작용하는 방식에 영향을 주었고 그것은 나아가 당신의 두뇌 형성에 더 큰 영향을 끼쳤다.

이야기들을 생각해보라. 아이들은 이야기들을 듣기를 좋아한다. 많은 성인이 이야기하는 것을 좋아한다. 우리가 아이들에게 해주는 이야기들은 대부분 우리가 그들이 배우기를 원하는 행동과 가치를 그들이 배우도록 도와주기 위해 선택된다.

우리 조상들은 집단을 이루어 살았고 생존하고 번성하기 위해 협력했다. 유전자-문화의 공진화가 점점 더 중요해짐에 따라 아동기가 좀 더 오래 지속되었다. 이로써 아이들은 생존 기술과 사회적 기술을 배울 시간을 좀 더 많이 가지게 되었고, 자신의 즉각적인 복지와 그들의 사회적 관계의 때때로 경쟁하는 욕구 사이에서 선택하는 법을 배울 시간을 좀 더 많이 가지게 되었다.

초기 인간들에게는 “비열한” 행동과 “고상한” 행동 모두에 대한 성향이 있었다

진화는 우리가 동물의 몇 가지 행동을 이해하도록 도움을 준다. 다음을 생각해보라: 배가 고픈 시궁쥐들이나 생쥐들이 음식을 구할 수 있는 새로운 환경에 놓이면 왜 어떤 종은 대개 먼저 먹고 나서 조사하는 데 반해, 다른 종은 대개 먼저 조사하고 나서 먹는가? 또는 왜 새의 몇몇 종은 한 번에 한 상대와만 짝짓기하는 반면에 다른 종은 그렇지 않은가?[17] 진화 이론은 다른 요인들이 같다면 한 종의 가장 보편적인 행동상의 성향은 "적응에 도움이 된다"고 예측한다. 한 종의 가장 보편적인 행동상의 성향을 보이는 개체들이 다른 행동상의 성향을 보이는 개체들보다 평균적으로 더 많은 후손을 낳는다.[18]

진화 심리학은 동물의 행동들의 진화적 연구를 인간의 행동들에 확장한다. 예컨대 인간이 단 음식을 즐기는 것은 진화적 설명에 잘 어울리는 것처럼 보인다. 당분을 많이 함유하는 자연적인 음식은 영양분도 높으며, 따라서 동물들과 인간들이 단 음식을 먹기를 좋아하는 두뇌 회로를 발전시키는 것이 일리가 있다. 혼자 먹기보다 집단적으로 먹는 인간의 보편적인 성향에 대해서도 유사한 가설을 세울 수 있다.

진화 심리학은 신학이 도덕적 행동에 관한 가설을 세울 때 특히 신학에 적실성이 있다. 신학은 어떤 행동이 도덕적으로 옳은지 그른지를 묻는다. 진화 심리학은 "행동들이 적응에 도움이 되는가?"라는 다른 질문을 한다. 예컨대 죄책감을 고려해보라. 우리는 사자들이 먹기 위해 다른 동물을 죽일 때 죄책감을 느끼지 않는다고 추정한다. 진화적인 논증은 죄책감은 사자들에게서 잘못 적응된 것이라고 주장할 수도 있을 것

---

17 J. Cartwright, *Evolution and Human Behavior* (Cambridge: MIT Press, 2000); N. B. Davis, *Dunnock Behavior and Social Evolution* (Oxford: Oxford University Press, 1992); 그리고 J. R. Krebs and N. B. Davies, eds., *Behavioral Ecology* (Oxford: Blackwell Scientific, 1991).

18 적응적인 설명들은 한 종의 현재 환경이 과거의 환경과 달랐을 가능성이나 몇몇 행동들이 적응하지 못한 것이지만 적응에 도움이 되는 다른 행동들의 필요한 부산물일 가능성 또는 몇몇 행동상의 성향들은 적응에 도움이 되는 것도 아니고 부적응한 것도 아닐 가능성 같은 복잡한 요인들을 고려해야 한다.

이다. 가젤들을 죽이는 데 죄책감을 느끼는 사자들은 효과적으로 사냥하지 못할 가능성이 있고 따라서 죄책감을 느끼지 않는 사자들보다 자손을 적게 남길 것이다. 그러나 인간들은 적어도 다른 인간을 해칠 때 죄책감을 느낀다. 우리가 그런 죄책감을 느끼지 않는 인간이 비정상적이라고 말할 수 있을 정도로 다른 인간을 해칠 때의 죄책감은 매우 보편적이다.

많은 포유류(예컨대 프레리도그, 늑대, 말, 돌고래, 그리고 특히 영장류)는 사회 집단 안에서 산다. 고고학의 증거는 우리 조상들이 과거 수백만 년 동안 사회 집단 안에서 살았다고 암시한다. 다른 동물들, 특히 영장류를 관찰함으로써 우리는 어떤 종류의 사회적 행동이 영장류에게 적응에 도움이 되는 행동인지 및 우리 조상들에게 적응에 도움이 되는 행동이었을지를 배울 수 있다.

학자들은 종종 진화가 "비열한" 행동을 보상한다고 말한다. 때때로 진화는 확실히 그렇게 한다. 어떤 동물이 집단의 약한 구성원으로부터 일상적으로 먹이를 훔치거나, 바람직한 짝을 얻기 위해 경쟁자들을 공격하거나, (침팬지들이 때때로 그러듯이) 경쟁적인 사회 집단의 구성원들을 죽이면, 그런 행동들이 그 동물의 재생산 성공을 증대할 수 있다.

그러나 "고상한" 행동 역시 적응에 도움이 될 수 있다. 가장 명백한 예는 부모들이 새끼들을 돌보는 것이다. "친족 선택"(혈연 선택)[19]으로 불리는 또 다른 예에서는 프레리도그가 포식동물을 발견할 때 경고음을

19 W. D. Hamilton, "The Genetical Evolution of Social Behavior," *Journal of Theoretical Biology* 7 (1964): 1-16.

발할 때처럼 어떤 동물이 자신의 생명에는 위험하지만 더 큰 친족 집단에 도움을 준다. "상호 이타주의"(호혜 이타주의)[20]로 불리는, 잘 연구된 또 다른 예에서는 한 동물이 자신에게는 작은 희생이 따르지만 다른 동물에게는 매우 유익한 어떤 일을 하고 나중에 비슷한 도움을 받을 것으로 기대한다.

동물들에게서 나타나는 부모의 보살핌, 친족 선택, 상호 이타주의가 잘 연구되었다. 그러나 인간들은 친족과 상호성을 뛰어넘는 이타적인 감정과 행동을 보인다. 인간들은 종종 다시 만나지 않을 남들을 이타적으로 대한다. 진화 심리학은 인간들에게서 나타나는 이처럼 더 큰 정도의 이타주의가 어떻게 적응에 도움이 될 수 있는지에 관한 몇 가지 가설을 제공한다. 한 가지 가설은 일상적으로 이타적으로 행동하는 개인들은 평판이 좋아져서 그들의 전체 사회 집단이 향후 그들을 도와줄 가능성이 좀 더 커진다는 것이다. 또 다른 가설은 일상적으로 남을 도와주는 이타주의자들로 가득 찬 사회는 이기적인 개인들로 가득 찬 집단보다 평균적으로 성과가 더 좋은 경향이 있다는 것이다.[21]

"비열한" 행동과 "고상한" 행동을 향하는 성향이 유전자들의 조합으로부터만 형성되는 것은 아니다. 유전자들이 직접 행동을 낳지는 않는다. 유전자들은 단백질들을 규율한다. 단백질들은 세포 성장과 신호

---

20 R. L. Trivers, "The Evolution of Reciprocal Altruism," *Quarterly Review of Biology* 46 (1971): 35-39.

21 이는 사회 생물학과 진화 심리학에서 적극적으로 연구되는 분야다. 이 주제에 관한 많은 논문 모음집(그중 많은 논문이 기독교의 관점에서 쓰였다)은 Philip Clayton and Jeffrey Schloss, eds., *Evolution and Ethics: Human Morality in Biological and Religious Perspective*(Grand Rapids: Eerdmans, 2004)를 보라.

전달에 영향을 준다. 세포 성장과 신호 전달은 두뇌가 어떤 내용이 새겨지는지에 영향을 준다. 인간이 이타적으로 행동하려면 특정한 두뇌 회로들이 존재할 필요가 있는데, 이 두뇌 회로들은 단순한 이타주의 촉진 이상의 일을 한다. 이타주의가 유전적 토대를 갖고 있다면 그것은 의심할 나위 없이 많은 유전자가 협력해서 단지 이타적인 행동뿐만 아니라 여러 종류의 행동을 촉진하는 두뇌 회로를 만들어낸 결과다.

더욱이 유전자 발현은 환경의 영향을 받는다. 이타주의를 "위한" 유전자들은 사회적 훈련의 맥락에서만 적절하게 작동한다. 예컨대 고립되어 양육된 침팬지들은 사회 집단 안에서의 생활에 적응하는 데 어려움을 겪는다. 마찬가지로 정상적인 사회적 훈련과 도덕적 훈련이 없이 양육된 인간의 아이들에게서는 병리 현상이 발달하여 그것이 성인기까지 이어질 수 있다.

이 지점에서 우리는 유전자-문화 공진화로 돌아온다. 각각의 개인들의 유전자들이 그들의 뇌가 발달하는 방식에 영향을 준다. 두뇌 발달은 개인들의 행동에 영향을 준다. 인간의 행동들은 집합적으로 사회를 형성한다. 그러나 영향이 반대 방향으로 작용하기도 한다. 사회가 아이들의 두뇌 발달을 형성하고 그것이 아이들과 성인들의 행동에 영향을 준다. 문화들은 일상적으로 "비열한" 행동을 하거나 "고상한" 행동을 하는 개인들에게 벌을 주거나 그들에게 보상할 수 있다. 이것이 개인들의 재생산 성공에 영향을 줄 수 있고 따라서 그런 종류의 유전자들이 다음 세대에 전해질 가능성이 좀 더 크다.

인간의 사회 집단과 인간의 협력 수준은 어떤 동물들의 사회 집단이나 협력 수준보다 훨씬 복잡하다. 동물들도 서로 의사를 소통하지만,

인간의 의사소통은 훨씬 더 복잡하다. 동물들도 때때로 서로에 대해 "고상하게" 행동하지만, 인간들은 훨씬 더 그렇게 한다. 인간은 행동을 규율하고 개선하기 위한 도덕 규칙들을 발달시키고 행동들과 말들을 통해 그것을 개인 간, 가깝고 먼 집단 간, 그리고 세대 간에 전달한다.[22]

우리가 우리의 호미닌 조상들의 행동들에 관해 아직 알지 못하는 것이 많지만 몇 가지는 합리적으로 확실해 보인다. 그들은 사회 집단 안에서 살았다. 이 사회 집단들은 생존을 위해 협력이 필요했지만, 어느 정도의 집단 내 경쟁도 허용했다. 그들은 집단의 다른 구성원들의 행동과 계획에 주의를 기울였다. 그들은 다른 개인들이 서로를 어떻게 대하는지를 제한적으로 기억했다. 그들은 다른 개인들이 자신의 행동에 대해 어떻게 반응할지를 제한적으로 예측할 수 있었다. 그들은 그들을 "비열한" 행동과 "고상한" 행동 모두로 향하게 하는 성향을 지니고 있었다.

이것이 "언제 죄가 세상에 들어왔는가?"라는 신학적 질문에 답하지는 않는다. "고상한" 행동이 반드시 하나님의 도덕법에 순종하는 것과 같지 않을 수도 있다. "비열한" 행동이 반드시 죄와 똑같은 것은 아니다. 우리가 이러한 신학적 질문들을 다루기 위해서는 다음 장들에서 다뤄지는 좀 더 많은 논의가 필요할 것이다.

22 이에 관해 좀 더 배우려면 Jeffrey P. Schloss, "Darwinian Explanations of Morality: Accounting for the Normal but Not the Normative," in *Understanding Moral Sentiments: Darwinian Perspectives?*, ed. Hilary Putnam, Susan Neiman, and Jeffrey P. Schloss (Piscataway, NJ: Transaction Publishers, 2014), 81-121, http://www.isthmussociety.org/Documents/schloss_reading.pdf를 보라.

인간은 필요에 의해 협력한다

우리 조상들은 집단을 이루어 사냥하고, 음식을 찾아다니고, 포식자들로부터 안전하게 머물러 있고, 생존에 필요한 기술들과 도구를 만드는 법을 배웠다. 개인들이나 부모와 자녀들로 이루어진 한 가족은 좀 더 큰 집단의 도움이 없이는 짧은 기간만 생존할 수 있고, 그 경우에도 한 사회 집단 안에서 평생 배운 기술들 덕분에 생존할 수 있다. 사회 집단에 대한 의존은 수백만 년 전 우리 조상인 **아르티피테쿠스** 때 또는 심지어 그 전으로 거슬러 올라간다.

하나님이 진화를 사용해서 우리를 창조했다는 것은 우리가 필연적으로 상호 의존적인 사회적 존재라는 것을 의미한다. 그렇다고 해서 인간이 자동으로 서로에 대해 고상하게 대하는 것은 아니다. 우리 조상들에게는 사회 집단 안에서 살면서 서로에게 "비열하게" 대하거나 "고상하게" 대할 기회가 모두 있었고, 자신의 선택의 몇몇 결과들을 관찰하고 이해할 기회가 있었다.

인간의 정신적 사회적, 언어적 발달은 아마도 점진적이었을 것이다

우리는 과거의 모든 시점에서 우리 조상들이 정신적, 사회적, 그리고 언어적으로 정확히 어느 정도로 발달했는지 알고 싶을 것이다. 그러나 과학적 데이터는 다양한 범위의 해석에 대해 미결 상태로 남아 있다. 우리는 가장 영리하고 사회적인 동물들로부터 및 우리 조상들이 남긴 도구들 그리고 다른 인공물들로부터 몇 가지 단서를 얻을 수 있다.

몇몇 대형 유인원, 돌고래, 그리고 코끼리들은 일종의 자아의식—

개인으로서 자신에 관한 의식, 즉 "나"에 대한 감각—을 보유한다. "거울 테스트"는 고전적인 자아의식 테스트다. 몇몇 동물은 거울에 비친 자기 모습을 보면 다른 동물을 보는 것처럼 행동하지 않는다. 대신에 그것들은 자기가 자신이 비친 모습을 보고 있음을 이해한다고 암시하는 방식으로 행동한다. 따라서 우리 조상들은 **호모 사피엔스** 종이 출현하기 오래전에 모종의 자아의식을 가졌을 가능성이 있다.

몇몇 침팬지들은 수십 단어에 대한 수어 동작을 배워서 그것들을 다른 침팬지들에게 가르쳤고[23] 그것들을 조합해서 새로운 아이디어를 새로운 방식으로 소통하는 방법을 이해했다. 몇몇 코끼리들은 수십 년 동안 떨어진 뒤 다른 코끼리들을 알아볼 수 있다. 몇몇 돌고래들은 서로에 대한 "이름들"을 지니며, 이름이 불리면 응답한다. 따라서 우리 조상들이 이미 수백만 년 전에 어느 정도 유사한 능력을 보유했을 가능성이 있다.

약 10만 년 전에 우리 조상들은 여전히 수십 명의 개인으로 이뤄진 작은 가족-부족 집단으로 살면서 수렵과 채취와 어로 활동을 했다. 그때쯤에 그들은 침팬지들이나 현재 살아 있는 비인간 종들의 수준을 훨씬 뛰어넘는 의사소통과 협력을 암시하는 행동들—조개껍데기 구슬 장식 만들기 및 장식품들뿐만 아니라 원재료들을 수백 킬로미터 떨어진 곳으로 옮기고 아마도 교역하기 같은 행동들—을 보이고 있었다.

종에서 나타나는 유전자 변화는 한 개인의 생애 안에 일어난다기보

---

23 예컨대 R. Allen Gardner, Beatrix T. Gardner, and Thomas E. Van Cantfort, eds., *Teaching Sign Language to Chimpanzees* (New York: SUNY Press, 1989), 281-82을 보라.

다는 좀 더 서서히 일어난다. 한 개인에게서 일어나는 돌연변이가 집단 전체로 확산하려면 여러 세대가 소요될 수 있다. 이와 대조적으로 문화적 변화는 대개 훨씬 신속하게 일어난다. 새로운 도구, 새로운 기술, 새로운 단어, 그리고 새로운 아이디어들은 한 개인의 생애 안에 한 집단으로부터 많은 집단으로 확산할 수 있다.

약 10만 년 전 **호모 사피엔스**는 해부학적으로 및 유전자상으로는 구분하기 어려울 정도로 현대의 인간들과 매우 비슷했을 것이다. 그러나 인식능력 면에서 및 언어적으로 그리고 도덕적으로 그들은 우리와 얼마나 비슷했는가? 우리는 이에 관해 알지 못한다. 한 개인의 성격, 언어 능력, 사회적 능력, 그리고 심지어 도덕성도 그 사람이 양육되는 가족과 문화에 의해 큰 영향을 받는다. 유전자상으로 매우 비슷한 두 개인이 매우 다른 가족과 다른 문화에서 양육되면 아주 다른 사람으로 성장할 수 있다. 우리는 20만 년 전 또는 심지어 5만 년 전 우리 조상들이 지적, 문화적, 언어적, 그리고 행동적인 면에서 얼마나 발전했는지 알지 못한다. 과학적 데이터는 일련의 광범위한 견해들과 일치한다.

"현대 인간의 행동"이라는 용어는 정확하게 정의되지 않는다. 그것은 대개 다음 활동들의 대다수를 포함하는 행동의 집합에 적용된다: 동굴 벽화 및 작은 상들을 포함하는 조형예술, 그림물감과 보석을 사용하여 자신을 장식함, (인공물들과 함께) 죽은 자들을 매장함, 원격지로의 자원 운송과 교역, 협업, 돌 화로, 뼈로 만든 도구들, 복합적인 도구들, 고기잡이와 새 사냥, 돌날 기술, 장기 계획, 사회적 학습에 크게 의존함. 어떤 가설은 일단 문화가 특정 수준의 복잡성에 도달하면 그 문화에서 성장한 개인들이 더 많은 인지상 및 신경상의 복잡성을 발달시키고, 그것이 나아가 더 많은 문화적 복잡성과 혁신을 촉진하는 경향이 있다고 제안한다(똑똑한 문화는 똑똑한 개인들을 양육하고 둔한 문화는 둔한 개인들을 양육한다). 단지 몇백 년 안에 유의미한 변화들이 축적될 수 있다. 따라서 6만 년 전에 살았던 전형적인 **호모 사피엔스** 성인이 3만 년 전에 살았던 전형적인 **호모 사피엔스** 성인과 유전학적으로는 매우 유사했지만, 사회적으로 및 인지능력 면에서 그리고 언어적으로는 3만 년 전에 살았던 **호모 사피엔스**가 평균적으로 훨씬 발전했을 수 있다. (이 가설이 옳다고 하더라도 이러한 문화적, 사회적, 기술적 변화들이 여러 대륙에 존재하던 모든 **호모 사피엔스**에게 확산하기까지는 수천 년이 걸렸을 수도 있음을 지적할 가치가 있다.)

연구자들은 바로 위에서 "현대"의 행동으로 열거된 모든 행동의 예들이 해부학적으로 현대인의 몸의 형태를 지닌 종에게서 점진적으로 나타났다고 지적한다. 10만 년 전쯤에는 위의 목록의 많은 항목이 아프리카에서 출현해서 다른 곳들로 옮겨지고 있었다. 이주하는 집단마다 조금씩 다른 기술을 가지고 이주하고 그 과정에서 다른 토착 집단들(예컨대 네안데르탈인과 데니소바인)과 상호작용함에 따라 각각의 대륙은 다소 다른 문화와 기술의 발달을 경험했다. 예컨대 호주에 정착한 인간들은 부메랑을 사용한 반면에 유럽으로 간 인간들은 복합적인 도구들을 사용했지만, 모든 인간은 돌 화살촉을 만들었다. 그러므로 그 데이터는 약 6만 년 전에 살았던 전형적인 **호모 사피엔스** 성인과 약 3만 년 전에 살았던 전형적인 **호모 사피엔스** 성인은 인지 측면에서 및 언어 측면에서 서로 매우 유사했을 것이라는 가설과 일치한다(비록 후자가 대개 좀 더 복잡한 도

구들에 접근했을 테지만 말이다).[24]

인간의 몇 가지 능력들은 동물들의 능력을 훨씬 뛰어넘어 발달했다

몇몇 사회적 동물들은 서로 소통하고, 서로에게서 배우고, 서로 협력하고, 그 집단 안에서 사회에 유익한 행동을 강화한다. 하지만 인간들은 다른 어떤 동물보다 훨씬 더 강력한 수준으로 이런 일을 한다. 과학의 도구들은 무엇이 인간을 영적으로 독특한 존재로 만드는지 파악하지 못한다. 그러나 과학의 도구들은 오늘날 인간을 다른 동물들로부터 분리하는 행동들과 능력들을 측정할 수 있다. 이것은 오늘날 역동적인 분야다. 따라서 이 주제에 관해 최근에 저술한 몇몇 생물학자들과 철학자들을 인용하는 것이 도움이 된다.

철학자인 마이클 머레이는 교수, 학습, 그리고 문화적 복잡성에 관해 다음과 같이 쓴다.

> 동물들이 몇몇 형태의 문화(비버들은 댐 형태로 도구들/생산품들을 만든다)와 사회적 학습(꿀벌들은 다른 꿀벌들에게 어디서 음식을 찾을지에 관한 신호를 보낸다)을 보여주지만, 인간의 누적적인 문화는 다음과 같은 세 가지 결정적인 면에서 다르다. 첫째, 우리가 보유하고 있고 다음 세대들에게 물려주는 문화적 산물들과 지식의 양과 다양성은 훨씬 더 크다. 둘째, 그

24 이 논의에 대해 접근하기 쉬운 개요는 경쟁하는 가설들을 논의하는 연구 문헌들 및 그것들과 관련된 다음 링크를 보라. "Behavioral Modernity," Wikipedia, updated September 6, 2020, https://en.wikipedia.org/wiki/Behavioral_modernity#Great_leap_forward.

리고 첫 번째 요소와 관련된 요소로서, 우리가 서로에게서 복제하거나 배울 수 있는 능력의 목록은 훨씬 광범위하다(우리의 모든 인식 활동과 우리가 의지적으로 통제할 수 있는 모든 동작을 포함한다). 그리고 셋째, 우리는 문화의 축적과 전달을 가능케 하는 관습들에 훨씬 더 충실하다.[25]

철학자 대니얼 데닛은 의미를 구성할 수 있는 우리의 능력에 관해 다음과 같이 쓴다.

우리가 우리 자신의 개인적인 복지—또는 자손을 낳으라는 우리 자신의 생물학적 규범—보다 중요하다고 여기는 무언가에 대해 우리의 생명을 바칠 수 있는 우리의 능력은 우리를 동물 세계의 나머지로부터 분리하는 요인 중 하나다. 어미 곰은 용감하게 먹이 조각을 지킬 수 있고, 치열하게 자기 새끼를 보호할 수 있지만, 아마도 저장한 음식이나 자신의 자녀 또는 집을 보호하기 위해 죽은 사람들보다 신성한 장소들과 텍스트들을 지키기 위해 용감하게 노력하다 죽은 사람들이 많을 것이다. 다른 동물들과 마찬가지로 우리는 재생산하려는 타고난 욕구를 지니고 있고 이 목적을 달성하기 위해 요구되는 많은 일을 하지만, 우리는 또한 신조들과 우리의 유전자의 명령들을 뛰어넘을 능력도 보유하고 있다. 이 사실이 우리를 다른 동물들과 다르게 만들지만, 그것 자체는 자연과학에 보이는 생물학적인 사실이며 이는 자연

25 Michael J. Murray, "Death, Reverse Engineering the *Imago Dei*"(Dabar Conference, Reclaiming Theological Anthropology in an Age of Science, Trinity Evangelical Divinity School, Chicago, IL, June 13-16, 2018에 제출된 논문).

과학으로부터 설명을 들을 필요가 있는 어떤 것이다.[26]

그리고 생물학자 제프리 슐로스는 인간들 사이의 협력의 유형과 정도에 관해 다음과 같이 쓴다.

인간들은 지구상에서 가장 강하게 그리고 가장 광범위하게 협력하는 생물이다. 관련 없는 사람들과의 우리의 분업과 협력, 그리고 대규모 집단들 사이의 사회적 상호작용들은 "동물 세계의 큰 변칙"으로 묘사되어왔다. 그러나 "어느 정도 차이가 나야 종류 면에서의 차이를 구성하는가?"라는 질문은 차치하고, "인간의 협력은 규모와 범위 면에서 다른 모든 종의 협력을 뛰어넘는다"는 데는 의견의 불일치가 없다. 강도 면에서 우리는 친족 관계나 엄격한 상호주의에 기초하지 않은, 장기간의 양자 관계 또는 소집단 관계—단지 협력만이 아니라 우정—에 투자한다. 실로 친구가 된다는 것의 특징적이고, 멋있고, 다소 신비스러운 표지는 우리가 장부에 주의 깊게 기록해두지 않는다는 것이다.…이 점이 중요한데, 친구들은 단지 서로의 필요를 돌봐줌으로써가 아니라 이 필요들을 넘어 같은 것을 응시함으로써 "우리"를 구성한다. 인간의 우정의 독특한 특질 중 하나는 외관상 개인들의 물질적인 성공과 직접적인 관련이 별로 없는 것, 명백한 재생산의 이해와는 관련이 훨씬 더 없는 사항에 대한 상호 헌신을 중심으로 모인다는 것이다. 우리는 도덕적인 목적을 연대해서 추구하고 그것을 서로 격려한다. 그리고 우리

---

26 Daniel Dennett, *Breaking the Spell: Religion as a Natural Phenomenon* (New York: Penguin, 2006), 4.

는 도덕과 관련이 없는 유익들—음악, 문학, 과학적 탐구 영역, 심지어 서핑 스타일 등에 대한 공통의 관심—을 개발할 수도 있다.…우리가 아는 사람들과의 우정의 강도는 우리가 모르는 사람들과의 협력의 광범위함으로 보완된다. 우리는—평판의 토대에서, 그리고 심지어 평판 면에서 익숙하지 않은 대규모 집단 사이에서조차—우리와 관련이 없고 만나보지 않은 사람들과 협력한다.[27]

하나님이 유전자-문화의 공진화를 통해 인간들에게 점진적으로 이런 능력들을 주었을 수도 있지만, 우리는 이런 능력들을 우리를 다른 모든 종으로부터 독특하게 분리시킬 정도로 보유하고 있다.

초기 인간들은 신앙을 향한 성향을 보유했다

역사상 인간의 거의 모든 문화는 초자연에 관한 종교적 관습들과 믿음들을 지녔다. 기독교 신학자들은 수 세기 동안 하나님이 우리가 하나님과의 관계를 원하도록 창조했다고 말해왔다. 성 아우구스티누스는 "주님께서 주님을 위해 우리를 창조하셨으므로 우리의 마음이 주님 안에서 안식을 찾기까지 우리의 마음은 쉬지 못하나이다"라고 말했다.[28] 장 칼뱅은 다음과 같이 썼다. "하나님 자신이 누구든 모르는 체하지 못하도록

27 Jeffrey Schloss, "Shared Yearnings for a Greater Good," *Minding Nature* 10 (2017): 14-22.

28 Augustine, *Confessions* 1.1, https://www.ccel.org/ccel/schaff/npnf101.vi.I_1.I.html(『성 어거스틴의 고백록』, 대한기독교서회 역간).

모든 인간에게 자신의 하나님 되심에 대한 다소의 의식을 부여했으므로, 우리는 논란의 여지가 없이 인간의 마음에 그리고 참으로 자연적인 본능에 의해 어느 정도의 신에 대한 의식[신의식, *sensus divinitatis*]이 있다고 주장한다."[29] 이는 (그리스도인에게는) **왜** 모든 인간이 초자연에 관한 욕구와 믿음을 가지고 있는가라는 문제에 대한 만족스러운 답변을 제공하지만, "하나님이 이것을 우리 안에 **어떻게** 창조했는가?"라는 문제에 대한 답은 미결문제로 남겨 놓는다. 만일 하나님이 진화 과정을 사용해서 인간을 창조했다면 그 과정이 그 답의 일부를 제공할지도 모른다.

최근에 이 문제는 인지 과학과 진화 심리학 분야의 연구 주제가 되어왔다. 몇몇 가설은 종교성이 적응에 도움이 될 수 있다—올바른 종류의 신앙과 종교 관습을 보유하고 있는 사회들과 그런 사회에 잘 들어맞는 경향이 있는 유전자를 지닌 개인들이 흥하는 경향이 있다—고 제안한다. 신앙과 종교 관습이 협력을 촉진하고 속임수를 단념시킬 수 있다.

다른 가설들은 인간이 초자연적인 인격들을 믿는 성향은 그것 자체로 적응에 도움이 되는 것이 아니라 적응에 도움이 되는 다른 인지 시스템들의 부산물이라고 주장한다. 예컨대 아이들은 인간이 만든 도구들을 보고 그것들의 설계와 목적—이는 아마도 적응성이 있는 능력일 것이다—을 분별하면서 성장하며 아마도 이것을 자연 세상의 특성들 배후의 설계와 목적을 보는 데 확장할 것이다. 또 다른 예를 들자면 아이들은 인간들과 동물들을 목적을 달성하기 위해 어떤 일을 하는 정신을 지닌 행

29 John Calvin, *Institutes of the Christian Religion* 1.3.1 (Beveridge trans.), https://www.ccel.org/ccel/calvin/institutes.

위자로 보면서 성장하며, 이것을 자연 세상에서 일어나는 사건들이 정신과 목적을 지닌 초자연적인 행위자들에 의해 야기된다고 보는 데 확장할 것이다.

이런 가설들은 잠정적이다. 우리가 그런 메커니즘 각각이 인간의 진화에 기여했는지 또는 어느 정도로 기여했는지를 알려면 과학자들이 유전학, 발달 생물학, 신경과학, 그리고 기타 분야에서 진전을 이룰 필요가 있다.[30] 이 책의 목적상으로는 자연 세상에 나타난 설계와 목적을 보고서 초자연에 대한 설명을 추구하는 성향을 지닌 인간을 하나님이 어떻게—진화의 메커니즘을 사용해서—창조했는가에 대한 몇몇 그럴듯한 가설들이 있음을 지적하는 것으로 충분하다.

그러나 이것이 인간들이 순전히 우리의 진화된 정신적 성향과 자연 세상과 우리의 상호작용만을 통해 초자연에 관한 올바른 신학들을 개발한다는 뜻은 아니다. 인간의 역사가 보여주듯이 하나님으로부터의 특별

30 이 연구 분야에 대한 뛰어난 요약은 Justin L. Barrett, "Contemporary Trends in the Science of Religion: Adaptationist and Byproduct Theories and Their Implica tions" (American Scientific Affiliation Annual Meeting, July 24, 2016에 제출된 논문), http://www2.asa3.org/movies/ASA2016Barrett.mp4을 보라. 추가 자료를 http:// network.asa3.org/page/2016Audio/2016-Annual-Meeting-Audio.htm에서 구할 수 있다. 이 주제에 관해 다양한 가설을 탐구하는 책들은 다음을 포함한다: Justin L. Barrett, *Born Believers: The Science of Children's Religious Belief* (New York: Simon & Schuster, 2012); Jesse Bering, *The Belief Instinct: The Psychology of Souls, Destiny, and the Meaning of Life* (New York: Norton, 2012); Scott Atran, *In Gods We Trust: The Evolutionary Landscape of Religion* (Oxford: Oxford University Press, 2004); Pascal Boyer, *Religion Explained: The Evolutionary Origins of Religious Thought* (New York: Basic Books, 2001); Robert N. McCauley, *Why Religion Is Natural and Science Is Not* (Oxford: Oxford University Press, 2011); 그리고 Ara Norenzayan, *Big Gods: How Religion Transformed Cooperation and Conflict* (Princeton: Princeton University Press, 2013).

계시가 없다면 인간들은 그 그림에 온갖 신들, 자연의 영들, 조상의 영들 등으로 채우는 경향이 있다. 하나님이 우리를 자연 세상 너머를 바라볼 욕구와 능력을 갖춘 존재로 창조했지만, 우리가 신뢰할 수 있는 믿음과 관습 시스템을 개발하기 위해서는 여전히 하나님의 특별계시가 필요하다.[31]

과학과 시나리오들

서론에서 우리는 "아담과 하와는 누구였는가?"와 "죄가 언제 시작되었는가?"라는 질문들에 대해 답변하려고 하는 네 가지 일반적인 시나리오 유형들을 보았다: (1) 인간의 대표로 행동하는 특정한 역사적 인물들로서의 아담과 하와, (2) 특정한 역사적 인물들로서의 아담과 하와. 죄는 문화 또는 가계를 통해 퍼졌다. (3) 오랜 기간에 걸쳐 특별계시를 받은

31 과학의 발달에서 재미있는 유비가 있다. 아기들이 세상과 조우할 때 그들의 두뇌는 생애 처음 몇 달 안에 자연 세상이 어떻게 작동하는가—예컨대 지지되지 않는 물체는 떨어진다거나 어떤 물체가 움직임을 변화시키려면 다른 물체와 접촉해야 한다—에 관한 특정한 천진한 믿음들을 개발하도록 프로그램이 짜인 것처럼 보인다. 특정한 나이가 지난 아기들이 이런 믿음을 위반하는 것처럼 보이는 상황에 접하면 그들은 명백히 놀라고 주의를 기울이는 반응을 보인다. 공식적인 물리학의 관점에서 보면 이런 순진한 믿음들은 옳지 않다. 대학 1학년 물리학 과정의 중요한 목표 하나는 학생들에게 올바른 운동 법칙을 배울 수 있게끔 운동 물리학에 관한 그들의 천진한 믿음을 버리도록 도움을 주는 것이다. 그러나 학생들이 이미 그들의 천진한 믿음으로부터 형성된 역량을 가지고 있지 않다면 올바른 법칙들을 배우기는 불가능할 것이다. 따라서 과학과 종교 모두에 있어서, 하나님이 진화 과정을 사용해서 자연과 초자연에 관한 참된 믿음을 유지할 수 있는 정신적 성향과 역량을 지닌 인간을 창조한 것처럼 보인다. 이 성향들은 처음에는 우리에게 천진하고 그릇된 믿음들을 신속하게 개발하도록 촉진할 수도 있다. 그러나 그런 역량들은 세심한 지도, 심사숙고, 그리고 계시와의 조우를 통해 참된 믿음이 형성되기 위해서 필요한 요소들이다.

많은 개인을 일컫는 고도로 압축된 역사로서의 아담과 하와, (4) 모두 책임을 질 준비가 되어 있었고 죄를 선택한, 오랜 기간에 걸친 많은 개인을 일컫는 상징적인 인물들로서 아담과 하와.

네 시나리오 모두 이 장에 요약된 과학적 데이터와 쉽게 양립할 수 있다. 네 시나리오 모두 2장에서 논의된 종류의 신적 행동을 쉽게 긍정할 수 있다. 이 시나리오들에 대한 찬반을 구분하는 것은 이 책의 나머지에서 논의되는 신학적 고려에 의존할 것이다.

5장

영혼, 하나님의 형상, 그리고 특별한 신적 행동

과학은 우리에게 인간의 몸과 유전자의 진화에 관해 많은 것을 알려줄 수 있다. 과학은 심지어 인간의 지능, 언어 능력, 동정심, 도덕적 성향, 그리고 종교적 성향의 진화에 관해서도 어떤 것들을 알려줄 수 있다.

영혼에 관해서는 어떤가? "하나님의 형상"으로 창조된 인간에 관해서는 어떤가? 신적 특별계시에 관해서는 어떤가? 하나님이 역사의 어느 시점에 살아 있는 인간 중 일부 또는 전부를 기적적으로 변화시켰을 수도 있는가? 우리는 신학에서 이 질문들에 대해 살펴본다. 과학이 유용한 몇몇 정보를 제공하지만, 우리는 이 책의 나머지 부분에서 주로 성서학자들과 신학자들의 글에 의존한다.

어느 시점에 하나님이 우리 조상들에게 특별계시를 주기 시작했다

하나님은 인간을 우리의 행동이 어떻게 남을 돕거나 해치는지 이해할 수 있는 자연적인 능력—이성, 동정심, 양심을 포함한다—을 지닌 존재로 창조했다. 그리고 하나님은 우리를 신앙을 지향하는 성향을 지닌 존재로 창조했다. 이것들은 모든 인간에 대한 "일반계시"의 일부다. 그러나 우리는 이것들을 통해서는 거기까지만 할 수 있다. 우리에게는 하나님의 "특별계시"—하나님과 하나님의 특별한 활동을 통한 영적인 사안들에 관한 지식—도 필요하다. 하나님은 들을 수 있는 말, 볼 수 있는 표시, 환상, 영감을 받은 인간들의 말과 행동, 그리고 성령의 내적 증언 등 많은 방식으로 소통할 수 있다.

우리는 하나님이 정확히 언제 그리고 어떻게 우리 조상들에게 최초로 특별계시를 주었는지 알지 못한다. 하나님이 충분히 오래전에 이 일을 시작했다면 그것은 하나님이 하나의 종으로서 우리의 창조를 형성한 또 다른 방식일 수도 있다. 앞 장에서 논의된 유전자-문화의 공진화를 상기하라. 한 부족 안의 한 명 이상의 개인에게 준 특별계시가 그들의 문화에 영향을 주었을 수 있다. 문화는 언어, 공동 식사, 도구 제작, 가족 구조, 양심 품기, 용서, 교수, 학습, 예술 활동, 도덕 관습, 신앙, 그리고 많은 것에 영향을 줄 수 있다. 부족의 문화가 아이들과 성인들의 행동들을 형성했고 심지어 아이들의 두뇌 발달도 형성했다. 이것은 나아가 어떤 유전자들이 다음 세대로 전달될 가능성이 좀 더 큰지에 영향을 주었을 수도 있다.

일반계시(예컨대 이성, 동정심, 양심, 그리고 신앙을 지향하는 성향)에만 의존할 경우 우리는 다신론을 지향해서 세상이 많은 신과 자연의 영들에 의해 통제되고, 그들은 제의를 통해 조종되거나 달래져야 한다고 믿는 경향이 있을 것이다. 특별계시를 통해서 우리는 만물을 다스리며 우리가 하나님을 사랑하고 서로 사랑하는 것을 최우선 관심사로 삼는 한 분의 창조주 하나님이 있음을 배운다. 일반계시에만 의존하면 우리는 이웃을 사랑하고 원수를 미워하는 것으로 충분하다고 생각할지도 모른다. 특별계시를 통해 우리는 하나님이 우리가 원수를 사랑하기를 기대한다는 것을 배운다. 일반계시에만 의존한다면 우리는 우리가 단순히 이 생애에서 악보다 선을 더 많이 행하면 하나님이 우리에게 보상하리라고 생각할지도 모른다. 특별계시를 통해서 우리 편에서의 어떤 악도 우리를 하나님의 존전에서 적합하지 않게 만든다는 것과 우리 중 누구도 자신의 노력에 의해서는 충분히 의롭지 않다는 것을 배운다.

어느 시점에 하나님이 우리 조상들에게 그들이 하나님과 어떻게 관련을 맺어야 하고 서로와 어떻게 관련을 맺어야 하는지에 관해 특별히 계시하기 시작했다. 우리 조상들은 하나님이 준 자유를 사용해서 순종하거나 불순종할 수 있었다. 특별계시는 인간의 반역에 대해 매우 중요한 잠재력을 지니므로 서론의 끝부분에 묘사된, 원죄 교리와 인간의 진화를 조화시키기 위한 네 가지 유형의 일반적인 시나리오들을 복습할 가치가 있다.

1. 인간의 대표로 행동하는 특정한 역사적 인물들로서의 아담과 하와.
2. 특정한 역사적 인물들로서의 아담과 하와. 죄는 문화 또는 가계를 통해 퍼졌다.
3. 오랜 기간에 걸쳐 특별계시를 받은 많은 개인을 일컫는 고도로 압축된 역사로서의 아담과 하와.
4. 모두 책임을 질 준비가 되어 있었고 죄를 선택한, 오랜 기간에 걸친 많은 개인을 일컫는 상징적인 인물들로서 아담과 하와.

언제 특별계시가 시작되었는가? 처음 두 시나리오에서는 하나님의 최초의 특별계시가 아담과 하와에게 주어졌을 수 있다. 또는 하나님이 유전자-문화의 공진화를 특정한 방향으로 이끌기 위해 아담과 하와 전의 우리 조상들에게 특별계시를 주었을 수도 있다. 그러나 아담과 하와에게 주어진 특별계시가 그것에 죄의 가능성을 내포한 특별계시의 첫 번째 사례였다. 세 번째와 네 번째 시나리오에서는 특별계시가 역사의 훨씬 이전, 우리 조상 중 아무라도 그것을 받을 준비가 되어 있었을 때 발생했을 수도 있다.

몸, 정신, 그리고 영혼에 관한 몇 가지 철학 이론

과학은 우리 조상들의 신체의 진화에 관한 많은 것과 그들의 행동에 관한 어떤 것들을 알려 줄 수 있다. 그러나 과학이 우리에게 그들의 영혼의 상태(지위)에 관해 말해줄 수는 없다. 이 점에 관해서는 신학과 철학으로부터의 통찰력이 필요하다. 인간은 수 세기 동안 종교적 맥락과 비종교적 맥락 모두에서 신체, 정신, 그리고 영혼 사이의 관계에 관해 이론을 세워왔다.

"실체 이원론"(substance dualism)"은 인간의 역사를 통틀어 보편적인 믿음이었는데, 플라톤(기원전 약 427-347)과 데카르트(1590-1650)가 이 이론을 가르친 것으로 유명하다. 이 견해에 따르면 우리의 물리적인 몸과 비물리적인 영혼은 근본적으로 다른 두 실체로 만들어졌고, 그것들이 살아 있는 사람 안에서 결합한다. 영혼이 없는 몸은 죽은 것이다. 영혼은 몸이 없어도 존재한다. 고대 때에는 종종 영혼이 이성, 지능, 기억, 의사 결정, 그리고 양심 등 모든 정신적 능력에 책임이 있다고 생각되었다. 영혼과 정신 사이에 좀처럼 구분이 이뤄지지 않았다. 실체 이원론의 현대판들은 이 능력들에서 두뇌의 역할을 인정하지만, 두뇌가 이 기능들을 적절하게 수행하려면 영혼이 필요하고, 특히 의식을 위해서는 영혼이 필요하다고 주장한다.

아리스토텔레스(기원전 384-322)는 질료와 형상의 형이상학을 사용해서 몸과 영혼 사이의 "질료와 형상 이원론" 가설을 세웠다. 몸은 질료이고 영혼은 질료가 아니지만, 몸과 영혼이 다른 두 개의 실체들로 생각되어서는 안 된다. 질료는 하나의 성분이다. 영혼은 몸을 조직하고 힘을 주어서 몸에게 본질적인 인간의 특징을 부여한다. 몸은 질료로 만들어진다. 영혼은 몸의 "형상", 즉 몸의 기능과 조직화다. 아리스토텔레스는 도끼의 유비를 사용했다. 도끼는 금속과 나무로 만들어진다. 도끼의 목적은 나무를 쳐서 자르는 것이다. 나무를 찍어서 자를 수 있는 능력이 그것을 도끼로 만든다. 도끼가 나무를 찍어서 자를 수 있는 능력은 그것이 만들어진 질료로부터 분리될 수 없다. 자를 수 있는 능력을 상실하면 그것은 더 이상 도끼가 아니고, 금속과 나무로 만들어진 뭔가에 지나지 않는다. 마찬가지로 인간의 영혼은 몸으로부터 분리될 수 없다. 영혼은, 어떤 의미에서, 그 사람이 다양한 일을 할 수 있는 모든 능력의 총계다. 아리스토텔레스는 살아 있는 모든 것이 영혼을 지니고 있다고 생각했다. 식물들은 "영양적" 영혼을 보유한다. 이 영혼은 자가 영양, 성장, 쇠퇴, 재생산을 할 수 있다. 동물들은 "영양적" 영혼과 "감각적" 영혼을 보유하는데, 후자는 인식과 운동도 할 수 있다. 인간은 "영양적", "감각적", "이성적" 영혼을 보유하는데, 이성적 영혼은 생각과 추론도 할 수 있다.

비종교적인 논의에서 "정신"과 "영혼"이라는 용어가 항상 구분되지는 않는다. 고대 그리스 철학자들과 그들의 추종자들은 "영혼"이라는 용어를 사용하는 경향이 있었다. 그들은 그 용어를 (실체 이원론에서) 영혼에 정신적 기능을 할 수 있는 능력이 있다는 가설이나 (질료와 형상 이원론에서) 영혼이 몸에 정신적 기능을 할 능력을 주는 것이라는 가설과 결합했다. 비종교적인 논의에서 현대 학자들은 종종 "영혼"이라는 용어보다 "정신"이라는 용어를 사용하기를 선호하는데, 이는 부분적으로는 몸과 정신이 서로 어떤 관계일 수 있는가에 관한 그들의 논의가 죽음 뒤에 무슨 일이 일어나는가에 관한 질문에 대해 중립을 유지할 수 있기 때문이다.

오랜 세월 동안 다양한 종교의 철학자들 역시 정신-몸(또는 영혼-몸) "일원론" 이형들을 제안해왔다. 일원론은 우리의 몸—특히 우리의 뇌의 기능을 수행한다—이 우리의 모든 정신적 능력을 생기게 한다는 가설을 세운다. 현대판 일원론에서는 흔히 (비록 단순화되기는 했지만) "정신은 뇌가 하는 일이다"라고 말한다. 신경과학은 우리의 두뇌가 어떻게 작동하는지 배우고 있다. 과학자들은 우리가 보고 들을 때, 기억을 저장하고 검색할 때, 감정을 경험할 때, 의사 결정을 할 때 우리의 뇌에서 일어나는 신경 활동을 발견하고 있다. 신경과학은 심지어 의식적인 경험에 관련된 신경 활동에 관해서도 몇 가지를 발견하고 있다.[1] 이로 인해 현대에는

1 물질적인 뇌가 비물질적인, 의식이 있는 경험(experience of consciousness)을 발생시킬 수 있는 능력은 때때로 "어려운 문제"로 불린다. 철학자 David Chalmers가 종종 이 용어를 대중화시킨 공로를 인정받는다. David Chalmers, "Facing Up to the Problem of Consciousness," *Journal of Consciousness Studies* 2, no. 3 (1995): 200-19을 보라. 이 문제를 풀기가 명백히 어렵기 때문에 몇몇 학자들은 일원론보다 이원론을 선호한다. 그러나 다른 학자들, 특히 뇌의 작동 방식에 관한 이해 분야에서의 지속적인 진전에 깊은 인상을 받은 많은 과학자는 일원론을 선호한다.

일원론에 대한 관심이 좀 더 커졌다. 일원론이 옳다면 뭔가 특별한 것이 우리의 뇌에 이런 능력을 준다는 가설을 세울 필요가 없다.

기독교 신학, 신적 행동, 그리고 영혼에 관한 이론들

우리 그리스도인들이 "영혼"에 관해 말할 때 우리는 대개 우리의 정신적 측면—우리의 성격과 기억, 우리가 의식하고 느끼고 생각할 수 있는 능력—을 포함한다. 그러나 우리는 그것 이상을 의미한다. 우리는 또한 우리의 영적 자아—하나님을 알고, 사랑하고, 예배하고, 하나님께 순종이나 불순종의 반응을 할 능력—도 의미한다.[2]

성경은 인간 존재의 최종 상태가 몸에서 분리되어 하늘에 있는 영혼이라고 가르치지 않는다. 성경은 **몸의 부활**과 새 하늘과 새 땅의 창조를 가르친다.[3] 그러므로 영혼에 관한 몇 가지 이론들이 기독교 신학과 양

---

2 몇몇 기독교 전통은 몸/정신/영혼 또는 몸/혼/영이라는 "세 부분으로 이루어진 존재"로서의 인간에 관해 말한다. 두 번째 부분은 비물질적이지만 우리의 "자연적인" 측면으로서 우리의 성격, 의지, 그리고 의식을 포함한다. 세 번째 부분은 우리의 영적인 측면으로서 그것을 통해 우리가 하나님을 예배하고 하나님과 연결되는 수단이다. 이런 사고방식에 어느 정도 신학적 가치가 있다. 그러나 이 책에서 나는 광범위한 기독교 전통의 다수 의견을 따라 "영혼"이라는 용어를 정신적 부분과 영적 부분 모두를 포함하는 우리의 비물질적인 측면 모두를 가리키는 것으로 사용할 것이다.

3 많은 신약성서 구절이 부활을 가르친다. 몇몇 구절만이 때때로 "중간 상태"로 불리는, 우리가 죽은 뒤 부활하기 전 우리의 존재 상태에 관해 말한다. 신학자들이 중간 상태에 관해 많은 이론을 제시하지만 그런 이론들은 이 책의 필요를 넘어선다. 우리의 목적상으로는 다음과 같이 말하는 것으로 충분하다: 현재 지구상에서의 우리의 존재는 하나님의 뜻과 지속적인, 유지하는 힘에 의존한다. 새 창조에서 부활한 사람으로서의 우리의 존재 역시 하나님의 뜻과 지속적인, 유지하는 힘에 의존할 것이다. 혹자가 영혼의 실체 이원론, 질료와 형상 이원론, 일원론, 또는 기타 이론 중 어느 것을 선호하든 간에 중간 상태에 관해서도 마찬가지다.

립할 수 있다.

실체 이원론의 모든 이형이 기독교 신학과 양립할 수 있는 것은 아니지만,[4] 몇몇 이형은 양립할 수 있다. 초기 교회부터 현대 시기까지 많은 기독교 신학자들이 실체 이원론의 몇몇 이형을 가정했다. 대다수는 하나님이 수태 후 각각의 새로운 영혼을 특별히 창조해서 그것을 새로 발생하고 있는 몸에 연합시킨다고 가르쳤다. 오리게네스(184-254년) 같은 소수의 신학자는 영혼이 몸보다 선재한다고 추측했다. 이 견해에서 영혼들은 하나님처럼 영원한 것이 아니고 수태 전, 어쩌면 물질세계의 창조 전에 하나님에 의해 창조되어서 수태 후 몸에 연합된다. 테르툴리아누스(약 155-240)와 아우구스티누스(354-430) 같은 몇몇 신학자들은 영혼 전이설을 주장했다. 이 견해에서는 각 사람의 몸이 그들의 부모들의 몸들로부터 자연적으로 만들어지듯이 각 사람의 영혼은 그들의 부모들의 영혼들로부터 자연스럽게 만들어진다.[5] 이 모든 견해에서 죽은 사람의 영혼들은 하나님의 보존하는 힘을 통해 존재하고 부활 때 새로운 몸에 연합할 것이다.

---

4 고대 그리스와 로마 세계에서 몇몇 학자는 비물질적인 것(영혼을 포함한다)은 본질적으로 선하고 물질적인 것(몸을 포함한다)은 본질적으로 악하다고 믿었다. 하나님이 비물질적인 세계와 우리의 몸을 포함하는 물질적인 세계 모두를 창조했으므로 기독교 신학은 이 개념을 거부했다. 몇몇 고대 철학자들은 영혼이 본질적으로 영원하며 영원 전부터 선재(先在)한다고 믿었고, (플라톤 같은) 몇몇 학자는 죽은 사람의 영혼이 다른 몸 안으로 환생할 수 있다고 믿었다. 기독교 신학은 이런 아이디어들을 성경과 양립할 수 없는 것으로 거절했다.

5 영혼 전이설의 지지자들은 때때로 다음과 같이 주장한다: 모든 인간이 태어날 때부터 죄인이고 하나님이 그런 새 영혼을 특별히 창조한다면, 하나님이 사실상 죄가 있는 영혼을 창조하는 셈이다. 그러나 아이들 각각의 영혼이 부모들에 의해 자연적으로 만들어진다면 아이들은 단순히 그들의 부모가 죄 있는 아이들을 낳기 때문에 태어날 때부터 죄인이다.

질료와 형상 이원론의 모든 이형이 기독교 신학과 양립하는 것은 아니지만 몇몇 이형은 양립한다. 토마스 아퀴나스(1225-74)는 아리스토텔레스의 형이상학과 기독교 신학을 종합했다. 그 이후 몇몇 신학자들은 아퀴나스판 질료와 형상 이원론을 사용해서 몸과 영혼 사이의 관계를 설명하기를 선호했다. 질료와 형상 이원론에서는 영혼이 실체 이원론에서보다 몸에 좀 더 의존하지만, 죽음 후에 영혼은 여전히 하나님의 유지하는 힘을 통해 존재하고 부활 때 새 몸과 연합할 것이다.

일원론의 모든 이형이 기독교 신학과 양립할 수 있는 것은 아니지만[6] 몇몇 이형은 양립할 수 있다. 점점 많은 그리스도인 학자들이 최근 몇십 년 동안 일원론의 이형들과 기독교 신학을 종합하는 방법에 관한 책들과 논문들을 썼다.[7] 우리의 몸, 특히 우리의 뇌의 기능 수행이 우리가 다른 인간들 및 하나님과 인격적인 관계를 맺을 수 있는 역량을 포함하는 우리의 정신적 능력을 생기게 한다. 그러나 우리의 영적인 생명은 하나님이 초자연적으로 우리와 관계를 맺고, 우리에게 자신을 계시하고, 우리에게 약속하는 데 의존하기도 한다. 우리의 정신적, 사회적, 그리고

---

6 일원론자인 몇몇 무신론자들은 단순히 "영혼은 존재하지 않는다"고 말한다. 다른 학자들은 "몸이 죽으면 뇌가 죽는다. 뇌가 죽으면 정신은 영원히 존재하기를 그친다"는 식으로 영혼이 없다는 말과 기능적으로 동등한 말을 한다. 기독교 일원론자들은 이런 식의 무신론적 일원론 이형을 거절한다.

7 예컨대 다음 문헌들을 보라. Nancey Murphy, *Bodies and Souls, or Spirited Bodies?*, Current Issues in Theology 3 (New York: Cambridge University Press, 2006); Kevin J. Corcoran, *Rethinking Human Nature: A Christian Materialist Alternative to the Soul* (Grand Rapids: Baker Academic, 2006); Warren S. Brown, Nancey C. Murphy, and H. Newton Malony, eds., *Whatever Happened to the Soul? Scientific and Theological Portraits of Human Nature* (Minneapolis: Fortress, 1997); 그리고 Joel B. Green, *Body, Soul, and Human Life*, Studies in Theological Interpretation: The Nature of Humanity in the Bible (Grand Rapids: Baker Academic, 2008).

관계상의 능력들은 몸과 뇌가 마땅히 기능을 발휘해야 하는 대로 기능하는 것의 "자연적인" 결과일 수도 있지만, 우리와 하나님 사이의 인격적인 관계(그리고 죽음 후의 생명에 대한 소망) 역시 하나님으로부터의 "초자연적인" 행동에 의존한다. 우리의 정신적 역량과 영적 역량은 몸에 크게 의존하기 때문에 사후에 몸에서 분리된 영혼은 하나님의 기적적인 유지 활동을 통해서만 존재할 수 있다.[8] 부활 때 우리는 새 창조에 적절하게 어울리는 새로운 몸을 입을 것이다.

동물들에게 영혼이 있는지에 관한 신학적 의견은 갈린다. 실체 이원론의 몇몇 이형은 인간에게만 영혼이 있다고 주장한다. 실체 이원론의 다른 이형들과 질료와 형상 이원론은 동물들에게도 그것들의 정신적 역량을 가능케 하는 영혼이 있지만, 동물의 영혼은 인간의 영혼과 다르다고 주장한다. 일원론은 동물의 몸과 뇌가 동물의 정신적 역량을 생기게 하고 이런 정신적 역량은 동물의 몸의 죽음과 함께 끝난다고 주장한다. 성경은 동물들이 하나님과 죽음 후에도 존속될 수 있는 관계를 맺는지, 그리고 어떤 특정한 동물들이 새로운 창조에서 부활할 것인지에 관해 거의 아무것도 알려주지 않는다.

영혼에 관한 세 가지 이론 모두에서, 신적 행동의 정확한 유형은 다르지만, 인간이 영혼을 갖기 위해서는 모종의 특별한 신적 행동이 필요하다. 일원론자들은 하나님이 진화 과정을 통해 인간의 정신적 능력을 창조했을 수도 있지만, 하나님이 인간에게 자신을 계시하고 인간과의

8 일원론자인 그리스도인 사이에 몸에서 분리된 영혼이 하나님에 의해 모종의 의식이 있는 중간 상태로 유지되는지 또는 의식이 없는 상태로 "잠을 자면서" 하나님의 존재 안에서 부활 때까지 보존되는지에 관해 합의가 이루어지지 않았다.

관계를 맺기 위해서는 하나님의 특별한 활동이 필요했다고 말할 것이다. 실체 이원론 지지자들과 질료와 형상 이원론의 대다수 이형 지지자들은 하나님이 최초 인간의 영혼들을 창조하기 위해 모종의 기적을 행했다고 말할 것이다. 영혼 전이설을 선호하는 사람들은 하나님이 최초 인간의 영혼들을 창조했고 그 후 모든 영혼은 부모들을 통해 자연적으로 만들어진다고 말하겠지만, 이원론의 대다수 이형 신봉자들은 하나님이 모든 영혼을 기적적으로 창조한다고 말할 것이다. 인간의 진화에 대한 과학의 증거에 비추어서, 동물들이 영혼을 갖고 있다고 믿는 현대의 이원론자들은 하나님이 최초 인간의 영혼들을 기적적으로 새롭게 창조한 것이 아니라 최초의 진정한 인간들의 영혼을 기적적으로 변화시켰고, 우리의 독특한 정신적·영적 능력을 위해 이 기적적인 변화가 필요했다고 믿을 수도 있을 것이다.

우리 조상들이 언제 최초로 영혼을 지녔는가?

"우리 조상들이 언제 최초로 영혼을 지녔는가?"라는 질문에 몇 가지 가능한 답변이 있다. 영혼에 관한 모든 이론에서 우리의 정신적 측면—우리의 성격과 기억, 우리가 의식하고, 느끼고, 생각할 수 있는 능력—이 우리의 "영혼"이 의미하는 바의 일부다. 하나님은 진화의 오랜 역사 동안 자연과정을 유지하고 그것에 동의함으로써 우리 조상들 안에 그런 능력들을 개발했다. 그 과정에서 하나님이 모종의 기적적인 변화 행동을 실행해서 우리 조상들의 정신적·사회적 능력을 증가시켰을 수도 있다(신학이 이를 요구하는 것은 아니지만, 과학적 데이터가 이를 배제하는 것도 아니다). 그러나 우리의 정신적·사회적 능력의 발달이 그것 자체로는 "영혼 부여"(ensoulment)로 불리기에 충분치 않다.

"영혼 부여"라는 단어를 통해 우리는 우리의 영적 자아—하나님을 알고, 사랑하고, 예배하고 하나님께 반응하는 능력—도 의미한다. 영혼에 관한 모든 이론에서 이런 능력들은 하나님이 초자연적으로 우리와 관계를 맺고, 우리에게 자신을 계시하고, 우리에게 약속하는 데 의존한다. 일원론에서는 하나님이 우리 조상들 사이에서 최초로 이런 일을 하기 시작했을 때가 그들에게 최초로 "영혼이 부여된" 때다. 이원론에서는 하나님이 우리 조상들 사이에서 최초로 이런 일을 하기 시작했을 때 그 행동의 일부로서 하나님이 기적적으로 최초 인간의 영혼들을 창조해서 그들의 몸들과 연합시키기도 했다.

하나님이 우리 조상들 전체 집단에게 동시에 영혼을 부여했는가 아니면 일부에게만 부여했는가? 그 질문은 이 장의 뒷부분과 9장에서 여러 답에 대한 신학적 찬반 견해와 더불어 논의된다.

"하나님의 형상"에 관한 다양한 신학 이론

성경은 창세기 1장에서 "하나님의 형상" 개념을 소개한다.

> 하나님이 이르시되 "우리의 형상을 따라 우리의 모양대로 우리가 사람을 만들고 그들로 바다의 물고기와 하늘의 새와 가축과 온 땅과 땅에 기는 모든 것을 다스리게 하자" 하시고

하나님이 자기 형상 곧 하나님의 형상대로
　사람을 창조하시되
　남자와 여자를 창조하시고

하나님이 그들에게 복을 주시며 하나님이 그들에게 이르시되 "생육하고 번성하여 땅에 충만하라, 땅을 정복하라, 바다의 물고기와 하늘의 새와 땅에 움직이는 모든 생물을 다스리라" 하시니라(창 1:26-28)

원래의 청중이 이런 말을 들었을 때 그들은 아마도 저자가 "하나님의 형상"이라는 어구를 통해서 무엇을 의미했는지 상당히 잘 이해했을 것이다. 수백 년이 지나면서 문화들과 언어들이 변했다. 이미 기독교 교회의 처음 몇 세기에, 그리스의 언어와 개념들에 지배되던 문화에서 그 어구가 무엇을 의미하는지에 관해 다소 의견의 불일치가 있었다. 그리스 철학은 흔히 몸과 영혼이 다른 기능을 가진다는 몸-영혼의 이원론을 가정했다. 이것은 데이비드 J. A. 클라인즈가 설명하는 바와 같이 구약성서의 사고방식이 아니다.

구약성서에 따르면 인간은 정신과 신체의 통일체다. 따라서 하나님의 형상은 육체적으로 살아 있는 인간이다. 그 형상의 의미에서 몸이 빠질 수 없다. 즉 인간은 전체적인 존재이고 인간의 "단단한 살"은 인간의 영적 역량, 창의성 또는 성격만큼이나 하나님의 형상인데, 이는 인간의 소위 "좀 더 고상한" 이런 측면 중 아무것도 몸과 별도로 존재할 수 없기 때문이다. 몸은 단순히 영이 거주하는 장소가 아니고 영혼의 감옥도 아니다. 인간은 몸을 지닌 존재이고 몸이 없는 인간은 인간이 아니라는 점에서 몸은 하나님의 형상이다. 인간은 하나님의 형상이기 때문이다. 인간은 볼 수 없는 하나님의, 살과 피가 있는 형상이다.[9]

그러나 초기 기독교 신학자들은 종종 몸과 영혼에 관한 그리스 철학의 개념들을 사용해서 신학적 추론을 했다. 아리스토텔레스의 가르침도 영향력이 있었지만 많은 신학자가 플라톤의 실체 이원론 같은 실체 이원론의 한 이형을 가정했다. 스탠리 그렌츠는 이 영향을 다음과 같이 요약한다.

인간을 "합리적 동물"로 보는 고대의 유명한 정의가 이성을 통해 구성된 기독교의 **하나님의 형상**(*imago dei*) 개념에 대한 배경을 제공하는 데 매우 중요한 역할을 했다. 이 정의는 사물들을 가장 가까운 속과 특정한 차이들(*genus proximum et differentiam*)에 따라 분류하는 아리스토텔레스의 정의 구조를 따르며, 그 구조에 따라 인간을 "동물" 계를 공유하는 생물들과 구분하는 인간의 특성 측면들을 묘사한다. 이 접근법은 매우 큰 영향력이 있어서 동방과 서방의 교부들 모두 인간이 합리적인 동물이라는 것을 당연하게 생각했다.[10]

9 David J. A. Clines, "Image of God in Man," *Tyndale Bulletin* 19 (1968): 86-87, https://archive.org/stream/pdfy-SLVx2c60Fa59pgFJ/The%20Image%20Of %20God%20In%20Man_djvu.txt.

10 Stanley J. Grenz, *The Social God and the Relational Self: A Trinitarian Theology of the Imago Dei* (Louisville: Westminster John Knox, 2001), 143-44.

대다수 학자가 비록 전인(영혼과 몸의 연합체)이 이생에서 하나님을 반영하지만, 하나님의 형상이 주로 영혼에 있다고 단언했다. 그들에 따르면 영혼의 능력 중 주로 이성과 의지가 우리로 하여금 하나님을 반영할 수 있게 해주는 요소다.

하나님의 형상은 이처럼 우리를 동물과 구분시키는 인간의 능력들과 동일시되었다. 일반적으로 인용되는 인간의 능력은 다음과 같다: (1) 정신적 능력, (2) 도적적 특질, 그리고 (3) 하나님의 성결을 반영하는 영적 성결의 능력. 처음 두 가지는 종종 인간의 자연적인 능력으로 생각된 반면 세 번째 능력은 하나님으로부터의 초자연적인 은사를 필요로 했던 원의(원래의 의로운 상태, original righteousness)를 가리켰다.

이레나이우스, 테르툴리아누스, 그리고 다른 몇몇 학자들은 하나님의 "형상"(image)과 "모양"(likeness)을 구분했다. 타사 와일리는 이 점을 다음과 같이 묘사한다: "이레나이우스는 창세기 1:26에서 발견되는 두 용어인 '하나님의 형상'과 '하나님의 모양'을 구분했다. 그는 **하나님의 형상**이 인간의 합리적인 도덕적 본성, 즉 이성과 자유를 가리키는 것으로 생각했다. 아담이 그의 죄로 말미암아 하나님의 형상을 상실하지는 않았다. **하나님의 모양**은 하나님에 대한 아담의 영적 유사성을 가리켰다. 이레나이우스는 아담이 그의 죄로 말미암아 바로 이 영적 유사성을 상실했다고 주장했다."[11]

하지만 대다수 초기 신학자들은 "형상"과 "모양"을 하나의 개념으

11 Tatha Wiley, *Original Sin: Origins, Developments, Contemporary Meanings* (New York: Paulist Press, 2002), 40.

로 결합했다. 몇몇 학자는 하나님의 형상이 특별히 우리를 동물들로부터 분리하는 창조물의 능력과 관련이 있다고 생각했다. 다른 학자들은 하나님의 형상이 원의를 포함한다고 생각했다. 클린스는 몇몇 예를 제시한다: "암브로시우스에게는 영혼이 형상이었다. 아타나시오스에게는 로고스 교리에 비추어 합리성이 형상이었다. 아우구스티누스에게는 삼위일체 교리의 영향하에 하나님의 형상이 영혼의 삼위일체적인 능력인 기억, 이해, 사랑으로 여겨졌다."[12] 마르틴 루터는 이전의 대다수 신학자와 달리 하나님의 형상이 원의만을 가리키고 원의의 상실이 그 형상의 상실이었다고 생각했다. 그러나 장 칼뱅은 이전의 대다수 신학자와 마찬가지로 하나님의 형상이 동물들의 능력들을 넘어서는 인간의 능력들(이런 능력들은 타락 때 손상되었지만 상실되지 않았다)과 원의 상태(타락 때 상실되었다) 모두를 가리킨다고 생각했다. 칼뱅은 다음과 같이 썼다.

> 그러므로 영혼이 인간인 것은 아니지만 인간이 영혼과 관련해서 하나님의 형상으로 불린다고 주장하더라도 불합리하지 않다. 비록 나는 내가 최근에 하나님의 형상은 동물의 다른 모든 종의 본성을 뛰어넘는 인간의 본성에 놓인 모든 것에 확장된다고 주장한 원칙을 유지하지만 말이다. 따라서 이 용어는 아담의 지성이 명확했고, 그의 애정이 이성에 복종했고, 그가 자신의 모든 뛰어남을 그의 창조자의 경탄할만한 선물로 돌렸을 때 그에게 부여된 무결성을 나타낸다. 그리고 신의 형상의 주된 좌석은 정신과 마음에 또는 영혼과 영혼의 힘에 있었지만, 어느 정도 영광의 광선이 비추지 않은 몸의

12 Clines, "Image of God in Man," 54-55.

부분은 없었다.[13]

최근 수 세기 동안 몇몇 신학자들은 하나님의 형상이 인간의 능력을 가리키는 것이 아니라 하나님이 우리와 맺는 관계와 하나님께 대한 우리의 반응을 가리킨다고 주장해왔다. 클라인즈는 하나님의 형상에 관한 칼 바르트의 주장을 다음과 같이 요약한다: "하나님의 형상 담지자인 인간은 하나님 자신의 파트너로서 하나님과 상대할 수 있고 하나님과 가까운 관계를 맺을 수 있다. 인간은 하나님이 '그대'로서 대하는 존재이고 '나'로서 하나님께 대답할 수 있는 존재다. 따라서 하나님의 형상은 인간과 하나님 사이에 '그대-나'의 관계를 묘사한다."[14]

그렌츠는 『사회적 하나님과 관계적 자아』(*The Social God and the Relational Self*)에서 몇몇 신학자의 사상을 다음과 같이 요약한다: "하나님의 형상에 대한 관계적 이해는 명사에서 동사로 초점을 옮긴다. 이 접근법은 창조주와 창조물 사이에 관계가 있음을 전제하며 하나님의 형상을 그 관계의 결과로 일어나는 것으로 본다. 즉 창조물이 창조주를 반영한다."[15]

좀 더 최근에 고대 근동 학자들이 왕 또는 신의 "형상"이 이 문화들에서 특별한 의미들을 지녔음을 발견했다. 왕들은 때때로 자기가 그곳의 통치자임을 과시하기 위해 정복지에 자신의 조각상을 두었다. 이 왕

---

13 John Calvin, *Institutes of the Christian Religion* 1.15.3 (Beveridge trans.), https://www.ccel.org/ccel/calvin/institutes.

14 Clines, "Image of God in Man," 60.

15 Grenz, *Social God*, 162.

들의 형상들은 자기들의 물리적 부재에도 불구하고 그곳의 통치자로서 그 땅과 자신의 연결을 함축하는 것을 의미했다.

이스라엘 주위의 몇몇 문화에서 왕은(그리고 오직 왕만이) 신의 형상으로 불렸는데, 이는 왕이 신의 임명으로 말미암아 다스린다는 것과 신이 왕을 통해 다스린다는 것을 가리켰다. 창세기 1장은 (왕들만이 아니라) 모든 인간이 하나님의 형상으로 창조되었다고 선언함으로써 이 문화적 그림을 중대하게 변화시키지만, 하나님의 통치가 그의 형상 담지자를 통해 행사되고 있다는 개념을 유지한다.

최근 수십 년의 고대 근동에 관한 새로운 연구로 말미암아 많은 성서학자들이 세상에 대한 하나님의 통치가 인간을 통해 행사된다는 이 개념이 창세기에 등장하는 하나님의 형상을 그 어구의 원래의 문화적-역사적 맥락에서 이해하는 데 핵심적이라고 생각하게 되었다.[16] 리처드 미들턴은 다음과 같이 요약한다.

> 현재 구약성서 학자들 사이에 창세기에 등장하는 하나님의 형상 개념에 관해 사실상 의견일치가 이루어지고 있다. 이러한 사실상의 의견일치는 우선 하나의 텍스트 단위로서 창세기 1:1-2:3에 대한 세심한 문헌 분석과 수

---

16 예컨대 다음 문헌들을 보라. J. Richard Middleton, *The Liberating Image: The Imago Dei in Genesis* (Grand Rapids: Brazos, 2005); Catherine L. McDowell, *The Image of God in the Garden of Eden: The Creation of Humankind in Genesis 2:5-3:24 in Light of the Mīs Pî Pīt Pî and Wpt-r Rituals of Mesopotamia and Ancient Egypt* (Winona Lake, IN: Eisenbrauns, 2015); Ryan S. Peterson, *The Imago Dei as Human Identity: A Theological Interpretation* (Winona Lake, IN: Eisenbrauns, 2016); John F. Kilner, *Dignity and Destiny: Humanity in the Image of God* (Grand Rapids: Eerdmans, 2015); 그리고 Marc Cortez, *Theological Anthropology: A Guide for the Perplexed* (New York: Bloomsbury, 2010).

사 분석에 기초한다. 그런 분석은 그 텍스트의 현저한 "제왕적" 풍미를 주목하며, 그 형상이 26절과 28절의 땅과 그 안의 생물을 다스리고 정복하라는 위임(이는 전형적인 제왕의 기능이다)과 밀접하게 연결된 데만 의존하지 않는다. 이 제왕적 위임을 넘어서, 인간을 자신의 형상과 모양대로 창조한 하나님은 우주의 주권자로서 제왕적 선언을 통해 다스리는 것으로 묘사된다.…이런 점들과 다른 수사적 단서들이 이스라엘과 고대 근동의 풍부한 비교 연구와 함께 고려되어 하나님의 형상을 **제왕의 기능 또는 이 세상에서 하나님의 대표자와 대리인으로서 지구의 자원과 생물들에 대한 하나님의 통치를 공유할 힘이 부여된 인간의 직무**로 보기에 이르렀다.[17]

하나님의 형상, 진화, 신적 행동, 그리고 아담과 하와

요약하자면 하나님의 형상이 무엇인지에 관해 네 가지 보편적인 신학 이론이 있다.

1. 우리의 정신적, 사회적, 그리고 도덕적 능력. 특히 인간을 동물과 구분시키는 능력.
2. 타락 전 원의 상태.
3. 하나님과 인간 사이의 인격적인 관계.

17 J. Richard Middleton, "The Liberating Image? Interpreting the *Imago Dei* in Context," *Christian Scholars Review* 24, no. 1 (1994): 11-12.

4. 창조세계의 나머지에 대해 하나님의 대표자와 청지기가 되라고 우리에게 부여된 위임.

이 이론들은 배타적이지 않다. 예컨대 인간 전체로서 우리가 하나님과 인격적인 관계를 맺을 수 있는 능력(3)과 하나님의 대표자와 청지기가 되라고 우리에게 부여된 위임(4)은 하나님이 애초에 우리에게 특정한 정신적, 사회적, 도덕적 역량(1)을 준 데 의존한다. 하나님이 인간 전체에게 정신적, 사회적, 도덕적 역량을 주어서 인간 전체에게 창조세계에 대한 하나님의 청지기가 될 수 있게 한다. 하나님은 또한 각각의 개인과 인격적인 관계를 맺는다. 그러므로 각각의 개인은 기능적인 장애나 정신이상에도 불구하고 하나님의 형상 담지자다.

하나님이 단순히 자연의 진화 과정에 대한 그의 통치를 통해 인간에게 정신적, 사회적, 도덕적 역량을 주었을 수도 있다. 앞 장에서 언급된 바와 같이 하나님은 특별계시의 행동으로 이 자연적인 과정들을 확대했고 유전자-문화의 공진화에 영향을 주어서 인간의 발달을 형성했다. 하나님이 기적적인 변화를 통해 이 과정들을 확대했을 수도 있다. 하나님이 사용한 수단이 무엇이든 간에 하나님의 형상 담지자로서 우리의 지위는 우리가 우리의 능력들을 어떻게 받았는가에 의존하는 것이 아니라, 그 능력들이 하나님의 선물이라는 사실에 의존한다.

인간 역사의 어느 시점에 하나님이 인류와 인격적인 관계를 맺었으며 그들이 하나님의 형상 담지자라고 선언했다. 하나님은 우리와 공통 조상을 공유할 수도 있는 어떤 동물 종과도 이 관계를 맺지 않고 인류와 독특하게 이 관계를 맺었다. 하나님의 형상 담지자로서의 이 측면은 하나님이 우리에게 준 특별계시에 의존한다. 하나님의 초자연적인 이 행동은 하나님이 우리에게 어떻게 정신적, 사회적, 도덕적 능력을 주었는지와 무관하다.

이 책에서 고려된, 이 세상에 죄가 들어온 데 대한 네 가지 시나리오 유형들(서론의 끝부분에 요약되었다)은 모두 하나님이 자연의 진화 과정을 다스리는 것을 포함하며, 하나님이 인간에게 특별계시를 준 것을 포함한다. 그러므로 네 가지 시나리오 유형 모두 위의 목록에 등장하는 하나님의 형상에 대한 첫 번째, 세 번째, 그리고 네 번째 이해와 쉽게 양립할 수 있다.

하나님의 형상에 관한 몇몇 이론(모든 이론은 아니다)은 아담과 하와가 한동안 원의 상태에서 살았다는 아이디어를 포함한다(이 이론들은 위의 목록 중 두 번째 이해에 속한다). 이 장의 끝부분과 9장은 이 아이디어에 대한 몇몇 찬반 의견을 논의한다.

하나님이 우리 조상들 전체 집단에 동시에 하나님의 형상을 주었는가 아니면 그 집단의 일부에게만 주었는가? 그 질문은 다음 섹션과 9장에서 논의된다.

하나님이 우리 조상의 신체적 특징을 기적적으로 변화시켰을 수도 있다

구약성서에서 하나님은 수백 년 동안 순전히 인간들과 인간의 사건들을 통해 일함으로써, 즉 하나님이 명백한 기적을 행한 기록이 없이 자기의 뜻을 이룬다. 그러나 하나님이 다수의 기적적인 표지들과 구원의 행동들을 실행했던 특별한 시기가 몇 번 있었는데, 특히 모세와 엘리야의 생애 때 그랬다. 하나님이 인간을 창조했을 때 뭔가 비슷한 일을 했으리라고 생각하는 것은 합리적이다. 하나님은 인간을 창조할 때 우리가 과학적으로 자연의 진화 메커니즘으로 묘사하는 수단을 사용해서 수백만 년에 걸쳐 자기의 뜻을 달성했다. 그러나 하나님이 그 과정의 몇몇 특별한 경우에 한 번 이상의 좀 더 기적적인 변화 행동도 실행했을 수 있는가?

과학이 몇몇 유용한 데이터를 제공할 수 있지만 그 질문은 주로 신학적 분석을 요구한다. 그리스도인들은 다양한 기적적인 행동들을 제안해왔다.

1. **생물학적·신경학적 변형**. 어느 특정한 시기에 하나님이 우리 조상 중 일부 또는 전부를 기적적으로 변형시켜서 그들이 생물학적으로 그리고 특히 신경학적으로 새로운 정신적·영적 역량을 지니도록 변화시켰을 수도 있다. 그들이 **신학적** 의미에서는 최초의 진정한 인간인 하나님의 형상 담지자였다.[18]
2. **유전적 변형**. 하나님이 특정한 세대부터 몇몇 또는 모든 개인이 수태될 때 그들의 게놈을 변화시켜 그들이 성장하면서 그들의 부모들은 지니지 않았던 정신적·영적 역량들을 개발하게 했을 수도 있다. 이들이 신학적 의미에서 진정한 인간의 첫 세대였다.[19]

---

18 이렇게 변형된 개인들이 생물학적 의미에서 새로운 종이기도 했는지(4장을 보라)는 이 대목에서 중요한 질문이 아니다. 중요한 질문은 하나님이 어떻게 우리 조상들에게 그들을 신학적으로 이전 세대들과 구분한 특정한 정신적·영적 역량을 주었는지와 하나님의 수단이 기적적인 변형을 포함했는지다.

19 예컨대 Andrew C. J. Alexander, "Human Origins and Genetics," *Clergy Review* 49 (1964): 344-53을 보라.

3. **집중적인 교육상의 변형**. 어느 시점에 하나님이 우리 조상 중 전부 또는 일부를 교육 과정을 통해 변형시켜서 그들 안에 새로운 정신적·영적 역량들과 좀 더 높은 수준의 자아의식을 일깨웠을 수도 있다.[20] 이것이 그들을 신학적 의미에서 최초의 진정한 인간이 되게 했다. 아마도 그들은 유전자상으로 및 신경학상으로 그런 변형에 대한 준비가 되어 있었지만, 그것을 가능하게 할 문화를 발전시키지 못했을 것이다. 하나님이 교사가 집중적으로 교육하는 것처럼 그들과 집중적으로 상호작용함으로써 기적적으로 그 변형을 가능하게 만들었다. 이어서 그들은 교육을 통해 새로운 정신적·영적 역량을 이후 세대들에게 물려주었고 유전자-문화의 공진화를 새로운 방향으로 이끌었다.
4. **영혼 부여**. 몸-영혼 이원론의 몇몇 이형이 옳다고 가정할 경우 어느 특정한 시점에 하나님이 우리 조상 중 일부 또는 전부에게 인간의 영혼을 부여해서 그들에게 새로운 정신적·영적 역량을 주었을 수도 있다.[21]
5. 새로운 **창조**. 하나님이 어느 시점에 기적을 행해서 다른 영장류와 공통

20 우리는 이것을 앤 설리번이 헬렌 켈러에게 손가락의 움직임을 이 세상에 있는 개념들 및 사물들과 관련시키도록 가르쳤을 때 Helen Keller가 묘사한 "일깨우는" 경험과 비슷하다고 생각할 수 있다. Helen Keller, *The World I Live In* (New York: New York Review Books, 2003), 11장을 보라.

21 이 입장에 관한 예는 다음 문헌들을 포함한다. Kenneth W. Kemp, "Science, Theology, and Monogenesis," *American Catholic Philosophical Quarterly* 85, no. 2 (2011): 217-36; Gregg Davidson, *When Faith and Science Collide* (Oxford, MS: Malius Press, 2009), 58-65; 그리고 Gregg Davidson, "Genetics, the Nephilim, and the Historicity of Adam," *Perspectives on Science and Christian Faith* 67, no. 1 (2015): 24-34, http://www.asa3.org/ASA/PSCF/2015/PSCF3?15Davidson.pdf. (실체 이원론의 몇몇 이형과 질료와 형상 이원론의 모든 이형에서는 아직 완전히 인간이 아닌 생물에 대한 인간의 영혼 부여는 단지 영혼을 부여하거나 변형시킨 것만이 아니라, 몸과 영혼의 통일성과 상호의존성 때문에 그 생물의 몸을 완전히 인간의 몸으로 변형시킨 것이기도 함을 주목하라.)

조상이 없이 최초의 인간 집단을 기적적으로 창조했지만, 인간들의 게놈이 공통 조상의 예측과 일치하는 방식으로 창조했을 수도 있다.

6. **단지 한 쌍으로부터의 시작**. 하나님이 수십만 년 전 또는 심지어 좀 더 최근의 어느 시점에 한 쌍의 인간을 기적적으로 창조했고, 우리가 우리 조상 집단이 수천 명보다 적지 않았을 것이라고 예상하는 바와 일치하게 보이는 게놈들을 만드는 방식으로 그들의 후손의 유전적 다양성을 기적적으로 증가시켰을 수도 있다.

우리는 하나님이 이러한 기적적인 행동 중 하나 또는 여러 개를 동시에 행했다고 가설을 세울 수 있을 것이다. 하나님이 이런 일 중 하나를 했다면 하나님은 그런 기적들을 행한 때 우리 조상들과 새로운 관계를 확립한 것이다. 이 인간들은 인간의 영혼을 지닌 최초의 하나님의 형상 담지자였고,[22] 이 새로운 관계에는 새로운 기대, 새로운 축복, 그리고 새로운 약속들이 있었다.

다시 허위의 외관을 지닌 역사라는 신학적 문제 피하기

위의 목록 중 다섯 번째 제안과 여섯 번째 제안이 과학을 통해서 틀렸음이 증명될 수는 없다. 하지만 그 제안들은 2장에서 논의된 심각한 신학적 문제, 즉 하나님이 모든 인간의 게놈에 허위의 외관을 지닌 역사를 쓰는 방식으로 창조한다는 문제와 직면한다.

---

22 일원론적 영혼 이론이든 이원론적 영혼 이론이든 마찬가지다.

처음 네 제안이 필연적으로 이 문제를 공유하지는 않는다. 그 제안들이 그 문제를 공유하는지는 그 기적적인 변화가 얼마나 급진적이었는지에 의존한다. 예컨대 우리 조상들의 게놈에 일어난 가상의 기적적인 변화(제안 2)가 충분히 급진적이었다면 우리가 오늘날 인간의 게놈에서 과학적으로 설명할 수 없는 독특한 변화들을 보리라고 예상할 것이다. 오늘날 과학자들이 인간의 게놈을 다른 영장류의 게놈과 비교할 때 그들은 인간에게서 독특한 변화들을 본다. 그러나 대다수 과학자는 이런 변화들이 통상적인 진화 과정을 통해 일어났을 수 있는 변화의 범위 안에 속한다고 믿는다.

마찬가지로 우리 조상들의 정신적, 사회적, 도덕적 능력에 일어난 가상의 기적적인 변화들(제안 1과 3. 그리고 제안 4도 가능할 수 있다)이 충분히 급진적이었다면 우리는 어느 한 시점에 우리 조상의 기술적인 능력이 갑자기 향상되었다거나 사회적 삶이 집중되었다는 고고학적 증거를 보리라고 예상할 것이다. 하나님이 이런 기적적인 변화들을 모든 인간에게 적용했다면 우리 조상이 어디에서 살았든 우리가 이런 갑작스러운 발전이 지구 전체에서 어느 정도 동시에 나타나는 것을 볼 가능성이 있을 것이다. 또는 두 명 또는 소수의 개인에게 일어난 가상의 기적적인 변화가 충분히 급진적이었다면 우리가 몇 가지 유형의 기술 발전과 사회적 삶이 한 시점에 한 장소에서 일어나서 그곳으로부터 확산한 고고학적 증거를 보리라고 예상할 수 있을 것이다. 현재의 고고학적 증거는 이런 가설 중 어느 것도 지지하지 않는다. 혁신의 증거는 고고학 기록에서 넓게 퍼져 있는데 이는 중요한 발전들이 시간상으로 퍼져 있음을 나타낸다. 그리고 다양한 혁신들이 세계의 여러 곳에서 최초로 발견된다. 고고학에서는 인간의 역사에서 최초라고 알려진 특정한 기술이 멀리 떨어진 곳에서 발견된, 좀 더 오래된 선행자에게 밀려나는 사례가 드문 일이 아니다. 그러므로 대다수 과학자는 우리 조상들에게 일어난 기술적·사회적 변화들은 비교적 서서히 일어나 우리 조상들이 살았던 모든 곳에 퍼진 것으로 믿는데, 이는 통상적인 유전자-문화 공진화를 통해 일어나리라고 예상되는 범위 안에 속한다.

따라서 과학적 데이터는 다양한 범위의 해석에 열려 있고, 신학도 이 점에 관해 다양한 범위의 가능성에 열려 있다. 과학과 신학은, 하나님이 제안된 기적적인 변형 중 어느 것도 행하지 않고 인간의 독특한 신체적, 정신적, 영적 능력을 창조했을 수 있다고 말한다. 하나님은 통상적인 진화 과정을 유지하고 그것에 동의함으로써, 그리고 우리와 특별한 관계를 확립하고 특별계시를 통해 우리에게 그 관계를 인식하게 만듦으로써 인간의 창조를 성취했다.

그러나 하나님이 인간을 창조하는 동안 당시에 매우 중요했던 몇몇 기적을 행했지만, 오늘날까지 탐지될 수 있는 명백한 증거를 남기지 않았을 수도 있다. 하나님이 우리 조상 중 일부 또는 모두를 유의미하게—그 기적들이 행해질 때 우리가 그것을 목격할 수 있었더라면 우리가 우리 조상들에게서 극적인 변화를 볼 수 있도록—그러나 현재까지 과학적으로 탐지할 수 있는 증거를 남길 정도로 급진적이지는 않게 변형시켰을 수도 있다. 그것을 조건으로, 위의 목록 중 처음 네 가지 제안들은 허위의 외관을 지닌 역사라는 신학적 반대를 피할 수 있을 것이다. 그러므로 9장은 그 제안들에 대한 다른 신학적 찬반 논거들을 고려할 것이다.

하나님이 우리 조상들에게 초자연적인 은사를 주어서 영적으로 능력을 부여했을 수도 있다

우리의 자연적인 인간의 능력은 이성, 도덕적 성향, 그리고 종교적 경향을 포함한다. 하나님이 최초의 인간들에게 특정한 **초자연적인** 은사들을 주었다는 아이디어—그들이 (오늘날의 우리와 달리) 참으로 의롭고 거룩하게 살 수 있도록 주어졌다—는 교회사의 오랜 과거로 거슬러 올라간다. 교부 시대부터 중세, 그리고 현재까지 몇몇 기독교 전통은 그렇게 주장한다. 나는 이 대목에서 대표적인 세 가지 예를 제시한다(프레데릭 테넌트와 타사 와일리의 문헌을 인용한다).

> 아타나시오스(297-373)는 타락을 인간이 "자연 상태"로 전락한 것으로 생각했다. 즉 타락은 좀 더 최근의 신학이 초자연적 재능(supernatural endowments)으로 부르는 것의 상실로 구성된다고 제시된다. 인류는 원래 **합리적 영혼**(ψυχὴ λογική)에 의해 자연 상태 위로 올려졌었는데 최초의 위반 이후 자연 상태로 축소되었다. 비록 그 재능의 측면 중 자연적 재능으로 여겨지는 몇몇 측면은 타락에도 불구하고 덧붙여진 은혜의 선물이지만 말이다.[23]

> 아우구스티누스(354-430)는 아담의 원래 상태에서는 아담이 **죄를 짓지 않을 수 있는** 능력(*posse non peccare*)을 지녔다고 주장했다. 타락 전의 상태

23 Frederick Robert Tennant, *The Sources of the Doctrines of the Fall and Original Sin* (Cambridge: Cambridge University Press, 1903), 311-12.

> 때 아담에게는 특정한 재능들도 있었다. 이 재능들은 인간의 본성이 요구하는 수준 이상이었고 그 수준을 뛰어넘었다. 이런 재능 중 불멸성, 무결성(integrity), 그리고 지식이 있었다. 아담은 죄로 말미암아 이 재능들을 상실했다. 따라서 아담의 자손들은 그런 재능들이 없이 태어난다.[24]

> 안셀무스(1033-1109)의 창조된 본성 개념에서 아담은 또한 **축복받음** 또는 **지복**(至福)이라는 초자연적인 은사를 소유함으로써 하나님과의 연합을 지향하게 되어 있었다. 의로움과 축복받음의 은사가 인간의 본성이 의도된 목적을 지향하도록 도움을 주었지만, **초자연적인 은사**인 그것들은 인간의 본성에 본질적인 것은 아니었다. 그것들을 빼앗겨도 인간의 본성이 파괴되는 것은 아니었다.…안셀무스는 아담이 하나님의 명령에 불순종함으로써 **의로움**이라는 초자연적인 재능을 상실했다고 주장했다.[25]

신학자들이 이러한 초자연적인 은사들에 관해 다른 방식으로 썼지만, 한 가지 공통적인 주제는 이 초자연적인 재능들이 아담과 하와를 원의 상태에 있을 수 있게 해주었다는 것이다. 아담과 하와는 단순히 도덕적으로 무죄한 상태에만 있었던 것이 아니라, 실제적인 도덕적 의로움의 상태에서 영적으로 하나님의 거룩함을 반영하고 하나님의 모든 도덕법에 순종하며 죄를 짓지 않을 수 있었다. (아우구스티누스 같은 몇몇 저자들은 여기서 더 나아가 그들의 초자연적인 은사에는 고통, 질병, 노령의 쇠약함으로부터의

24 Wiley, *Original Sin*, 62-63.
25 Wiley, *Original Sin*, 79-81.

면제와 그 이후 모든 인간의 수준을 뛰어넘는 지식과 지능 부여가 포함되었다고 주장했다.) 아담과 하와가 죄를 지었을 때 이 초자연적인 은사들이 상실되었다.

아타나시오스, 아우구스티누스, 그리고 안셀무스는 아담과 하와가 기적적으로 창조되었다고 가정했다. 우리는 이제 하나님이 진화 과정을 통해서 인간을 창조했으며, 우리 조상들이 "비열한" 성향과 "고상한" 성향을 모두 지니도록 진화되었다는 좋은 증거를 갖고 있다. 우리 조상들이 그들 자신의 **자연적인** 능력을 통해서는 완전히 거룩하거나 하나님의 모든 도덕법을 순종할 수 없었을 것이다. 이것이 우리가 우리 조상 중 누군가가 실제로 원의 상태에 있었다는 아이디어를 포기해야 함을 의미하는가? 반드시 그런 것은 아니다.

아담과 하와가 특정한 인물이었던 처음 두 유형의 시나리오들을 고려해보라. 이 시나리오들에서 하나님이 좀 더 큰 집단으로부터 특별히 아담과 하와를 선택해서 그들에게 자기를 계시했을 때, 그들에게 초자연적인 은사들도 제공했을 수 있다. 우리는 이것을 성령이 넘치도록 능력을 부여해서 그들을 한동안 참으로 의롭고 거룩하며 죄를 짓지 않을 수 있게 해주었다고 상상할 수 있을 것이다. 그들은 신학자들이 수백 년 동안 묘사해온 바와 같이 한동안 실제로 원의 상태에서 살았을 수도 있다. 아담과 하와가 오랜 기간에 걸친 많은 사람을 지칭하는 문학적 또는 상징적인 인물인 다른 두 가지 유형의 시나리오들에서도 하나님이 우리 조상 중 일부에게 한동안 그 은사를 주었을 수 있다고 생각될 수 있다. 그러나 나는 이 아이디어에 대한 추가 논의를 9장으로 미룰 것이다.

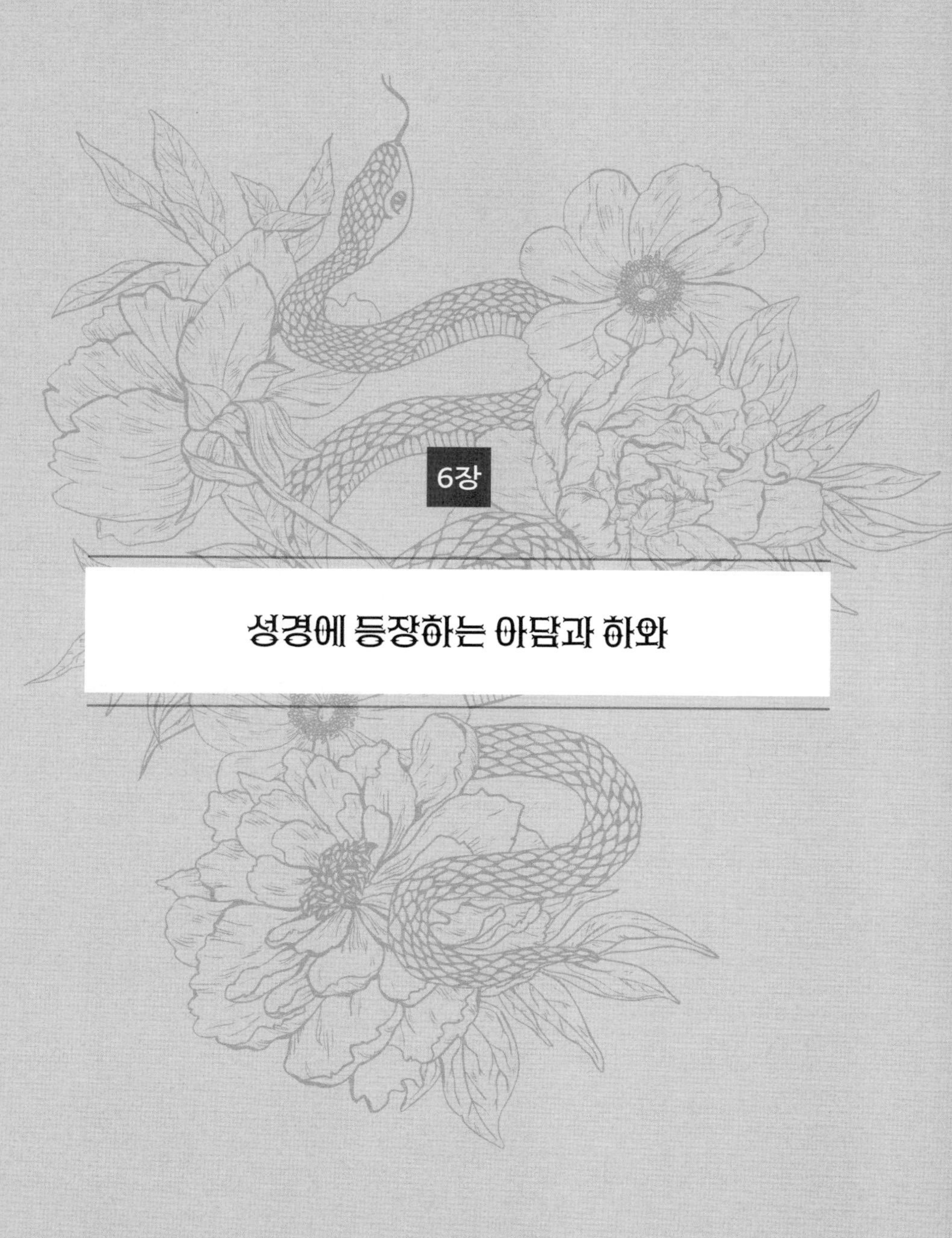

6장

성경에 등장하는 아담과 하와

성경의 어떤 부분은 역사적이고, 어떤 부분은 비유적이고 비역사적이며, 몇몇 부분은 역사에 기초했지만 많은 비유적 요소를 포함한다. 몇몇 부분은 이런 범주의 어디에도 들어맞지 않는다. 창세기 2-3장에 등장하는 아담과 하와의 이야기를 어떻게 이해하는 것이 가장 좋은가?

이 책의 서론은 창세기 2-3장과 이 세상에 죄가 들어온 것을 해석하기 위한 네 가지 일반적인 시나리오 유형들을 제시했다. 처음 두 유형에서 창세기 2-3장의 아담과 하와는 특정한 역사적 인물들로 생각된다. 다른 두 유형에서는 그들이 많은 사람의 경험을 가리키는 문학적이고 상징적인 인물들로 생각된다.

이 장은 아담과 하와를 언급하는 구약성서와 신약성서 텍스트들에 초점을 맞춘다. 지난 수십 년 동안 많은 성서학자가 이 텍스트들에 관해 글을 썼다. 이 장은 그 중 몇 가지 주장을 요약한다. 이 저자들은 모두 그 텍스트들의 문화적, 언어적, 역사적 맥락을 밝혀주는 역사적 연구를 사용한다. 그들은 모두 인간의 진화에 대한 과학적 증거를 인정한다. 그들은 모두 성경의 신적 영감과 권위를 긍정한다. 그러나 그들은 아담과 하와가 특정한 역사적 인물로 생각되어야 하는지에 관해 다양한 결론에 도달한다.

창세기 2-3장(텍스트)

창세기 2-3장의 문자적-역사적 해석이 교회사에서 흔했지만, 교회는 오랫동안 특정한 요소들—말하는 뱀, 불멸성을 주는 나무, 선과 악에 대한 지식을 주는 나무—은 상징이 작용하고 있음을 암시한다는 것을 인식했다. 주요 인물들의 이름들조차 암시적이다. 존 월튼은 이름들에 관해 이렇게 쓴다.

> **아담**(adam)이라는 단어의 다양한 용례를 이해하는 것이 창세기의 앞 장들을 정리하는 데 매우 중요하다. 그러나 그 문제를 다루기 전에 관찰해야 할 두 가지 중요한 사항이 있다. 첫째는 **아담**이라는 말이 "인간"을 의미하는 히브리어 단어라는 사실이다. 이에 관해 그 말이 히브리어 단어라는 사실은 그 범주("인간")의 지정이 히브리어를 사용한 사람들에 의해 부과된다는 것을 나타낸다. 아담과 하와가 사용한 언어는 히브리어가 아니었기 때문에 그들은 서로를 그 이름들로 부르지 않았을 것이다. 히브리어는 기원전 두 번째 천년기 중반 무렵까지는 존재하지 않았다. 그것은—이 이름들이 마치 누군가의 이름이 빌이나 메리인 것과 같은 방식으로—그들의 이름이 우연히 아담과 하와였던 식의 단순한 역사적 보고의 문제가 아님을 의미한다. 비록 나는 아담과 하와가 역사적 인물—실제로 과거에 살았던 실제 인물—이라고 믿지만, 이 이름들이 그들의 역사적 이름일 수는 없다. 그 이름들은 히브리어인데 아담과 하와가 살았던 시기에 히브리어는 존재하지 않았다. 이 이름들이 실제 역사적 이름이 아니라면 그 이름들은 틀림없이 히브리어를 말하는 사용자들이 특정한 의미를 전달하기 위해 부여한 이름들일 것이다. 그런 추론은 우리를 두 번째 관찰로 이끈다. 만일 영어에서 누군가의

이름이 "인간"이고 그의 배우자의 이름이 "생명"이라면, 우리는 재빨리 어떤 메시지가 전달되고 있는가에 관한 인상을 발전시킬 것이다(예컨대 『천로역정』[*Pilgrim's Progress*]에서 등장인물이 크리스천, 신실[Faithful], 소망[Hopeful]이라는 이름을 가진 것처럼 말이다). 이런 인물들은 그들에게 부여된 이름으로 말미암아 그 이름들이 가리키는 역사적 인물 이상의 역할을 한다. 그들은 자기들 너머의 뭔가를 대표한다.[1]

많은 학자가 **아담**에 관한 이 히브리어 언어유희를 지적해왔다.[2] 월튼 역시 아담과 하와가 어떻게 형성되었는가에 관한 창세기 2장의 진술들—"흙"과 "갈비"—은 두 개인에게만 독특한 것이 아니라 **모든** 인간을 지칭하는 것으로 이해되어야 한다고 지적한다. 창세기 2:7은 종종 하나님이 아담을 "땅의 흙으로" 지었다고 말하는 것으로 번역되지만, 월튼은 전치사 "으로"(from)가 원래의 히브리어 텍스트나 70인역에는 존재

1 John H. Walton, *The Lost World of Adam and Eve* (Downers Grove, IL: InterVarsity, 2015), 58-59.

2 예컨대 J. Richard Middleton은 다음과 같이 쓴다. "**아담**이라는 이름에서 시작하자. 이 이름이(창세기의 첫 장들에 등장하는 다른 많은 이름과 마찬가지로) 명확히 상징적이라는 점이 중요하다. 아담(*'ādām*)은 '사람'을 의미한다. 사실 아담은 창 4장과 5장에 가서야 고유명사가 된다. 그는 그전에는 하아담(*hā'ādām*, 사람)이다. 따라서 우리가 그를 최초의 인간과 원형적으로 모든 남자 또는 모든 사람 모두로 봐도 무방해 보인다. 우리는 또한 최초의 인간을 나타내는 단어(*'ādām*)가 창세기의 2장과 3장 전체에 걸쳐 히브리어의 익살 또는 언어유희의 일부로 기능하는데, 거기서 그 단어는 흙 또는 땅을 뜻하는 단어(*'ădāmâ*)와 비슷하게 들린다(또는 그 단어와 청각적으로 공명한다)는 것을 주목해야 한다. J. Richard Middleton, "Reading Genesis 3 Attentive to Evolution," in *Evolution and the Fall*, ed. William T. Cavanaugh and James K. A. Smith (Grand Rapids: Eerdmans, 2017), 73(『인간의 타락과 진화』, 새물결플러스 역간).

하지 않는다고 지적한다.[3] 몇몇 성경 구절은 모든 인간이 아담과 마찬가지로 "먼지"(흙)라고 지적한다(예컨대 시 103:14: "이는 그가 우리의 체질을 아시며 우리가 단지 먼지뿐임을 기억하심이로다"). 성경 전체에서 "먼지"라는 표현은 필멸성에 대한 언급이다. 우리는 죽으면 먼지로 돌아간다. 마찬가지로 몇몇 성경 구절은 모든 인간이 아담과 마찬가지로 하나님으로부터 "생명의 숨"을 받는다고 지적한다(창 7:22; 욥 27:3; 32:8; 33:4; 34:14-15; 사 42:5). 우리가 하와를 지은 것을 묘사하기 위해 사용된 단어들이 히브리어 성경의 다른 곳에서 어떻게 사용되는지를 살펴보면 그 단어들은 아담이 수술을 위한 잠에 빠져 환상 상태(*tardemah*; 창 15:12; 욥 4:13; 단 8:18)에서 자기에게서 갈빗대 하나가 취해진 것이 아니라, 하나님이 자기의 한쪽 전부를 취해서 하와를 만드는 것을 보았음을 암시한다. 이 묘사에 이어 곧바로 모든 남성과 모든 여성의 결혼 관계에 관한 진술—한 몸이 되는 것—이 나오는데, 이 또한 이 구절이 단지 두 명의 특정한 개인들에 관한 역사적 가르침이라기보다는 모든 인간의 원형으로서 아담과 하와에 관해 가르칠 의도임을 암시한다.

---

3 Robert C. Bishop, Larry L. Funck, Raymond J. Lewis, Stephen O. Moshier, and John H. Walton, *Understanding Scientific Theories of Origins: Cosmology, Geology, and Biology in Christian Perspective* (Downers Grove, IL: InterVarsity, 2018), 548-51(『기원 이론』, 새물결플러스 역간).

창세기 2-3장(문화적 맥락)

고고학자들이 창세기 2-11장에 병행하는 몇몇 고대 근동의 텍스트를 발견했는데, 그런 텍스트에는 수메르의 왕 명부, 아트라하시스 서사시, 에누마 엘리쉬, 에리두 창세기(수메르의 창조 기사), 아다파의 신화, 엔키와 닌후르사그의 수메르 신화, 그리고 길가메시 서사시가 포함된다. 학자들은 창세기 2-3장과 이들 다른 텍스트들 사이의 유사한 주제들과 모티프들의 목록을 작성했는데 그 목록에는 다음과 같은 항목이 포함된다(그러나 그것들에 국한되지는 않는다): 동산 낙원(엔키, 길가메시), 관개를 통해 농업을 가능하게 하는 물의 흐름(아트라하시스, 엔키), 땅을 경작하기 위해 흙으로부터 인간이 창조됨(아트라하시스, 엔키, 길가메시), "남자/인간"을 의미하는 이름(아다파), 결혼의 제도화(아트라하시스), 먹을 것과 먹지 말 것에 관한 명령(아다파), 불멸성을 주는 식물과 뱀(길가메시), 인간들이 불멸성을 상실함(아트라하시스, 아다파, 길가메시), 그리고 원시적인 삶의 상징으로서의 나체(길가메시).[4]

창세기 2-3장과 이러한 다른 문헌들 사이의 유사성은 역사적, 문화적, 종교적 맥락을 제공한다. 창세기 2-3장은 고대 근동 문화에서 알려진 문학 형태였다. 다른 문화들의 이야기들은 상징적인 요소들과 모티

4 다음 문헌들에서 취했음. C. John Collins, *Did Adam and Eve Really Exist? Who They Were and Why You Should Care* (Wheaton: Crossway, 2011), 140-41(『아담과 하와는 실제로 존재했는가』, 새물결플러스 역간); Peter Enns, *The Evolution of Adam: What the Bible Does and Doesn't Say about Human Origins* (Grand Rapids: Brazos, 2012), 39-55(『아담의 진화』, 기독교문서선교회 역간); Daniel C. Harlow, "After Adam: Reading Genesis in an Age of Evolutionary Science," *Perspectives on Science and Christian Faith* 62, no. 3 (2010): 182-84; 그리고 Denis O. Lamoureux, *Evolutionary Creation: A Christian Approach to Evolution* (Eugene, OR: Wipf & Stock, 2008), 200-21.

프들을 공유했다. 그들의 문화 안에서 그들은 우주의 위계질서에서 인간의 위치, 결혼과 농업의 목적, 그리고 인간이 왜 필멸의 존재인가에 관한 청자들의 질문에 답변했다. 창세기 2-3장이 이런 많은 요소를 공유하기 때문에 창세기의 이야기와 다른 이야기들 사이에 나타나는 신학적 **차이**들은 참으로 인상적이다. 창세기에서는 오직 한 하나님만 존재한다. 창조세계는 선하고, 유한하고, 전혀 하나님께 대적하지 않는다. 태양과 달은 신들이 아니고 창조세계에서 하나의 기능을 수행하라고 하나님에 의해 만들어진 물체들이다. 하나님은 하나님 편에서 어떤 필요가 있어서가 아니라 그렇게 하는 것이 자기를 기쁘게 했기 때문에 인간을 창조했다. 인간 전체가 하나님의 형상을 지녔고 인간의 일에는 하나님이 정한 위엄이 있다.

데니스 라무뤄는 다음과 같이 쓴다. "창세기 2장이 많은 고대 근동의 모티프들을 포함하기는 하지만, 그것은 이교의 믿음들과는 완전히 다른 '신앙의 메시지들'을 전달한다. 주님이 인간과 인격적인 관계를 맺는다. 사실 그가 남성과 여성을 돌본다. 이 관계는 거룩한 하나님에 대한 순종과 그의 앞에서의 책임성을 특징으로 한다. 인간은 그의 명령들을 지키지 않을 자유를 지니고 있지만, 인간이 그 명령들을 무시하면 심각한 결과가 수반된다."[5]

창세기 2-3장에 나타난 의미심장한 상징과 다른 고대 근동 문헌들과의 유사성으로 인해 몇몇 학자들은 이 구절을 문자적·역사적으로 이해하지 않는 것이 최선이라고 결론짓는다. 피터 엔스는 『아담의 진화』

---

5 Lamoureux, *Evolutionary Creation*, 201.

(*The Evolution of Adam*)에서 다음과 같이 요약한다:

> 이스라엘인들이 그 안에서 살고, 생각하고, 글을 쓰고, 예배했던 고대 세계의 문화, 종교, 세계관들에 대한 우리의 지식이 증가함에 따라 창세기가 무엇을 전달하려고 했는지에 대한 우리의 예상이 유의미하게 새로운 방향을 향하게 되었다. [창세기의] 창조와 홍수 이야기들과 고대 근동의 문헌들 사이의 유사성을 목격하고서도 다른 모든 저작은 확실히 역사와 무관하다고 주장하는 반면 창세기는 아무튼 역사를 제시한다고 주장하는 것은 강한 신앙의 자세가 아니라, 성경을 자신의 예상에 일치시키려고 하는 약한 자세다. 창세기는 사건들의 역사적 기술이 아닌 어떤 것으로 읽혀야 한다. 이 결론에 대한 저항은, 최소한 부분적으로는, 참으로 하나님의 말씀인 이스라엘의 성경은 다른 고대 근동의 문화들이 만들어낸 종류의 문헌과는 근본적으로 달라야 하고, 양자 사이에 나타나는 유사성은 단지 피상적이고 우발적이며 따라서 제쳐둬도 무방하다는 그릇된 신학적 전제에 의존한다. 확실히 하나님은 그런 터무니 없는 생각을 용인하지 않을 것이고 이스라엘에게 "올바른" 정보를 줄 것으로 생각된다. 그러나 진리를 전달하기 위해 이스라엘의 성경이 그것이 쓰인 세상으로부터 격리되어야 한다고 주장하는 것은 기본적인 해석 관행 위반이다.[6]

대니얼 할로우도 마찬가지로 다음과 같이 쓴다.

---

6 Enns, *Evolution of Adam*, 57–58.

여기에 문학의 수단을 통해서 창세기의 앞부분이 이야기인지 역사인지를 결정하기 위한 중대한 요점이 놓여 있다. 오늘날 아무도 길가메시, 아트라하시스, 또는 아다파를 역사적인 글로 보지 않는다. 그러므로 창세기의 앞부분이 더 오래된 이런 문헌들과 같은 문학 장르를 공유하기 때문에—그리고 그것들로부터 세부사항을 차용하기 때문에—창세기도 역사적인 문헌으로 생각되지 않아야 한다.…창세기에서 제시된 내용은 명제적인 계시가 아니라 내러티브 신학이다. 그러나 창세기 앞부분의 이야기들은 예수의 비유들과 마찬가지로 신적으로 영감을 받은 이야기들이다.[7]

C. 존 콜린스는 『아담과 하와는 실제로 존재했는가』(*Did Adam and Eve Really Exist?*)에서 창세기 2-3장의 저자가 고대 근동의 문헌에 공통적인 상징 언어를 사용했다는 데 동의한다. 하지만 콜린스는 또한 그 텍스트의 다른 측면들은 원래의 저자가 자신이 실제 사람들과 역사적 사건들에 관해 말하고 있다고 믿었음을 암시한다고 주장한다. 창세기 2-3장의 수사적·문학적 기법들은 그런 역사적 사건들에 대한 독자들의 태도들을 형성할 의도였다.[8]

(1) 이 의미에서 "역사적"이라는 말은 "산문"과 같은 말이 아니며, 확실히 우리의 기사에 비유적 또는 상상적인 요소가 없음을 암시하지 않는다, (2) "역사적"이라는 말은 "세부사항에서 완전한"이나 "이념적 편견이 없는"이

7 Harlow, "After Adam," 184.

8 Collins, *Did Adam and Eve Really Exist?*, 16.

라는 말과 같은 말이 아니다. 그것은 가능하지 않고 바람직하지도 않다, (3) 텍스트가 그렇게 주장하지 않는 한 "역사적"이라는 말이 반드시 "정확히 시간 순서에 따라 말해졌다"와 같은 말은 아니다.…이 논의의 결론은 다음과 같다. 내게는 그렇게 보이지만, 만일 메소포타미아의 기원과 홍수 이야기들이 창세기 1-11장이 제시되는 맥락을 제공한다면 그 이야기들은 우리가 이런 종류의 문헌을 어떻게 읽어야 하는지에 관한 단서도 제공한다. 이 이야기들은 신적 행동, 상징, 상상적인 요소를 포함한다. 그 이야기들의 목적은 "문자적으로" 취해지지 않으면서 세계관을 위한 토대를 놓은 것이다. 하지만 우리는 그 이야기가 우리가 "역사적 핵심"으로 부를 수도 있는 것을 가지고 있음을 알아야 한다. 그 핵심이 무엇인지를 우리가 주의 깊게 분별해야 하지만 말이다. 창세기는 그 이야기를 하려고 한다.[9]

마찬가지로 월튼은 창세기 1-5장의 텍스트 분석을 통해 **아담**이라는 단어가 구절에 따라 다른 방식으로 사용된다고 주장한다. 어떤 구절(예컨대 창 1:26-27; 2:5; 3:22)에서는 텍스트가 종으로서의 인류에 관해 말한다. 다른 구절(예컨대 창 2:7, 18, 21, 22, 23)에서 **아담**은 원형이며 말해지는 내용—가령 "흙"으로 지어진 존재—이 특정한 개인과 모든 인간에 해당한다. 또 다른 몇몇 구절(예컨대 창 2:8, 15, 16, 19, 25; 3:8, 9, 20, 24)에서는 **아담**이 인간의 대표 역할을 하는 특정한 개인이다. 이후의 장들에 등장하는 소수의 경우(예컨대 창 5:1, 3-5), **아담**은 그 개인의 개인적인 이름에 대한

9 Collins, *Did Adam and Eve Really Exist?*, 34-35.

대체물로 사용된다.[10] 월튼은 이 분석을 통해 이 장들은 아담이라는 한 개인에 관한 단순한 전기적인 정보를 제공하는 것이 아니지만, 원래 저자가 아담과 하와가 실제 과거에 살았던 실제 인물이라고 믿었다고 결론지을 텍스트상의 이유들이 있다고 결론짓는다.

계보들

창세기 4-5장은 아담을 포함하는 계보 두 개를 제공한다. 현대 문화에서 우리는 계보가 개인들의 수, 그들의 이름들, 그리고 기록된 연수들에 관해 역사적으로 정확하리라고 기대한다. 역사가들은 고대 근동 사람들이 계보들에 대해 다소 다르게 기대했음을 발견했다.

그 문화의 계보들은 간혹 개인들을 빠뜨려서 한 사건에서 다음 사건까지의 세대들의 수가 상징적으로 중요한 수가 되게 했다. 어떤 사람의 수명이나 왕의 통치 기간 역시 부분적으로는 상징적인 중요성을 위해 선택된 것으로 보인다. 아담에서 노아까지의 계보에 나타나는 스무 개의 숫자(열 명의 개인들이 아들을 낳았을 때의 나이와 아들을 낳은 후 살았던 연수) 중 열다섯 개는 5의 배수이고, 다른 다섯 개는 5에 7을 더한 수의 배수다.[11] 수메르의 왕 명부는 왕들의 재위 기간이 수백 년 또는 심지어 수만 년 지속하는 것으로 말하는데, 재위 기간은 대개 100이나 10으로 나눠질 수 있는 숫자다. 수메르의 왕 명부는 아마도 실제 역사적 왕이었던

---

10 Walton, *Lost World of Adam and Eve*, 58-62, 101.

11 Denis O. Lamoureux는 이 점을 보여주는 유용한 표를 작성했다. *Evolutionary Creation*, 211의 그림 6-5를 보라.

개인들(명부의 끝에 등장함)로부터 명백히 신화적인 개인들과 시대들(명부의 시작에 등장함)까지에 걸쳐 있다. 그 명부 편찬자들이 명부의 서두에 등장하는 인물들이 신화적 인물이라고 생각했을 수도 있다(아마도 인정된 문학적 관습의 하나로서 문화적, 정치적, 그리고 종교적 이유들로 명부의 처음에 포함되었을 것이다). 왕의 명부 편찬자들이 그들이 실제 역사적 인물들이었다고 생각했을 수도 있다. 이집트 학자인 케네스 키친은 다음과 같이 쓴다: "고대 근동은 신화를 역사화하지(즉 신화를 상상의 '역사'로 읽지) 않았다. 사실은 그것과 정반대였다. 즉, 실제 역사적 사건들과 사람들을 신화적인 관점에서 기리기 위해 역사를 '신화화하는' 경향이 있었다.…고대인들(근동 사람들과 히브리 사람들 모두)은 실제 사건들에 기초한 선전이 순전한 허구에 기초한 선전보다 훨씬 효과적이라는 것을 알았다."[12]

고대 근동의 계보들이 현대의 계보들과 똑같지는 않았다. 고대 계보들의 주된 목적은 모든 개인과 모든 숫자에 관한 엄밀한 역사적 정확성을 전달하는 것이 아니었다. 그렇기는 하지만 (확실치는 않지만) 창세기 4-5장에 등장하는 계보들의 원래 저자들이 그 계보들을 작성할 때 아담을 역사적 인물로 다룬 것으로 보인다.[13]

12 Kenneth A. Kitchen, *On the Reliability of the Old Testament* (Grand Rapids: Eerdmans, 2003), 262, 300. Collins, *Did Adam and Eve Really Exist?*, 32에서 인용됨.

13 Walton, *Lost World of Adam and Eve*, 102.

창세기 4-11장

창세기 4-5장이 엄격하게 문자적-역사적으로 읽히면 아담과 하와 이후 몇 세대 안에 음악이 발명되고, 농경이 시작되고, 청동기 및 철기 도구들이 만들어졌다고 말하는 것으로 보인다. 그러나 고고학은 청동기 도구 제작은 기원전 3200년경에 발생한 반면 철의 제련은 기원전 1500년 이전에는 널리 실행되지 않았음을 암시한다.[14] 농경은 최소 12,000년 전에 시작되었다.[15] 지금까지 발견된 최초의 악기는 4만 년 전의 것이다. 창세기 4-5장은 고도로 양식화되고 압축된 역사를 말하는 것으로 보인다. 그것은 수만 년에 걸쳐 여러 대륙에서 일어났던 사건들을 작은 지역에서 일어난 하나의 이야기 안으로 집중시킨다.

창세기 11장은 바벨탑 이야기를 들려준다. 엄격하게 문자적-역사적으로 읽히면 그 텍스트는 모든 인간이 과거의 어느 시점에(아마도 노아 이후 몇 세대 후에) 하나의 지리적 장소에서 하나의 언어와 문화를 가졌었고, 지구상의 모든 언어와 문화가 그곳으로부터 퍼졌다고 암시한다. 그러나 오늘날 역사가들과 언어학자들은 여러 대륙, 여러 문화에서 수천 년에 걸쳐 발생한 언어 발달의 오랜 역사를 추적할 수 있다. 창세기 11장은 창세기 4-5장과 마찬가지로 고도로 양식화되고 압축된 역사를 말하

---

14 그 전의 것으로 추정되는 소수의 인공물이 있다. 기원전 약 2500년 전의 것으로 추정되는 무덤에서 발견된 단검이 자주 인용되는 하나의 예다. Richard Cowen, "The Age of Iron"(캘리포니아 대학교 데이비스 캠퍼스에서 교과목을 위해 준비된 지질학, 역사, 그리고 사람에 관한 일련의 논문들에 수록된 5장, April 1999)을 보라, https://web.archive.org/web/20100314155922/http://mygeology page.ucdavis.edu/cowen/~GEL115/115CH5.html.

15 Peter S. Bellwood, *First Farmers: The Origins of Agricultural Societies*(Hoboken, NJ: Wiley-Blackwell, 2004)는 농경의 초기 역사에 관한 정보의 원천 중 하나다.

고 있는 것으로 보인다. 창세기 11장은 신학적인 목적에서 실제로는 여러 대륙에서 수천 년에 걸쳐 발생한 사건들과 추세들을 하나의 이야기 안으로 집중시킨다. 그러나 그 집중이 그 이야기의 메시지의 진리를 무효로 만들지 않는다. 오히려 그것은 메시지를 하나님이 의도하는 방식으로 전달한다.[16]

창세기 6-9장은 세계적인 홍수 이야기를 들려준다(사실 창 6-9장은 원래 두 개의 이야기를 하나의 이야기로 편집하고 통합했다는 텍스트상의 증거가 있다).[17] 엄격하게 문자적-역사적으로 읽히면 그 텍스트는 온 세상이 홍수에 잠겼고, 여덟 명의 인간과 많은 종 중에서 각각 두 마리의 동물만 살아남았음을 암시한다. 그러나 18세기 이후 지질학자들은 전 세계의 지질학적 증거가 세계적인 홍수와 일치하지 않는다는 것을 알았다. 20세기와 21세기의 생물학자들은 인간을 포함한 많은 종의 유전적 다양성에서 종들의 집단이 한 쌍 또는 몇 쌍으로 줄어든 적이 없다는 증거를 발견했다.

창세기 6-9장의 홍수 기사는 (다른 이웃 문화들의 홍수 이야기들과 마찬가지로) (평평한) 지구 아래의 원시의 물들과 궁창을 통해 떠받쳐지는 하늘 위의 물들에 관한 고대 근동의 우주론적 그림을 언급한다. 창세기

---

16 창 11장의 신학적 메시지 중 하나는 인간이 많은 언어와 많은 문화를 창조한 것을 포함하여, 사람들이 지구에 퍼진 데 하나님의 손이 관여하고 있다는 것으로 보인다. 그리고 하나님의 손은 창 11장에 기록된 것과 같은 탑의 건축으로 유명한 바빌로니아 같은 문화들에 대적한다.

17 Lamoureux, *Evolutionary Creation*, 217-20은 이 점을 유용하고 읽기 쉬운 방식으로 제시한다. 다른 텍스트 분석은 Joshua A. Berman, *Inconsistency in the Torah: Ancient Literary Convention and the Limits of Source Criticism*(Oxford: Oxford University Press, 2017)을 보라.

6-9장의 홍수는 단지 통상적인 비가 많이 온 것이 아니다. "큰 깊음의 샘들이 터지고" "하늘의 창문들이 열렸다"(창 7:11). 원래의 청자들에게 이 어구는 시적인 언어에 불과한 것이 아니라 그들이 존재한다고 실제로 믿었던 물리적 구조들에 대한 언급이다. 문자적인 역사로 읽히면 창세기 6-9장의 홍수는 창세기 1장에 기록된 둘째 날과 셋째 날의 파괴—창조세계의 질서를 잡은 것에 대한 파괴—와 그것에 이어지는 질서의 재확립이다.[18]

고고학자들은 고대 근동에서 성서학자들이 창세기의 이 텍스트를 이해하도록 도움을 주는 다른 텍스트들을 발견했다. 아트라하시스 서사시, 에리두 창세기(수메르의 창조 기사), 그리고 길가메시 서사시는 세계적인 홍수 이야기들을 포함하는데, 그것들에는 창세기 6-9장과 비슷한 내용이 많다.[19] 물론 창세기 6-9장의 신학은 메소포타미아의 홍수 이야기들의 신학과는 근본적으로 다르다. 이 홍수 이야기들에서는 신들이 인간에게 자기들에게 (동물 제사의 형태로) 음식을 바치게 하려고 인간을 창조했고, 인간은 농업과 문명이 가능할 수 있도록 신들이 질서 잡힌 세상을 유지하는 데 의존했다. 신들이 인간에 대해 짜증이 나서[20] 세계적인 홍수로 그들을 제거하기로 결심한 것이 신들과 인간들 모두에게 재앙으

---

18 Tremper Longman III and John H. Walton, *The Lost World of the Flood: Mythology, Theology, and the Deluge Debate* (Downers Grove, IL: InterVarsity, 2018).

19 Denis O. Lamoureux는 이 점을 보여주는 유용한 표를 작성했다. *Evolutionary Creation*, 221에 수록된 그림 6-7을 보라.

20 신들이 인간에 대해 짜증이 난 이유는 인간이 내는 소음, 그들의 힘든 일에 대한 과도한 불평, 오만, 불경, 사악한 행동으로 정리될 수 있다. Longman and Walton, *Lost World of the Flood*, 67을 보라.

로 귀결되었다.

창세기 6-9장은 판이한 신학적 그림을 제시한다. 하나님은 인간들에게 의존하지 않는다. 그러나 하나님은 인간의 죄로 말미암아 슬퍼한다. 고대 이스라엘인들은 의심할 나위 없이 "왜 하나님이 악인들을 강제로 제거하고 의인들만으로 다시 시작하지 않는가?"라고 의아해했을 것이다. 중간에 심판이 있고 시작과 끝에 하나님의 은혜가 있는 이야기인 창세기 6-9장은 그 질문에 대해 영감을 받은 답변이다. 이 이야기는 이전 장들에 수록된 아담과 하와 및 가인과 아벨의 패턴에 들어맞는다. 하나님이 심판하고 죄를 처벌하지만, 죄인들을 완전히 멸망시키지 않으며 결국 은혜를 베푼다.[21]

이스라엘 주위의 문화들은 그들 자신의 창조 이야기와 홍수 이야기를 보유하고 있다. 이스라엘에게는 창조 이야기와 홍수 이야기가 필요했다. 하나님이 그들에게 그들이 필요로 하는 이야기들을 주었다. 그 이야기들은 우리가 현대 문화에서 기대할 만한 이야기들(즉, 역사적이고 과학적으로 정확한 기사들)이 아니다. 하나님은 원래의 청중들이 들을 필요가 있는 진리를 그들에게 익숙한 문학의 관습을 사용해서 그들에게 가르치기 위해 성경을 그들의 한계와 필요에 적응시켰다.

21 Longman and Walton, *Lost World of the Flood*, 101-6.

창세기 1장과 창세기 4-11장에 비추어 본 아담과 하와의 역사성

창세기 1장과 4-11장은 우리에게 창세기 2-3장의 역사성에 관한 통찰을 주지만 그것을 해결하지는 않는다.

창세기 2-3장의 아담과 하와가 특정한 역사적 인물을 가리킨다는 견해에 찬성하는 사람은 다음과 같이 주장할 수 있을 것이다: 고대 근동에서 실제로 많은 국지적 홍수가 있었고 실제로 많은 탑이 세워졌다. 창세기 6-9장의 가능한 해석 중 하나는 그것이(그리고 아마도 다른 홍수 이야기들도 마찬가지로) 세부사항이 이제 역사 속으로 사라진 하나의 특정한 국지적 홍수에 기초했다. 영감을 받은 창세기 6-9장의 저자들은 고대 근동에서 보편적이었던 문학적 관습을 사용해서 그 국지적 홍수에 세계적인 중요성을 부여하도록 그 이야기를 다시 썼다. 그 이야기는 하나님이 모든 사람에게 소통하기를 원한 신학적 진리들을 전달하는 하나의 통로가 되었다. 마찬가지로 창세기 11장도 그것의 세부사항이 이제 역사 속으로 사라진 특정한 하나의 탑의 건축에 기초했을 수 있다. 영감을 받은 저자는 그 이야기가 세계적인 신학적 진리를 전달하는 통로의 하나가 되도록 그것에 세계적인 중요성을 부여하는 방식으로 그 이야기를 다시 썼다. 이와 유사하게 창세기의 계보들이 숫자와 개인들의 이름에 관한 상징 등 다른 고대 근동의 계보들의 주제들 및 모티프들과 유사한 주제들 및 모티프들을 사용했지만, 텍스트 분석은 저자들이 열거된 개인들을 실제 과거에 살았던 실제의 역사적 인물로 생각했다고 암시한다. 그러므로 창세가 2-3장의 텍스트가 상징적인 많은 요소를 포함하지만 그 텍스트에 실제의 특정한 인간들을 가리키는 역사적 핵심이 들어 있는 것으로 보인다.

창세기 2-3장의 아담과 하와가 문학적이고 상징적인 인물들—많은 개인의 경험을 가르치기 위한 인물들—이라는 견해를 선호하는 사람은 다음과 같이 주장할 수 있을 것이다: 창세기 1장과 4-11장에서 오랜 기간에 걸쳐 일어난 사건들이 여러 번 특정한 장소와 시간에 일어난, 신학적으로 의미심장한 이야기로 묘사된다.

1. 하나님이 수십억 년에 걸친 과정들을 사용해서 태양과 달 그리고 우주의 모든 구조, 지구의 대기와 바다와 육지, 그리고 지구상의 모든 형태의 생명을 창조했다. 창세기 1장은 주변 문화들의 창조 이야기들에 나타난 우상 숭배적인 믿음들에 대응하는 영감받은 텍스트에서 이 과정들을 며칠 안으로 압축한다. 더욱이 창세기 1장은 실제로는 존재하지 않지만 당시에 존재한다고 생각되었던 물리적 구조들(궁창, 위의 물과 아래의 물)을 언급한다.
2. 음악, 농경, 그리고 청동기와 철기 도구들의 발달은 수만 년의 인간의 역사와 여러 대륙에 걸쳐서 일어났다. 창세기 4장은 이것들을 아담과 하와 이후 몇 세대 안으로 압축하고 그런 것들의 발달을 이름을 측정한 개인들에게 돌린다.
3. 창세기 11장의 역사적 핵심은 어떤 특정한 한 개의 탑의 건축이 아니라 일반적인 탑 건축 관행이었을 수도 있다. 인간이 독특한 문화, 언어, 그리고 지리상의 지역들로 분리된 것은 인간 역사의 수만 년에 걸쳐 여러 대륙에서 일어났다. 창세기 11장은 이것을 신학적 의미가 부여된 사건 하나의 이야기 안으로 압축한다.
4. 창세기 6-9장의 역사적 핵심은 하나의 특정한 국지적 홍수가 아니라 고

대 근동에서 일어난 여러 번의 국지적 홍수였을 수도 있다. 창조세계를 거의 다 파괴하고 소수의 사람과 동물들을 제외한 모든 생명을 죽인 세계적인 홍수는 없었다. 그러나 고대 근동 문화들은 그들의 만신전의 신들과 관련된 다수의 세계적 홍수 이야기들을 발달시켰다. 하나님은 다른 문화들의 홍수 이야기들의 신학과는 판이한 신학—인간의 죄, 신적 심판, 그리고 신적 은혜의 이야기—을 가르치기 위해 창세기 6-9장에 영감을 주었다.

이것들은 모두 장 칼뱅이 하나님의 적응으로 부른 것들의 예일 수 있다. 하나님은 원래의 청자들에게 익숙한 문학 양식을 사용해서 그들이 배울 필요가 있는 것들을 그들이 이해할 수 있는 방식으로 가르쳤다. 그렇다면 창세기 2-3장에 등장하는 아담과 하와가 많은 인간에 관한 진리를 말하는 문학적, 신학적, 상징적인 인물들이지만 특정한 역사적 인물들은 아니라는 해석은 일관성이 있다.

제2성전기 문헌들에 등장하는 아담과 하와

신구약 중간기와 기원후 1세기("제2성전기"로 불리는 시기 포함)에 출현한 여러 유대교 텍스트들이 아담(그리고 때때로 하와)을 언급한다. 이런 텍스트에는 토비트, 「아담과 하와의 생애」, 「에스라4서」, 「바룩2서」, 위필론의 「성경 고대사」, 집회서, 솔로몬의 지혜, 알렉산드리아의 필론의 저작들, 「희년서」, 그리고 요세푸스의 『유대 고대사』가 포함된다. 이 텍스트들은 우리가 아담과 하와에 관한 신약성서 시대의 문화적·역사적·신학적 전통들을 이해하도록 도와주며, 따라서 바울 서신에서 등장하는 아담에 관한 바울의 언급을 이해하도록 도와준다.

이런 텍스트들의 저자들은 다양한 신학적 논점들을 주장하기 위해 아담을 인용하는데, 그들은 각기 자기의 특정한 관심사들과 씨름한다.[22] 스캇 맥나이트는 『아담과 게놈』(*Adam and the Genome*)에서 이 텍스트들을 세 개의 주제별 범주로 분류하는 펠리페 데 헤수스 레가레타 카스티요의 연구를 요약한다(강조는 맥나이트가 덧붙인 것임).

> **그리스의** 저자들은 "아담의 창조와 타락이 그리스의 전통들과 사상들을 통합한다고 해석해서 유대교를 보존하거나 그것을 그들의 보다 큰 역사적·문화적 환경에 적응시킨다. 그들은 아담을 **인간의 전형이자 자유와 자유의 함의라는 난문제에 직면하는 이스라엘의 조상**으로 묘사한다."

"다시 쓰인" 성경 텍스트들은 "세상에서 이스라엘의 위치와 기능을 발견하기 위해 성경의 내러티브들을 자유롭게 따른다. 이런 해석들은 사

---

22 이런 텍스트들을 조사하는 문헌은 다음을 포함한다. Felipe de Jesús Legarreta-Castillo, *The Figure of Adam in Romans 5 and 1 Corinthians 15: The New Creation and Its Ethical and Social Reconfiguration* (Minneapolis: Augsburg Fortress, 2014); John R. Levison, *Portraits of Adam in Early Judaism: From Sirach to 2 Baruch*, Journal for the Study of the Pseudepigrapha Supplement Series 1 (Sheffield: JSOT Press, 1988); John J. Collins, "Before the Fall: The Earliest Interpretations of Adam and Eve," in *The Idea of Biblical Interpretation: Essays in Honor of James L. Kugel*, ed. Hindy Najman and Judith H. Newman, Supplements to the Journal of the Study of Judaism 83 (Leiden: Brill, 2004); John R. Levison, "Adam and Eve," in *The Eerdmans Dictionary of Early Judaism*, ed. J. J. Collins and Daniel C. Harlow (Grand Rapids: Eerdmans, 2010), 300-2; 그리고 Gary A. Anderson, *The Genesis of Perfection: Adam and Eve in Jewish and Christian Imagination* (Louisville: Westminster John Knox, 2001).

람이 율법에 포함된 하나님의 명령들을 지킨다는 조건하에 미래의 보상에 대한 소망을 표현하는 묵시적 특징과 지혜의 특징을 포함한다. 이런 해석들에서 아담의 죄는 하나님의 명령에 대한 불순종으로 특징지어지고 **온갖 종류의 인간의 불행, 특히 시기상조의 죽음을 가져온 이스라엘과 민족들의 역사적 범죄들의 원형**으로서 기능한다. 타락 이야기는 또한 이스라엘의 불행들, 특히 성전과 예루살렘의 파괴도 설명한다. 이 맥락에서 의인들은 종말에 약속된 회복을 얻기 위해 율법을 고수하도록 권고된다."

묵시적인 텍스트들은 고난들 및 예루살렘과 예루살렘 성전의 파괴를 설명하기 위해 인간의 창조 이야기보다 타락 이야기를 강조한다. 타락 이야기는 하나의 예로서 원형 역할을 한 사람들 자신의 언약에 대한 불성실로 해석되고 또한 하나님의 명령에 대한 불순종이 그들의 자손들에게 끼친 영향으로 해석된다. 이런 해석들에서는 천상의 존재들이 대개 종말 때 악인들—이스라엘의 원수들이나 죄인들—의 멸망과 의인들의 구원을 계시한다. 이 세상의 멸망은 새 창조의 도래를 고대한다."[23]

이런 저자들이 아담과 하와를 사용해서 주장한 신학적 요점들은 달랐지만 몇 가지 공통점이 있다. 일반적으로 이런 유대인 저자들은 창세기 2-3장의 아담을 역사적 인물(그 점에 관해서는 다소의 논란이 있지만 말이

---

23 Scot McKnight and Dennis Venema, *Adam and the Genome* (Grand Rapids: Brazos, 2017), 149-50. 집회서와 솔로몬의 지혜 그리고 알렉산드리아의 필론의 저작들이 McKnight와 Legarreta-Castillo가 말하는 그리스의 전통에 속한다. 「희년서」, 「성경 고대사」, 「아담과 하와의 생애」(「모세의 묵시」로도 불린다), 그리고 요세푸스의 일부 저작들이 다시 쓰인 성경 전통에 속한다. 묵시적인 텍스트에는 「에스라4서」와 「바룩2서」가 있다.

다),[24] 최초의 인간, 그리고 최초의 죄인으로 해석한 것으로 보인다. 그들은 아담을 모든 인간 일반 그리고/또는 특히 이스라엘의 원형으로도 해석했다.

아담과 하와가 여러 요점을 강조하기 위해 다양하게 해석되었다는 사실이 우리가 이 텍스트들이 왜 얼핏 보기에는 누가 죄에 대해 비난받아야 하는가에 관해 서로 모순되는 것으로 보이는지를 이해하도록 도움을 줄지도 모른다. 「시리아어 바룩의 묵시록」(「바룩2서」)은 한편으로 "아담이 죄를 지었을 때 앞으로 태어날 사람들에게 사망이 선언되었다"(23:4)고 말하고 "당신[아담]은 당신 뒤로 태어날 사람들에게 무슨 짓을 하신 것입니까?"(48:42)라고 묻는다. 그러나 그것은 "우리 각자가 자신의 아담이 되었기 때문에, 아담은 자신에 대해서만 책임이 있다(54:19)고 말하고 또한 "아담이 최초로 죄를 지었고 자신의 시대에 존재하지 않았던 모든 사람에게 죽음을 가져왔지만, 그에게서 태어난 사람들 각자가 다가오는 고통을 자초했다"(54:15)고 말한다.[25]

조엘 B. 그린은 이런 제2성전기 저작들 사이의 공통점을 다음과 같이 요약한다.

---

24 다음 문헌들을 보라. Tremper Longman III, *Confronting Old Testament Controversies: Pressing Questions about Evolution, Sexuality, History, and Violence* (Grand Rapids: Baker Books, 2019), 68–69; 그리고 James D. G. Dunn, *Romans 1-8*, Word Biblical Commentary 38A (Dallas: Word, 1988), 289(『로마서[상]』, 솔로몬 역간).

25 이 주제에 관한 추가적인 통찰을 위해서는 다음 문헌들을 보라. William D. Davies, *Paul and Rabbinic Judaism: Some Rabbinic Elements in Pauline Theology*, 4th ed. (Philadelphia: Fortress, 1980), 17–35; 그리고 Alexander John Maclagan Wedderburn, "The Theological Structure of Romans V. 12," *New Testament Studies* 19, no. 3 (1973): 339–54.

> 이스라엘의 성경들[구약성서] 자체는 에덴동산에서 발생한 아담과 하와의 지속적인 의미에 대한 신학적 숙고를 하지 않지만, 제2성전기 때 쓰인 소수의 유대교 텍스트들이 창세기 3장을 통해 죄 이야기에 관해 뭔가를 말한다. 이 텍스트들은 중요한 두 가지 측면에서 일치한다. (1) 아담(또는 하와)의 불순종이 자신의 필멸성과 이후 모든 사람의 필멸성을 가져왔다. (2) 인간은 자신의 행동에 대해 책임이 있다.…요컨대 죄의 기원들이 논의될 때 제2성전기 유대교 저자들은 아담(또는 아담과 하와)의 영향을 말할 때조차 인간의 선택을 언급한다. 죄의 편재성이 죄의 불가피성을 암시할지라도 죄는 필수적인 것이 아니다.[26]

아담과 하와에 대한 이런 해석들은 사도 바울과 교부들이 글을 썼을 때 문화적, 종교적 배경의 일부였다.

아담의 역사성에 관한 바울의 믿음

누가는 예수의 계보(눅 3:38)에서 그리고 가능하게는 (비록 이름을 거명하지는 않지만) 아테네의 아레오바고에서 한 바울의 연설(행 17:26)에서 아담

---

26 Joel B. Green, "'Adam, What Have You Done?' New Testament Voices on the Origins of Sin," in *Evolution and the Fall*, ed. William T. Cavanaugh and James K. A. Smith (Grand Rapids: Eerdmans, 2017), 105. Green은 각주를 덧붙인다: "다음 문헌들에 수록된 비슷한 결론을 보라. Thomas H. Tobin, *Paul's Rhetoric in Its Contexts: The Argument of Romans* (Peabody, MA: Hendrickson, 2004), p. 171-74 (특히 p. 172); Peter C. Bouteneff, *Beginnings: Ancient Christian Readings of the Biblical Creation Narratives* (Grand Rapids: Baker, 2008), p. 9-26 (특히 p. 26); John E. Toews, *The Story of Original Sin* (Eugene, OR: Pickwick, 2013), p. 37."

을 언급한다. 그러나 바울서신에서 특히 흥미로운 텍스트들은 고린도전서 15:20-22, 42-49, 로마서 5:12-21이다.

> 그러나 이제 그리스도께서 죽은 자 가운데서 다시 살아나사 잠자는 자들의 첫 열매가 되셨도다. 사망이 한 사람으로 말미암았으니 죽은 자의 부활도 한 사람으로 말미암는도다. 아담 안에서 모든 사람이 죽은 것 같이 그리스도 안에서 모든 사람이 삶을 얻으리라.…
>
> 죽은 자의 부활도 그와 같으니 썩을 것으로 심고 썩지 아니할 것으로 다시 살아나며, 욕된 것으로 심고 영광스러운 것으로 다시 살아나며, 약한 것으로 심고 강한 것으로 다시 살아나며, 육의 몸으로 심고 신령한 몸으로 다시 살아나나니 육의 몸이 있은즉 또 영의 몸도 있느니라. 기록된 바 "첫 사람 아담은 생령이 되었다" 함과 같이 마지막 아담은 살려 주는 영이 되었나니, 그러나 먼저는 신령한 사람이 아니요 육의 사람이요 그다음에 신령한 사람이니라. 첫 사람은 땅에서 났으니 흙에 속한 자이거니와 둘째 사람은 하늘에서 나셨느니라. 무릇 흙에 속한 자들은 저 흙에 속한 자와 같고 무릇 하늘에 속한 자들은 저 하늘에 속한 이와 같으니, 우리가 흙에 속한 자의 형상을 입은 것 같이 또한 하늘에 속한 이의 형상을 입으리라(고전 15:20-22, 42-49).
>
> 그러므로 한 사람으로 말미암아 죄가 세상에 들어오고 죄로 말미암아 사망이 들어왔나니, 이와 같이 모든 사람이 죄를 지었으므로 사망이 모든 사람에게 이르렀느니라.
>
> 죄가 율법 있기 전에도 세상에 있었으나 율법이 없었을 때에는 죄를 죄로 여기지 아니하였느니라. 그러나 아담으로부터 모세까지 아담의 범죄와

같은 죄를 짓지 아니한 자들까지도 사망이 왕 노릇 하였나니 아담은 오실 자의 모형이라.

그러나 이 은사는 그 범죄와 같지 아니하니, 곧 한 사람의 범죄를 인하여 많은 사람이 죽었은즉 더욱 하나님의 은혜와 또한 한 사람 예수 그리스도의 은혜로 말미암은 선물은 많은 사람에게 넘쳤느니라. 또 이 선물은 범죄한 한 사람으로 말미암은 것과 같지 아니하니, 심판은 한 사람으로 말미암아 정죄에 이르렀으나 은사는 많은 범죄로 말미암아 의롭다 하심에 이름이니라. 한 사람의 범죄로 말미암아 사망이 그 한 사람을 통하여 왕 노릇 하였은즉, 더욱 은혜와 의의 선물을 넘치게 받는 자들은 한 분 예수 그리스도를 통하여 생명 안에서 왕 노릇 하리로다.

그런즉 한 범죄로 많은 사람이 정죄에 이른 것 같이 한 의로운 행위로 말미암아 많은 사람이 의롭다 하심을 받아 생명에 이르렀느니라. 한 사람이 순종하지 아니함으로 많은 사람이 죄인 된 것 같이 한 사람이 순종하심으로 많은 사람이 의인이 되리라.

율법이 들어온 것은 범죄를 더하게 하려 함이라 그러나 죄가 더한 곳에 은혜가 더욱 넘쳤나니 이는 죄가 사망 안에서 왕 노릇 한 것 같이 은혜도 또한 의로 말미암아 왕 노릇 하여 우리 주 예수 그리스도로 말미암아 영생에 이르게 하려 함이라(롬 5:12-21).

바울은 확실히 그리스도를 실제 역사적 인물로 믿었다. 따라서 이 구절들에서 바울이 아담이 실제 역사적 인물이었다고 믿은 것으로 보인다. 물론 바울 같은 교사가 교수 목적상 신화적 인물을 실제 역사적 인물과 나란히 두었을 수도 있다. 예컨대 역사가가 다음과 같은 방식으로 두 인물을 나란히 놓을 수 있다: "초기 미국인들의 나무 사용은 폴 버니언과 조니 애플시드라는 두 인물 안에서 요약될 수 있다. 폴 버니언은 목재를 사용하기 위해 숲을 도끼로 찍어내는 사람들을 예시하고, 조니 애플시드는 인간에 유용한 특정한 나무들을 선정된 장소에 심는 사람들을 예시한다." 폴 버니언은 어느 한 개인의 전형이거나 그 개인을 대표하는 것이 아니라, 인간이 사용하기 위해 숲에 들어가 나무들을 베어서 마을들로 가져오는 많은 실제 나무꾼들을 나타낸다. 조니 애플시드는 존 채프먼이라는 실제 역사적 인물의 별명이다. 미국의 초등학교에서 자란 독자들은 아마도 그 역사가가 이 두 인물을 예로 사용해서 무엇을 하고 있는지 이해할 것이다. 다른 문화에서 자란 독자들, 특히 지금부터 수백 년 후에 위에 인용한 텍스트를 읽을 사람들은 이 역사가가 폴 버니언과 조니 애플시드를 문자적-역사적 인물로 생각했다고 잘못 믿을 수도 있을 것이다.

제임스 D. G. 던과 트렘퍼 롱맨 3세는 바울이 뭔가 비슷한 일을 했을 수 있다—고의로 신학 전통으로부터의 문학적 인물(아담)과 실제 역사적 인물(그리스도) 사이에 유비를 이끌어냈다—고 주장했다.[27]

---

27 Longman, *Confronting Old Testament Controversies*. Dunn, *Romans 1-8*, 289은 바울의 시대에 쓰인 문헌의 예들을 인용한다:

> 특히 이 대목에서 바울의 신학적 요점이 아담이 "역사적" 인물이었다는 데 의존한다거나 그의 불순종이 역사적 사건이었다는 데 의존한다고 말하는 것은 옳지 않을 것이다. 그리스도의 한 사건과 병행이 도출된다는 사실에 반드시 그런 함의가 수반되는 것은 아니다. 신화적인 역사에 등장하는 행동이 실제 역사에서 일어난 행동과 나란히 놓인다고 할지라도 비교의 요점이 상실되지 않는다. 인간의 실패의 슬픈 이야기를 시작한 사람으로서 아담의 이야기가 잘 알려진 이상—우리는 그렇게 가정할 수 있다(바울의 짧은 제시는 그런 지식을 전제한다)—그런 비교는 유의미했다. 현대의 해석이 고대인은 자연적으로 아담의 이야기들을 문자적으로 역사적인 것으로 이해했다는 일반화

바울 서신들(특히 반복적인 "한 사람"이라는 어구 사용)의 텍스트 분석과 제2성전기 유대교 문헌들이라는 바울의 문화적 맥락을 통해 많은 학자가 바울이 실제로 아담을 역사적 인물로 믿었다고 결론짓는다. 그렇다면 바울은 아마도 이 아담이 모든 인간의 유일한 남성 조상이라고도 믿었을 것이다. 그리고 다른 제2성전기 저자들처럼 바울 역시 아마도 아담을 역사적 인물로서뿐만 아니라 이스라엘의 역사의 원형으로도 보았을 것이다(아담과 하와는 낙원에 있었고, 하나님의 명령에 불순종했고, 쫓겨났다).

다른 제2성전기 저자들과 달리 바울은 아담을 이방인들을 유대인의 메시아 이야기 안으로 들여오는 방법으로 사용했다. 바울은 회심하기 전에 메시아가 이스라엘 민족을 위한 존재라고 믿었다. 즉 메시아가 이스라엘 사람들을 그들의 정치적 압제에서 해방하여 그들이 모세의 율법 순종을 통해 하나님과의 관계를 회복하게 할 것으로 믿었다. 바울이 다메섹으로 가던 길에서 부활한 예수를 만나고 그 후 여러 해 동안 이방인들에게 복음을 전하는 일에 순종함으로써 그 믿음이 극적으로 변화되었다. 바울은 이 포괄적인 복음(inclusive gospel)을 설명할 필요가 있었다. 그는 유대교의 메시아의 생애와 죽음과 부활이 단지 이스라엘 민족만을 위한 것이 아님을 설명할 필요가 있었다. 그것들은 모든 민족을 위한 것이었다. 그것들은 단지 정치적 압제로부터의 해방이나 심지어 모세의 율법에 대한 순종에 관한 것뿐만이 아니었다. 그것들은 하나님과의 화

를 장려하지도 않아야 한다. 플루타르코스 시대에 오시리스 신화가 이해된 방식에 관해 그가 쓴 글을 통해 우리는 인간 역사의 여명에 관한 그런 이야기들이 문자적 의미는 대체로 무시된 채 상당히 정교하게 다뤄질 수 있었고 실제로 그렇게 다뤄졌음이 명백함을 알 수 있다.

해, 모든 인간의 죄의 결과에 기인하는 소원해짐의 극복에 관한 것이었다. 바울은 로마서 1-3장에서 아담을 직접 언급하지 않은 채로 이방인들이 어떻게 모세의 율법을 보유하고 있지 않아도 죄인인지, 그리고 어떻게 율법을 통해서가 아니라 그리스도를 통해서 하나님과 화해할 수 있는지를 논증한다. 로마서 5장에서 바울은 아담을 메시아 이야기 안으로 이방인들을 들여오는 또 다른 방법으로 사용한다.

그리스도에 관해 가르치기 위한 바울의 아담 사용

바울이 아담을 역사적 인물로 믿었다고 하더라도 놀랍지 않을 것이다. 그러나 바울이 아담의 불순종 자체를 말하기 위해 불순종에 관해 쓴 것은 아니었다. 그는 아담의 불순종을 사용해서 그리스도에 관한 신학적 주장을 했다. 이 문제들을 별도로 고려해보자.

성령을 통해 영감을 받은 바울의 글들이 아담이 역사적 인물, 최초의 인간, 최초의 (남성) 죄인, 그리고 모든 인간의 유일한 남성 조상이라는 **믿음**을 반영한다는 단순한 사실이 오늘날의 그리스도인들도 똑같이 믿을 것을 요구하는가? 우리가 교회사와 적응의 원리에서 배운 바와 같이 그 질문에 대한 답은 "아니오"다. 영감을 받은 고대의 성경 저자들은 지구가 고정되어 있고 하늘 위와 지구의 아래에 물들이 있다고 믿었다. 성경이 그런 고대의 믿음들을 언급하지만 그런 것들을 가르치지는 않는다. 영감을 받은 고대의 성경 저자들은 인간의 심장과 내장들이 생각과 관련된 인체 조직이라고 믿었다. 성경은 그런 고대의 믿음들을 언급하지만 그런 것들을 가르치지는 않는다.

그러나 바울은 단지 아담에 관한 그런 믿음들을 언급하기만 한 것이 아니다. 그는 그런 믿음들을 사용해서 핵심적 교리들—죄와 죽음을 극복하기 위한 하나님의 은혜의 보편적인 필요와 이것을 달성함에 있어 그리스도의 생애와 죽음과 부활과 통치의 충분성—을 가르쳤다. 바울이 아담에 관한 그런 믿음들을 사용해서 핵심 교리를 가르쳤다고 해서 오늘날의 그리스도인들이 아담에 관해 똑같이 믿어야 하는가? 우리가 교회사와 적응의 원리에서 배운 바와 같이 그 질문에 대한 답은 "반드시 그렇지는 않다"이다. 조지 머피는 이 점에 관해 다음과 같이 쓴다.

> 그 당시의 유대교와 바울 자신이 아담을 역사적 인물로 믿었다고 해서 우리가 아담을 그런 식으로 이해해야 하는 것은 아니다.…창세기에 수록된, 물리적 세상에 관한 시대에 뒤진 정보는 성령이 성경 저자들의 문화에서 유행하던 인간의 지식의 상태에 영감을 적응시킨 결과로 이해되어야 한다. 그것은 단지 저자들이 기본적인 언어를 사용해서 그들의 동시대인들이 이해하지 못했던 것들을 묘사하는 문제가 아니었다. 우리가 창세기 1장의 저자가 빅뱅에 관해 알았지만 고대 근동의 우주론의 관점에서 말하기로 작정했다고 생각할 이유가 없다. 우리는 바울이 언급한 아담을 유사한 적응으로서 역사적 개인으로 이해할 수 있다. 로마서 5:12-21에서 바울의 목적은 인간의 초기 역사에 대한 정보를 제공하는 것이 아니라 인간의 죄 및 죽음 문제와 관련하여 그리스도의 중요성을 진술하는 것이다.
>
> 다른 한편으로 아담이 현대의 의미에서 역사적 인물이 아니라고 해서 바울이 모든 사람의 실존적인 문제에 관해서만 말하고 있다거나 그 텍스트에서 죄의 기원을 염두에 두고 있지 않다는 뜻은 아니다. 로마서 5:12에서 그

는 죄가 세상에 들어온 것을 단순히 창조 때 주어진 어떤 것으로 말하지 않는다. 죽음의 확산은 "모든 사람이 죄를 지었다"는 사실에 기인한다. 그러나 바울이 "아담의 범죄와 같은 죄를 짓지 아니한 자들"(롬 5:14)을 언급하듯이 "모든" 사람의 죄와 최초의 죄 사이에는 모종의 차이가 있다. 최초의 죄는 인과 관계의 효능이 있다: "한 사람이 순종하지 아니함으로 많은 사람이 죄인된 것 같이"(롬 5:19).[28]

고린도전서 15장과 로마서 5장에 수록된 그리스도에 관한 바울의 핵심적인 가르침—죄와 죽음을 극복하기 위한 하나님의 은혜의 보편적인 필요, 그리고 그리스도의 생애와 죽음 및 부활과 통치가 이것을 충분히 달성한다는 사실—이 성경의 다른 많은 곳(예컨대 롬 1-3장과 아담을 언급하지 않는 다른 많은 구절)에서 가르쳐진다. 그리스도의 구속 사역에 관한 이 진리는 우리가 아담의 역사성을 어떻게 이해하는지에 **의존하지 않는다**.

그러나 우리는 그 질문을 반대 방향으로 제기한다. 고린도전서 15장과 로마서 5장에 수록된 그리스도의 구속 사역에 관한 권위 있는 가르침이 아담의 역사성을 **암시하는가**? 우리는 그 질문에 좀 더 초점을 맞출 수 있다. 아담이 역사적 개인이었다는 바울의 믿음이 그의 신학적 가르침의 논리 안으로 얼마나 깊이 통합되었는가? 이 대목에서도 신약성서의 다양한 구절들이 다양한 주장을 허용한다.

아담에 관한 다소 덜 역사적인 독법에 유리한 텍스트로서, 신약성

28 George L. Murphy, *Models of Atonement: Speaking about Salvation in a Scientific World* (Minneapolis: University Lutheran Press, 2013), 59.

서 저자들이 창세기 1-11장의 일부에 대한 문자적 해석을 사용하여 핵심적인 신학 교리를 가르친 두 사례가 있다.

> 빌립보서 2:10과 요한계시록 5:3, 13의 저자들은 단지 우주가—하늘들과 땅과 땅 아래라는—3층으로 이루어졌다는 고대의 개념을 믿기만 한 것이 아니었다. 그들은 그 믿음을 사용해서 부활한 그리스도의 우주적 통치라는 신학적 교리를 가르쳤다. 그러나 그리스도의 보편적 통치 교리는 성경의 다른 많은 곳에서 다른 많은 방식으로 가르쳐진다. 그 가르침의 진리가 우리가 반드시 3층으로 이루어진 창조세계를 믿어야 함을 함축하지는 않는다.

> 베드로전서 3:20과 베드로후서 3:5-6의 저자 또는 저자들은 세상이 물로부터 그리고 물을 통해서 형성되었고 세계적인 홍수에 의해 파괴되어 여덟 명의 생존자만 남겼다고 믿기만 한 것이 아니었다. 그 저자 또는 저자들은 그 믿음을 사용해서 다가오는 하나님의 최후 심판의 확실성을 가르쳤다. 하지만 다가오는 하나님의 최후 심판의 확실성이라는 신학적 교리는 성경의 다른 많은 곳에서 다른 많은 방식으로 가르쳐졌다. 그 가르침의 진리가 우리가 여덟 명만 제외하고 모든 사람을 죽인 세계적인 홍수가 있었음을 믿어야 함을 함축하지는 않는다.

이 예들은 성령이 성경에 영감을 줄 때 적응의 원리를 사용한다는 결론을 한층 더 뒷받침한다.

아담에 관한 좀 더 역사적인 독법에 유리한 텍스트로서, 바울의 글에서 그의 신학적 가르침이 예수의 부활이라는 역사적 사건에 의문의 여지 없이 연계된 현저한 예를 주목하라. 이것은 사실상 모든 시대의 교회들이 그 신학이 타당하기 위해서는 반드시 역사적으로 일어났어야 한다고 인정해온 사건이다.

> 다른 많은 구절 특히 고린도전서 15:12-19에서 나타난 바와 같이, 바울은 예수가 죽은 자들 가운데서 살아나 하늘에 올라가 다스리는 것이 역사적 사실이라고 믿기만 한 것이 아니었다. 그는 그런 역사적 사실들을 사용해서 모든 사람의 다가오는 부활이라는 핵심 교리를 가르쳤다. 더욱이 바울은 모든 사람의 부활이 다가오고 있다는 우리의 믿음이 이치에 합당하려면 예수의 부활이라는 역사적 사실이 반드시 참이어야 한다고 강력하게 주장한다. 신약성서의 다른 많은 곳에서 부활이 다가오고 있다고 가르쳐진다는 것이 사실이지만, 거의 모든 경우에서 그 신학적 교리는 예수의 역사적 부활에 연결되어 있다. 모든 신약성서 저자는 이 핵심 교리와 예수의 부활이라는 역사적 사실이 분리될 수 없다고 생각한다.

이 장에서 인용된 대다수 학자(전부는 아니다)는 바울이 아담을 역사적 인물로 생각했다는 데 동의한다. 그들은 일반적으로 바울이 창세기 2-3장의 문자적 해석을 사용해서 그리스도에 관한 주장을 입증한다는 데 동의한다. 그들은 바울이 아담에 관한 텍스트를 그런 식으로 사용한 것이 오늘날 우리도 (부활에 관한 고전 15장의 바울의 가르침과 유사하게) 아담이 역사적 인물이었다고 생각하게 하는지 또는 바울의 아담에 관한 텍스트 사용이 (빌 2장의 3층 우주 및 베드로전서와 베드로후서의 보편적 홍수에 관한 믿음들과 유사하게) 적응의 원리의 또 다른 예로 생각되는 것이 가장 좋은지에 관해서는 일치하지 않는다.

학자들 여섯 명의 주장

나는 이 대목에서 내가 요약해온 학자들 여섯 명의 글을 길게 인용하려고 한다. 이 학자들은 각자 구약성서와 신약성서를 사용하여 논거들을 고려한다. 처음 세 명은 아담과 하와가 우리 조상들 전체 집단을 가리키는 문학적이고 상징적인 인물들로 여겨지는 것이 최선이라고 믿는다. 다음 세 명은 아담과 하와가 신학적 의미와 원형적 의미도 지니는 (아마도 이름이 달랐고, 메소포타미아가 아닌 곳에서 살았고, 좀 더 큰 집단의 일부였던) 특정한 역사적 개인들로 이해되는 것이 최선이라고 믿는다.

스캇 맥나이트의 입장:

> 바울의 아담은 이스라엘과 모든 인간을 위한 원형인 원형적, 도덕적 아담이다.…우리는 바울이 **그리스도로부터 시작해서** 아담에게서 반대의 것을 발견한다고 주장할 수도 있고, **아담으로부터 시작해서** 그리스도에게서 반대의 것을 발견한다고도 주장할 수 있다. 우리의 맥락에서 중요한 것은 바울이 아담을 사용해서 그의 기독론을 뒷받침하고 그리스도 안에서 이뤄진 성취를 돋보이게 한다는 점뿐이다. 우리는 우리의 구절을 신학적 목적을 위해 창세기의 문학적 아담을 재사용한 것을 나타내는 또 다른 예로 설명할 수 있다. 우리가 그것을 어떻게 설명하든 간에 이 대목에서 바울의 강조는 아담과 그리스도의 비교다. 바울에게 있어 그리스도는 참된 이스라엘 사람이자 두 번째 아담이다. 즉 하나님이 아담과 하와를 창조했을 때 그들에 대한

하나님의 설계는 그들이 하나님의 영광을 반영하고 하나님의 창조세계를 다스리는 것이었지만, 그들은 그 임무를 거부했다. 따라서 하나님의 적절한 시점에 하나님이 그 아담이 되라고 이스라엘을 창조했지만, 이스라엘 역시 신적 소명에 부응하지 못했다. 따라서 하나님의 올바른 시점에 하나님이 아담과 이스라엘이 되라고 자기 아들 예수를 보냈다. 그렇다면 예수는 바울에게 아담 및 이스라엘과 달리 신적 사명을 성취하는 참된 아담과 참된 이스라엘로 여겨진다.[29]

대니얼 할로우의 입장:

바울의 주된 관심사는 그리스도를—그의 행동이 자신에게뿐만 아니라 인류 전체에게 미치는—대표적인 역할을 하는 인물로 묘사하는 것이다. 그는 아담을 역사적 인물로라기보다는 그리스도의 모형으로서, 즉 타락한 인간의 상징적인 대역으로 들여온다. 바울은 확실히 누가와 마찬가지로 아담을 역사적 인물로 여겼지만, 그의 서신들에서 아담의 역사성을 단언하는 대신 그것을 당연하다고 가정하며, 로마서 1-3장에서 그는 아담에 대해 전혀 언급하지 않고서도 악의 문제와 보편성을 길게 묘사할 수 있다. 특히 후자는 역사적 아담이 바울의 가르침에 필수적이지 않았음을 암시한다. 오늘날 우리에게는 아담을 엄격하게 문학적인 인물로 인식할 **많은** 이유가 있는 반면 바울에게는 아담을 역사적 인물로 여기지 않을 이유가 별로 없었다. 그 사도가 죄와 죽음에서 아담의 역할에 관해 실제로 무엇을 말하는가? 우리가 로마서 5:12에 기록된 그의 단어들을 주의 깊게 조사하면 그의 전치사 사

29 McKnight, *Adam and the Genome*, 180-81.

용은 흥미로운 사실을 보여준다. 그는 (아담 "때문에"가 아니라) 아담을 **통해** 죄가 세상에 들어왔고(우리말 개역개정에는 "한 사람으로 말미암아"로 번역되어 있음), 모든 사람이 죄를 지었기 **때문에** 죽음이 모든 사람에게 퍼졌다고 말한다. 아담은 최초의 죄인이었지만 인간의 죄에 대한 책임은 로마서 1:18-3:20에 기록된 바와 같이 인류 전체에 공평하게 돌려진다. 더욱이 바울은 아담의 죄로 말미암아 인간의 본성이 근본적인 변화를 겪었다고 주장하거나 암시하지도 않는다. 그렇다면 바울이 보기에 아담의 행동이 인류에게 **영향을 주었지만** 인류를 감염시키지는 않았다. 바울은 아담에게 모든 인간의 죄를 초래한 역할을 돌린다기보다 일시적이고 대표적인 역할을 돌린다.[30]

피터 엔스의 입장:

아담 이야기에 대한 바울의 독법은 그의 부활한 그리스도 경험의 영향을 받았다. 바울은 그가 구약성서 일반을 사용할 때서 종종 그렇게 하듯이 아담 이야기를 그리스도의 사역과 유대인과 이방인의 동등성을 강조하는 방식으로 해석한다. 하나님의 아들의 죽음과 부활은 이스라엘의 이야기에 놀라운 결말이었다. 구약성서의 메시아 소망에 익숙한 사람 중 아무도 십자가에 처형되고 부활한 메시아에 대해 준비되지 않았다. 바울에 따르면 이처럼 조화되지 않는 이스라엘의 이야기에 대한 절정은 이스라엘의 이야기를 상대화하는 데 도움이 되었다. 즉 충실한 토라 준수가 더 이상 (유대인의 정치적·종교적 자유로 이해된) 메시아 시대의 도래를 위해 필요한 준비가 아니

30 Harlow, "After Adam," 190.

었다. 사실 토라가 문제의 일부였다. 토라는 우리가 깨지고 소외된 사람들이며 구출될 필요가 있다는, 인간의 상태에 대한 보다 심원한 진실을 악화시키고 그것을 명백하게 보여줄 뿐이었다(롬 5:20). 하나님이 그리스도의 죽음과 부활에서 보여준 해법은 창조세계에 대한 하나님의 사랑의 깊이를 보여주었을 뿐만 아니라, 그 창조세계가 구원을 어느 정도로 필요로 하는지를 최초로 명확하게 계시했다(롬 8:19-23). 1세기 유대인이었던 바울은 그에게 알려진 고대의 표현들 및 범주들과 수 세기에 걸쳐 그에게 전해 내려온 종교적 전통을 통해 그가 할 수 있으리라고 기대될 수 있었던 방식으로만 그리스도 안에서 나타난 하나님의 행동에 대해 증언했다. 우리는 반드시 인간의 기원들에 관한 바울의 가정들이 정확하다고 믿지 않아도, 그가 죄와 죽음의 문제 및 그리스도 안에서 하나님이 제공하는 해법에 관해 신학적으로 및 역사적으로 옳다고 믿을 수 있다. 구원자에 대한 필요는 역사적 아담을 필요로 하지 않는다. 영감이 창세기의 저자가 기원들을 묘사할 때 주어졌든 바울이 훗날 창세기를 이해하게 될 때 주어졌든 간에, 영감에 대한 적절한 견해는 하나님이 저자들의 문화적 관용어를 통해 말한다는 사실을 받아들일 것이다. 두 사람 모두 문화적 요소의 배경과 제약을 반영한다.[31]

N. T. 라이트의 입장:

하나님이 특별하고 낯설고 벅찬 소명을 위해 인류의 나머지로부터 이스라엘을 구분한 것과 마찬가지로, 아마도 창세기는 우리에게 **하나님이 특별하고 낯설고 벅찬 소명을 위해 한 쌍을 초기 호미니드(사람과)들의 나머지로**

31 Enns, *Evolution of Adam*, 142-43.

부터 구분했다고 말하고 있을 것이다. 이 쌍(당신이 원한다면 그들을 아담과 하와로 부르라)은 인류 전체의 대표자, 즉 그들 안에서 온 세상을 기쁨과 즐거움과 질서의 장소로 만들고 궁극적으로 모든 창조세계를 개척한다는 하나님의 목적을 진척시킬 사람들이었다. 창조주 하나님이 그들의 손에 하나님의 형상 담지자가 되라는, 망가지기 쉬운 임무를 맡겼다. 만일 그들이 실패한다면 그 임무와 더불어 선택되지 않은 다른 호미니드들을 포함한 좀 더 넓은 창조세계에 대한 전체 목적도 무너질 것이다. 그들은 생명을 가져오는 존재들이 되어야 했는데 그들이 그 임무에 실패한다면 세상에 이미 퍼져 있던 죽음이 그들도 집어삼킬 것이다.[32]

C. 존 콜린스의 입장:

바울이 고린도전서 15:21에서 "한 사람"을 지칭할 때 그는 22절이 명확히 하는 바와 같이 한 인간을 지칭하고 있다: 아담은 그를 통해 죽음이 온 인간인 반면 그리스도는 그를 통해 죽은 자의 부활이 온 인간이다. 이어서 바울은 22절에서 그의 특징적인 공식 중 하나인 "아담 안에서"와 "그리스도 안에서"를 사용한다. 이 표현들을 간단하게 설명하자면 누가 "A 안에" 있다는 것은 그 사람이 A가 계약상의 대표자 역할을 하는 사람들의 구성원이라는 의미다. 이 멤버십은 대표에게 일어나는 일들이 그 집단의 모든 구성원에게 영향을 주고 그 역도 참인, 일종의 유대를 확립한다.…이 A라는 사람은 대표로서의 공적 역할을 하는 개인이며, 혹자가 계약상으로 역사적으로

---

32 N. T. Wright, "Excursus on Paul's Use of Adam," in Walton, *Lost World of Adam and Eve*, 177-78. N. T. Wright, *Surprised by Scripture: Engaging Contemporary Issues* (New York: HarperCollins, 2014), 37-38도 보라.

존재하지 않았던 누군가의 "안에" 있을 수 있다는 증거가 없다.…실로 바울의 논증은 역사적이고 내러티브적이다. 한 사람이 자기가 대표한 사람들에게 문제를 초래한 어떤 행동을 했고, 훗날 다른 사람이 그가 대표한 사람들을 그 문제에서 구출한 어떤 행동을 했다.[33]

존 월튼의 입장:

우리가 아담과 하와를 역사적 인물로 적시하는 것은 그들이 실제 과거에 실제 사건들에 관여한 실제 인물들이라는 뜻이다. 그들의 역할이 일부 수용사에서 그들이 신화적 인물이나 전설상의 인물로 다뤄지는 데 기여했을 수도 있지만, 그들이 본질적으로 그런 인물인 것은 아니다. 마찬가지로 그들은 가공의 인물도 아니다. 동시에 그들의 프로필에는 역사적 요소들을 전달하려고 의도되지 않은 몇몇 요소가 들어있을 수도 있다. 나는 이미 그들의 이름이 그들의 역사적 이름이 아니라고 지적했다. 마찬가지로 그들의 창조 기사가 원형적이라면 그 기사는 역사적 사건이라기보다는 아담과 하와의 동일성에 관한 진리를 제시한다. 이러한 한정과 주의사항에도 불구하고 나는 몇 가지 중요한 이유로 그 텍스트의 정보가 아담과 하와가 실제 과거의 실제 인물로 여겨져야 한다는 결론으로 이끈다고 믿는다.…구약성서만을 통해 연구할 경우 우리가 죄의 등장과 확산에 관해 어떻게 생각해야 하는지에 대해 많은 유연성이 있을 것이다. 하지만 신약성서, 특히 그리스도의 사역의 영향에 관한 논의는 우리의 신학적 해석에 훨씬 많은 요구를 제기한다. 신약성서는 죄의 실재와 죄에 따른 구속의 필요가 시간과 공간상에서 일어

33 Collins, *Did Adam and Eve Really Exist?*, 79-81.

난 특정한 한 사건을 통해 시간의 한 시점에 들어온 것으로 본다. 그리고 바울은 시간의 한 시점에 일어난 그 사건을 그에 상응하는 구속의 행동—그것 역시 한 시점에 일어난 사건인 그리스도의 죽음과 그 죽음에 기인하는 속죄—과 관련시킨다.[34]

성경 해석학과 신학

원죄 교리는 (주로) 아담과 하와가 역사적 인물로 해석되는 것이 가장 좋은가에 관한 내용만이 아니다. 그 교리는 다음과 같은 많은 관련 문제들을 다룬다: 인간의 본성에 어떤 손상이 가해졌는가? 하나님과 인간 사이의 관계 및 인간의 상호 관계에 어떤 손상이 가해졌는가? 죄가 최초 죄인들의 죄로부터 나머지 인간들에게 어떻게 퍼졌는가? 왜 소수의 죄가 모든 사람에게 영향을 주는가? 아직 고의로 죄를 짓지 않은 유아들의 지위는 무엇인가? 죄 없는 삶을 사는 것이 이론상으로라도 가능한가? 왜 하나님이 우리를 죄가 가능하도록 창조했는가? 왜 오늘날 모든 인간이 명백히 죄를 피할 수 없고 따라서 그리스도의 은혜에 전적으로 의존해야 하는가? 이 책의 나머지는 조직신학을 사용해서 이런 질문들을 다룰 것이다.

---

34 Walton, *Lost World of Adam and Eve*, 101–3.

7장

교회사에서 전개된 원죄 교리

교회사를 통틀어 신학자들은 세상에 죄가 들어온 것에 관해 어떻게 가르쳤는가?

원죄 교리는 상호 관련된 많은 신학적 질문을 다룬다. 이 장은 우리가 인간의 진화를 포함하는 현대의 시나리오들을 고려할 때 교회사를 통틀어 나타난 신학자들의 통찰을 활용할 수 있도록 그들의 저작들을 요약할 것이다.

성 아우구스티누스가 원죄 교리를 창안한 것이 아니다. 원죄 교리의 역사는 구약성서의 죄 개념, 신구약 중간기의 사상적 전개에 거슬러 올라갈 수 있으며 그것이 신약성서의 저작들 안으로 이어졌다. 본서의 6장은 아담과 하와를 언급하는 구약성서와 신약성서 구절들을 살펴보았다. 이 장은 기원후 2세기의 교부들부터 시작해서 원죄 교리의 역사를 추적하는데, 아우구스티누스의 지대한 영향으로 인해 그에게 특별한 주의를 기울인다.

아우구스티누스가 그의 원죄 교리를 성경에서만 도출한 것은 아니다. 그는 자주 성경을 언급했지만, 자기보다 앞서 활동했던 교부들의 저작들도 사용했다. 그는 그리스의 몇 가지 철학 이론들도 사용했고 그 당시의 특정한 신학 논쟁에 초점을 맞췄다.

아우구스티누스 이후 신학자들은 그 교리의 다른 형태들을 탐구했다. 이 교리를 분석하는 많은 책이 출간되어 있다. 이 장은 몇몇 요점만을 요약하며, 과거의 신학자들이 다음과 같은 질문들에 어떻게 답변했는지에 특히 주의를 기울인다: 우리 조상들이 최초로 죄를 짓기 전에 어떤 상태에 있었는가? 최초의 죄의 본질은 무엇이었는가? 죄가 그들에게 어떤 식으로 피해를 주었는가? 그 피해가 어떻게 이후의 세대들에게 전달되었는가? 하나님이 왜 죄를 허용했는가?

교회사에서 원죄 교리를 둘러싸고 여러 이론이 경쟁했다. 그 이론들을 조사하면서 우리는 두 가지 반대되는 유혹을 피하려고 노력할 것이다.

첫 번째 유혹은 경쟁하는 모든 형태의 원죄 교리가 오늘날 우리에게 똑같이 가치가 있거나 가치가 없다고 결론짓는 것이다. 신학적 요점이 수 세기 동안 논란이 되어왔을지라도 오늘날 우리가 그것을 핵심적인 교리의 해결된 부분으로 간주하는 것이 옳을 수도 있다. 가르침들이 핵심 교리 지위를 달성하기 전에 오랫동안 논란을 거치는 일이 드물지 않다(삼위일체 교리가 그런 예 중 하나다).

반대의 유혹은 그 교리에 관한 어느 특정한 신학자의 견해를 표준적인(canonical) 견해로 받아들이고서 그 전에 쓰인 모든 것을 단순히 표준적 견해의 선구자로 해석하고 그 후에 쓰인 모든 것을 표준적 견해로부터의 변질로 해석하는 것이다. 어느 신학자의 이론이 수백 년 동안 대다수 신학자의 인정을 받았다고 해서 그것이 자동으로 교회의 핵심적인 교리로 안착하는 것은 아니다. 때로는 성령이 교회에게 그런 믿음들을 재조사하도록 자극한다(성경이 지구가 고정되었다고 가르친다는 믿음이 그런 예 중 하나다).

이 장에 요약된 신학자들은 각기 성경에서 가르친 진리들을 추출하려고 했다. 그들이 성공하는 한도에서 그들의 가르침은 성경에서 권위가 나온다. 각각의 신학자들은 자기 시대의 특정한 논쟁들을 다뤘다. 그들은 자기들의 특정한 문화의 언어적·철학적 자원들에 의존해서 자기의 생각을 표현했다. 이 역사를 검토하면 우리는 오늘날 우리를 도와줄 수 있는, 과거 세대들의 집합적인 통찰을 사용할 수 있다.

성 아우구스티누스 전의 교부들

프레데릭 R. 테넌트는 『타락과 원죄 교리의 원천』(*The Sources of the Doctrines of the Fall and Original Sin*)에서 1세기 말과 2세기 초 사도 교부들이 때때로 죄의 보편성에 대해 논의했지만, 그들 중 아무도 아담의 죄가 그의 후손에게 영향을 주었는지에 관해 언급하지 않았음을 지적한다. 테넌트는 다음과 같이 덧붙인다:

> 순교자 유스티누스(100년경-165년)에 와서야 우리는 "원죄 교리에 대한 접근법이 탐지되는가?"라는 문제를 평가할 필요가 있게 된다. 유스티누스는 죄의 보편성과 우리에게 은혜가 필요하다는 점을 역설하며, 모든 사람의 본성 안에 있는 악한 성향을 언급한다. 그러나 이런 것들은 타락으로부터 추론되거나 타락과 연결되지 않는다. 타락 사건이 언급될 때 유스티누스는 그것을 죄악성의 원인으로 보기보다는 단지 죄의 시작을 나타내는 것으로 보는 듯하며, 그가 그 사건으로부터 유전적인 오염이나 죄의 전가를 추론하

는 것으로 보이지 않는다.[1]

타사 와일리는 『원죄』(*Original Sin*)에서 이 주제에 관한 순교자 유스티누스의 저작들은 그 시대의 다른 교부들의 저작들과 유사하다고 지적한다. "다른 기독교 사상가들과 마찬가지로 유스티누스는 인간의 죄악된 상태를 인정했다. 또한 그들과 마찬가지로 유스티누스는 자기가 사실로 여겼던 것, 즉 죄의 보편성을 설명하는 명시적인 원칙을 발전시키는 데 관심이 없었다. 그에게는 개인적인 죄들의 규칙성이 충분한 이유로 보였다. 이것이 사람들을 하나님으로부터 분리하는 요소다."[2]

테넌트는 이레나이우스 전의 다른 교부들(타티아노스, 120년경-180년경; 안디옥의 테오필로스, 120년경-184년경; 아테네의 안테오고라스, 130년경-190년경)의 저작들을 다음과 같이 요약한다.

> 그리스의 변증가들이 훗날 교회가 발전시킨 원죄 교리 쪽으로 그리 멀리 진행하지 않았다는 점이 드러날 것이다. 그들은 인간의 타락하지 않은 상태에 관해 견해를 달리했고 최초 조상의 타락이 인류에게 미친 영향에 관해 확정적으로 추정하지 않았다. 그들이 타락으로 말미암아 인류에게 오염된 본성이 부여되었다고 생각한 것으로 보이지 않는다. 즉 인간의 심리 상태, 의지의 자유나 다른 도덕적 능력이 변한 것으로 제시되지 않는다. 인간의 자연

1 Frederick Robert Tennant, *The Sources of the Doctrines of the Fall and Original Sin* (Cambridge: Cambridge University Press, 1903), 275-76.

2 Tatha Wiley, *Original Sin: Origins, Developments, Contemporary Meanings* (New York: Paulist Press, 2002), 42.

적인 욕구와 욕망이 본질적으로 죄악된 것으로 생각되지도 않는다. 죄는 의지 안에만 존재한다. 아담의 후손의 죄악성은 아담의 예를 따라서 악한 영의 지배에 굴복한 데 기인한다. 죄의 보편성은 인류의 통일성 및 연대와 관련된 것이 아니다.[3]

이레나이우스(130년경-202년)의 저작들은 좀 더 발전된 원죄 이론을 포함한다. 하나님을 선과 악 모두의 근원으로 설명한 영지주의자들의 가르침에 반대한 이레나이우스는 창세기와 성 바울의 저작들에 호소하여 인간의 죄악된 경향에 대한 설명으로서 아담과 하와의 불순종을 지적했다. 그러나 이레나이우스의 신학은 몇 가지 면에서 아우구스티누스의 신학과 다르다. 특히 이레나이우스는 에덴동산에 있던 아담과 하와를 아직 하나님이 그들을 위해 계획한 모든 선물을 누릴 준비가 되지 않은, 성숙하지 않은 존재들로 묘사한다. 그들은 도덕적 성숙 상태로 발달하게 되어 있었지만 꼬임을 받아 불순종했다. 존 힉은 이레나이우스의 견해를 다음과 같이 묘사한다.

따라서 이레나이우스에게서 악의 문제에 대해 중요한 측면에서 아우구스티누스식의 신정론 유형과 대조되는 접근법의 개요가 발견된다. 이레나이우스는 인간이 제한적으로 완벽하게 창조되고 나서 불가해하게 자신의 완벽을 파괴하고 죄와 불행으로 추락했다는 교리 대신, 인간이 불완전하고 미성숙하게 창조되어서 도덕적인 발전과 성장을 거쳐서 최종적으로 그의 창

3 Tennant, *Sources of the Doctrines of the Fall and Original Sin*, 282.

조주가 그를 위해 계획한 완벽함에 이르게 될 존재였다고 주장한다. 이레나이우스는 아담의 타락을 아우구스티누스의 전통에서처럼 완전히 악의적이고 재앙적인 사건으로서 하나님의 계획을 완전히 망가뜨린 것으로 제시하지 않는다. 대신 그는 그것을 악의로 가득하고 끊임없는 죄로 꽉 찬 성인의 죄로 묘사하는 대신 인류의 유아기에 일어난, 연약함과 미성숙에 기인한 이해할 수 있는 실수로 묘사한다.[4]

힉 이후에 저술한 학자들은 이레나이우스가 아담과 하와가 미성숙하고 "불완전"하게 창조되었다고 한 말이 무슨 뜻인지 명확히 밝히는 데 도움을 주었다. 제럴드 히스탠드는 다음과 같이 쓴다.

> 이레나이우스에 따르면 인간은 "오랜 기간"의 발전을 거쳐서 비로소 하나님이 의도한 존재가 된다. "하나님의 지혜는 창조물들을 조화롭고 일관성이 있는 전체의 부분들로 만든 데서 나타난다. 그리고 하나님의 빼어난 친절을 통해 성장과 오랜 기간의 실존을 받는 존재들은 창조되지 않은 존재의 영광, 좋은 것을 아낌없이 주는 하나님의 영광을 반영한다." 이 발전 과정은 타락에 기인한 필수품이 아니라 창조물(인간을 포함한다)이 변하기 쉽고 유한하다는 사실의 필연적인 결과다. 창조물은 정의상 변하기 쉽고 따라서 불가피하게 하나님의 영광에 이르지 못하기 때문에 하나님조차도 완전한(즉 완벽하고 끝마쳐진) 창조물을 창조할 수 없었다.[5]

---

4 John Hick, *Evil and the God of Love*, rev. ed. (New York: Harper & Row, 1977), 214-15(『신과 인간 그리고 악의 종교 철학적 이해』, 열린책들 역간).

5 Gerald Hiestand, "The Irenaeus Option: How Irenaeus Does (and Does Not) Reduce

이레나이우스의 견해와 이후 아우구스티누스의 견해 사이에는 몇 가지 차이가 있지만, 그들의 견해에는 몇 가지 공통점이 있다. 히스탠드는 다음과 같이 지적한다: "이레나이우스는 아우구스티누스와 마찬가지로 인간의 부패와 죽음이 죄에 기인한 것으로 본다. 아담과 하와는 완벽하게 완전한 존재로 창조되지는 않았지만(아우구스티누스는 그렇게 창조되었다고 본다) 선으로 가득하고 부패나 죄가 없이 창조되었다. 인간이 유아로 창조되었다는 이레나이우스의 아이디어는 결코 인간성 안에 부패가 있음을 암시하려는 것이 아니다."[6] 이레나이우스 후에 신학자들은 아담의 죄의 책임이 어느 정도까지 이후의 세대들에 전달되었는지, 아담의 죄로 말미암아 인간의 본성이 어떤 식으로 망가졌는지, 모든 인간이 아담의 죄에 어느 정도로 연합하는지, 그리고 아담 이후 인간은 어느 정도로 죄를 피할 수 있는지 계속 논쟁을 벌였다. 와일리는 다음과 같이 지적한다: "영지주의의 결정론에 반대하기 위해 알렉산드리아의 클레멘스(150년경-215년경) 등은 인간의 자유, 자기 결정, 그리고 도덕적 책임을 강조했다. 그들은 인간이 도덕적 명령들에 순종할 능력이 없다면 하나님이 인간에게 그런 명령에 순종하도록 요구할 수 없다고 주장했다. 개인적인

---

the Tension between Christian Theology and Evolutionary Science," *Bulletin of Ecclesial Theology* 6, no. 2 (Fall 2019): 40-41.

6 Hiestand, "Irenaeus Option," 45. 이레나이우스에 관한 최근의 다른 연구는 다음 문헌들을 보라. Matthew Steenberg, "Children in Paradise: Adam and Even as 'Infants' in Irenaeus of Lyons," *Journal of Early Christian Studies* 12, no. 1 (2004): 1-22; 그리고 Andrew M. McCoy, "The Irenaean Approach to Original Sin through Christ's Redemption," in *Finding Ourselves after Darwin: Conversations on the Image of God, Original Sin, and the Problem of Evil*, ed. Stanley P. Rosenberg, Michael Burdett, Michael Lloyd, and Benno van den Toren (Grand Rapids: Baker Academic, 2018), 160-72.

비위 행위들이 '영혼을 더럽히고' 인간의 본성을 약화시키지만, 인간은 유혹에 저항할 수 있다."[7]

교부들이 자기 생애 동안 자신의 일부 견해를 바꾸기도 했다. 오리게네스(184년경-254년경)는 『제1원리』(*De Principiis*)에 수록된 초기 저작들에서 창세기의 타락 이야기는 알레고리적이고 그것의 의미는 신비적이라고 선언했다. 이 입장에서 인간 본성의 죄악성은 각 개인의 죄로 말미암은 손상에서 나오고 아담의 죄로부터 나오지 않는다. 하지만 『로마서 주석』(*Commentary on the Epistle to the Romans*) 같은 이후의 저작들에서 오리게네스는 아우구스티누스에 의해 개발된 것에 훨씬 가까운 원죄 신학을 가르친다.[8]

아타나시오스(297-373)는 인간들이 그들의 "자연 상태"에서 죽을 운명이고 부패하기 쉬운 존재로 창조되었다고 믿었다. 그에 따르면 유혹 전에 아담과 하와에게 초자연적인 은사, 즉 하나님의 형상을 담지하는 창조물의 독특한 특권이 부여되었는데 그것이 그들에게 도덕적 의로움과 불멸성에 대한 접근을 주어서 그들을 이 자연 상태 위로 끌어올렸다. 아담과 하와는 죄를 지음으로써 그들 안에 있는 하나님의 형상을 손상했고 죽을 운명인 모든 창조물에 고유한, 불가피한 부패로 미끄러졌다. 테넌트는 다음과 같이 쓴다.

아타나시오스는 타락을 인간이 "자연 상태"로 떨어진 것으로 생각했다. 달

7 Wiley, *Original Sin*, 40.

8 Tennant, *Sources of the Doctrines of the Fall and Original Sin*, 296-301.

리 말하자면 타락은 좀 더 최근의 신학이 초자연적인 재능(emdowments)으로 부르는 것의 상실로 구성된다고 제시된다.…이후의 모든 세대는 아담이 떨어진 이 자연 상태에서 태어난다. 그러나 이 보편적인 타락은 모든 인류가 아담 안에서 또는 아담과 함께 죄를 지었다거나, 아담이 범죄한 결과 자신의 실제 죄와 무관하게 죄인이 되기라도 한 것처럼 결정적으로 아담의 하나의 큰 죄에 돌려지는 것으로 보이지 않는다. 이와는 반대로 아타나시오스는 인류 전체의 타락한 상태가 점진적으로 일어난 것으로 본다.[9]

테넌트는 계속해서 아타나시오스에 관해 다음과 같이 지적한다. "그러나 이 교부의 다른 저작들에서 우리는 훗날의 원죄 교리에 좀 더 가까운 접근법을 보이는 표현들을 만난다.…그는 확실히 '모든 사람을 올바르게 만들고 이전의 범죄를 없애기 위해' 그리스도의 희생 제사가 드려졌다는 입장을 유지했다."[10]

테르툴리아누스(155년경-240년경)의 원죄 신학은 아우구스티누스의 원죄 신학과 매우 유사하다. 테르툴리아누스는 오리게네스와 달리 인간의 새 영혼 각각이 인간의 새 신체와 마찬가지로 부모의 결합을 통해 만들어진다는 아이디어인 "영혼 출생설"(traducianism)을 믿었다. 영혼은 수태 후에 몸 안으로 들어가지 않고 몸과 함께 만들어진다. 테넌트는 다음과 같이 쓴다. "테르툴리아누스가 아이의 영혼이 나무의 밑동에서 나는 가지처럼 부친의 영혼에서 유래한다고 생각하는 한, 그는 모든 인

9 Tennant, *Sources of the Doctrines of the Fall and Original Sin*, 311-12.

10 Tennant, *Sources of the Doctrines of the Fall and Original Sin*, 311-12. 그는 이 대목에서 Athanasius, *On the Incarnation of the Word* 20을 인용한다.

간의 영혼을 궁극적으로 아담의 영혼의 가지로 보아야 한다. 그리고 영혼이 부모로부터 부모의 영적 특성과 자질을 물려받는 한, 아담의 영혼의 특성과 자질이 그의 후손들에게 전달되었음이 틀림없다." 따라서 테르툴리아누스에 따르면 아담의 타락한 본성, 그의 필멸성, 그의 죄에 대한 벌이 그의 모든 후손에게 전해진다.[11]

이안 맥팔랜드는 아우구스티누스 이전의 신학자들의 저작들을 다음과 같이 요약한다.

> 요컨대 창세기 내러티브에 관한 아우구스티누스 이전 시기 신학자들에게 공통적인 기본적인 신학적 틀은 다음과 같은 두 가지 매우 일반적인 확신을 포함했다: 첫째, 아담의 불순종은 세상에 죄와 사망을 들여온 역사적 사건을 대표했다. 둘째, 이 원시적인 죄가 인간의 이후 세대들에게 끼친 영향은 그리스도의 구속 사역을 통해서만 극복될 수 있다. 앞의 단락들에서 언급된 바와 같이 이런 견해는 주로 악의 기원을 하나님이나 물질에 돌리는 영지주의적인 기독교와 이교도의 철학적 사고에 대한 저항으로 말미암아 동기가 부여된 것으로 보인다. 동시에 신학자들은 같은 사상의 숙명론에 반대하여 인간이 죄를 회피할 능력을 매우 강조했다. 깊이 자리 잡은 인간의 자유에 대한 이 믿음이 아담의 타락 이론의 결정론과 암묵적인 긴장 관계에 있어서 아우구스티누스 시대 이전에 다음과 같은 세 가지 질문에 대한 그리스도인들의 답변에 상당한 유동성이 있었다: (1) 낙원 이야기가 어느 정도로 문자적으로 읽혀야 하는가? (2) 그곳에서 묘사된 죄가 인간의 이후 세대들을 직

11 Tennant, *Sources of the Doctrines of the Fall and Original Sin*, 331-35.

접적으로 연루시키는가? (3) 죄가 아담 이후 인간의 자유에 미치는 영향.[12]

성 아우구스티누스

성 아우구스티누스(354-430)는 자기 시대의 신학 논쟁의 와중에서, 특히 펠라기우스(360-418)에 반대하여 그의 원죄 신학을 발전시켰다. 펠라기우스는 하나님이 인간에게 도덕적 본성이라는 선물을 주어서 인간이 옳은 것을 알고 행할 수 있음을 강조했다. 펠라기우스에 따르면 우리는 법률, 이성, 자유 의지를 지니는 한 하나님께 순종하기 위해 필요한 은혜를 지니고 있다. 따라서 각 사람은 자신이 범하는 죄에 대해 책임이 있다. 펠라기우스는 우리가 아담의 예를 따를 경우에만 아담의 죄가 우리에게 해를 끼친다고 믿었다.

아우구스티누스의 주된 관심사 중 하나는 "구원론", 곧 구원의 교리였다. 예수는 인간의 유일한 구주다. 아우구스티누스의 견해에서는 모든 인간이 타락했고 모두 불가피하게 죄를 짓는다. 펠라기우스는 아우구스티누스가 죄에 대한 인간의 책임을 너무 많이 없앤다고 우려했다.[13] 한편 아우구스티누스는 펠라기우스의 견해가 인간이 죄를 회피함으로써 그리스도와 별도로 스스로 의롭다 함을 받을 수 있음을 암시한다고 우려

---

12 Ian A. McFarland, *In Adam's Fall: A Meditation on the Christian Doctrine of Original Sin* (Oxford: Wiley-Blackwell, 2010), 32.

13 Wiley는 다음과 같이 쓴다: "펠라기우스는 인간에게 자유가 있다는 사실을 인간의 본성이 선이나 악을 행할 수 있다는 증거로 보았다. 펠라기우스는 본성이 잘못을 회피할 잠재력을 지니고 있지 않다면 사람이 어떻게 도덕적으로 책임을 질 수 있느냐고 논증했다", *Original Sin*, 68.

했다. 아우구스티누스는 모든 인간에게, (아우구스티누스가 아직 고의로 죄를 짓지 않았다는 데 동의한) 유아들에게마저, 그리스도의 속죄가 필요하다고 주장했다.

유아들조차 죄에서 구원받을 필요가 있다는 사실은 아우구스티누스의 두 번째 주요 관심사인 "신정론"—어떻게 선하고 주권적인 하나님이 악을 허용할 수 있는가?—으로 이어졌다. 하나님은 완전히 선하고 완전히 주권적이다. 하나님이 인간들을 창조했다. 그런데 왜 오늘날 모든 인간이 죄를 짓지 않을 수 없는가? 이에 대한 책임은 하나님께 있는 것이 아니라 우리의 최초 조상들에 있음이 틀림없다. 이 추론으로 말미암아 아우구스티누스는 자신의 원죄 교리를 개발할 때 특정한 몇몇 해석학적·형이상학적 선택을 했다. 그는 다음과 같이 생각했다: (1) 창세기 2-3장은 창세기 1장보다 훨씬 더 문자적-역사적으로 해석되어야 한다, (2) 인간들은 죄가 없이 창조되었고 은혜의 상태에서 죄를 회피할 수 있었다, (3) 그럼에도 불구하고 인간들은 신적 본질에서 창조된 것이 아니라 **무로부터** 창조되었기 때문에 죄를 지을 수 있었다, (4) 아담과 하와의 죄가 그들의 인간 본성을 훼손했고 그들이 몇몇 신적 은사를 상실했으며, 이 상실의 결과로 그들은 죄의 속박에 떨어졌고 더 이상 죄를 짓지 않을 수 없다, (5) 새로운 인간의 영혼들은 생식 중에 부모로부터 자연적으로 만들어진다, (6) 죄로 말미암은 인간의 본성 훼손이 부모로부터 자녀에게 전달된다, (7) 또한 죄의 책임이 부모로부터 자녀에게 전달된다, 그리고 (8) 하나님이 아담과 하와가 죄를 짓기로 선택하고 이 모든 결과를 가져올 것을 미리 알았지만 그럼에도 불구하고 그들을 창조했고 이것이 가져올 수 있는 더 큰 선 때문에 그들의 죄를 허용했다.

창세기의 문자적 독법에 관한 아우구스티누스의 견해는 시간이 지나면서 변했다. 『마니교도들에 반대하는 창세기 주해』(*On Genesis against the Manicheans*, 388-89) 같은 그의 초기 저작들에서 아우구스티누스는 기본적으로 창세기 2-3장에 대해 알레고리적인 접근법을 취했다. 『고백록』(*Confessions*, 397-98)에서 그는 계속 해석학적 유연성을 옹호했다. 하지만 『창세기의 문자적 의미』(*The Literal Meaning of Genesis*, 401-16)에서 원죄 신학을 전개할 때 그는 창세기 2-3장은 일어난 일을 말한다고 이해되어야 하며 낙원은 비유적으로 이해될 것이 아니라 문자적으로 이해되어야 한다고 썼다.[14]

아우구스티누스의 시대에 마니교는 철학으로서 및 종교로서 기독교의 경쟁자였다. 마니교는 선과 악이 모두 영원하다고 가르쳤다. 아우구스티누스 같은 교부들은 마니교에 반대하여 성경은 하나님만 영원하고 하나님이 전적으로 선하다고 가르친다는 입장을 유지했다. 이 이유로 하나님은 아담을 죄가 있는 존재로 창조하지 않았을 것이다. 아담은 틀림없이 죄를 회피할 능력을 지니고 있었을 것이다. 죄를 짓지 않을 수 있는 이 능력은 선하게 창조된 아담의 본성으로부터 및 그에게 주어진 초자연적인 은사들로부터 나왔다.[15]

---

14 Augustine, *The Literal Meaning of Genesis* 8.2, 4, ed. John E. Rotelle (Hyde Park, NY: New City, 2002), 346-47.

15 Wiley는 다음과 같이 쓴다: "아우구스티누스는 아담이 원래의 복 받은 상태에서 선한 것을 선택하고 그것을 실행할 수 있는 능력을 지녔다고 주장했다. 하나님은 궁극적인 선이기 때문에 선을 선택하는 것은 하나님을 선택하는 것이다. 그러나 아담은 자유를 지니고 창조되기도 했기 때문에 그가 선을 선택하는 것은 필연적이지 않았다. 아우구스티누스는 아담의 원래 상태에서 아담은 죄를 짓지 않을 수 있는(*posse non peccare*) 능력을 지녔다고 주장했다. 아담은 죄를 짓기 전의 이 상태에서 특정한 은사들도 보유했다. 이 은사

아담과 하와가 처음에는 성숙하지 않았고 도덕적으로 발달할 필요가 있었다고 믿었던 이레나이우스와 달리, 아우구스티누스는 아담과 하와가 성숙했을 뿐만 아니라 그들의 타락하지 않은 창조된 본성과 초자연적인 은사들 덕분에 여러 면에서 초인간적이었다고 생각했다. 아담의 타락 전 상태를 이런 식으로 생각한 사람은 아우구스티누스만이 아니었다. 아우구스티누스 전후의 다른 신학자들이 하나님이 자신의 선함으로 말미암아 최초의 인간을 틀림없이 도덕적으로 의로운 상태로 만들었을 뿐만 아니라 영원한 젊음, 모든 죄로부터의 자유, 그리고 역사상 가장 뛰어난 사상가들보다 훨씬 탁월한 정신적 능력을 포함한 뛰어난 정신적·신체적 힘을 지닌 존재로 창조했다고 결론지었다.[16]

그렇다면 아담이 어떻게 죄를 지을 수 있었는가? 아우구스티누스

들은 자연이 요구하는 인간 본성보다 위에 있었고 그것을 초월했다. 이런 은사 중에 불멸성, 고결성, 그리고 지식이 포함되었다. 아담은 죄로 말미암아 이 은사들을 상실했다. 따라서 아담의 후손들은 그것들이 없이 태어난다." *Original Sin*, 62-63.

16 N. P. Williams, *The Ideas of the Fall and of Original Sin: A Historical and Critical Study*(London: Longmans, Green, 1927), 361-62은 다음과 같이 쓴다:

> 따라서 아우구스티누스에 따르면 낙원에 있던 아담은 모든 육체적인 악으로부터 면제되었고 질병으로 약해지거나 늙어서 쇠약해질 수 없는 불멸의 젊음과 건강이 부여되었다. 불멸성의 은사는 그가 닿을 수 있는 곳에 있었다. 즉 생명나무의 열매가 아담에게 육체적 한계를 초월하고, 그의 세속적인 본성을 다듬고 순수한 영으로 변화시켜서 무덤과 죽음의 문을 통과하지 않고서도 고통 없이 현재의 삶에서 하늘의 좀 더 풍성한 삶으로 들어갈 수 있게 해주었을 것이다. 그의 지성은 "주입된 지식"을 부여받아서 새들의 비행이 굼뜬 거북이들보다 훨씬 빠르듯이 그의 정신적 능력은 가장 똑똑한 현대의 철학자들의 능력보다 훨씬 뛰어났을 것이다.…그리고 그의 의지는 가장 위대한 성인들이 평생의 분투를 통해 얻은 견고한 성품에 필적할 만한, 주입된 정직성, 내적 영성, 편견이 없음과 미덕을 향한 결연함을 통해 선함이 확인되었다. 하지만 낙원에 있던 아담은 어떤 투쟁도 알지 못했다. 그의 완벽하게 거룩한 성품은 그의 창조주에 의해 기성품으로서 그에게 제공되었다. 그는 싸워야 할 유혹이 없었다. 그는 유혹의 길에서 떨어져 있고 하나님이 그에게 부여한 "원의"를 보존하기만 하면 되었다.

는 죄의 가능성을 무로부터의(*ex nihilo*) 창조와 연결했다. 만일 하나님이 이 세상을 신적 물질로부터 창조했다면 죄가 있을 수 없었을 것이기 때문에 그는 하나님이 이 세상을 신적 본체로 창조하지 않았다고 추론했다. 또한 영원한 존재는 하나님뿐이기 때문에 하나님은 이 세상을 영원히 존재하는 다른 물질로부터 만들지도 않았다. 즉 하나님은 아무것도 없는 데서 이 세상을 창조했다. 어떤 면에서는 무로부터 창조되었다는 사실이 아담과 하와에게 하나님과의 연합을 거절하고 죄를 선택할 자유를 주었다.

아담은 왜 죄를 짓기로 선택했는가? 아우구스티누스는 최초의 죄는 교만의 죄였다고 생각했다. 『하나님의 도성』(*The City of God*)에서 그는 다음과 같이 쓴다.

> "교만이 죄의 시작이기" 때문이다. 적절치 않게 높아지기를 갈망하는 것 외에 무엇이 교만이겠는가? 영혼이 자신의 목적으로서 고수해야 할 그분을 버리고 자신이 일종의 목적이 될 때 이것이 적절치 않은 높아짐이다. 영혼이 자체의 만족이 될 때 이 일이 일어난다. 그리고 영혼이 스스로 자신을 만족시키는 것보다 자신을 더 만족시켜줄 변치 않는 선으로부터 멀어질 때 그렇게 된다. 이렇게 멀어지는 것은 자연히 일어난다. 의지가 좀 더 높고 변하지 않는 선—이 선을 통해 의지가 계몽을 받아 지식을 갖게 되고 사랑하도록 점화된다—을 사랑하는 데 굳게 머물렀더라면 그것이 선을 떠나서 자신에게서 만족을 발견하려고 하지 않았을 것이기 때문이다.[17]

---

17 Augustine, *The City of God* 14.13, http://www.ccel.org/ccel/schaff/npnf102.iv.XIV.13.

아우구스티누스는 구속받아 영화롭게 되고 더 이상 죄를 지을 수 없는(*non posse peccare*) 상태를, 죄를 지을 수 있지만 죄를 짓지 않을 수도 있는(*posse non peccare*) 아담과 하와의 타락 전 상태와 구분했다. 죄가 그들의 창조된 본성을 훼손했고 그들로 하여금 초자연적인 은사들을 상실하게 해서 그들이 이제 죄를 짓지 않을 수 없는(*non posse non peccare*) 상태에 처하게 되었다.

왜 낙원에서 저지른 우리의 최초 조상들의 죄가 그들의 모든 후손에게 영향을 끼치는가? 이 점에 관해 아우구스티누스는 성경신학과 그리스의 형이상학을 사용해서 아담 안에서 모든 인류의 연합을 주장했다. 아우구스티누스의 모든 저작에서 연합—하나님과의 연합과 서로와의 연합—은 신학적으로 중요한 주제다. 『하나님의 도성』에서 아우구스티누스는 특히 창세기 2장에 호소해서 모든 인간의 연합을 주장한다.[18]

아우구스티누스는 또한 자기가 이용할 수 있었던 그리스의 형이상학적 개념들도 사용했다. 그는 인간 각자의 영혼의 기원에 관해 최소 네 가지 이론들을 이용할 수 있었다. 첫 번째 이론은 새로운 사람 각각의 몸은 부모를 통해 만들어지지만, 하나님이 수태될 때마다 새로운 인간의 영혼 각각을 창조한다고 본다(영혼 창조설). 두 번째 이론은 하나님이 창세기 1장에 묘사된 창조 전에 한꺼번에 모든 인간의 영혼들을 창조했고, 그 영혼들 중 하나가 수태될 때마다 인간의 몸에 결합한다고 본다. 아우구스티누스는 부분적으로는 이 두 이론이 하나님이 이미 죄로 오염된

---

html.

18 Augustine, *The City of God* 12.21, http://www.ccel.org/ccel/schaff/npnf102.iv.XII.21.html.

영혼을 창조했음을 의미하기 때문에 이 이론들을 거절했다. 세 번째 이론은 인간의 영혼이 창조 전에 영원히 존재했고 그것들 중 하나가 새롭게 수태될 때마다 몸에 결합한다고 본다(영혼 영원설). 아우구스티누스는 하나님만이 영원하다고 믿었기 때문에 이 이론을 거절했다. 네 번째 이론은 새로운 인간의 몸과 영혼 모두 자연적인 발생을 통해 부모로부터 온다고 본다(영혼 출생설). 아우구스티누스는 이 이론이 자신의 신학과 잘 어울린다고 보았다. 아담이 죄를 지었을 때 그의 인간 본성이 훼손되었고 그는 자연히 이 훼손을 그의 모든 후손에게 물려 주었다는 것이다.

아담의 죄는 인간의 본성에 대한 훼손과 초자연적인 은사의 상실을 초래했다. 그 결과 인간은 더 이상 죄를 짓지 않을 수 없다. 이 단어와 전형적으로 관련된 단어는 "욕정"(concupiscence)인데, 이 단어는 갈망이나 열망을 가리키는 라틴어 **콘쿠피스켄티아**(*concupiscentia*)에서 유래했다. 아우구스티누스의 저작에서 이 단어는 무질서한 욕망 즉 하나님과 적절한 초점을 벗어난 욕망을 의미하게 되었다. 욕망의 존재가 문제는 아니다. 문제는 인간이 창조물들의 적절한 질서와 하나님과의 관계 안에서 그것들을 바라는 것이 아니라 그것들 자체를 바라게 되었다는 것이다. 무질서한 욕망은 타락한 인간 조건의 일부이며 세례를 통해 완전히 씻어질 수 없다. 성령은 그리스도를 따르는 사람 안에서 초자연적인 수단들과 자연적인 수단들 모두를 통해 일해서 그들의 본성을 쇄신한다.

아우구스티누스는 각각의 인간이 아담의 죄로 야기된 훼손뿐만 아니라 아담의 죄의 책임도 지니고 태어난다고 믿었다. 아직 고의로 죄를 짓지 않은 유아들에게조차 그리스도의 속죄가 필요하다. 아우구스티누스는 그의 몇몇 저작에서 이 가르침을 뒷받침하기 위해 로마서 5:12을 언급했다.[19] 그는 영어로 "한 사람을 통해 죄가 세상에 들어왔고 죄를 통해 사망이 들어왔다. 따라서 아담 안에서 모든 사람이 죄를 지었고 아담을 통해 사망이 모든 사람에게 전달되었다"로 번역되는 로마서 텍스트의 라틴어 번역본을 사용했다. 아우구스티누스가 이 텍스트에 근거해서 아담이 죄를 지었을 때 모든 사람이 아담 "안에" 있었고 따라서 아담의 죄책을 공유해서 "아담 **안에서** 모든 사람이 죄를 지었다"고 믿었다고 가정하는 것이 합리적이다. 현대 학자들은 이것은 그리스어 원본의 최선의 번역이 아니라고 지적한다. 좀 더 보편적인 그리스어 로마서 5:12의 번역은 "그러므로 한 사람을 통해 죄가 세상에 들어왔고 죄를 통해 사망이 들어온 것처럼, 이런 식으로 모든 사람이 죄를 지었기 **때문에** 사망이 모든 사람에게 왔다"일 것이다. 그러므로 현대의 번역들은 아우구스티누스가 사용했던 번역보다 유전된 죄책에 관한 그의 가르침을 덜 지지하는 것으로 보인다.

하지만 아우구스티누스가 죄책이 유전된다는 믿음을 그 구절로부터만 도출한 것은 아니다. 그는 교회의 유아 세례 관행도 지적했다. 그는 유아들은 아직 고의적인 죄를 짓지 않았고 따라서 유아 세례가 유전된 원죄의 죄책을 제거하는 것이 틀림없다(하지만 유전된 훼손을 모두 제거하지는 않는다)고 추론했다. 영혼 출생설(이 견해에서 후손들의 영혼들은 어떤 의미

---

19 Augustine, *A Treatise against Two Letters of the Pelagians* 4.7, http://www.ccel.org/ccel/schaff/npnf105.xviii.vi.vii.html; Augustine, *A Treatise on the Merits and Forgiveness of Sins, and on the Baptism of Infants* 1.55, http://www.ccel.org/ccel/schaff/npnf105.x.iii.lv.html; Augustine, *A Treatise on the Grace of Christ, and on Original Sin* 2.34, http://www.ccel.org/ccel/schaff/npnf105.xv.iv.xxxiv.html; Augustine, *Sermons* 65.1, http://www.ccel.org/ccel/schaff/npnf106.vii.lxvii.html.

에서 그들의 조상들 "안에" 있다)에 대한 아우구스티누스의 형이상학적 믿음 역시 죄책의 유전에 대한 그의 믿음을 뒷받침했으며, (많은 성경 텍스트에서 유도한) 모든 사람의 연합에 대한 그의 신학적 강조도 마찬가지였다. 하나님이 모든 인간을 창조한 방식 때문에 모든 인간은 아담과 하와의 후손이라는 사실로부터 자연스럽게 서로 연합한다.[20]

하나님이 아담의 죄와 그 죄의 무서운 결과를 미리 알았는가? 만일 미리 알았다면 하나님이 왜 죄를 허용했는가? 아우구스티누스는 하나님은 아담이 죄를 지으리라는 것을 참으로 미리 알았지만 많은 사람이 용서받고 의롭게 되리라는 것도 미리 알았다고 결론지었다. 그리고 하나님은 연합을 강조하는 방식으로 인간을 창조하기로 선택했다.

> **하나님이 최초의 사람이 죄를 지을 것을 미리 알았고, 동시에 엄청나게 많은 경건한 사람들이 자신의 은혜를 통해 변화되어 천사들의 교제에 참여하게 될 것을 미리 알았다.**
>
> 그리고 하나님은 사람이 죄를 지으리라는 것과, 이제 사망에 종속하게 된 그가 죽을 운명인 사람들을 번식하리라는 것과, 죽을 운명인 이 사람들이 하도 심한 죄를 짓다 보니 합리적 의지가 없고 많은 수가 창조된 수상 동물과 육상 동물조차도 화합을 위해 한 개인으로부터 번식한 인간들보다 더 안전하고 평화롭게 살 것이라는 점을 모르지 않았다. 사자들이나 용들조차

20 아담의 죄에 기인하는 욕정과 죄책이라는 이 이중적 유전의 요약을 다음 문헌에서 찾아볼 수 있다. Christopher M. Hays and Stephen L. Herring, "Adam and the Fall," in *Evangelical Faith and the Challenge of Historical Criticism*, ed. Christopher M. Hays and Christopher B. Ansberry (Grand Rapids: Baker Academic, 2013), 47.

> 도 인간이 서로 싸운 것 같은 종류의 전쟁을 자기의 부류와는 하지 않았기 때문이다. 그러나 하나님은 자신의 은혜를 통해 한 백성이 입양을 받아 그들의 죄 용서를 통해 의롭게 되고 성령을 통해 영원한 평화 안에서 거룩한 천사들에게 연합하고, 마지막 원수인 사망이 멸망하리라는 것도 미리 알았다. 그리고 하나님은 이 백성이 하나님이 무리 가운데서의 연합을 얼마나 귀하게 보는지를 보여주기 위해 모든 사람이 한 사람으로부터 유래하게 했음을 숙고함으로써 유익을 얻을 것을 알았다.[21]

맥팔랜드는 구원론과 신정론에 대한 아우구스티누스의 두 가지 관심을 다음과 같이 요약한다.

> 요컨대 모든 인간이 구원을 필요로 하는 죄인이라는 교의의 원칙(예수가 인간의 유일한 구주라는 고백으로부터 유도되었다)을 전개하는 맥락에서 아우구스티누스의 신학은 타락과 타락의 영향에 관해 다음과 같은 세 가지 주장을 옹호할 필요가 있다: 1) 최초로 죄 **안에** 있었던 인간과 그 이후 모든 세대의 인간들과의 연대를 긍정하는 **존재론적** 주장, 2) 타락 후 인간은 죄를 지으려는 선천적인 속박으로 고통당한다는 **심리적** 주장, 그리고 3) 타락 후 은혜의 도움을 받지 않은 인간의 모든 활동은 죄라는 **도덕적** 주장. 타락에 대한 기독교의 숙고에 있어서 아우구스티누스의 입장 배후의 주된 동기가 구원론적이라면 이 추론들 각각은 타락에 관한 이전 시기의 기독교 신학

---

21 Augustine, *The City of God* 12.22, http://www.ccel.org/ccel/schaff/npnf102.iv.XII.22.html.

이 해결에 도움을 주려고 의도했던 신정론의 문제들을 확대한다. 하나님이 아담의 죄를 그의 모든 후손에게 무차별적으로 돌리는 것이 정당한가? 인간이 구조적으로 피할 수 없는 죄에 대해 그들을 비난하는 것이 정당한가? 인간이 자신의 힘으로 수행하는 모든 행위가 똑같이 가증한가? 이런 질문들에 의해 제기된 신학적 도전들은 이미 아우구스티누스의 생전에 그에 대한 반대의 초점이었고, 지금도 여전히 그의 원죄 교리에 대한 비판 거리를 제공하고 있다.[22]

중세와 종교개혁 시기의 전개

중세와 종교개혁 시기의 신학자들은 일반적으로 아우구스티누스식의 원죄 교리에 머물렀는데 몇몇 이형이 있었다.

성 토마스 아퀴나스(1225-74)는 아우구스티누스와 마찬가지로 타락 전의 아담과 하와에게 초자연적인 은사가 주어져서 그들이 죄를 피할 수 있었다고 믿었다. 아퀴나스는 타락 전의 이 상태를 "원의"(original justice)로 불렀다.[23] 아퀴나스는 아우구스티누스와 마찬가지로 그런 상태에 있던 최초의 인간들이 어떻게 죄에 빠졌는지 설명하려고 애를 썼다.

---

22 McFarland, *In Adam's Fall*, 35.

23 Wiley는 다음과 같이 쓴다: "토마스에게 있어서 원의는 '영혼의 모든 부분을 하나로' 결합함으로써 인간의 본성에서 내적 화합을 확립했다. 자연에서의 올바른 질서는 다음과 같은 3중적인 복종이다: (1) 인간의 이성이 하나님께 복종함, (2)도덕적 의지가 이성에 복종함, 그리고 (3) 몸의 힘들이 영혼(의지와 이성)의 힘들에 복종함.…죄 때문에 하나님이 영혼으로부터 의의 은사를 제거해서 그것을 원래의 본성대로 남겨두었다. 이제 도덕적 무결성에 필요한 조건이 존재하지 않는다", *Original Sin*, 85.

와일리는 다음과 같이 쓴다.

> 그의 원죄 신학에서 토마스는 원의가 아담의 본성을 완전히 하나님께 향했을 때 아담이 죄를 지을 수 있었는지 또는 죄를 지을 것인지의 역설을 다루지 않은 채 남겨두었다. 그는 악의 형이상학의 맥락에서, 특히 악의 원인으로서 자유 의지에 대한 논의에서 그 문제를 제기했다. 인간이 규칙과 그들의 행동이 순응해야 할 척도로서의 이성과 신법(神法)에 주의를 기울이지 않을 때 의지에 "자유로운 결함"이 상존하는데, 이는 존재 안에 있는 결핍 또는 실패다. 도덕적인 악은 행동에 존재하지만, 그것의 뿌리는 자유 의지가 자발적으로 이성과 신법에 순응하지 않는 데 놓여 있다. 도덕적인 악에 선행하는 이유로서 자유 외에 추구되어야 할 다른 것은 없다. 이것이 죄이고, 결국 그것은 설명될 수 없다.[24]

아퀴나스에 따르면 아담의 후손들은 출생을 통해 원의라는 초자연적인 은사가 박탈된 타락한 인간 본성을 물려받는다. 모든 인간이 죄책을 공유하는 것은 유전된 결함 때문이라기보다는 모두 보편적인 인간의 본성에 참여하기 때문이다.[25]

아우구스티누스와 마찬가지로 아퀴나스는 하나님이 왜 자기가 죄에 빠지리라는 것을 미리 알았던 인간을 창조하려고 했는가라는 문제를 다뤘다. 아퀴나스는 우선 부패할 수 없는 창조물과 부패할 수 있는 창조

---

24 Wiley, *Original Sin*, 87.

25 Rik Van Nieuwenhove and Joseph Wawrykow, *The Theology of Thomas Aquinas* (Notre Dame, IN: University of Notre Dame Press, 2010), 154-55.

물(때때로 죄에 빠지는 존재)을 모두 포함하는 창조세계가 부패할 수 없는 창조물만을 포함하는 창조세계보다 낫다고 답변했다.[26] 둘째, 아퀴나스는 은혜와 구속이라는 최고의 선을 지적했다. 힉이 다음과 같이 지적하듯이 말이다.

> 성육신에 관한 논문에서 그는 (비록 세련되지는 않았지만) "하나님이 그것으로부터 더 큰 선을 가져오기 위해 악을 허용한다"고 말하며 "오, 복된 잘못이여"(*O felix culpa*)라는 놀랍고 의미심장한 문장을 인용하기 때문이다. 그리고 은혜에 관한 논문에서 그는 신적 은혜의 최고의 활동으로서 죄인들의 구원을 다음과 같이 찬양한다: "신격에서의 분깃이라는 영원한 선에서 완료되는, 경건치 않은 자를 의롭게 하는 것은 변하기 쉬운 본성의 선에서 완료되는 천지의 창조보다 위대하다."[27]

마르틴 루터(1483-1546)는 인간에게 초자연적인 은사가 주어졌었는데

---

26 Thomas Aquinas, *Summa Theologiae* I.48.2, https://www.newadvent.org/summa/1048.htm#article2는 다음과 같이 쓴다:

> 우주가 완벽하려면 모든 등급의 선이 실현될 수 있도록 사물에 불균등한 면이 있어야 한다. 부패할 수 없기 때문에 그것들의 존재를 상실할 수 없는 사물이 존재하는 반면에 부패할 수 있기 때문에 존재를 상실할 수 있는 사물들도 존재하므로 실패할 수 없는 선의 등급이 있고 실패할 수 있는 등급의 선이 있는데, 이 등급은 존재 자체에서 발견될 수 있다. 따라서 우주의 완벽성이 부패할 수 없는 존재뿐 아니라 부패할 수 있는 존재도 요구하는 것과 마찬가지로, 우주의 완벽성은 선에서 실패할 수 있는 사물들도 존재할 것을 요구한다. 따라서 때때로 그것들이 실패한다.

27 Hick, *Evil and the God of Love*, 97-98. Hick은 Thomas Aquinas, *Summa Theologiae* III.1.3에서 다음과 같은 문장을 인용한다: "오, 그렇게 위대한 구속자를 필요로 할 가치가 있었던 복된 잘못이여"(O felix culpa, quae talem ac tantum meruit habere redemptorem, 97 각주 5).

타락으로 말미암아 그것이 상실되었다는 아이디어를 거절했다. 와일리는 다음과 같이 쓴다: "그[루터]가 아담의 불순종에서 본 전형적인 죄는 믿음의 결여였다. 루터가 결여 개념을 도입한 것은 스콜라 철학자들처럼 습관의 초자연적인 힘의 결여를 의미한 것이 아니라 하나님에 대한 신앙의 부재를 의미했다."[28] 루터는 아우구스티누스나 아퀴나스와 달리 인간이 지위(원죄)를 상속하는 것과 무질서한 욕구들(욕정)을 상속하는 것을 구분하지 않았다. 욕정은 근본적인 자기 중심성이고 죄악된 갈망에 대한 경향이다. 와일리는 다음과 같이 계속한다: "루터의 판단으로는 초기 교회 저자들이 '욕정'으로 일컬었던 부조화, 무질서, 자기모순, 그리고 도덕적 무능력이—**원래의** 것이라는 의미에서—죄의 뿌리이며, [타락 이후] 인간은 항상 죄로 말미암아 고통당하고 있다. 그의 견해로는 죄의 뿌리가 주로 발현된 것이 십계명의 마지막 금지사항인 탐심이었다."[29]

원죄에 대한 장 칼뱅(1509-64)의 견해는 아우구스티누스의 견해와 비슷했다. 칼뱅의 신학은 하나님의 주권 및 원죄를 극복함에 있어서 신적 은혜의 전적인 필요성을 강조했다. 칼뱅은 또한 하나님께서 이런 일들이 일어날 것을 미리 알았고 또 그것을 예정했지만, 인간에게 자신의 죄에 대한 책임이 있다고 주장했다. 칼뱅은 다음과 같이 썼다.

우리는 하나님의 영원한 포고를 예정으로 부르는데, 하나님은 예정을 통

---

28 Wiley, *Original Sin*, 97.
29 Wiley, *Original Sin*, 90.

해 각 사람에게 일어나도록 자신이 의도한 바를 결정했다. 모든 사람이 같은 조건으로 창조되지는 않는다. 오히려 영원한 생명이 예정된 사람도 있고 영원한 저주가 예정된 사람도 있다. 따라서 우리는 이런 목적들로 창조된 사람들에 대해 생명으로 예정되거나 죽음으로 예정되었다고 말한다.…

모든 것의 처분이 하나님의 손에 달려 있고 구원 또는 죽음의 결정이 그의 힘에 놓여 있으므로 그는 자기의 계획을 통해 그렇게 정하며 어떤 사람들은 태에서부터 확실한 죽음이 운명지어져 태어날 것을 의도하는데, 그들은 자신의 파멸을 통해 하나님의 이름을 영화롭게 한다.…

나는 다시 묻는다. 그것이 하나님을 기쁘게 하기 때문이 아니라면 왜 아담의 타락이 그렇게 많은 사람과 그들의 유아인 후손들을 돌이킬 수 없이 영원한 죽음에 관련시키는 일이 일어나는가?…나는 그 포고가 참으로 무섭다는 것을 고백한다. 하지만 하나님이 사람을 창조하기 전에 사람이 어떤 목적을 가질지를 미리 알았고 자신의 포고를 통해 그렇게 정했기 때문에 미리 알았다는 것을 아무도 부인하지 못한다.[30]

힉은 죄에 대한 인간의 책임에 관한 칼뱅의 견해를 다음과 같이 요약한다.

그리고 하나님 자신이 인간을 현재의 죄악된 상태로 이끈 치명적인 순서를 준비했기 때문에 인간이 그들의 죄에 대해 처벌받는 것이 정당한가라는 질

30 John Calvin, *Institutes of the Christian Religion*, ed. John T. McNeill, trans. Ford Lewis Battles, Library of Christian Classics 21 (Philadelphia: Westminster, 1960), 3.21.5; 3.23.6-7.

> 문이 제기된다. 칼뱅은 반대자가 다음과 같이 질문하리라고 생각한다 "애초에 하나님이 왜 몇몇 사람을 죽을 것으로 예정했는가? 그들이 아직 존재하지도 않았고 아직 죽음의 판단을 받을 만한 일을 하지도 않았는데 말이다." 그리고 그의 답변은 그렇게 예정되기는 했지만, 사람은 자유로운 의사로 죄를 지으며 모두 개인적으로 유죄이고 정죄를 받아 마땅하다는 것이다. "모두가 부패한 덩어리에서 골라진다면 그들이 정죄를 당해도 놀랄 일이 아니다! 그들이 하나님의 영원한 판단으로 말미암아 죽도록 예정되었다고 할지라도 불공평에 대해 하나님을 비난하지 말아야 한다. 그들은 자신의 본성을 통해—의도적이든 그렇지 않든 간에—죽음으로 인도된다고 느낀다." 칼뱅은 이 대목에서 그가 『기독교 강요』 2권에서 도달했던 인간의 자유와 책임성 개념을 이용한다. 우리가 칼뱅에게 있어서 의지를 가진다는 것과 자유 의지를 가진다는 것은 같다고 말해도 무방할 것이다. 따라서 본성이 타락해서 필연적으로 그릇되게 원하고 왜곡된 본성으로 말미암아 올바로 의도하지 못하는 죄인들은 자발적으로 행동하는 것이지 외부의 강제 때문에 행동하는 것이 아니므로 여전히 자유롭고 책임을 질 수 있는 행위자다.[31]

중세와 종교개혁 시기에 거의 모든 신학자가 창세기 2-3장의 문자적-역사적 해석을 가정했고, 아담과 하와를 모든 인간의 유일한 조상으로 여겼다. 그러나 그들은 죄가 시작되었을 때 인간의 본성에 정확히 어떤 일이 일어났는지에 대해 광범위한 의견들을 제시했다. 어떤 신학자들은 창조된 인성은 변하지 않았지만, 인간이 원의 상태를 가능하게 해주

31 Hick, *Evil and the God of Love*, 120-21.

었던 초자연적인 은사들을 상실했다고 믿었다. 다른 신학자들은 창조된 인간의 원래의 본성이 초자연적인 은사 없이도 의로운 상태에 있었는데 죄로 말미암아 이 창조된 본성이 부패했다고 믿었다. 또 다른 신학자들은 창조된 본성이 부패했고 초자연적인 은사도 상실되었다고 믿었다.

마찬가지로 그들은 죄의 책임이 전파된 것에 관해서도 다양한 견해를 보였다. 몇몇 신학자는 모든 인간이 실재적이고 존재론적으로 연합하고 있으므로 죄의 책임이 부모에게서 자녀에게 전파된다고 생각했다. 다른 신학자들은 아담이 법률적 의미에서와 유사한 모종의 의미에서 인간의 "언약적 머리"였기 때문에 모든 인간이 아담의 죄책을 물려받는다고 생각했다. 또 다른 신학자들은 죄책 자체는 상속되지 않지만 (상속된) 부패 상태가 죄책을 동반한다고 생각했다. 부패만 상속되고 각각의 개인들은 지신이 범한 죄에 대해서만 유죄라고 생각한 신학자들도 있었다 (아우구스티누스 전에는 이 견해가 좀 더 보편적이었다).

하와에 관해서는 어떠한가?

현대에 이르기까지 원죄에 관해 저술하는 신학자들은 좀처럼 하와를 언급하지 않았다. 그들은 대개 "아담의 죄"에 관해 썼다. 이런 신학자 중 몇 사람에 대해 우리는 그들이 하와를 생략했고, 두 사람이 똑같이 중요했지만 아담이 가족에서 전통적인 "머리" 역할을 한 것으로 보고서 단지 "아담과 하와"에 대한 약어로 "아담"이라고 썼다고 호의적으로 해석할 수 있을 것이다. 하지만 저작에서 그들이 아담과 하와를 똑같이 중요하다고 보지 않음을 암시하는 신학자들도 다수 존재한다. 그들은 실제로

아담의 죄가 모든 장래 세대의 지위를 결정했다고 생각했다.

초기 교회 때부터 현대까지 신학자들은 성별(gender)에 관한 많은 위계적 가정들을 받아들인 문화에서 살았다. 현대에 이르기까지 (최소한 남성들 사이에서는) 남성이 육체적·정서적·이성적 그리고 심지어 영적으로 여성보다 우수하다는 믿음이 보편적이었다. 현대 이전 시기의 신학자들이 하와에 대해 언급했을 때 그것은 종종 단지 아담의 죄에 대해 하와를 비난하기 위한 것이었고, 아담의 죄가 신학적으로 중요한 죄였다. 몇몇 신학자는 여기서 한술 더 떠서 역사를 통틀어 남성의 죄 대다수에 대해 여성을 비난했다.[32]

계몽주의 후의 몇 가지 아이디어

지난 3세기 동안 자연과학자들은 지구의 나이가 수십억 년이라는 것을 발견했다. 고고학적 발견들은 초기 인간의 역사와 고대 근동 문화 및 문헌에 대한 우리의 지식을 확대했다. 이에 대응해서 여러 신학자가 창세기 1-3장의 문자적-역사적 해석에 의존하지 않는 원죄 교리의 이형들을 개발했다.[33] 이 중 몇몇 이형에서 창세기 2-3장은 실제로 역사적으로

32 Wiley는 다음과 같이 요약한다. "초기 교회 신학자들은 신적 계시로서의 아담과 하와 이야기에 호소했다. 그들의 저작에서 창 2-3장에 대한 언급은 종종 성별에 대한 특별한 관심을 포함했다. 그들은 다음과 같이 3중적인 이야기가 계시된 것으로 생각했다: (1) 열등한 인간으로서 여성의 창조, (2) 인간이 신적 친교로부터 떨어지게 된 원인으로서의 여성의 죄, 그리고 (3) 창조 질서의 하나님이 의도한 특성으로서의 남성의 지배", *Original Sin*, 155.

33 Friedrich Schleiermacher(1768-1834)와 Rudolf Bultmann(1884-1976) 같은 몇몇 선도적인 자유주의 신학자들이 유용한 아이디어들을 제시했다. 하지만 이 장에서 나는 그

낙원의 상태로부터 타락한 사건을 일정한 양식에 따라 재진술한 것으로 여겨진다. 다른 이형들에서는 아담과 하와가 모든 인간에 대한 상징적인 인물로 생각된다.

칼 바르트(1886-1968)는 『교회 교의학』(*Church Dogmatics*)에서 죄의 보편적 실재와 그리스도의 구속의 필요를 긍정했다. "그것에 좀 더 정확한 정의가 주어지지는 않는다고 하더라도 원죄(*peccatum originale*)라는 라틴어 표현에 이의가 있을 수 없다. 우리가 원래의 그리고 철저하고 따라서 완전하고 전체적인 인간의 행동을 다루고 있고, 인간의 존재가 악한 존재와 악한 활동의 진영 안에 감금된 것을 다루고 있다고 말하는 것은 매우 적절하다. 이 감금 상태에서 하나님이 인간에게 말씀하고 자신이 예수 그리스도 안에서 인간의 해방자가 된다."[34] 바르트는 원죄의 보편적인 인간 조건을 긍정했지만, 아담을 역사적 인물로 보지 않았고 타락이 특정한 시간에 일어난 것으로 보지도 않았다. 그가 보기에 아담은 모든 사람에 대한 상징적인 인물이다. 즉 아담은 "모든 사람"이다. 아담 안에서 우리는 우리 모두가 그리스도 밖에 있음을 본다. 바르트는 창세기 2-3장의 장르를 "무용담"(saga)으로 묘사한다. "우리가 창세기의 구절을 역사로 읽고 해석해서 그것을 과학적 고생물학과 우호적으로 또는 비우호적으로 관련시키려고 시도할 경우 우리는 창세기 구절이 우리에게 아담의 유래와 존재에 관해 말해주는—선례가 없고 비교할 수 없는—내용

리스도의 신성과 성경의 영감에 관해 좀 더 정통적인 견해를 지니는 몇몇 신학자들의 저작들을 요약한다.

34 Karl Barth, *Church Dogmatics* IV/1, *The Doctrine of Reconciliation*, trans. G. W. Bromiley and T. F. Torrance (Edinburgh: T&T Clark, 1956), 500(『교회교의학 4/1』, 대한기독교서회 역간).

들을 놓친다.…무용담은 일반적으로 직관과 상상력을 사용해서 사건들이 더 이상 그런 역사적 증거로서 민감하지 않은 시점에 역사적 서술을 취해야 하는 형태다."[35]

라인홀드 니부어(1892-1971)는 『인간의 본성과 운명』(*The Nature and Destiny of Man*) 1권에서 원죄에 대해 논의했다.[36] 니부어는 그보다 앞선 시기의 신학자들과 마찬가지로 모든 인간이 불가피하게 죄를 저지른다는 것과 개인들이 자기 죄에 대한 책임을 진다는 것을 유지하기의 어려움과 씨름했다.[37] 니부어는 아담을 역사적 인물로 보고 타락을 역사적 사건으로 보는 해석을 거절했다. 대신 그는 아담의 이야기를 모든 인간이 죄를 짓는 방식에 대한 원형으로 보았다.[38] 죄가 없는 인간이 어떠해야 하는지를 이해하기 위해 우리는 타락 전의 개인 아담을 바라볼 것이 아니라 그리스도를 봐야 한다.[39]

프레데릭 R. 테넌트(1866-1957)는 원죄 교리의 역사적 발전을 연구한 것 외에 다윈의 진화 이론에서 나온 통찰을 자신의 원죄 교리와 통합했다. 인간들은 동물들에게는 도덕적으로 중립적이지만 인간에게는 비도덕적인 방식으로 행동하려는 충동들을 동물 조상들로부터 물려받았다. 그러나 인간들은 또한 사회 집단 안에서 진화했고 각각의 개인은 사회적 환경 안에서 발달하는데, 이 점이 도덕과 양심의 발달을 촉진한

---

35 Barth, *Church Dogmatics* IV/1, 508.

36 Reinhold Niebuhr, *The Nature and Destiny of Man: A Christian Interpretation*, 2 vols. (Louisville: Westminster John Knox, 1996, 『인간의 본성과 운명 1, 2』, 종문화사 역간).

37 Niebuhr, *Nature and Destiny of Man*, 1:243.

38 Niebuhr, *Nature and Destiny of Man*, 1:267-68.

39 Niebuhr, *Nature and Destiny of Man*, 2:76-90.

다.[40] 우리의 자유 의지와 도덕적 본성이 이기심에 대한 우리의 동물적 본능에 반대한다. 진정으로 삼가는 태도를 달성하려면 신적 은혜가 필요하다.[41]

C. S. 루이스(1898-1963)는 종종 무신론적인 진화 해석에 반대하는 글을 쓰기도 했지만, 인간의 진화를 포함하여 진화에 대한 과학적 증거를 받아들였다. 『고통의 문제』(*The Problem of Pain*)에서 그는 우리의 고대 조상 중 몇 명이 역사의 실제 시간에 아우구스티누스가 인간의 창조물로서의 욕구가 그들의 의지에 완전히 복종하고 그들의 의지는 하나님께 복종한다고 상상한 것처럼 낙원에서의 죄 없는 상태에 있었던 시나리오를 제시했다. 그들은 그들의 의지에 따른 행동을 통해 이 상태에서 타락했다.[42]

---

40 Frederick Robert Tennant, *The Origin and Propagation of Sin: Being the Hulsean Lectures Delivered before the University of Cambridge*, 2nd ed. (Cambridge: Cambridge University Press, 1902), 117.

41 Daniel K. Brannan, "Darwinism and Original Sin: Frederick R. Tennant's Integration of Darwinian Worldviews into Christian Thought in the Nineteenth Century," *Journal for Interdisciplinary Research on Religion and Science* 1 (2007): 193.

42 C. S. Lewis, *The Problem of Pain*(Grand Rapids: Zondervan, 2001), 65-72(『고통의 문제』, 홍성사 역간)을 보라.

나는 다음과 같은 그림을 제시하는데, 이는 소크라테스의 의미에서 "신화", 있을 법한 이야기다. 하나님은 오랫동안 인간의 형체와 자신의 형상으로 삼기 위해 동물의 형태를 완벽하게 가다듬었다.…그러고 나서 때가 차자 하나님은 이 유기체에게 심리적으로 및 생리적으로 "나"와 "나를"이라고 말할 수 있는 새로운 종류의 의식이 임하게 했다. 이 의식은 자신을 대상으로 바라볼 수 있었고, 하나님을 알았으며, 진선미의 판단을 할 수 있었고, 시간 위에 위치해서 시간이 흐른다는 것을 인식할 수 있었다.…이 새로운 의식은 자신의 창조주를 의지하도록 만들어졌고 그것은 하나님을 의지했다. 동료 인간과의 자선과 우정과 성애에서의 경험, 동물들과의 경험, 그리고 아름답고 경외롭게 느껴지는 주위 세계와의 경험이 아무리 풍성하고 다양할지라도 애써 노력하지 않아도 하나님이 그의 사랑과 생각의 우선순위를 차지했다.…그의 인공물이나 심지어

존 R. W. 스토트(1921-2011)도 인간의 진화에 대한 과학적 증거를 받아들였다.[43] 『성경을 이해하기』(*Understanding the Bible*)에서 그는 큰 집단 가운데서 특별히 선택된 역사적 아담과 하와에 대한 시나리오를 제안한다.

> 그러나 내가 아담과 하와를 역사적 인물로 받아들이는 것이 아담 이전에 몇몇 형태의 "호미니드"(hominid, 사람과)가 수천 년 동안 존재했을 수도 있다는 나의 믿음과 양립할 수 없는 것은 아니다. 이 호미니드들은 문화적으로 발전하기 시작했다. 그들은 동굴벽화들을 그렸고 죽은 자들을 매장했다. 하나님이 그들 중 한 명으로부터 아담을 창조했을 수도 있다. 그들이 **호모 에렉투스**였을 수도 있다. 나는 그들 중 몇몇은 **호모 사피엔스**였을 수도 있다고 생각한다. 이런 이름들은 임의의 과학적 이름들이기 때문이다. 그러나 내가 이름을 지을 수 있다면 아담이 최초의 **호모 디비누스**, 즉 "하나님의 형상대로 지음을 받았다"는 성경의 묘사가 적용될 수 있는 최초의 인간이었다. 성

언어로 판단하건대 이 축복받은 생물은 확실히 야만인이었다. 그를 가르칠 수 있는 모든 경험과 관습에도 불구하고 그는 여전히 배울 것이 있었다.…우리는 하나님이 이 생물들을 얼마나 많이 만들었는지, 또는 그들이 얼마나 오래 낙원의 상태에 머물렀는지 알지 못한다. 그러나 그들은 머지않아 타락했다. 누군가 또는 뭔가가 그들이 신들처럼 될 수 있다고—그들이 자신의 삶을 그들의 창조주에게 향하기를 그칠 수 있다고—속삭였다.…최초의 죄에 관한 어려움은 그것이 매우 가증해야 하며(그렇지 않다면 그것의 결과가 그렇게 끔찍하지 않을 것이다), 동시에 타락한 인간의 유혹이 없는 존재가 저지를 수 있었다고 생각되는 것이어야 한다는 점이다. 하나님에게서 떠나 자신에게 향하는 것은 두 가지 조건을 충족한다. 자아의 존재—우리가 "나"라고 부를 수 있다는 단순한 사실—는 애초에 자아 숭배의 위험을 포함하기 때문에 그것은 낙원에 있던 인간에게조차 가능한 죄다.

43 John R. W. Stott, *Understanding the Bible*, expanded ed. (New York: HarperCollins, 2011), 54-55.

경의 어느 곳에서도 그것에 관해 말해주지 않기 때문에 우리는 그에게 날인된 하나님의 모양이 정확히 무엇인지 알지 못한다. 그러나 성경은 그것이 인간을 다른 모든 창조물과 다르게 만들고 창조주 하나님을 닮게 만드는 합리적, 도덕적, 영적 능력을 포함한다고 암시하는 것처럼 보인다. 그리고 그것 때문에 그에게 좀 더 낮은 창조세계에 대한 "지배권"이 주어졌다.[44]

최근의 몇몇 학자

지난 몇십 년 동안 심리학과 사회학 분야의 연구 덕분에 인간의 행동과 의사 결정에 대한 우리의 이해가 향상되었다. 이 분야의 학자들이 발견한 내용으로 인해 "죄에 의해 야기된 손상이 무엇인가?"라는 질문에 답하기가 훨씬 더 복잡해졌다. 아래에 세 가지 예가 제시되었다.

1. 우리의 유전자들과 우리의 문화 사이의 관계가 복잡하다. 우리의 행동은 결코 단순히 "자연 대 교육"의 사례가 아니다. 우리의 유전자와 우리의 문화는 서로를 형성하며, 그것들은 심오하게 상호연결되어 우리를 형성한다.
2. 우리의 충동들과 우리의 의지 사이의 관계가 복잡하다. 그것들은 심오하게 상호연결되어 서로 영향을 준다. 죄를 짓는 우리의 경향은 단순히 우리의 의지가 우리의 동물적인 충동들을 통제하에 두지 못한 것이 아니며, 단순히 우리의 창조물로서의 충동들과 무관하게 우리 자신을 하나님 앞

44 Stott, *Understanding the Bible*, 55–56.

에 두려는 교만한 의지의 행동도 아니다.

3. 우리 인간 사이의 관계가 복잡하다. 개인으로서 우리 각자는 다른 사람에게 의존하고 다른 사람들의 의존을 받는다. 인간이 된다는 것은 상호의존하게 된다는 것이다. 태어나기 전부터 그리고 평생에 걸쳐 우리는 철저하게 다른 사람들의 행동과 우리 주위의 문화에 의해 형성된다.

『진화의 하나님』(*The God of Evolution*)에서 데니스 에드워즈는 이 세 가지 복잡성을 원죄에 대한 이해 안으로 통합할 수 있는 방법을 제시한다. 현대의 많은 학자는 (비록 다른 어구로 표현할 수는 있지만) 유전자, 문화, 자유로운 선택, 그리고 죄 사이의 복잡한 관계들에 관한 그의 요약에 동의할 것이다. 에드워즈는 그의 견해를 다음과 같이 설명한다.

> **논제 1**: 인간은 잘못을 저지르기 쉬운, 유전자들과 문화의 공생체로서 그들이 물려받은 유전자 측면과 문화적 측면에서 나오는 욕구와 충동을 경험하는데, 이 욕구와 충동은 왜곡될 수 있고 서로 반대할 수 있다. 이 본질은 진화된 인간에 고유한 요소이지만, 그것이 죄는 아니다.…
>
> **논제 2**: 원죄는 인간이 각 사람의 상황의 내적 측면으로 들어와 그 측면이 되는 개인적인 죄와 공동의 죄라는 문화적 역사를 갖는다는 사실로 구성된다.…그렇다면 우리의 존재상의 상태는 다음 사항들로 구성된다: (1) 죄를 저지르기 쉬운, 유전자들과 문화의 공생체로서 우리의 진화 구조, 그리고 (2) 인간의 죄의 역사는 우리 자신의 자유로운 행동에 들어있는 내적인 구성 요소라는 추가적인 사실. 이 두 번째 요소가 우리의 진화적 구성의 일부

인 복잡성과 오류의 가능성을 뒤틀고 복잡하게 만들고 왜곡한다. 이 두 번째 요소만이 원죄와 관련이 있다.

논제 3: 원죄는 인간의 모든 측면에 영향을 준다. 그것은 인간의 생물학적 측면이나 문화적 측면과만 관련이 있는 것이 아니다. 그것은 우리의 유전적 상속과 문화적 조건 모두에 대한 우리의 자유로운 반응과 관련이 있다. 나는 이기심과 죄를 인간의 생물학적 측면과 동일시하는 것은 실수라고 믿는다. 나는 비이기적인 행동을 문화적 측면과 동일시하는 것도 실수라고 생각한다. 한편으로 우리의 유전적 상속은 인간의 삶에 필요한 메시지를 지니고 있는데, 성경의 전통에 따르면 이것들은 하나님의 선한 창조의 일부로 여겨져야 한다. 다른 한편으로 문화 및 문화의 일부로서 종교는 이타적인 사랑의 메시지뿐만 아니라 체계적인 악의 메시지도 지닐 수 있다.[45]

몇 가지 사항들에 대해서는 최근의 학자들 사이에 거의 합의가 이루어져 있지만, 다른 사항들에 대해서는 아직 상당한 불일치가 남아 있다. 특히 "죄가 언제 시작되었는가?"라는 질문에 대한 답변에 관해서는 의견의 일치가 이뤄지지 않고 있다. 아마도 바이오로고스(BioLogos) 웹사이트는 이 질문에 관해 다양한 대답을 제안하는 방대한 논문을 가장 많이 모은 곳 중 하나일 것이다.[46] 몇몇 시나리오는 아담과 하와를 상징적인

45 Denis Edwards, *The God of Evolution: A Trinitarian Theology* (New York: Paulist Press, 1999), 65-68.

46 그 논문 모음은 https://biologos.org/resources에서 접근할 수 있다. 주제 "성경"(Bible), 하위 주제 "아담과 하와"(Adam & Eve)를 선택하라.

인물들로 보고 하나님께 대한 인간의 죄악된 반역을 오랜 기간에 걸쳐 일어난 것으로 본다. 다른 시나리오들은 아담과 하와를 실제 역사적 인물, 좀 더 큰 집단의 일원으로 보며 죄가 집중된 역사적 사건에서 세상에 들어온 것으로 본다. 이런 유형의 시나리오들은 9장에서 좀 더 자세히 탐구될 것이다.

8장

죄란 무엇인가?

"죄"는 큰 개념에 둘러싸인 짧은 단어다. 죄는 무엇을 의미하는가?

죄는 행동이기도 하고 그 행동에 선행하는 태도이기도 하다. 죄는 고의의 불순종이기도 하고 우리의 통제를 벗어난 조건이기도 하다. 죄는 개인적이기도 하고 집단적이기도 하다. 죄는 하나님께 대한 반역인 동시에 하나님의 창조물에게 해를 끼치기도 한다. 우리는 일반계시와 특별계시를 통해 죄를 알고 있다. 하나님이 우리를 구하지 않는다면 죄가 우리를 영원히 하나님에게서 멀어지게 할 것이다.

이 장은 주로 오늘날 우리가 죄를 어떻게 경험하는가에 관해 논의한다. 다음 장은 죄가 시작되었을 때 무엇이 변했는지를 논의한다.

죄에 대한 은유

성경이 죄에 대해 매우 많은 은유를 사용한다는 사실은 우리가 죄의 문제가 얼마나 심각한지를 이해하는 데 도움이 된다.

- 죄와 죄책은 우리가 지는 짐이다(예컨대 출 28:38; 민 5:31; 9:13; 18:1,

22; 삼상 25:31; 시 38:4; 사 53:11; 겔 4:4; 호 13:16).[1] 예수는 우리를 다음과 같이 초대한다: "수고하고 무거운 짐 진 자들아, 다 내게로 오라. 내가 너희를 쉬게 하리라"(마 11:28).

- 죄는 갚아야 할 빚이다. 예수는 이 은유를 사용해서 하나님의 용서에 관해 가르쳤다(마 18:21-35; 눅 7:41-50). 골로새서에서는 우리의 채무가 십자가에 못박혔다고 언급된다(골 2:14).
- 죄는 하나님이 말씀한 법과 기록된 법에 대한 불순종이다. 출애굽기, 레위기, 민수기, 신명기는 법으로 가득 차 있다. 여호수아서(1:7)는 하나님의 백성이 약속된 땅에 들어가거든 하나님의 법에 순종할 것을 촉구하고 경고한다. 많은 시편이 하나님의 법의 선함과 순종의 중요성을 노래한다(예컨대 시 19편; 119편). 바울(예컨대 롬 2-5장)은 율법에 대한 지식이 우리가 죄를 알게 한다고 말한다.
- 죄는 사람들이 하나님이 말씀한 법과 기록된 법을 알지 못할 때에도 행하는 도덕적 악이다(예컨대 롬 1:18-32; 2:12-16).
- 죄는 의로운 통치자인 하나님께 대한 반역이다(예컨대 출 23:21; 레 16:21; 민 17:10; 신 1:26; 수 22:16, 22; 시 78편; 106편; 잠. 17:11; 사 1:2).
- 죄는 우리를 영적으로 불결하게 만드는 얼룩 또는 질병이다(예컨대 욥 31:7; 시 51:7; 사 1:18; 렘 2:22; 엡 5:26-27; 딤전 6:14).

---

1 Gary A. Anderson, *Sin: A History*(New Haven: Yale University Press, 2009)는 죄에 대한 은유, 특히 죄를 짐과 빚으로 보는 데 대해 자주 인용되는 자료다. 다른 중요한 저작은 다음과 같다. Mark J. Boda, *A Severe Mercy: Sin and Its Remedy in the Old Testament* (Winona Lake, IN: Eisenbrauns, 2009); 그리고 Mark E. Biddle, *Missing the Mark: Sin and Its Consequences in Biblical Theology* (Nashville: Abingdon, 2005).

- 죄는 우리를 예속시키고 지배하는 힘이다(예컨대 롬 6:6, 12; 8:15; 히 2:15).
- 죄는 우리를 삼키려고 하는 약탈자다(창 4:7; 벧전 5:8).
- 죄는 하나님이 우리가 따르라고 한 길에서 벗어나는 것이다(예컨대 수 1:7; 많은 시편과 잠언; 사 2:3; 3:12). 죄에 대한 히브리어 단어(*hata*)와 그리스어 단어(*hamartia*) 모두 과녁을 빗나가거나 길을 잃는 것에서 도출된 의미를 지닌다.
- 죄는 하나님과의 관계가 깨진 것이다. 예언자들—특히 결혼의 은유를 사용한 호세아—은 이스라엘의 죄를 이 용어로 말했다.
- 죄는 하나님을 대적해서 마음이 굳어진 것이고 하나님을 사랑하지 않는 것이다(예컨대 시 95:8; 잠 28:14; 사 63:17; 히 3:8-15).

죄는 행동이기도 하고 태도이기도 하다

죄는 우리의 행동에만 존재하는 것이 아니라 우리의 행동에 선행하는 태도에도 존재한다. 예수는 산상수훈에서 간음은 죄이지만 음탕한 생각을 품음으로써 마음속으로 간음하는 것도 죄라고 가르쳤다(마 5:28). 살인은 죄이지만 분노를 키우는 것도 죄다(마 5:22). 그리고 자기의 원수를 사랑하는 것에 미치지 못하는 것은 모든 것은 죄다. "그러므로 하늘에 계신 너희 아버지의 온전하심과 같이 너희도 온전하라"(마 5:48).

하나님의 법을 요약하면서 예수는 다음과 같이 말했다: "'네 마음을 다하고 목숨을 다하고 뜻을 다하여 주 너의 하나님을 사랑하라'[신 6:5] 하셨으니 이것이 크고 첫째 되는 계명이요 둘째도 그와 같으니 '네 이웃을 네 자신 같이 사랑하라'[레 19:18]"(마 22:37-39).

제의상으로 불결한 음식을 먹는 것에 관해 질문을 받았을 때 예수는 사람의 입으로 들어가는 것이 그 사람을 불결하게 만드는 것이 아니라, 사람의 입에서 나오는 것(달리 말하자면 사람의 마음에서 나오는 것)이 그 사람을 불결하게 만든다고 가르쳤다. "마음에서 나오는 것은 악한 생각이기 때문이다"(마 15:19).

죄는 우리가 통제할 수 있는 행동이기도 하고 우리의 통제 밖에 있는 조건이기도 하다.

우리가 죄를 지을 것인지 죄를 짓지 않을 것인지 선택할 수 있는 때가 있다. 그러나 우리는 일종의 조건 또는 강제로서의 죄를 경험하기도 한다. 우리 중 아무도 죄를 지을지 짓지 않을지를 항상 선택할 수는 없다. 사도 바울은 때로는 우리 안에서 작용하는 힘으로서의 죄에 관해 쓰고, 때로는 "육신" 또는 "죄성"을 언급했다. 그것은 우리를 통제하기 위해 작용하는 힘처럼 느껴진다. 그럼에도 우리는 자신의 결정에 대해 책임이 있다. 바울은 이 난문제로 괴로워한다: "그러므로 내가 한 법을 깨달았노니 곧 선을 행하기 원하는 나에게 악이 함께 있는 것이로다. 내 속사람으로는 하나님의 법을 즐거워하되 내 지체 속에서 한 다른 법이 내 마음의 법과 싸워 내 지체 속에 있는 죄의 법으로 나를 사로잡는 것을 보는도다"(롬 7:21-23).

죄는 우리에게 개인적인 차원에서만 아니라 사회적인 차원에서도 영향을 끼친다. 코넬리우스 플랜팅가는 『의도되지 않은 방식』(*Not the Way It's Supposed to Be*)에서 다음과 같이 쓴다.

죄는 죄인들이 하는 일의 합계 이상이다. 죄는 강력하고 파악하기 어려운 형태의 정신—한 시대의 정신 또는 한 회사나 국가나 정치 운동의 정신—을 획득한다. 죄는 제도들과 전통들의 내부에 파고들어 그곳을 자기의 처소로 삼고 그것들을 접수한다. 그 접수에 의해 형성된 새로운 구조는 도착(倒錯), 무정형, 또는 과도한 엄격성의 결합을 보일 가능성이 있다. 가령 법이 도착되어서 특정한 천민 집단들의 자유를 끝낼 수 있다. 뒤얽힌 사기와 태만의 흥청거림 가운데 회사 전체가 해체될 수도 있다. 나라 전체가 잔인한 독재자들에 동조할 수 있다. 어느 그리스도인도 그 힘들이 우리에게서 모든 자유와 책임을 빼앗아간다는 것과 그것들이 우리로 하여금 죄를 짓게 한다는 것을 인정하기를 원치 않는다.…하지만 그 힘들은 적절하게 이름이 붙여졌다. 헨드리쿠스 베르코프가 말하는 바와 같이 개인적인 선함이 그것들을 이길 수 없다.[2]

죄는 하나님과의 교제가 깨진 것이다

호세아 11:1-3에서 하나님은 이렇게 말한다: "이스라엘이 어렸을 때에 내가 사랑하여 내 아들을 애굽에서 불러냈거늘 선지자들이 그들을 부를수록 그들은 점점 멀리하고 바알들에게 제사하며 아로새긴 우상 앞에서 분향하였느니라. 그러나 내가 에브라임에게 걸음을 가르치고 내 팔로 안았음에도 내가 그들을 고치는 줄을 그들은 알지 못하였도다." 많은 구

2 Cornelius Plantinga, *Not the Way It's Supposed to Be: A Breviary of Sin* (Grand Rapids: Eerdmans, 1996), 75-76(『우리의 죄 하나님의 샬롬』, 복있는사람 역간).

절에서, 특히 예언서들에서, 하나님은 자기 백성을 향한 큰 사랑과 갈망, 그리고 그들이 하나님과의 교제를 깨뜨리는 죄를 지은 것에 대한 큰 실망과 분노를 말한다.

야로슬라프 펠리칸은 『종교백과사전』(*Encyclopedic Dictionary of Religion*)에 수록된 "죄"라는 표제어 아래의 설명에서 이 측면을 다음과 같이 아름답게 요약한다.

> 이스라엘 백성의 제의적 행동 및 도덕적 행동에 관한 많은 법을 담고 있는 구약성서는 종종 죄를 이 법 위반과 동일시한다. 그러나 성경적 종교는 죄에 대한 이 정의 자체를 결정적으로 보지 않는다. 그것을 어기는 행동을 죄로 정하는 법은 성문법규가 아니라 창조주의 계시된 의지(그것이 법규이기도 하고 궁극적으로 기록되었지만 말이다)이기 때문이다. 그러므로 법을 어기는 것은 고의로 하나님께 불순종하고 창조물을 향한 하나님의 의도에 반역하여 행동하는 것을 의미한다.…죄의 본질에 대한 기독교 신앙의 가장 심원한 통찰은 죄가 창조주와 창조물 사이의 친밀한 관계를 절단하거나 적어도 그것을 위협하는 행동이라는 인식이었다.…역으로, 죄의 용서는 단지 도덕적 죄책의 제거만이 아니라 피해자로서 하나님 자신에 의한 이 인격적인 관계의 회복이다.[3]

---

3 Jaroslav Pelikan, "Sin," in *Encyclopedic Dictionary of Religion*, ed. Paul Kevin Meagher, Thomas C. O'Brien, and Consuelo Maria Aherne, 3 vols. (Washington, DC: Corpus, 1979), 3:3307-8.

죄는 깨진 샬롬이다

하나님과의 적절한 관계는 자연스럽게 인간들 서로와의 관계 및 하나님의 모든 창조세계와의 적절한 관계 안으로 꽃을 피워야 한다. 플랜팅가는 **샬롬**을 다음과 같이 묘사한다.

> 히브리 예언자들은 정의, 성취, 그리고 기쁨 가운데 하나님과 인간과 모든 창조세계가 함께 얽히는 것을 **샬롬**으로 불렀다. 우리는 그것을 평화로 부르지만, 그것은 단순한 마음의 평화나 적들 사이의 휴전보다 훨씬 많은 것을 의미한다. 성경에서 샬롬은 보편적인 번영, 온전함, 그리고 기쁨을 의미한다. 이는 자연적인 필요가 만족되고 자연적인 은사가 유용하게 활용되는 풍성한 상태, 창조세계의 창조주와 구주가 문을 열고 그가 기뻐하는 창조물들을 환영하므로 즐거운 경이를 고취하는 상태다. 샬롬은 달리 말하자면 사물이 마땅히 존재해야 하는 방식이다.[4]

유감스럽게도 하나님과 우리 사이의 관계가 깨져서 자연스럽게 우리와 다른 사람들과의 관계 및 우리와 하나님의 창조세계 사이의 관계도 파괴되었다.

4 Plantinga, *Not the Way It's Supposed to Be*, 10.

죄는 선의 도착이기도 하고 선의 기생충이기도 하다

대중문화는 흔히 선과 악을 동등한 적수로 묘사한다. 그것들은 아마도 힘의 차원에서 동등한 것이 아니라(우리의 이야기들에서는 대개 선이 이긴다) 형이상학적으로 및 존재론적으로 동등하다(즉 그것들의 실재 면에서 동등하다). 그래서 두 세력이 권력을 차지하기 위해 투쟁하거나 어떤 개인이 선을 행할 것인지 악을 행할 것인지 갈등하는 것이 드라마의 좋은 소재가 된다. 그것은 드라마로서는 좋은 설정이지만 신학적으로는 나쁜 견해다.

하나님은 영원하며 스스로 존재한다. 하나님이 다른 모든 것을 무로부터 창조했다. 하나님은 선하다. 악이 하나님에게서 나오지 않는다면, 그리고 악이 스스로 존재하고 영원한 다른 원천에서 나오지 않는다면 악은 도대체 어디서 오는가? 아우구스티누스와 다른 많은 신학자에 따르면 악은 선으로부터 힘을 끌어와 좋은 것들의 적절한 질서와 목적을 왜곡하는 한에서만 힘을 가진다.

우리는 좋은 많은 것들—건강에 유익하고 맛있는 음식, 유쾌한 오락, 우리와 가족 구성원의 안전, 동료들로부터의 존중, 일들을 성취할 수 있는 능력, 그리고 우리의 노력의 성공 등—을 바라도록 창조되었다. 그러나 좋은 것들에 대한 우리의 사랑은 적절히 질서가 잡혀야 한다. 우리는 하나님을 최고로 사랑해야 하고 우리의 이웃을 우리 자신처럼 사랑해야 한다. 우리는 창조물인 선들을 우상으로 삼을 때—과도하게 그리고 다른 좋은 것들과의 적절한 관계를 벗어나 그것들 자체를 목표로 추구할 때—죄를 짓는다. 탐식가들은 장기적인 건강 및 건강한 몸이 달성할 수 있는 좋은 것들의 희생하에 단기적인 쾌락을 추구한다. 돈에 인색한 사람들은 자선 및 이웃의 복지의 희생하에 안전과 자아 존중을 추구한다. 불량배들은 다른 사람들을 돕기보다는 해침으로써 자아 존중이나 동료들의 존중에 이르는 지름길을 추구한다. 각각의 사례에서 다른 뭔가를 추구하느라 최고의 선—하나님의 뜻—이 제쳐진다.

아우구스티누스는 『하나님의 도성』(*The City of God*)에서 사랑의 적절한 질서에 관해 다음과 같이 썼다.

> 이제 그는 사안을 편견 없이 평가하고 그의 애정 역시 엄격한 통제하에 두는 정의와 거룩한 삶의 사람이다. 따라서 그는 사랑받지 않아야 할 것을 사랑하지 않고, 사랑받아야 할 것을 사랑하는 데 실패하지 않으며, 덜 사랑받아야 할 것을 더 사랑하지 않고, 덜 사랑받거나 더 사랑받아야 할 것을 똑같이 사랑하지 않으며, 똑같이 사랑받아야 할 것을 덜 사랑하거나 더 사랑하지 않는다. 어떤 죄인도 죄인으로서 사랑받지 않아야 한다. 그리고 모든 사람은 하나님을 위해 사람으로서 사랑받아야 한다. 그러나 하나님은 하나님 자신을 위해 사랑받아야 한다. 그리고 하나님이 어떤 사람보다 더 사랑받아야 한다면, 각 사람은 자신보다 하나님을 더 사랑해야 한다.[5]

선에 대한 기생충으로서의 죄에 관해 플랜팅가는 다음과 같이 쓴다: "죄에 관해 어떤 것도 죄 자체의 것이 아니다. 그것의 모든 힘, 지속성, 그리고 그럴듯함은 선에게서 훔친 것들이다. 죄는 실제로 하나의 실체가 아니라 실체들을 망치는 존재이며, 유기체가 아니라 유기체에 빌붙은 거

---

5 Augustine, *The City of God* 1.27, https://www.ccel.org/ccel/schaff/npnf102.v.iv.xxvii.html.

머리다. 죄는 샬롬을 세우지 않고 샬롬을 파괴한다.…하나님은 원본이고, 독립적이며, 건설적인 반면 악은 파생물이고, 독립적이며, 파괴적이다. 악이 성공적이려면 선으로부터 강탈한 것을 필요로 한다."[6]

죄는 개인적이기도 하고 집단적이기도 하다

우리는 대개 죄를 어느 개인의 행동들과 태도들의 관점에서 생각한다. 성경은 우리가 그렇게 생각할 충분한 이유를 제공한다. 다윗 왕은 자기의 죄들에 대해 괴로워하고 그 죄들에 대해 회개했다(예컨대 시 51편). 세례 요한과 예수는 개인들에게 회개하라고 요구했다. 예수의 많은 비유는 각각의 개인들에 대한 궁극적인 심판을 가리킨다(예컨대 가라지와 좋은 씨, 마 13:24-30; 그물과 물고기, 마 13:47-52; 양과 염소, 마 25:31-46).

그러나 성경은 집단적인 죄에 관해서도 언급한다(몇몇 구절을 열거하자면 예컨대 다음과 같은 구절이 포함된다: 레 4:13; 민 14:40; 삼상 7:6; 12:10; 왕상 8:33-36; 스 9:6-7; 느 1:6; 사 30:1; 42:24; 렘 11:10; 겔 14:13). 아마도 이 공동체들의 구성원 중 몇 사람은 다른 사람들보다 "더 유죄일" 것이다. 그러나 공동체 전체가 벌을 받았거나 벌을 받을 것이라고 경고를 받았으며, 공동체 전체가 죄를 고백하고 회개하도록 요구되었다.

오늘날 우리의 사회를 숙고하면 우리는 집단적으로 회개할 가치가 있는 몇 가지 일들을 생각할 수 있을 것이다. 나는 미국인들의 과거 세대들이 흑인 노예들과 아메리카 원주민들에게 자행한 일을 혐오할지도 모

6 Plantinga, *Not the Way It's Supposed to Be*, 89.

르지만, 오늘날 다른 사람들의 착취와 죽음을 통해 몇몇 사람에게 흘러간 부로부터 유익을 누리고 있다. 나는 인종주의와 성차별주의를 공고히 하고 다른 사람들의 희생하에 몇몇 사람에게 부당하게 특권을 주는 과거와 현재의 사회 시스템들에 반대할지도 모르지만, 오늘날 그런 시스템들로부터 혜택을 보고 있고 그 시스템들을 바꾸기 위해 충분한 노력을 기울이지 않는다. 나는 우리 사회가 가난한 사람들을 충분하게 지원하고 그들에게 기회를 주지 않는다고 믿을지도 모르지만, 그 시스템에서 편안하게 살고 있고 힘이 없는 사람들을 충분히 대변하지 않는다. 나는 내가 속한 공동체의 죄들에 대해 어느 정도의 책임을 공유한다.

죄는 퍼진다

일상의 경험으로부터 우리는 죄가 퍼지는 몇 가지 방식을 알고 있다. 가정·일터·학교에서, 그리고 심지어 오락 활동에서조차 조종하거나 남용하는 인간관계가 구경꾼이나 심지어 피해자까지도 장래의 가해자로 만들 수 있다. 권력 관계와 사회적 관습이 탐욕을 보상하거나, 시기심을 증진하거나, 눈에 띄는 소비를 칭찬할 수 있다. 그것들은 희망을 짓밟고 자선을 조롱할 수 있다. 인기 있는 TV 프로그램, 영화, 책들이 때때로 죄악된 행동을 정상적이고 적절한 것으로 묘사하거나 하나님이 적실성이 없고 존재하지 않는다고 묘사할 수 있다.

하나님은 창조물인 우리 각자가 우리 자신과 다른 사람들과 우리 사회의 미래에 대한 공동의 창조자가 되게 할 수 있다. 우리가 이 일을 죄악된 방식으로 할 때 죄가 우리로부터 다른 사람들에게 퍼지고, 다른 사람들로부터 우리에게 되돌아온다.

죄는 일반계시와 특별계시 모두를 통해 알려진다

성경의 많은 구절에서 인간의 죄는 특별히 계시된 하나님의 뜻에 대한 인간의 불순종하는 반응이다. 창세기 3장에서 선악을 알게 하는 나무의 열매를 먹은 것은 문자적이 아니라 상징적이라고 해석될 수도 있을 것이다. 그러나 창세기 3장에서 아담과 하와에게는 먹지 말라는 구두 명령도 주어졌다. 사도 바울은 로마서 2:17-3:20에서 (우리가 하나님의 법에 완벽하게 순종할 수 없기 때문에) 하나님의 법에 대한 지식이 우리를 의롭게 하지 않는다고 주장한다. 그러나 하나님의 법에 대한 지식은 우리로 하여금 우리의 죄를 인식하게 한다. 로마서 5:13에서 바울은 "죄가 율법 있기 전에도 세상에 있었으나 율법이 없었을 때에는 죄를 죄로 여기지 아니하였느니라"라고 말한다.

그러나 하나님으로부터의 명시적인 명령에 대한 지식이 없어도 인간들은 특정한 행동들과 태도들은 도덕적으로 그르다는 것을 알기에 충분한 하나님의 일반계시를 갖고 있다. 우리는 죄책감, 양심의 자극, 이타주의를 향한 감동, 도덕적인 행동이 전체 공동체에 좀 더 나은 삶을 창조한다는 것을 경험을 통해 알고 있다. 이런 것들은 우리에게 죄를 깨닫게 할 수도 있다. 하나님은 이스라엘 백성들 이전에 가나안에 살고 있던 사람들(따라서 이스라엘에게 계시된 모세의 율법을 갖고 있지 않던 사람들)의 몇몇 관행을 "가증하다"고 묘사했다(예컨대 신 20:18; 왕상 14:24; 스 9:1). 로마서 2:14-15에서 바울은 다음과 같이 쓴다: "율법 없는 이방인이 본성으로 율법의 일을 행할 때에는 이 사람은 율법이 없어도 자기가 자기에게 율법이 되나니 이런 이들은 그 양심이 증거가 되어 그 생각들이 서로 혹은 고발하며 혹은 변명하여 그 마음에 새긴 율법의 행위를 나타내느니라."

"충분히 선한 것"으로는 충분하지 않다

우리 각자는 하나님의 승인을 받기에 "충분히 선하다"고 믿고 싶어 한다. 우리는 우리가 완벽하지는 않지만, 우리가 충분히 선한 일들만 하고 충분히 악한 일들을 피한다면 하나님이 우리를 보상해야 한다고 믿고 싶어 한다. 이는 유혹적이고 세속적인 사고방식이다.

바울(예컨대 갈 3:10-11; 5:1-4)과 야고보(2:8-10) 모두 우리가 하나님의 율법을 순종함으로써 하나님 앞에서 우리를 정당화하려고 노력하면서 율법을 하나만 어겨도 실패한 것이라고 가르친다. 산상수훈에서 예수는 하나님의 기록된 율법의 문자를 순종하는 것이 충분하지 않다고 가르쳤다. "그러므로 하늘에 계신 너희 아버지의 온전하심과 같이 너희도 온전하라"(마 5:48).

속죄에 대한 은유

죄를 극복하기 위해 하나님이 선택한 수단이 무엇인지 이해하면 죄가 무엇인지를 이해하는 데 도움이 된다. 성경은 우리가 죄를 이해하도록 도와주는 많은 은유를 제공하는 것과 마찬가지로, 그리스도의 성육신, 생애, 죽음, 부활, 그리고 승천하여 다스리는 것이 어떻게 죄를 극복하고 우리를 하나님께 화해시키는지 우리가 이해하도록 도와주는 많은 은유를 제공한다. 이 이야기의 중심에 십자가에 못박힌 그리스도, 곧 "유대인에게는 거리끼는 것이요 이방인에게는 미련한 것"이 존재한다(고전 1:23).[7]

성경에서 가장 많이 나타나는 속죄에 대한 은유는 희생제사일 것이다. 예수는 대제사장이자 희생제물이다(히 9:11-12). 이는 구약성서의 속죄제(예컨대 레 4-6장), 속죄 염소(레 16장), 그리고 유월절 어린양(출 12장)을 상기시킨다. 제사 은유는 중심적인 성경의 주제이지만, 그것은 우리로 하여금 우리를 미워하는 진노한 성부를 달래는 자애로운 하나님의 아들을 생각하도록 자극할 수도 있다. 우리는 예수가 "나를 본 자는 내 아버지를 본 것이다"(요 14:9)라고 한 말도 기억해야 한다. 우리를 위해 자신을 희생하는 예수의 사랑에서 우리는 우리에 대한 성부의 사랑의 궁극적인 계시를 본다.

또 다른 은유는 우리를 노예에서 해방하기 위한 속전 또는 구속이다(마 20:28; 롬 6장; 벧전 1:18-19). 이는 우리 스스로 죄에서 해방될 수 없었음을 우리에게 상기시킨다. 우리는 구속자를 필요로 했다. 그리고 예수는 참으로 값을 지불했다.

만일 죄가 우리에 대해 힘을 지니고 있다면 예수의 죽음과 부활이 그 힘을 이기고 우리에 대한 그것의 속박을 깨뜨렸다는 또 다른 은유가 있다. 성경에 나타난 이미지는 폭력을 통해 성취된 군사적 승리가 아니

7 다양한 속죄 이론의 많은 요약이 존재한다. 최근의 연구 중 하나는 Peter Schmiechen, *Saving Power: Theories of Atonement and Forms of the Church*(Grand Rapids: Eerdmans, 2005)다.

라 하나님께 대한 순종과 자기희생적인 사랑을 통해 성취된 승리다.

구약성서와 신약성서 모두 법률 용어인 유죄와 정죄라는 용어를 사용해서 죄의 결과를 묘사한다. 따라서 우리는 때때로 "형벌 대속"으로 불리는 법정적 은유도 갖고 있다. 그것은 우리에게 죄에는 결과가 따른다는 것을 상기시킨다. 인간의 현대 법률 체계에서 어떤 사람이 범죄에 대해 유죄일 경우 우리는 다른 사람이 그를 위해 벌금을 납부하도록 허용할 수도 있지만, 유죄인 사람 대신 감옥에 가도록 허용하지 않을 것이다. 그런데 하나님의 신적 재판에서 어떻게 그리스도의 고난이 우리의 죄책과 정죄를 극복하는가? 우리가 모든 세부사항을 알지는 못한다. 하지만 우리는 하나님은 거룩하므로 우리의 죄악 됨으로 말미암아 그의 현존이 우리를 참을 수 없다는 것을 안다. 죄에는 결과—상상할 수 있는 최악의 결과—가 있는데 그것은 하나님의 현존으로부터의 분리, 하나님께 버림받음이다. 예수의 고난, 특히 십자가상의 고난에서 그는 우리가 당해야 할 고난을 당했다. 그는 죄가 없었지만 우리의 죄의 결과를 당했다. 예수가 죄의 최악의 결과를 당하고 대신 용서를 전해줌으로써 인간들과 그들의 창조주 사이의 관계 회복이 가능해졌다.

죄는 하나님과의 교제가 깨진 것이다. 그리스도의 속죄는 그 관계에 회복을 가져온다(롬 5장; 고후 5:18-21). 죄 용서가 필요한 단계이기는 하지만 화해는 단지 죄를 용서하는 것 이상이다. 그것은 마땅히 그래야 하는 방식대로 관계를 회복하는 것이다.

그리스도는 우리의 모범이다. 그리스도를 따르는 사람들로서 우리는 그리스도를 본받는 사람이어야 한다(예컨대 살전 1:6). 우리는 그의 고난에 참여해야 한다(고전 10:16; 빌 3:10). 그리스도는 교회에게 이 땅에서 하나님의 나라를 진척시킬 것을 위임했다. 우리는 자기희생적인 사랑을 보여줌으로써 그리스도와 그의 사역에 참여한다.

속죄에 대한 이 모든 은유를 통해 우리는 그리스도가 죄의 여러 측면을 다루는 것을 본다. 그리스도의 사역은 우리가 취하는 죄악된 선택의 죄책을 다룬다. 그리스도는 우리의 통제를 벗어난 죄의 힘을 깨뜨린다. 그리스도는 하나님과 우리 사이의 관계를 회복한다. 그리스도는 우리에게 어떻게 하나님을 무엇보다 사랑하고 우리의 이웃을 우리 자신처럼 사랑할 수 있는지에 대한 궁극적인 모범을 보여준다. 그리스도는 우리에게 자기희생적인 용서를 통해 어떻게 죄와 그것이 야기하는 피해의 확산을 막을지를 보여준다.

죄와 우리의 진화 역사

죄에 대한 이런 그림들이 인간이 진화해온 과거와 어떻게 관련되는가? 4장에서 언급된 바와 같이 우리의 호미닌(사람족) 조상들은 사회 집단에서 살았고 서로에게서 배웠다. 그들의 지성이 성장함에 따라 그들은 그들의 많은 생물학적·사회적 필요와 욕구를 만족시키기 위해 어떻게 처신해야 하는지에 관해 점점 복잡한 선택들에 직면했다. 그들에게는 "비열한" 행동과 "고상한" 행동 모두를 향한 성향이 있었다. 그리고 그들은 신앙을 향한 성향을 갖고 있었다. 이 점은 죄가 왜 그렇게 많은 측면을 갖고 있고 일단 죄가 들어온 후 우리 인간 본성을 그렇게 여러 방식으로 둘러쌀 수 있는지를 설명하는 데 도움이 된다.

죄는 선의 도착이고 선의 기생충이다. 하나님은 진화 과정을 사용해서 우리를 많은 욕구를 지닌 존재로 창조했다. 음식, 안전, 가까운 관계에 대한 욕구가 본질상 악한 것은 아니다. 우리는 적절한 비율과 적절한 관계를 벗어나 그것들을 바라고 추구할 때 죄를 짓는다. 우리는 음식이나 쾌락을 만족시키기 위해 누군가를 해칠 때 죄를 짓는다. 우리는 다른 사람들 위에 우리의 힘을 증가시키거나 우리의 사회적 지위를 높이기 위해 누군가를 해칠 때 죄를 짓는다. 우리는 우리로 하여금 마땅히 우리의 도움을 받아야 할 사람을 돕지 못하게 만드는 방식으로 쾌락을 추구할 때 죄를 짓는다. 죄는 우리의 사랑을 어지럽힌다.

죄는 깨진 샬롬이다. 죄는 퍼진다. 죄는 개인적이기도 하고 집단적이기도 하다. 죄는 우리가 통제할 수 있는 행동들이기도 하고 우리의 통제를 벗어난 조건이기도 하다. 하나님은 우리를 가정과 사회 집단 안에서 살면서 관계들을 맺고 서로에게서 배우도록 창조했다. 우리의 상호의존성으로 말미암아 우리의 죄는 다른 사람들을 해치고 다른 사람들의 죄는 우리를 해친다. 우리는 모두 우리가 서로에게서 죄를 배우는 사회를 창조한다. 새로운 세대마다 죄의 영향이 불가피한 사회를 물려받는다.

죄는 일반계시를 통해 알려진다. 하나님은 우리를 선택할 수 있는 존재로 창조했다. 우리에게는 다른 사람들을 해치고서 우리의 즉각적인 욕구를 충족하는 방식으로 행동할 힘이 주어졌다. 하나님은 또한 우리를 다른 사람들을 도와주고 싶은 욕구를 지닌 존재로 창조했다. 하나님은 우리를 동정심을 느끼고, 우리가 누군가를 해치면 죄책감을 느끼고 추론과 경험으로부터 다른 사람들을 해치거나 소홀히 할 경우의 결과들을 이해할 수 있는 능력을 지닌 존재로 창조했다.

죄는 특별계시를 통해 알려진다. 죄는 하나님과의 깨진 관계다. 죄는 행동이기도 하고 태도이기도 하다. 하나님은 우리를 신앙을 향한 자연적인 성향을 지닌 존재로 창조했다. 그러나 우리에게 진리를 가르칠 특별계시가 없으면 우리는 모든 종류의 창조물 가운데서 우상을 만들기 쉬우며, 힘과 통제에 대한 우리 자신의 욕구에 도움이 되는 종교 관행을 만들기 쉽다. 일반계시는 우리에게 이웃을 사랑하고 원수를 미워하라고 촉구할 수 있지만, 특별계시는 우리가 원수를 사랑해야 함을 명확하게 밝힌다. 하나님의 특별계시를 통해 우리는 다른 사람들, 우리 자신, 그리고 창조세계를 향한 우리의 파괴적인 행동이 우리와 하나님 사이의 교제도 깨뜨린다는 것을 배운다. 특별계시를 통해서 우리는 하나님이 우리가 깨끗한 손뿐만 아니라 청결한 마음도 지니기를 원하시기 때문에(시 24:4) 죄가 행동과 태도 모두라는 것을 배운다.

이후의 장들은 서론의 끝부분에 소개되었던 죄가 세상에 들어온 것에 관한 일반적인 유형의 네 가지 시나리오들을 비교한다. 일단 죄가 전체 집단에 퍼지고 난 뒤에는 네 가지 시나리오 유형들 사이의 차이가 중요하지 않게 된다. 네 가지 유형 모두 성경에 제시된 죄의 다면적인 그림을 통합할 수 있다.

그러나 다음과 같은 질문들에는 이 네 가지 유형의 시나리오들의 차이가 훨씬 더 중요해진다: 최초의 역사적 죄는 어떤 모습이었는가? 죄가 어떻게 최초의 죄인들로부터 전체 집단에 퍼졌는가?

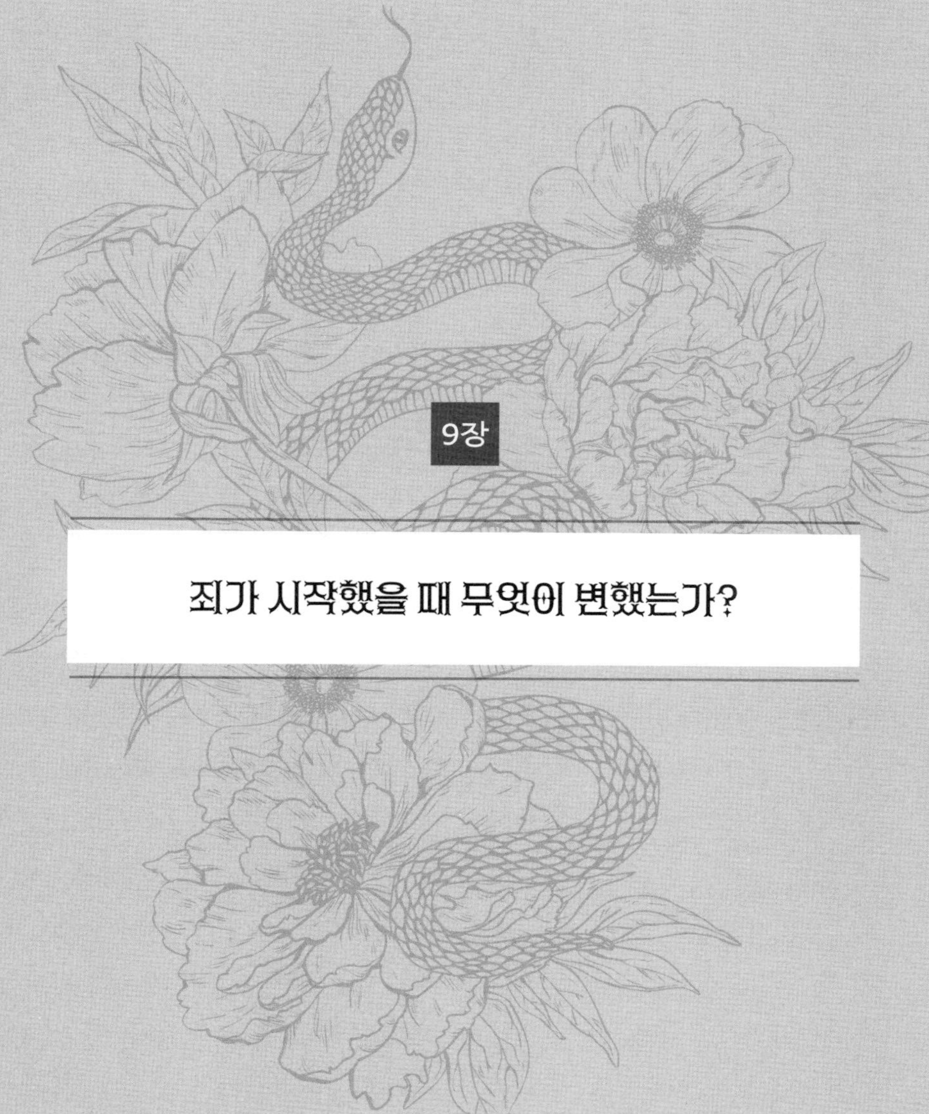

9장

죄가 시작했을 때 무엇이 변했는가?

동물들은 죄를 짓지 않는다(우리는 그렇게 추정한다). 인간은 죄를 짓는다. 무슨 일이 일어났으며, 그 일이 언제 일어났는가?

코끼리, 돌고래, 침팬지 같은 사회적 동물들은 서로를 "비열하게" 대하기도 하고(이는 자아 성찰적인 비도덕적 행동의 선구로 보인다) "고상하게" 대하기도 한다(이는 자아 성찰적인 도덕적 행동의 선구로 보인다). 우리의 호미닌 조상들 역시 서로를 향해 비열한 행동과 고상한 행동을 모두 보였다.

오늘날 우리가 서로를 향해 비열하게 대하는 것은 하나님의 사랑의 법을 위반하는 처사로서 우리가 죄를 짓고 있는 셈이다. 그러나 죄는 서로를 향한 비열한 행동 이상이다. 죄는 우리와 하나님 사이의 관계를 파괴하는 행동이기도 하다. 행동들이 죄악된 것으로 여겨지려면 하나님과 인간 사이에 특정한 종류의 관계가 있어야 한다. 우리 조상들의 역사의 어떤 시점에 하나님이 틀림없이 그들과 새로운 종류의 관계를 시작했을 것이다. 그리고 그 새로운 관계로 말미암아 그들이 죄를 짓는 것이 가능해졌다.

이 대목에서 나는 원죄 교리와 인간의 진화를 조화시키기 위한 일반적인 네 가지 시나리오 유형들을 다시 제시한다.

1. 아담과 하와는 인간의 대표자로서 행동하는 특정한 역사적 인물들이었다.
2. 아담과 하와는 특정한 역사적 인물이었다. 죄는 문화나 가계를 통해 퍼졌다.
3. 아담과 하와는 오랜 기간에 걸쳐 특별계시를 받은 많은 개인을 일컫는 고도로 압축된 역사다.
4. 아담과 하와는 모두 책임을 질 준비가 되어 있었고 죄를 선택한, 오랜 기간에 걸친 많은 개인을 일컫는 상징적인 인물들이었다.

원탁 질의-응답 방식의 신학적 논의

죄를 지은 최초의 인간들은 지적으로 및 도덕적으로 얼마나 발달했었는가? 하나님은 어떻게 그들과 관계를 맺었는가? 최초의 죄의 결과 그들에게 어떤 변화가 일어났는가? 죄가 어떻게 최초의 죄인들로부터 나머지 인간들에게 퍼졌는가?

우리는 이런 질문들에 대한 답을 알기를 원한다. 창세기 2-3장, 로마서 5장, 그리고 고린도전서 15장은 우리에게 세부사항을 많이 알려주지 않으며, 따라서 조직신학자들은 성경의 나머지—그리고 철학, 심리학, 사회학, 진화생물학—에 의존해서 답변들을 제안했다. 이는 귀중한 작업이다. 그러나 모든 신학자가 똑같은 답변에 도달한 것은 아니다. 본서의 7장은 역사적 접근법을 취해서 교회사를 통틀어 몇몇 신학자들이 이 질문들에 어떻게 답변했는지를 요약했다. 이번 장은 질의-응답 접근법을 취한다.

네 가지 시나리오 유형 각각은 이 장에서 제기된 질문들에 대해 복수의 가능한 답변들을 허용하기 때문에 이 장이 그 시나리오들과 직접적으로 대조되지는 않을 것이다. 이번 장을 원탁 토론처럼 생각하라. 과거와 현재의 신학자들이 모여 어려운 질문들을 한다고 상상하라. 그들 중 아무도 특정한 시나리오에 헌신하지 않는다. 각각의 질문에 대해 그들은 다양한 답변을 제안한다. 각각의 답변에 대해 그들은 몇몇 신학적 장점을 제안하고 몇몇 신학적 이의를 표명한다. 이 장이 가능한 모든 질문과 가능한 모든 답변, 또는 가능한 모든 장점이나 이의를 열거할 수는 없다. 제기된 모든 장점이나 우려가 똑같이 중요한 것도 아니다. 이번 장의 목표는 향후의 논의를 위해 가급적 많은 장점과 이의를 제기하는 것이다.

이번 장에서 다루는 광범위한 질문과 답변은 기독교 신학의 풍성함을 보여준다. 수백 년 동안 축적된 교회의 신학적 성찰의 부요함은 우리가 오늘날 제안된 각각의 시나리오의 장점과 도전들을 분류하는 데 도움을 줄 것이다.

최초의 죄인들은 얼마나 "발달했는가?"

몇십 년 전까지 많은 신학자들은 아담과 하와가 성인으로 창조되었으며 죄가 없었다는 점을 제외하고 능력 면에서 오늘날의 성인들과 크게 다르지 않았다고 가정했다. 이레나이우스 같은 몇몇 신학자는 그들이 처음에는 미성숙했다—그들이 죄는 없었지만 지성과 도덕적 이해에서 성숙해질 필요가 있었다—는 이론을 세웠다. 아우구스티누스 같은 다른 신학자들은 죄로 말미암아 부패되지 않은 아담과 하와의 창조된 본성과 그들의 초자연적인 은사로 인해 그들이 여러 면에서—영적·도덕적으로뿐만 아니라 지적·신체적으로도—초인간적이었다는 이론을 세웠다. 성경은 이런 가능성 중 어느 것도 가르치지 않지만, 그것들을 배제하지도 않는다.

하나님이 인간을 창조하는 동안 진화의 과정을 사용했다는 증거에 비추어볼 때 최초의 죄인들이 얼마나 "발달했는가"라는 질문은 최초의 죄가 언제 일어났는가와 연결된다.

시나리오 유형 1과 2에서처럼 아담과 하와가 특정한 역사적 인물이라면 그들이 언제 살았는가? 시나리오 유형 3과 4에서처럼 아담과 하와가 오랜 기간에 걸친 많은 사람이라면 그 시기는 언제 시작했는가? 다음과 같은 몇 가지 답변이 가능하다.

- 아마도 최초의 죄는 (**호모 사피엔스**가 출현하기 훨씬 전) 우리 조상들이 희미한 자아 인식을 갖추기 시작한 때 또는 복잡한 개념들을 생각할 능력을 갖추고 그것들을 언어로 소통하기 시작했을 때인 **수백만 년 전**에 발생했을 것이다.
- 또는 아마도 최초의 죄는 우리 조상들이 아직 **호모 에렉투스**(또는 **하이델베르겐시스**)로 분류되었을 때, 그리고 네안데르탈인과 데니소바인에 이르는 계통이 분리되기 전인 **거의 일백만 년 전**에 발생했을 것이다. 이 단계에서 우리 조상들의 두뇌 용량은 평균적으로 거의 우리의 두뇌 용량만큼 컸지만 같은 방식으로 조직화되지는 않았다. 그들은 인지 발달 측면에서 동물의 수준을 넘는 기준선을 넘었지만, 오늘날 성인의 수준에 이르

지는 않았다.

- 또는 아마도 **호모 사피엔스**에서 가장 최근의 인구 병목현상이 일어났던 시기인 **약 15만 년 전**에 발생했을 것이다. 이 시기에 우리 조상들은 해부학적으로 및 유전학적으로 현대인과 거의 완전하게 똑같았고, 인지상으로 현대인의 수준에 거의 도달했을 수도 있다.
- 또는 최초의 죄는 명확하게 현대적인 특정한 종류의 행동이 최초로 출현했을 때인 **약 4만 년 전**에 발생했을 것이다.[1]
- 또는 최초의 죄는 현대의 농업과 다른 신석기 혁명의 발달로 메소포타미아 지역에서 **약 12,000년 전**에 발생했을 것이다.
- 또는 최초의 죄는 현대의 기록이 출현한 시기에 가까운 **6,000년 전쯤**에 발생했을 것이다.

위의 답변들 각각을 지지할 이유들이 존재한다. 먼저 왜 혹자가 최초의 죄가 우리 조상들의 역사에서 매우 이른 시기인 **수백만 년 전**에 발생한 것으로 보는 견해를 지지할 수도 있는지를 고려해보자. 우리를 향한 하나님의 뜻은 "하나님을 무엇보다 더 사랑하라, 네 이웃을 네 자신 같이 사랑하라"로 요약될 수 있다(마 22:36-40을 보라). 우리 조상들이 자신을 "자아"로 인식하고 그들의 이웃을 다른 "자아"로 인식하게 된 이상 그들이 자기 이웃을 자신처럼 사랑하는 것이 가능해졌다. 그리고 그들이 일반계시나 특별계시를 통해 하나님에 대한 어느 정도의 지식을 지녔다면

---

1 보편적으로 제안되는 몇몇 "현대적인 인간의 행동"은 의례상의 죽은 자 매장, 상징적인 그림과 조각의 창조, 악기, 크고 복잡한 사회 집단과 교역망, 또는 이런 것들의 몇몇 조합을 포함한다(4장을 보라).

그들이 하나님을 사랑하는 것이 가능해졌을 것이다. 그리고 그것이 그들에게 대한 하나님의 뜻이었다면 그때 그들이 하나님의 뜻에 불순종하는 것도 가능해졌다. 만일 오늘날 우리가 우리의 이웃을 우리 자신처럼 사랑하지 않는 것이 죄라면, 아마도 우리 조상들의 최초의 죄는 그들이 최초로 자아 성찰적으로 그들의 이웃을 그들 자신처럼 사랑하지 않은 점이었을 것이다. 그리고 그들이 순종**해야 할** 신적 권위를 느꼈고 사랑의 법 같은 것을 인식하게 된 한 그들의 불순종은 죄로 여겨질 수 있었을 것이다.

하지만 이 답변에는 신학적 이의가 하나 있다. 수백만 년 전의 우리 조상들은 오늘날의 침팬지들보다는 발달했겠지만, 현대 인간의 수준에는 훨씬 미달했을 것이다. 4장에서 논의된 바와 같이 몇몇 대형 유인원, 돌고래, 그리고 코끼리들은 어느 정도의 자아 인식과 언어 능력을 지니고 있다. 우리가 이 동물들이 죄를 지을 수 없다고 가정한다면(비록 그 동물들의 몇몇 행동이 인간의 기준으로는 아무리 이기적이고 파괴적이라고 할지라도 말이다) 죄에 대한 선행 조건은 이런 동물들의 자아 인식과 언어 능력을 뛰어넘어야 할 것이다. 그러나 이런 신학적 이의가 반드시 최초의 죄가 우리 조상들의 자아의식이 싹트기 시작한 무렵에 발생했을 가능성을 배제하지는 않는다. 인간의 아기들은 그들의 필요와 욕구에 초점을 맞춘다는 점에서 "이기적"이지만 우리 중 대다수는 아기들이 고의로 죄를 짓는다고 말하지 않을 것이다. 궁극적으로 아기들은 자라서 아동이 되면서 고의로 죄를 짓는다. 각각의 아동에게 이 일이 정확히 언제 일어나는지를 아마도 하나님은 알겠지만 우리는 알지 못한다. 우리는 하나님이 각각의 아동과 관계를 맺고 있고 그 관계는 그 아동이 고의적인 죄를 지을 수 있기 전에도 뭔가를 의미한다고 믿는다. 그리고 하나님은 각각의 동물과 그 동물에게 적절한 관계를 맺고 있다. 따라서 하나님은 수백만 년 전 우리 조상들이 무엇으로 발전할지를 알았기 때문에—당시에 우리 조상들이 돌고래, 침팬지, 또는 코끼리들보다 지적으로 조금만 더 나았을지라도—하나님이 우리 조상들과 맺고 있던 관계가 하나님이 오늘날의 돌고래, 침팬지, 또는 코끼리들과 맺고 있는 관계와는 달랐을 수도 있다. 따라서 하나님은 우리 조상들이 아직 죄는 아닌 이기심에서 고의적인 죄로 언제 이전했는지를 알았을 것이다.

최초의 죄가 **거의 1백만 년 전**에 발생했다는 견해를 지지할 이유들이 있다. 당시 우리 조상들은 오늘날의 어떤 동물들보다 인지적으로 발달했지만 아마도 아직 현대인의 수준에 미치지는 못했을 것이다. 죄가 이미 세상에 들어와 있다가 우리 조상들이 어느 정도의 인지 발달 기준선을 넘자마자 인간의 본성에 영향을 주었을 수도 있다. 그들은 이레나이우스가 아담과 하와에 대해 묘사한 것과 비슷한—처음에는 죄가 없었지만 지적·도덕적 이해에서 성숙할 필요가 있는—상태에 있었을 수도 있다. 그들의 후손은 **호모 사피엔스**뿐만 아니라 네안데르탈인과 데니소바인도 포함했다. 이들은 모두 "인간"으로 여겨질 것이다. 따라서 훗날 혼혈을 통해 제기된 신학적 이의는 없다.

그러나 이 답변에는 신학적 이의가 하나 있다. 1백만 년 전부터 현재까지 우리 조상들은 상당한 유전적, 문화적, 인지적 변화를 경험했다. 최초의 죄가 1백만 년 전 또는 그 전에 발생했다는 견해는 어떤 의미에서는 인간의 죄악된 **반역**이 지난 수백만 년에 걸친 인간의 **창조**와 동시에 발생하고 있었음을 암시한다. 이와 대조적으로 신학은 전통적으로 죄악된 반역이 인간이 완전히 창조된 **후**에 일어난 뭔가로 생각했다. 그러나 이 신학적 이의가 필연적으로 이 견해를 배제하는 것은 아니다. 개인으로서 우리 각자는 우리가 성인일 때보다 지적으로 및 사회적으로 훨씬 덜 발달했을 시기인 어릴 적에 고의로 죄를 짓기 시작했다. 우리가 성인으로 발달할 때 그런 죄들이 어느 정도 우리를 형성했다. 마찬가지로 우리 조상들이 비록 오늘날의 대다수 인간보다 덜 발달했지만, 그들이 인지 발달상의 모종의 기준선에 도달하고 난 후 죄가 시작되었다고 하더라도 우리는 놀라지 않아야 한다. 죄는 일단 세상에 들어오고 나자 인간의 추가적인 발달을 형성했다.

호모 사피엔스 종에서 가장 최근의 인구 병목현상이 일어났던 **약 15만 년 전 즈음**에 최초의 죄가 발생했다는 견해를 지지할 이유들이 있다. 이 인간들은 해부학적으로 및 유전학적으로 현대인과 거의 완전하게 똑같았고, 인지상으로 현대인의 수준에 거의 도달했을 수도 있다. 만일 죄가 인구 병목현상 동안에 들어왔다면, (죄가 문화적으로나 계통상으로 확산되었다고 가정할 경우) 최초의 죄가 인구의 크기가 훨씬 컸을 시기인 그 전이나 후에 발생했을 경우보다 죄의 영향이 최초의 죄인들로부터 **호모 사피엔스**의 나머지에게 좀 더 빠르게 확산할 수 있었을 것이다.

하지만 이 답변에는 신학적 이의가 하나 있다. 네안데르탈인, 데니소바인, 그리고 **호모 사피엔스**의 마지막 공통 조상은 50만 년 전 이전에 살았던 것으로 생각된다. 그러나 일부 **호모 사피엔스**는 5만 년이나 6만 년 전에야 네안데르탈인 및 데니소바인과 상호교배했다. 당시 네안데르탈인과 데니소바인의 영적 지위는 어떠했는가? 그들 역시 하나님의 형상대로 창조된 인간이었는가? 그랬다면 그들 역시 죄인들이었는가? 네안데르탈인과 데니소바인이 신학적으로 인간이 아니라고 여겨진다면 그 상호교배는 중대한 몇 가지 신학적인 어려움을 제기한다. 하지만 이 신학적 이의가 제기된다고 해서 이 답변이 반드시 배제되는 것은 아니다. 네안데르탈인과 데니소바인이 완전한 인간으로 여겨지지 않음에도 불구하고 하나님이 소규모의 혼혈이 일어나도록 허용해서 그들로부터 태어난 후손을 인간으로 여겼을 수도 있다. 다른 한편으로는, 혼혈이 가능했으므로 아마도 네안데르탈인과 데니소바인 역시 인간으로 여겨져야 할 것이다. 하지만 그 경우 이 답변의 장점 중 하나(최초의 죄인들로부터 나머지 인간 집단으로의 죄의 빠른 확산)가 상실된다.

최초의 죄가 인간의 현대적인 행동이 최초로 시작된 시기인 **약 4만 년 전**에 발생했다는 견해를 지지할 이유들이 있다. 아마도 하나님이 어느 정도 좀 더 완전한 현대의 언어적, 문화적, 그리고 인지적인 능력을 지닌 개인들에 의한 최초의 죄의 가능성—순종적으로 하나님을 신뢰할 것인지 아니면 하나님께 반역할 것인지에 관한 인간의 최초의 결정—이 중요하다고 여겼을 것이다.

그러나 이 답변에는 몇 가지 신학적인 난점들이 있다. 한 가지 난점은 이 무렵에는 **호모 사피엔스**가 이미 아프리카, 유럽, 아시아, 그리고 호주에 퍼졌다는 것이다. 최초의 죄인들로부터 인구의 나머지에게 죄가 퍼진 것은 **대표**를 통해 즉각적으로 일어났거나(시나리오 1), 죄가 **문화적으로**나 **계통상으로** 전해졌을 경우(시나리오 2 또는 3) 수천 년이 소요되었을 것이다. 이 선택지들 각각이 이 장의 뒤에서 논의된다.

이 답변에 대한 두 번째 신학적 이의는 호모 **사피엔스**가 이미 얼마나 발달되었는지와 관련이 있다. 이 무렵 그들은 복잡한 도구들(발전된 계획 수립 및 교수와 학습을 통한 정보 전달 문화를 암시한다)과 그림 및 조각을 포함한 예술품을 만들고 있었다. 그들이 이미 모종의 신앙을 갖고 있었다고 하더라도 놀랍지 않을 것이다. 그들은 그들의 조상들이 가졌던, 비열한 행동과 고상한 행동을 향한 성향을 지녔고 자기들의 행동이 어떻게 다른 사람들을 해치거나 도와주는지를 자아 성찰적으로 점점 더 많이 이해하게 되었다. 따라서 최초의 죄가 발생하기 바로 **전**에 비열하게 행동하기도 하고 고상하게 행동하기도 하는, 완전히 현대적인 많은 **호모 사피엔스**가 여러 대륙에 퍼져 있었을 것이다. 그러나 이 답변에 의하면 비열한 행동은 죄악된 것으로 여겨지지 않았다. 그러나 이 신학적 이의가 반드시 이 견해를 배제하지는 않는다. 아마도 하나님이 우리 조상들에게 최초로 특정한 종류의 **특별**계시를 주어서 새로운 종류의 신과 인간 사이의 관계를 수립하기 전까지는 그들의 비열한 행동에 책임을 묻지 않았거나 그런 행동들을 죄악된 것으로 여기지 않았을 것이다. 약 4만 년 전에 시작된 현대 인간의 행동에 상응하는 문화적, 언어적, 그리고 인지적 발달이 우리 조상들에게 그런 특별계시를 이해하도록 최초로 허용했을 수도 있다.

이 답변(그리고 전의 모든 답변)에 관한 추가적인 신학적 이의 하나는 창세기 2-11장에 묘사된 종류의 세상과 관련이 있다. 이 장들은 농업, 금속 가공, 그리고 도시들을 포함한 문화를 배경으로 한다. 인간은 이런 문화를 불과 수천 년 전에야 발달시켰다. 최초의 죄가 우리 조상들이 수렵-채취 생활을 하는 소규모 부족 생활을 했던 4만 년 전 또는 그 전에 발생했다고 보는 견해는 "왜 창세기 2-3장과 그 후의 장들이 그 장들이 가리키는 사건들을 실제로 일어난 시점으로부터 시간적으로 먼(그리고 지리적으로 멀 수도 있는) 문화적 배경에 두는가?"라는 문제를 제기한다. 그러나 이 우려가 이런 답변들을 반드시 배제하지는 않는다. 창세기 1장이 평평한 지구와 둥근 창공에 관한 원래 청중의 믿음을 수용하는 방식으로 하나님의 세상 창조를 재진술한 것과 마찬가지로, 창세기 2-3장은 하나님이 원래의 청중을 수용한 것의 일환으로서 원래 청중에게 익숙한 문화적 배경—수천 년 전 고대 근동—에서 죄가 세상에 들어온 이야기를 재진술한 것일 수도 있다.

약 12,000년 전에서 6,000년 전 사이에 메소포타미아 지역에서 최초의 죄가 발생한 것으로 보는 견해를 지지할 이유들이 있다. 창세기 2-11장은 문화적 세부사항의 관점에서 그 시기 메소포타미아의 문화에 상응한다. 아마도 이 시기에 그곳에서 하나님이 우리가 특별계시로 부를 만한 방식으로 말하기 시작했을 것이다. 아마도 하나님은 자신이 인간에게 이 특별계시를 줄 때까지 그들의 행동에 대해 도덕적·종교적 책임을 묻지 않고 기다려주었을 것이다.

그러나 이 답변에는 몇 가지 신학적 이의들이 있다. 이 무렵에는 인지상으로 현대인(언어, 농업, 재현 예술[representational art], 그리고 신앙)이 이미 수천 년 동안 존재하고 있었을 것이다. 이때쯤에는 인간들이 아메리카 대륙을 포함한 지구 전체에 퍼져 있었다. 따라서 이 무렵에는 이미 인간들이 지구 전체에 존재하고 있었고 수천 년 동안 그들의 비열한 행동들과 고상한 행동들이 다른 사람들에게 어떤 영향을 주는지를 이해하고 있었을 것이다. 이 답변은 왜 하나님이 그런 행동들을 금하는 모종의 특별계시를 줄 때까지는 그런 비열한 행동들이 죄악된 것으로 여겨지지 않았는지를 설명할 필요가 있다.

이 답변에 대한 두 번째 신학적 이의는 죄가 들어온 것이 인간의 본성에 모종의 부패시키는 영향을 주었는지와 관련이 있다. 만일 죄가 겨우 12,000년에서 6,000년 전에 시작되었다면 죄가 세상에 들어온 것이 죄인들이 하나님과 어떻게 관련되는지에 대해 심원한 영향을 주었을지 몰라도, 인간들은 이미 복잡한 문화를 발달시키고 있었기 때문에 그것이 인간들이 서로 어떤 관계를 맺는지에 대해 큰 영향을 주지 않았을 것이다. 그들은 이미 복잡한 많은 방식으로 서로에 대해 비열하게 행동하기도 했고 고상하게 행동하기도 했다.

하지만 이 신학적 이의들이 필연적으로 이 견해를 배제하지는 않는다. 죄가 우리가 서로를 어떻게 대하는지에 영향을 주는 것은 사실이지만, 죄는 무엇보다도 우리와 하나님 사이의 관계에 관한 것이다. 하나님은 성경에서 왕, 심판자, 남편, 목자, 창조자 등의 많은 은유를 사용해서 자신과 인간 사이의 관계를 묘사한다. 하나님은 인간에게 특별히 자기의 뜻을 계시하고 인간에게 책임을 묻기 전에 인간이 특정한 수준—그들이 그런 은유들의 사용을 통한 그들과 하나님 사이의 관계의 풍성함을 이해할 수 있을 정도의 수준—의 문화적 발전을 성취할 때까지 기다렸을 수도 있다.

하나님이 우리 조상들을 기적적으로 변화시켰는가?

5장에서 언급된 바와 같이 화석 기록이나 인간의 유전자는 하나님이 과거에 우리 조상을 기적적으로 변화시킨 증거를 보이지 않는다. 증거는 하나님이 진화 과정과 특별계시만을 사용한 것과 일치한다. 너무 급진적인 가설상의 기적적인 변화는 허위의 외관을 지닌 역사라는 신학적 문제에 빠지게 될 것이다. 그러나 증거는 하나님이 우리 조상 중에서 일부 또는 전부를 (우리가 그 기적들이 일어나는 것을 볼 수 있었더라면 우리가 우리 조상들에게서 극적인 변화를 볼 수 있었을 것이라는 의미에서) 중대하기는 하지만 오늘날 우리에게 과학적으로 탐지될 수 있는 증거를 남길 만큼 급진적이지는 않은 방식으로 변화시켰다는 가설과도 일치한다. 이 가설은 허위의 외관을 지닌 역사의 문제를 피한다. 그 조건하에서, 과학적 데이터는 몇 가지 해석에 열려 있으며 신학은 일련의 가능성에 열려 있다.

- **하나님이 어떤 기적도 일으키지 않기로 선택했을 수도 있다**. 아마도 하나님이 일반적인 자연과정을 유지하고 그것에 동의하는 방식으로 인간의 신체적, 정신적, 영적 능력을 창조했고 특별계시를 통해 우리와 특별한 관계를 맺었을 것이다.
- 또는 역사의 특정한 시점에 **하나님이 우리의** 모든 **조상을 기적적으로 변화시켜서** 그들이 새로운 정신적·영적 능력을 지니게 되었을 것이다. 하나님이 그들을 5장에 묘사된 한 가지 이상의 방법으로 그들을—철저한 교육을 통해서나 영혼을 불어넣음으로써 생물학적으로 및 유전학적으로—변화시켰을 수도 있다. 그들은 신학적 의미에서 진정한 최초의 인간들, 곧 하나님의 형상 담지자들이었다.
- 또는 역사의 특정한 시점에 **하나님이 우리** 조상 중 일부(한 쌍의 개인들이었을 수도 있고 좀 더 많았을 수도 있다)를 **기적적으로 변화시켜서** 그들이 새로운 정신적·영적 능력을 지니게 되었을 것이다. 그들은 신학적 의미에서 진정한 최초의 인간들이었다. 그들의 후손들이 인구의 나머지

와 섞임에 따라 이 변화들이 문화적, 계통적, 유전학적으로 또는 이것들의 조합을 통해 퍼졌다.

- 또는 **하나님이 아담과 하와를 기적적으로 성인들로서** 새롭게 **창조**했지만, 그들의 후손이 이미 존재하고 있던 더 큰 집단과 섞이고 혼혈할 수 있는 방식으로 창조했다.

하나님이 어떤 기적도 일으키지 않았다는 견해를 지지할 신학적 이유들이 있다. 이 견해는 확실히 틈새의 하나님이라는 신학적 문제를 피한다. 4장에서 언급된 바와 같이 과학은 인간의 정신적, 문화적, 언어적 능력이 다른 어떤 동물들의 능력보다 훨씬 우수하다고 확언한다. 그러나 우리 조상들 사이에 이런 능력이 시간이 지남에 따라 어떻게 발달했는지에 관해 여전히 많은 틈새가 남아 있다. 이 점은 하나님이 그 과정에 좀 더 관여했음을 보여준다고 생각하고서 이런 틈새들을 메우기 위해 기적들을 제안할 유혹을 받기 쉽다. 그러나 하나님은 우리가 과학적으로 설명할 수 없는 과정들에 관여하듯이 우리가 설명할 수 있는 과정들에도 관여한다. 하나님은 우리 조상들에게 기적적인 신체적 변화 행동을 일으키지 않고서 인간을 자신의 형상 담지자로 창조할 수 있었다. 하나님은 유전자-문화의 공진화 과정을 유지하고 그것에 동의함으로써 우리 조상의 정신적, 문화적, 언어적 능력을 창조할 수 있었다. 그러고 나서 하나님은 특별계시를 통해 그들에게 자신의 형상 담지자가 되도록 위임할 수 있었다. 우리가 기적적인 행동을 제안하는 **유일한 이유**가 그것이 우리로 하여금 하나님이 좀 더 관여한다고 느끼게 하는 것이라면 우리는 추가로 기적적인 행동을 제안하지 않아야 한다.

이 답변에는 몇 가지 신학적인 이의들이 있다. 성경은 인간들은 창조세계에서 동물들에 비해 독특한 지위를 지니고 있고 하나님과 독특한 관계를 맺고 있다고 가르친다. 만일 이 답변이 옳다면 우리 조상들의 정신적, 문화적 능력들이 질적인 도약을 이룬 특정한 시점이 없었을 것이다. 하지만 이 신학적 이의가 반드시 이 견해를 배제하지는 않는다. 하나님은 인간의 능력들을 기적적으로 변화시키지 않고서 신적인 특별계시를 통해 인간과 독특한 관계를 시작할 수 있었다.

하나님이 어떤 기적도 일으키지 않았다는 이 답변에 관한 두 번째 신학적 이의는 (5장에서 논의된) 영혼에 관한 이원론과 일원론에 대한 고려에서 나온다. 신체-영혼 이원론 형태 중 하나가 옳다면 틀림없이 우리 조상들의 역사에서 하나님이 그들에게 인간의 영혼을 주기 시작했던 특정한 시기가 있었을 것이다. 이것은 그들의 영적 지위를 바꾼 기적적인 변화였을 것이다. 하지만 이 이의가 이 견해를 배제하지 않는다. 이원론의 몇몇 형태가 옳다고 하더라도 (이원론의 어떤 특정한 형태가 고려되는지에 따라) 이 변화가 그들의 정신적, 문화적, 언어적 능력을 유의미하게 바꾸지 않고서도 그들의 영적 지위를 변화시켰을 수도 있을 것이다.

이 답변에 대한 세 번째 신학적 이의는 성경이 인간의 창조를 묘사하는 방식에서 나온다. 창세기 1:26-30은 인간의 창조를 다른 동물들의 창조보다 훨씬 자세히 묘사한다. 창세기 2:19-20에서 하나님이 인간에게 동물들의 이름을 짓는 특별한 과제를 부여하며, 창세기 1:28은 하나님이 인간에게 특별한 위임을 주어서 다른 창조물들과 지구에 대한 권위와 책임의 자리에 두었다고 가르친다. 창세기 2:7은 "여호와 하나님이 땅의 흙으로 사람을 지으시고 생기를 그 코에 불어 넣으시니 사람이 생령이 되니라"라고 말한다. 이 언어가 양식화되고 상징적인 표현이라고 할지라도 그것이 특별한 신적 개입을 암시할지도 모른다. 그러나 이 해석상의 이의가 이 견해를 배제하지 않는다. 우리는 창세기 텍스트를 읽을 때 우리가 텍스트 안으로 들여올 수도 있는 것에 관해 주의할 필요가 있다. 우리의 현대 문화에서 사는 현대의 독자로서 우리는 창세기 2:7이 초자연적인 기적처럼 들린다고 믿을 수도 있다. 그러나 우리는 그 구절의 역사적·문화적 맥락과 하나님의 수용 원칙을 염두에 두고 원래의 저자와 의도된 청중이 그 구절을 어떻게 이해했을지를 파악할 필요가 있다. 이 책의 6장에서 언급된 바와 같이 2:7의 현대 번역에 들어있는 전치사 "으로"가 히브리어 성경의 텍스트나 70인역에는 들어있지 않다. 더욱이 구약성서 곳곳의 구절들에서 모든 인간(아담만이 아니라)이 "먼지"로 지칭되며, 이 구절들은 인간의 필멸성에 대한 언급이다. 창세기 2:7에 하나님의 적응 원칙을 적용하면 우리는 이 구절을 인간의 필멸성과 하나님께 생명을 의존함에 대한 신학적 진리를 가르치기 위한, 과학 발달 전 고대의 방식으로 읽을 수 있다.

역사의 특정한 시점에 **하나님이 우리의** 모든 **조상을 기적적으로 변화시켜서** 그들이 새로운 정신적, 사회적, 영적 능력을 지니게 되었다는 견해를 지지할 신학적 이유들이 있다. 하나님이 이 일을 했다면 손쉽게 이 시점을 인간이 죄를 짓는 것이 최초로 가능해진 때라고 볼 수 있다. 그리고 앞 단락에서 언급된 성경 텍스트는 하나님이 기적을 행했음을 증명하지는 않지만 그 견해를 지지할 수도 있다. 더욱이 이원론의 몇몇 형태가 옳고 하나님이 어느 시점에 최초의 인간들의 영혼을 기적적으로 창조했거나 변화시켰다면, 이 때가 또한 하나님이 그들의 신체를 기적적으로 변화시켜 그들의 몸과 영혼이 서로 적합해지게 만든 논리적인 시기일 수도 있을 것이다.

그러나 이 답변에는 몇 가지 신학적 이의들이 있다. 첫째, 그 답변은 틈새의 하나님 사고를 피하도록 조심해야 한다. 우리는 그런 행동들이 있을 경우 우리가 하나님이 좀 더 관여한다고 느낀다는 이유만으로 추가로 기적적인 행동들을 제안해서는 안 된다. 하지만 이 신학적 이의가 그 답변을 배제하지는 않는다. 우리가 하나님이 줄곧 사용해온 과학적으로 이해될 수 있는 진화의 모든 단계에 대해 주권자임을 인정한다면, 하나님이 추가로 기적을 일으켰다고 제안하더라도 하나님의 주권에 대한 우리의 이해가 줄어들 필요는 없다. 따라서 신체-영혼 일원설의 몇몇 형태가 옳다면 하나님이 진화 과정을 유지하고 그것에 동의함으로써 우리에게 정신적, 문화적, 언어적 능력을 줄 수도 **있었지만**, 하나님이 몇몇 기적들을 포함하기로 작정했을 수도 있다. 그리고 만일 몇몇 형태의 신체-영혼 이원론이 옳다면 하나님이 최초의 인간의 영혼들을 기적적으로 창조할 필요가 있었지만, 이것이 하나님이 그 이전과 이후에 사용한 일반적인 진화의 수단들로부터 벗어났음을 의미하지는 않는다.

하나님이 우리의 모든 조상을 기적적으로 변화시켰다는 이 견해에 대한 두 번째 신학적 이의는 하나님이 허위의 역사의 외관을 만들었다는 신학적 문제로부터 나온다. 앞의 장들에서 언급된 바와 같이 과학적 증거는 우리 조상들의 게놈에서 오랜 기간에 걸쳐 점진적인 진화적 변화가 일어났으며, 인간의 정신적·사회적 능력이 점진적으로 향상되었다는 견해와 일치한다. 그러나 이 신학적 이의가 이 견해를 배제하지는 않는다. 하나님이 우리 조상들을 (우리가 그 기적들이 일어나는 것을 볼 수 있었더라면 우리가 우리 조상들에게서 극적인 변화를 볼 수 있었을 것이라는 의미에서) 중대하기는 하지만 오늘날 우리에게 과학적으로 탐지될 수 있는 증거를 남길 만큼 급진적이지는 않은 방식으로 변화시켰다면 이 우려가 회피된다.

이 답변에 대한 세 번째 신학적 이의는 오늘날 하나님이 각각의 새로운 인간을 어떻게 창조하는지에 대한 고려에서 나온다. 우리 각자는 시편 저자처럼 하나님이 "내 모태에서 나를 만드셨다"고 말한다(시 139:13). 그러나 우리는 하나님이 이 일을 이루기 위해 기적을 일으켜야 한다고 제안하지 않는다. 하나님이 오늘날 각각의 인간을 위해 일상적으로 기적을 일으킬 필요가 없으므로 하나님이 최초의 인간들에게 그런 기적을 행할 신학적 필요가 있었을 것으로 보이지 않는다. 하지만 이 신학적 이의가 이 견해를 배제하지는 않는다. 기적에 대한 신학적 **필요**가 없을지라도, 아마도 하나님이 자기의 기쁨을 위해 기적을 일으키기로 작정했을지도 모른다.

이 답변에 대한 네 번째 신학적 이의는 **호모 사피엔스**로 이어진 진화의 오랜 역사에 대한 고려에서 나온다. 진화의 과정에서 기적적인 변화의 행동이 있었던 시기를 특정하면 그 시기가 언제로 정해지느냐에 따라 새로운 신학적 어려움이 제기된다. 가령 **호모 사피엔스**와 네안데르탈인은 약 50만 년 전에 공통 조상으로부터 갈라졌는데, **호모 사피엔스**와 네안데르탈인은 약 4만 년 전에 유럽과 아시아에서 혼혈했다. 우리는 하나님이 50만 년 전보다 앞서 (창 2-3장에 상응하는) 이 기적적인 변화를 일으켰다고 제안할 수 있을 것이다. 당시에 우리 조상들은 말기 **호모 에렉투스**나 **하이델베르겐시스** 종의 일부였다. 이는 우리의 초기 조상들에게 기적적인 변화가 일어난 **뒤** (겨우 몇천 년 전에) 기록된 성경의 역사가 시작되기 전에 50만 년의 기록되지 않은 역사—그리고 상당히 긴 유전자-문화의 공진화—가 있었음을 의미할 것이다. 하지만 반드시 이 신학적 이의가 이 견해를 배제하지는 않는다. 창세기 4-11장은 고도로 축약된 역사로서 하나님이 그 텍스트에서 우리에게 중요한 영적 전개들에 관해 말하지만 그러한 전개와 관련된 역사의 실제 길이에 관해서는 말하지 않는 것으로 해석될 수도 있다.

또는 하나님이 기적적인 이 변화를 현대인처럼 보이는 **호모 사피엔스**가 출현한 시기인 대략 20만 년 전에 일으켰다고 제안될 수도 있다. 그 경우 우리는 네안데르탈인과 데니소바인에 관한 결정에 직면한다. 우리는 그들 역시 "인간"이었고 **호모 사피엔스**와 함께 변화되었다고 제안할 수 있을 것이다. 그 경우 우리는 그들이 왜 그렇게 오랫동안 독특한 집단으로 머물렀다가 후에 사멸되었는지 궁금할 것이다. 하지만 이 우려가 이 견해를 배제하지는 않는다. 하나님이 **호모 사피엔스**의 집단과 문화들이 사멸하도록 허용하듯이 이 집단들이 사멸하도록 허용했을 수도 있다. 또는 우리가 네안데르탈인과 데니소바인은 "인간이 아니었고" **호모 사피엔스**와 함께 변화되지 않았다고 제안할 수도 있다. 그럴 경우 우리는 왜 상호 혼혈이 허용되었는지 궁금할 수 있을 것이다. 하지만 이 우려가 이 견해를 배제하지는 않는다. **호모 사피엔스**가 네안데르탈인 및 데니소바인과 신학적 지위는 달랐지만 그들은 혼혈할 수 있을 만큼 생물학적으로 매우 가까웠다. 또는 하나님이 소규모의 혼혈을 허용하고 그들 사이의 후손을 인간으로 여겼을 수도 있다.

또는 하나님이 그런 혼혈이 일어난 후였을 약 3만 년 전에 이 기적적인 변화를 일으켰다고 제안할 수도 있다. 이 시점에 **호모 사피엔스**는 이미 아프리카, 유럽, 아시아에 퍼졌으며 정교한 도구, 악기, 그리고 조형 미술을 지니고 있었다. 그들은 상호 연결된 사회 집단 안에서 살았고, 자신의 행동이 남을 도와주거나 해칠 수 있음을 이해했으며, 실제로 종교를 갖고 있지는 않았을지라도 신앙에 대한 성향을 지니고 있었을 가능성이 매우 크다. 그렇다면 그들이 이미 어느 정도로 발달했었는가에 따라 "어느 정도의 변화가 필요했기에 하나님의 기적적인 변화가 요구되었는가?"는 질문이 제기될 수도 있다. 하지만 이 이의가 그 답변을 배제하지는 않는다. 우리 조상들의 발전된 행동에도 불구하고 그들에게 여전히 특정한 도덕적 또는 영적 능력이 결핍되었을 수도 있다. 하나님이 우리 조상들에게 이런 능력들을 기적적으로 부여하기로 작정했을 수도 있다. 이것이 고고학적 증거를 남길 행동상의 변화를 초래하지는 않았을 수도 있지만, 그것이 하나님 및 우리 조상과 하나님 사이의 관계에는 중요했을 것이다.

역사의 특정한 시점에 **하나님이 우리 조상** 중 일부(한 쌍의 개인들이었을 수도 있고 좀 더 많았을 수도 있다)를 **기적적으로 변화시켜서** 그들이 새로운 정신적·영적 능력을 지니게 했다는 제안을 지지할 신학적 이유들이 있다. 하나님이 그들과 새로운 관계를 맺고 그들에게 새로운 기대를 하고, 새롭게 축복과 약속을 주었다. 그들은 여전히 좀 더 큰 집단과 동일한 생물학적 종이지만 다른 신학적 지위를 지녔다. 그들은 신학적 의미에서 최초의 진정한 "인간들"이었고, 인간의 영혼을 지닌 하나님의 형상 담지자였다. 그들의 능력들과 지위는 그들의 후손들에게 전해졌다. 그들의 자손들이 퍼져서 좀 더 큰 집단과 혼혈했고 하나님이 최초의 집단에게 일으킨 기적적인 변화가 문화적, 계통적, 유전학적으로, 그리고 이의 몇몇 조합을 통해 궁극적으로 집단 전체에 퍼졌다.

이 답변은 바로 앞의 답변(하나님이 기적적으로 단번에 우리 조상 **모두**를 변화시켰다는 견해)과 그것을 선호하는 모든 신학적 이유와 모든 신학적 이의 그리고 그런 우려들에 대한 모든 잠재적 답변을 공유한다. 이 답변을 선호하는 추가적인 이유 하나는 하나님이 구원사에서 단지 소수의 개인으로부터 출발함으로써 뭔가 새로운 일을 시작한 성경의 사건들과의 유사성에서 나온다. 아브라함과 사라는 그들의 고향에서 선택되어 하나님과 새로운 언약을 받았는데, 그 언약은 그들과 그들의 자녀들에게 적용될 언약이었다. 다윗은 이스라엘의 왕이 되도록 그 백성 가운데서 부름을 받았는데, 그와 그의 후손에게 적용될 약속이 수반되었다. 신약성서의 교회는 예수에게 부름을 받은 소수의 개인으로 시작했다. 하나님이 단번에 전체 인구를 변화시키기보다 좀 더 큰 집단 중 소수의 개인을 선택하고 변화시키는 것이 이 패턴에 부합한다.

이 제안의 추가적인 신학적 이의 하나는 제안된 변화가 얼마나 철저한가와 관련이 있다. 한편으로 아담과 하와 및 그들의 후손이 좀 더 넓은 집단보다 훨씬 큰 정신적, 영적 능력을 지녔다면 이 변화가 상호 혼혈을 통해 좀 더 큰 집단에 퍼진다는 아이디어는 신학적으로 문제가 생긴다. 창세기 2:23이 애초부터 결혼을 묘사하는 방식(아담은 자기 말로 "내 뼈 중의 뼈요 살 중의 살"인 사람과 연합한다)에 비춰볼 때, 하나님이 최초의 인간의 훨씬 큰 정신적 및 영적 능력이 이런 능력을 가지지 못한 다른 존재들과의 혼혈을 통해 확산되도록 계획한 것은 모순적으로 보인다. 또한 본서의 5장에서 언급된 바와 같이 고고학의 증거는 그런 변화가 얼마나 철저할 수 있었을지에 관해 어느 정도 제약을 가한다. 고고학은 복수의 기술적 및 사회적 발전이 어느 한 장소 및 시기에 시작해서 그곳으로부터 확산했다는 가설을 지지하지 않는다. 다른 한편으로 아담과 하와 그리고 그들의 후손의 형성이 본질적으로—그들의 정신적 및 사회적 능력을 좀 더 큰 집단의 능력과 비슷한 수준으로 남겨둔 채—영적 인식과 지위를 형성한 것이었다면 혼혈과 관련된 신학적 문제들은 제거된다. 하지만, 그 변화가 우리 조상들의 정신적 또는 사회적 능력을 중대하게 향상시키지 않았다면 우리는 이 변화가 실제로 **기적적인** 변화였는지 질문해야 할 것이다. 그 변화가 단순히 특별계시를 통해 달성될 수 있었는가? 그러나 이 신학적 이의들은 이 답변을 배제하지 않는다. 하나님이 아담과 하와에게 주위의 집단은 아직 지니지 못한 특정한 **도덕적 또는 영적 능력**들을 주었을 수도 있는데, 이 능력들이 신학적으로는 중요했지만, 지적으로나 사회적으로는 그들을 주위의 집단과 근본적으로 달라지게 만들지 않았을 수도 있다.

하나님이 아담과 하와를 기적적으로 성인들로서 새롭게 **창조**했지만 그들의 후손이 이미 존재하고 있던 더 큰 집단과 섞이고 혼혈할 수 있는 방식으로 창조했다는 아이디어는 앞의 제안의 이형이다. 우리는 하나님이 허위의 외관을 지닌 역사라는 신학적 문제를 피하기 위해 그들을 주위의 집단과는 다르지만 그들의 후손이 좀 더 큰 집단과 섞이고 혼혈할 수 있도록 충분히 비슷하게 **새로** 창조했다고 가설을 세울 수 있을 것이다.[2] 이 제안이 옳다면 오늘날 우리의 게놈들의 압도적 다수가 주위

---

2 어떻게 이 일이 일어날 수 있었을지를 상상하기란 벅찬 일이다. 당신의 몸이 당신이 접합

의 집단으로부터 왔을 것이기 때문에 오늘날 인간의 게놈들은 아담과 하와가 **새롭게** 창조되었다는 증거를 보이지 못할 것이다.

이 제안은 그 제안을 선호하는 이유와 신학적 이익 그리고 그런 우려들에 대한 답변을 하나님이 기적적으로 우리 조상들의 일부를 기적적으로 변화시켰다는 앞의 제안과 공유한다. 이 제안에 대한 추가적인 이익 하나는 인간이 근본적으로 상호의존적이라는 사실과 관련이 있다. 성인으로서 우리를 구성하는 많은 부분이 우리가 자랄 때 우리를 보살펴 준 사람들, 우리가 사용하는 언어, 우리의 생존 기술과 도구 제작 기술, 우리의 얼굴 인식 기술, 우리가 다른 사람들과 공감하고 그들을 동정할 수 있는 능력, 도덕상으로 이기적인 선택과 이타적인 선택 사이의 차이를 이해할 수 있는 능력 등을 통해 형성되었다. 우리의 몸, 두뇌, 의사결정은 우리의 양육, 특히 가족 및 친구들과의 관계를 통해 큰 영향을 받

자에서 태아, 유아, 아동을 거쳐 성인으로 성장할 때까지의 개인사의 증거를 유지하는 여러 방식이 있다. 당신에게는 배꼽이 있다. 당신의 치아는 당신이 먹은 음식으로부터 마모된 패턴을 갖고 있다. 당신의 피부에는 흉터들이 있다. 눈의 수정체들은 자외선으로부터의 손상들을 축적하고 있다. 당신은 골절에서 치료되었을 수도 있다. 당신은 유전학적 공생체(chimera)다. 대중적인 과학 문헌은 때때로 당신의 몸 안에 들어있는 모든 세포가 동일한 DNA를 갖고 있다고 말하지만, 그 말은 별로 옳지 않다. 세포가 분열할 때마다 거의 언제나 약간의 돌연변이가 발생한다. 따라서 당신이 이미 세포 두 개, 네 개, 여덟 개 단계에 있었을 때 각각의 세포는 유전자적으로 서로 다소 달랐다. 당신의 몸에 들어있는 각각의 세포에서 일어나는 돌연변이의 형태들은 당신의 태아 발달에 관한 다소의 정보를 기록한다. 당신의 면역 체계들은 당신이 과거에 싸웠던 질병들에 관한 정보를 유지하는 분자들을 갖고 있다. 음식을 소화하도록 도와주는, 당신의 장에 들어있는 세균들은 당신이 과거에 먹은 음식들 및 당신 가까이에서 사는 사람들에 의해 영향을 받는다. 당신의 뼈와 치아의 화학 구조는 당신이 지난 몇 년 동안 살고, 먹고, 마신 환경에 관한 정보를 포함한다. 아담과 하와가 새로 창조되었다면 그들의 몸은 아마도 기능을 발휘했겠지만, 그들은 접합체에서 태아, 유아, 아동을 거쳐 성인으로 발달하는 것과 유사한 상세한 발달 역사를 암시하는 방식으로 창조될 필요가 없었을 것이다.

는다. 이 점은 아담과 하와를 새롭게 창조하기 전의 좀 더 큰 집단에 속한 생물학적인 모든 인간에게 해당했을 것이다. 그것은 아담과 하와의 후손, 즉 좀 더 큰 집단과 혼혈한 미래 세대들에게도 해당했을 것이다. 그러나 그것은 아담과 하와에게는 해당하지 않았을 것이다. 그들의 몸과 두뇌는 하나님이 **새롭게** 창조했을 것이다. 그렇다면 그들이 어떤 의미에서 나머지 인간의 대표인가? 그러나 이 신학적 이의가 이 견해를 배제하지는 않는다. 우리는 하나님이 아담과 하와를 새롭게 창조할 때 그들이 주변 사람들의 대표가 되기에 충분할 만큼 그들과 유사한 사회적 및 도덕적 의사 결정 능력을 지녔지만, 하나님이 그들을 **새롭게** 창조하는 것이 필요하다고 생각하기에 충분할 만큼 그들 주변의 사람들과 다른 존재로 창조했다고 가설을 세울 수 있을 것이다.

일반계시가 충분한가? 특별계시가 필요한가?

하나님의 특별계시 때문에 우리는 우리가 죄를 짓는다는 것을 안다. 8장에서 논의된 바와 같이 일반계시—우리의 양심, 이성, 그리고 공감을 포함한다—역시 우리에게 우리가 "네 이웃을 네 자신 같이 사랑하라"(마 22:39)는 하나님의 도덕적 기준대로 살지 못했다고 말해준다.

최초의 죄인들이 최초로 죄를 지었을 때 그들은 어떤 계시를 가지고 있었는가? 다음과 같은 두 가지 답변이 가능하다.

• 아마도 **일반계시로 충분할 것이다**. 우리가 하나님으로부터 명시적인 명령을 받지 않아도 폭력과 절도가 해로운 행동이라는 것을 알 수 있다. 우

리의 공감은 우리가 다른 사람을 해쳤다는 것을 말해준다. 우리의 양심은 우리에게 죄책감을 느끼게 한다. 우리의 이성은 우리가 서로 사랑할 때 모든 사람이 좀 더 행복해진다고 말해준다. 더욱이 우리는 신앙을 향한 자연적인 성향을 지니고 있고 우리 서로의 관계와 우리와 신적 존재 사이의 관계가 서로 연결되어 있다는 자연적인 인식을 갖고 있다. 성령으로부터의 비언어적 자극과 이런 은사들을 강화하는 것 역시 인간에 대한 하나님의 일반계시의 일부로 여겨질 수 있다. 역사의 어느 시점에 우리 조상들은 오늘날의 우리처럼 이런 것들을 충분히 깊이 인식할 수 있는 지적, 문화적, 영적 발달의 기준선을 넘어섰다. 그들의 이기적이고 서로에 대한 해로운—단지 해롭기만 한 것이 아니라 하나님과 그들 사이의 관계에 파괴적이기도 한—행동들을 죄악된 것으로 여기기 위해서는 일반계시로 충분했다.

- 또는 아마도 **특별계시가 필요할 것이다**. 죄는 하나님의 계시된 뜻에 대한 불순종과 관련이 있다. 우리 조상들은 동정심, 이성, 그리고 서로를 해칠 때 양심의 고통을 지니고 있었을 수도 있지만, 아마도 하나님께서 그것이 죄악된 행동이라고 말할 때까지는 그것이 죄로 여겨지지 않았을 것이다. 역사의 어느 시점에 하나님이 우리 조상 중 일부에게 자신의 뜻을 특별히 계시했다. 이 특별계시는 말로 한 것일 수도 있고 그렇지 않은 것이었을 수도 있지만 그것은 명확하게 이해될 수 있었다. 우리 조상들은 명확하게 계시된 하나님의 뜻에 불순종하기로 선택했다.

일반계시로 충분하다는 견해를 지지할 이유들이 있다. 8장에서 논의된 바와 같이 구약성서에는 하나님의 율법을 지니지 않았음에도 하나님께 가증한 일을 해서 정죄를 받은 다양한 사람이 존재한다. 신약성서의 교회는 이방인들이 율법과 별도로 예수 그리스도에 대한 믿음을 통해 구원을 받을 수 있음을 깨닫게 되었고, 더욱이 이방인들은 모세의 율법을 갖고 있지 않았지만 그리스도에 대한 믿음을 통한 구원을 필요로 했다. 로마서 2:14-15에서 바울은 "율법 없는 이방인이 본성으로 율법의 일을 행할 때에는 이 사람은 율법이 없어도 자기가 자기에게 율법이 되나니 이런 이들은 그 양심이 증거가 되어 그 생각들이 서로 혹은 고발하며 혹은 변명하여 그 마음에 새긴 율법의 행위를 나타내느니라"고 쓴다.

일반계시로 충분하다는 말에는 몇 가지 신학적인 이의가 제기된다. 양심, 이성, 그리고 동정심의 강도와 신뢰성은 사람마다 다르다. 그것들의 발달은 올바른 종류의 사회적 배경에서 성장하는 데 의존한다. 하지만 이 신학적 이의가 이 견해를 배제하지는 않는다. (우리는 모를지라도) 하나님은 각각의 개인이 얼마나 책임이 있는지 안다.

두 번째 신학적 이의는 죄의 정의와 관련이 있다. 죄는 단지 서로에게 비열한 짓들을 하는 것만이 아니다. 죄는 하나님과 인간 사이의 관계를 파괴하는 행동이다. 그런 관계를 수립하는 데 모종의 특별계시가 필요하다고 주장될 수 있다. 그러나 이 신학적 이의가 반드시 이 견해를 배제하는 것은 아니다. 이스라엘 사람들에게 하나님의 율법이 특별히 계시된 이후에 살았지만 성경과 접촉하지 않은 문화에서 살았던 인간들은 여전히 그들의 행동에 대해 하나님께 및 서로에 대해 어느 정도 책임이 있었다. 우리는 서로에 대한 그들의 해로운 행동들이 여전히 하나님께 죄로 여겨졌다고 믿는다.

일반계시로 충분하다고 말하는 것에 대한 세 번째 신학적 이의는 그것이 어떤 의미에서 인간이 죄에 빠지는 것을 거의 불가피하게 만드는 것처럼 보이리라는 점이다. 우리 조상들은 모두 비열한 행동과 고상한 행동을 향한 성향들을 갖고 있었다. (하나님이 그들에게 초자연적인 은사를 수여하지 않는 한) 그들 중 아무도 "네 이웃을 네 자신과 같이 사랑하라"는 하나님의 기준에 완벽하게 순종하리라고 기대될 수 없었다. 하지만 이 신학적 이의가 필연적으로 이 견해를 배제하지는 않는다. 인간이 죄에 빠진 것이 어떤 의미에서 불가피했는가라는 문제는 다음 장에서 좀 더 길게 논의될 것이다.

특별계시가 필요하다는 견해를 지지할 이유들이 있다. 아마도 하나님이 우리 조상들에게 양심과 이성 그리고 동정심의 은사를 주었지만, 그들에게 그들이 어떻게 행동해야 하는지에 관해 좀 더 직접적이고 좀 더 명확한 특별계시를 주기 전까지는 그들에게 책임을 지게 하지 않았을 수도 있다. 로마서 5:13에서 바울은 "죄가 율법 있기 전에도 세상에 있었으나 율법이 없었을 때에는 죄를 죄로 여기지 아니하였느니라"라고 쓴다. 그러나 특별계시가 필요하다고 말하는 데는 몇 가지 신학적인 우려들이 있다. 이 답변은 죄의 "신명론"(神命論, divine command theory)의 몇몇 이형을 필요로 하는 것처럼 보인다. 이 이론에 따르면 하나님이 어떤 행동들을 금지하는 특별한 명령을 하지 않는 한, 그리고 그때까지는 그 행동들이 죄악된 것으로 여겨지지 않는다. 오늘날의 인간들에게 있어서 우리의 양심이 우리에게 훔치거나 남을 괴롭히거나 험담을 하지 말라고 말하는데 우리가 그런 짓을 하면 우리가 죄를 짓고 있는 것이다. 명시적인 명령에 대한 지식이 없어도 일반계시가 우리로 하여금 하나님께 책임을 지게 만든다. 우리 조상들이 일단 오늘날 우리가 지니는 일반계시

수준과 똑같은 인지 발달 및 영적 발달 수준의 기준선을 지난 이상 왜 그들이 하나님의 명시적인 명령을 받아야만 책임을 질 수 있는가? 하지만 이 신학적 이의가 반드시 이 견해를 배제하지는 않는다. 하나님께서 계시가 그들의 문화를 형성할 시간을 가질 때까지 특별계시를 지니지 않았던 우리 조상들에게 죄에 대한 책임을 묻지 않기로 작정했을 수도 있다.[3] 궁극적으로 특별계시에 의해 형성된 그들의 문화가 차례로 각각의 새로운 사람들의 문화를 형성해서 궁극적으로 그들이―오늘날 명시적인 명령에 대한 지식이 없어도 일반계시가 우리를 하나님께 책임을 지게 하는―우리들의 수준에 도달하게 되었다.

특별계시가 필요하다는 이 견해의 두 번째 신학적 이의는 그것이 최초의 특별계시를 받기 직전의 우리 조상들의 영적 지위와 영원한 운명의 문제를 제기한다는 것이다. 그들은 양심, 이성, 그리고 동정심을 갖고 있었다. 그들은 서로에 대해 때로는 비열하게 행동했고 때로는 고상하게 행동했다. 그들이 특별계시를 갖고 있지 않았기 때문에 죄에 대해 책임을 지지 않았다면 죽은 자들의 부활과 마지막 심판이란 관점에서 그들은 어떤 지위를 갖고 있었는가? 하지만 이 신학적 이의가 필연적으로 이 견해를 배제하지는 않는다. 그리스도인들은 단순히 "성경은 그 문제에 답하지 않는다. 하나님이 재판관이며 따라서 우리는 그 사안을 하나님의 정의와 은혜에 맡겨둔다"고 말할 수 있다.

이 답변에 대한 세 번째 신학적 이의는 그것이 "죄를 짓는 우리 인

---

3 John H. Walton은 *The Lost World of Adam and Eve* (Downers Grove, IL: InterVarsity, 2015), 154-55에서 이 가능성에 관해 썼다.

간의 경향이 최초의 죄로 말미암아 유의미하게 형성되었는가?"라는 문제를 제기한다는 것이다. 7장에서 논의된 바와 같이, 수백 년 동안 교회의 전통은 우리 조상들의 최초의 죄들이 그들과 그들의 후손에게 영향을 주어서 그 이후 모든 인간이 죄를 짓기 쉽게 되었다고 가르쳤다. 오늘날 우리는 모두 훔치거나 괴롭히거나 험담하기를 원하는 경향이 있고 때때로 이런 욕구들에 굴복한다. 우리는 이런 일을 하지 말아야 하지만 부분적으로는 우리 인간의 본성이 죄의 영향을 받아서 그런 일을 한다. 그러나 하나님의 최초의 특별계시를 받기 전에 우리 조상들 역시 훔치거나 괴롭히거나 험담하려는 욕구를 가졌고 때때로 그런 욕구들에 굴복했다. 그런 행동들이 죄악된 것으로 여겨지기 위해서는 하나님의 특별계시가 필요했다면 죄가 세상에 들어왔을 때 실제로 인간의 본성이 변했는가? 하나님의 특별계시가 그런 행동들이 어떻게 분류되는가를 바꾸기만 했는가? 즉 실제로 인간의 본성에 변화를 일으키지는 않고 갑자기 그런 행동들을 "죄악된" 것으로 분류하기만 했는가? 그러나 이 신학적 이의가 반드시 이 견해를 배제하지는 않는다. 처음에는 특별계시가 그 상황을 그들에게 매우 명확해지게 할 때까지는 하나님이 우리 조상들에게 죄에 대한 책임을 지게 하지 않았을 수도 있다. 그들이 하나님의 명령에 순종하지 않은 것과 그들이 죄를 지었다는 지식이 그들의 마음과 그들의 문화를 형성했다. 하나님께 대한 불순종은 마음의 습관이 되었고 문화를 통해 강화되었다. 따라서 여러 세대 후 우리는 우리의 먼 조상들과는 다른 상황에 처해 있다. 이제 우리의 마음과 문화가 죄에 의해 심원하게 형성되었다는 것이 옳은 말이다.

원래의 순진함인가 원래의 의로움인가?

우리는 모두 죄를 짓는다. 우리는 각각의 아동이 정확히 언제 고의적인 죄에 대해 책임이 있다고 여겨질 정도로 충분히 성장했는지 알지 못한다. 그러나 우리는 성경으로부터 및 우리의 일상의 경험으로부터 아무도 죄를 짓기를 피할 수 없다는 것을 안다.

최초로 죄를 지은 최초의 인간들은 어떠했는가? 그들이 죄를 짓기 직전에 그들의 상태는 어떠했는가? 이에 대해 네 가지 가능한 답변이 있다(이 답변들의 대다수는 아담과 하와에 대한 네 가지 시나리오 유형 모두와 조화를 이룰 수 있다).

- 최초로 죄를 지은 인간들은 한동안 **원의**(original righteousness) 상태에 있었을 것이다. 하나님의 법이 "그들의 마음에 쓰였다." 그들은 도덕적으로 완전하게 알았고 성숙했으며, 하나님의 법을 이행하고 거룩함을 유지할 수 있었지만 그렇게 하도록 강제되지는 않았다.
- 또는 그들은 한동안 **도덕적으로 순진한**(moral innocence) 상태에 있었을 것이다. 그들은 아직 하나님의 모든 도덕법을 이행할 수(그리고 아마도 이해할 수조차) 없었을 것이다. 그러나 그들은 그들이 이해하고 순종할 수 있는 한도에서 하나님 및 서로에 대해 제한된 책임이 있었다. 하나님은 그들이 당시에 할 수 있었던 것에 대해서만 책임을 지게 했다. 그들은 순종과 성숙을 통해 그들이나 그들의 후손들이 오늘날 우리에게 적용되는 하나님의 모든 도덕법을 이해하고 순종할 수 있게 될 때까지 이해와 책임에 있어서 차츰 성장하게 되어 있었다.
- 또는 그들이 **도덕적으로 중립적인** 상태에 있었을 수도 있다. 오늘날 동물

들은 서로에게 비열한 행동과 고상한 행동을 하지만 우리는 동물들의 행동을 죄악된 것이나 의로운 것으로 여기지 않는다. 우리는 그것을 도덕적 중립성으로 부를 수 있을 것이다. 아주 오래전에 우리 조상들에게도 그랬을 것이다. 도덕적 중립 상태를 넘어 성장한 이후 우리 조상들 중 누구도 상당히 오랜 기간을 도덕적으로 순진한 상태에서 살지 않았을 것이다. 아마도 우리 조상들이 하나님께 대해 책임이 있고 서로에 대해 도덕적으로 책임이 있다는 것이 무엇을 의미하는지 깨닫기 시작한 최초의 순간부터 그들을 죄를 짓기 시작하고 책임을 지기 시작했을 것이다.

- 또는 그들이 **법적으로 순진한 상태**에 있었을 수도 있다. 아마도 하나님이 우리 조상들에게 자신의 율법을 특별히 계시하고 그들에게 책임을 지게 하기 전에 그들을 정신적으로 및 문화적으로 상당한 수준으로 발전하도록 허용했을 것이다. 그들은 공감 능력을 가졌을지도 모른다. 그들이 서로에 대해 비열하게 행동하면 그들의 양심이 그들을 괴롭혔을 수도 있고, 그들의 이성이 그들에게 모두 고상하게 행동하면 사정이 얼마나 나아질 수 있을지 말해주었을 수도 있다. 그러나 그들은 하나님의 명확한 계시가 이 책임에 대해 말해줄 때까지 영적으로 책임을 지지 않았다.

최초로 죄를 지은 인간들이 한동안 **원의** 상태에 있었다는 견해를 지지할 이유들이 있다. 이는 교회사에서 아우구스티누스와 많은 신학자의 견해였다. 창세기 2-3장 자체는 이 점을 명시적으로 말하지 않는다. 이 신학자들은 성경이 명확히 가르치는 다른 내용들에 기초해서 합리적인 추론을 했다: 하나님은 선하고 거룩하다, 하나님은 인간을 "자신의 형상대로" 창조했다(창 1:27), 인간들을 창조한 후 하나님은 창조세계가 "매우 좋다"고 선언했다(창 1:31). 하나님은 사람들이 죄를 짓도록 유혹하지 않는다(약 1:13).

그러나 죄를 지은 최초의 인간들이 원의 상태에 있었다는 견해에는 몇 가지 신학적인 이의들이 있다. 교회사의 대부분 동안 대다수 신학자는 아담과 하와가 기적적으로 새롭게 창조되었다고 믿었다. 몇몇 신학자들은 아담과 하와가 하나님과의 친밀한 교제 같은 초자연적인 몇몇 은사를 누린 동안 그들이 그들의 **창조된 본성**에서 원의 상태에 있었다고 믿었다. 그들의 죄가 그들의 창조된 본성을 부패시켰고, 이 부패한 본성이 그들의 후손에게 전해졌다. 다른 신학자들은 하나님이 그들에게 그들의 창조된 본성 외에 초자연적인 은사를 주었기 때문에 그들이 원의 상태에 있었다고 믿었다. 그들의 죄로 말미암아 이 초자연적인 은사가 철회되었다.

하나님이 진화의 과정을 사용해서 인간을 창조했기 때문에 우리는 이제 우리 조상들이 비열한 행동의 경향과 고상한 행동의 경향을 지니고 진화했다고 합리적으로 확신할 수 있다. 그들의 유전자, 두뇌의 회로배선, 심리, 문화로 말미암아 그들은 이기적인 행동을 향하는 강력한 성향을 지녔을 것이다. 그들 중 일부가 제한된 기간이나마 완전한 원의 상태에 있기 위해서는 그들에게 주목할만한 초자연적인 은사의 도움—오늘날 우리가 성령의 넘치는 능력 부음으로 부를 만한 것—이 필요했을 것이다.

아마도 하나님이 이 일을 했을 것이다. 아마도 하나님이 준비가 된 우리 조상들 중 소수를 특별히 선택해서 그들에게 자신을 특별하게 계시하고 그들에게 그런 초자연적인 능력을 부여했을 것이다. 그들은 한

동안 원의 상태에서 하나님과 친밀하게 교제하며 살았을 것이다. 그들이 죄를 짓지 않고서 이런 상태로 충분히 오래 살았더라면 그들이 죄를 짓기로 선택할 가능성이 점점 더 멀어졌을 것이다. 아마도 궁극적으로는 계속된 순종을 통해서 원의가 그들 및 그들의 자손들에게 영원한 속성이 되었을 것이다. 그리고 최초에 그렇게 선택받은 소수의 인간이 이 은사들을 충분히 오래 유지했더라면 그 은사들이 모든 인간에게 퍼졌을 것이다.

이 아이디어에 대한 신학적 이의 하나는 이 아이디어가 이 개인들이 어떻게 하나님으로부터 능력을 부여받았는지 및 그들이 죄를 짓지 않았다면 무슨 일이 일어났을지 모두에 관해 상당한 양의 신학적 추측을 필요로 한다는 것이다. 창세기 2-3장은 아담과 하와가 원의 상태에 있었다고 명시적으로 말하지 않는다. 창세기 텍스트는 아담과 하와가 죄를 피할 수 있게 해주는 초자연적인 은사에 관해 말하지 않는다. 창세기는 아담과 하와가 얼마나 오랫동안 죄를 피해야 죄를 지을 가능성이 사라지는지(만일 사라진다면 말이다)를 말하지 않는다. 그 텍스트는 그들이 죄를 짓지 않았어야 그들과 그들의 모든 자손이 궁극적으로 죄를 짓지 않고 영원히 살 수 있는 인간이 되었을 것이라고 말하지 않는다. 따라서 이 답변은 텍스트 자체가 말하지 않는 내용에 관한 추측을 창세기 2-3장 안으로 들여와서 텍스트를 읽는다. 하지만 이 신학적 이의가 반드시 이 견해를 배제하는 것은 아니다. 우리는 성경의 모든 구절을 성경의 다른 모든 구절에 비추어 읽게 되어 있다. 아우구스티누스, 아퀴나스, 칼뱅 같은 신학자들이 성경의 다른 구절들에 근거해서 최초의 인간들이 한동안 원의 상태에서 살았다고 추론하는 것이 타당했다면, 우리는 창세기

2-3장이 이 점을 말하지 않는다는 것에 관해 우려할 필요가 없다. 어떤 성경 구절도 우리가 답변을 원할 수도 있는 모든 질문에 답하지는 않는다. 성경은 전체적으로 우리가 알 필요가 있는 것을 우리에게 말해준다.

최초로 죄를 지은 인간들이 원의 상태에 있었다는 견해에 대한 두 번째 신학적 이의는 원의라는 초자연적인 은사가 주어지지 않은 **다른** 인간들에게도 죄에 대해 책임을 지게 함에 있어서 하나님의 정의에 관한 문제와 관련이 있다. 하나의 유비로서 1,000명이 사는 마을에서 가치가 있는 자선 사업을 위해 10억 달러를 모금하기로 결정했다고 상상하라. 지방 의회가 모든 사람이 1백만 달러를 기부해야 하며 기부하지 않는 사람은 징역형에 처해질 것이라는 법률을 통과시킨다. 마을 사람 중 소수는 1백만 달러를 기부할 만큼 충분히 부유하다. 기부할 수 있음에도 기부하지 않는 사람들은 감옥에 가도 정당하다. 한편 마을 사람 중 많은 이들이 10억 달러 모금을 지지하고 자신이 기부할 수 있는 금액을 기부하지만, 1백만 달러를 기부할 수 있을 만큼 부유하지는 않다. 우리는 그들을 감옥에 보내는 법이 공정하지 않다고 말할 것이다. 이제 하나님이 아주 오래전에 소수의 인간에게 초자연적인 은사들을 통해 원의 상태에서 살 수 있게 해주었다고 가정하라. 그들은 죄를 지었고 초자연적인 은사들을 상실했다. 그 당시에 살고 있던 다른 모든 인간은 어떠한가? 그들에게 초자연적인 은사가 부여된 적이 없음에도 불구하고 그들이 의롭게 살지 못한다고 해서 하나님이 그들 역시 죄인이라고 선언하는 것이 정당한가? 하지만 이 신학적 이의가 반드시 이 답변을 배제하지는 않는다. 아마도 하나님이 원의의 은사가 주어졌음에도 죄를 지은 최초의 인간들이 모든 인간의 대표로서 행동하게 했고 그들의 행동이 우리 모두의 상태를 결정하도록 작정했을 것이다. 이 가능성의 몇몇 신학적 장점들과 이의들이 이 장의 뒤에서 논의된다. 또는 하나님이 이 최초의 대표자들이 그런 초자연적인 은사를 받았음에도 불구하고 죄를 지었다면 당시에 살아 있던 다른 모든 인간에게 같은 은사가 주어졌더라도 그들 역시 죄를 짓기로 선택하리라는 것을 알았을 수도 있다. 그렇다면 하나님이 각각의 사람에게 최초의 죄인들처럼 하나님과 친밀한 교제를 경험하다가 그것을 상실하는 경험을 하지 않게 한 것이 자비의 행동이었을 수도 있다. 이는 "타락이 어떤 의미에서는 불가피했는가?"라는 문제를 제기하는데, 이 문제는 다음 장에서 논의될 것이다.

최초의 죄인들이 한동안 **도덕적으로 순진**한 상태에 있었다—아직 하나님의 모든 도덕법을 이해하거나 이행할 수는 없었지만, 좀 더 제한된 책임을 이해하고 이행할 수 있었다—는 답변을 지지할 이유들이 있다. 이 견해는 교회사에서 이레나이우스 등의 견해였다. 아마도 하나님이 인간들에게 원한 도덕적 성숙은 평생에 걸친 선택, 경험, 그리고 훈련을 통해서만 올 수 있었을 것이다.

하나님이 진화 과정을 통해서 우리 조상들을 창조했기 때문에 그들에게는 자연적으로 비열한 행동의 성향과 고상한 행동의 성향이 있었을 것이다. 그들은 그들의 창조된 본성의 힘만으로 죄를 짓는 것을 피할 수 없었을 것이다. 그러나 아마도 오래전에, 우리 조상 중 일부가 하나님과 서로에 대한 그들의 도덕적 책임 및 영적 책임을 이해할 수 있게 되었을 때 하나님이 그들 중 몇 사람에게 은혜와 영적 능력 부여의 은사들을 주었을 것이다. 이 은사들이 그들을 도덕적으로 순진한 상태로 이끌었고 그 상태에서 그들은 죄를 짓는 것이 무엇을 의미하는지를 어렴풋이 이해했지만, 아직 죄를 짓지는 않았고 죄를 짓지 않을 수 있었다. 그러나 그들은 아직 성숙할 필요가 있었다.[4] 아담과 하와가 오랜 기간의 지도, 순종, 은혜의 과정을 통해 도덕적 의로움을 배울 필요가 있었다는 아이디어는 가장 초기의 몇몇 교부[5]에게 거슬러 올라가며 그 이후 이 아이디어의 옹호자들이 있었다.[6]

이 답변의 신학적 이의 하나는 그 견해가 "우리 조상들이 얼마나 오랫동안 죄를 짓지 않을 것으로 기대되었는가?"라는 문제를 제기한다는 것이다. 평생 죄를 지을 모든 유혹을 받는다는 점에 비춰볼 때, 그리고 이기적인 행동에 대한 그들의 창조물로서의 성향에 비춰볼 때 그들이 아주 오랫동안 죄를 짓지 않는 것이 타당한가? 그들이 원의 상태가 아니라 도덕적으로 순진한 상태에서 출발했다면 얼핏 보기에 어떤 의미에서는 그들이 죄를 짓는 것이 불가피했던 것 같다. 그러나 이 신학적 이의가 반드시 이 견해를 배제하지는 않는다. 인간의 죄가 어떤 의미에서 불가피했다면 그리스도의 성육신과 구속 역시 애초부터 하나님의 계획이었다. 이 가능성은 다음 장에서 탐구될 것이다. 하지만 그렇다면 이 경우 인간이 죄에 떨어진 것은 불가피할 필요가 없다. 우리는 우리 조상들

---

4 C. John Collins는 *Did Adam and Eve Really Exist?* (Wheaton: Crossway, 2011), 65에서 이 가능성에 관해 다음과 같이 쓴다: "사실 이 해석 역시 그 시험에서 무슨 일이 벌어지고 있었는지를 우리가 이해하는 데 도움이 된다. 나 자신의 저작에서 나는 인간들이 도덕적으로 순진하지만 반드시 '완벽'하지는 않게 창조되었다고 주장했다('순진함'이 천진함이나 도덕적 중립을 의미하지 않는 한 말이다). 그들의 과제는 그들의 순종을 통해 성숙하고 도덕적 선함에서 확증되는 것이었다."

5 특히 안디옥의 테오필로스.

6 J. Richard Middleton은 "Reading Genesis 3 Attentive to Evolution," in *Evolution and the Fall*, ed. William T. Cavanaugh and James K. A. Smith (Grand Rapids: Eerdmans, 2017), 81-82에서 비슷한 해석을 제안한다.

이—하나님으로부터 적절한 영적 은사들과 지도를 받는다면—그 과정에서 실제로 죄를 짓지 않으면서 시간이 지남에 따라 궁극적으로 도덕적으로 순진한 상태에서 원의 상태로 성장할 수도 있었으리라고 상상할 수 있을 것이다. (하나의 유비로서, 우리는 체스 선수가 각각의 단계마다 적절한 지도와 적절한 상대가 주어진다면 그 과정에서 한 번도 지지 않으면서 게임을 배우고 초심자 단계에서 그랜드마스터로 성장해가는 것을 상상할 수 있을 것이다.) 창세기 3장은 아담과 하와가 얼마나 오랫동안 유혹에 저항해야 했는지에 관해 말하지 않는다. 이로 인해 수 세기 동안 몇몇 신학자들은 그들이 "충분히 오래" 유혹에 저항하고 죄가 더 이상 그들을 유혹하지 않는 상태에 도달했더라면 무슨 일이 일어났을지에 관해 추측했다. 성경은 그 점에 관해 말하지 않기 때문에 신학자들은 성경이 다른 곳에서 하나님 및 죄에 대한 인간의 책임에 관해 가르치는 내용에 근거해서 가설을 세워야 한다.

이 답변에 대한 또 다른 신학적 이의는 이 견해가 "이런 도덕적으로 순진한 상태가 어떻게 모든 인간에게 퍼지게 되어 있었는가?"라는 문제를 제기한다는 것이다. 하나님이 소수의 개인을 도덕적으로 순진한 상태에서 시작해서 궁극적으로 하나님께 대한 순종을 통해 도덕적 성숙 및 영적 성숙 상태로 발전하도록 만들었다고 상상해보라. 그러면 당시에 하나 이상의 대륙에 흩어져 살면서 아직 유사한 과정을 거치지 않은 (적어도) 수천 명의 다른 사람들의 지위는 어떻게 되는가? 이 신학적 이의가 필연적으로 이 견해를 배제하지는 않는다. 신약성서에서 교회는 성령이 주어진 사람들 수십 명으로 시작한다. 그들에게 모든 민족을 제자로 삼으라는 대위임령이 주어졌다. 아마도 하나님과 서로에 대한 도덕적·영적 책임을 최초로 인식하게 된 최초의 인간들도 유비적인 방식으로 (그들이 죄를 짓지 않고 성장해서 도덕적으로 성숙해졌더라면) 모범과 가르침을 통해 장기간에 걸쳐 서서히 나머지 인간들에게 하나님과의 교제의 축복을 확산시켰을 것이다.

죄를 지은 최초의 인간들이 **도덕적으로 중립적인** 상태에 있었다는 견해를 지지할 이유들이 있다. 아마도 우리 조상들은 하나님께 책임을 진다는 것이 무엇이고 서로에게 도덕적으로 책임을 진다는 것이 무엇인지 최초로 이해하기 시작한 최초의 순간에 이미 죄를 짓기 시작했을 것이다. 특별계시를 통해 하나님으로부터 명령을 받지 않더라도 우리는 오늘날 (이성, 공감, 그리고 양심이라는 하나님의 은사들 덕분에) 처신해야 하는 방식에 관해 뭔가를 안다. 아마도 하나님이 우리 조상들이 그들의 행동의 영적 함의를 어렴풋이 이해하기 시작한 최초의 순간들부터 자신의 행동에 책임을 지도록 했을 것이다. 달리 말하자면 아마도 죄를 지을 수 있는 지점까지 발달한 최초의 개인들은 실제로 죄를 지었을 것이다.

이 아이디어의 한 가지 신학적 이의는 이 견해가 인간이 죄에 빠진 것을 어떤 의미에서는 불가피하게 만드는 듯하다는 것이다. 하나님이 진화 과정을 통해서 우리 조상들을 창조했기 때문에 그들에게는 자연적으로 비열한 행동의 경향과 고상한 행동의 경향이 있었을 것이다. 우리 조상 중 누구도 일반계시만을 통해 이해된 하나님의 도덕법조차 순종하리라고 기대될 수 없었을 것이다. 하지만 이 신학적 이의가 이 답변을 반드시 배제하지는 않는다. 불가피성에 관한 질문들은 다음 장에서 논의될 것이다.

이 답변에는 인간의 죄악된 반역이 우리 조상들이 충분히 현대적인 인간으로 발달하기 훨씬 전에 발생했음을 암시한다는 또 다른 신학적 이의가 제기된다. 이는 하나님의 인간 창조와 인간의 죄악된 반역이 어떤 의미에서는 수십만 년 또는 수백만 년에 걸쳐 동시에 발생했음을 의미한다. 하지만 이 신학적 이의가 반드시 이 견해를 배제하지는 않는다. 개인으로서의 우리 각자는 우리가 성인일 때보다 지적으로나 사회적으로 훨씬 덜 발달했을 시기인 상당히 어릴 때 고의로 죄를 짓기 시작했다. 이와 유사하게 우리 조상들이 일단 인지 발달상의 어떤 기준선에 도달한 이상 그들이 오늘날의 대다수 인간보다 아직 덜 발달했어도 그들이 죄를 짓기 시작했다는 것이 놀랄 일은 아니다.

죄를 지은 최초의 인간들이 **법적으로 순진한** 상태에 있었다는 견해를 지지할 이유들이 있다. 로마서 5:13은 "죄가 율법이 있기 전에도 세상에 있었으나 율법이 없었을 때에는 죄를 죄로 여기지 아니하였다"고 말한다. 아마도 하나님이 우리 조상 중 일부에게 자신의 법을 특별히 계시하고 그들에게 책임을 묻기 시작하기 전에 그들에게 인지적으로 및 문화적으로 상당히 발달하도록 허용했을 것이다. 이 답변에 대한 주된 이의는 어떤 행동이 죄로 여겨지기 전에 하나님의 특별계시가 필요했을 것이라는 점이다. 이 신학적 이의와 그 이의에 대해 가능한 몇몇 답변은 이 장의 앞 단락에서 논의되었다.

죄가 들어온 것이 우리 인간의 본성에 얼마나 피해를 끼쳤는가?

최초의 죄인들이 죄를 지었을 때 죄가 그들에게 어떤 즉각적인 피해를 끼쳤는가? 죄가 그들과 그들의 후손들에게 장기적으로 어떤 피해를 끼쳤는가? 7장에서는 교회사에서 신학자들이 이런 질문들에 대해 똑같은 답변을 제시하지는 않았음이 지적되었다. 본서에서 논의된 아담과 하와에 대한 네 가지 시나리오들은 죄를 통해 야기된 피해의 유형에 관해 비슷한 답변을 제시하지만, 그 피해가 퍼진 방식에 관해서는 다른 답변들을 제공한다(이 점에 관해서는 다음 단락에서 논의될 것이다).

죄는 최초의 죄인들에게 영적으로 피해를 끼쳤다. 죄는 우리와 하나님 사이의 적절한 관계를 깨뜨린다. 창세기 3장은 아담과 하와가 하나님을 무서워하여 하나님으로부터 숨으려고 노력한 것을 묘사한다. 구약성서를 통틀어 사람들이 개인적으로 하나님의 현존과 거룩을 직면했을 때 그들은 자신의 죄악됨 때문에 두려워했다.

신약성서, 교회사에서의 신학적 통찰 및 현대 학계 덕분에 우리는 우리가 창세기 3장에서 본 하나님으로부터의 소외란 주제 외에 죄가 인간의 본성에 피해를 끼친 다른 방식들을 열거할 수 있다.

죄가 최초의 인간들에게 심리적으로 해를 끼쳤다. 창세기 3장은 아담과 하와가 수치심을 느끼고 자신이 한 일에 대한 책임을 전가하려고 시도한 것을 묘사한다. 우리는 모두 우리가 죄를 지었다는 인식에서 오는 두려움, 죄책감, 그리고 수치를 안다. 우리는 우리가 하나님과의 관계 및 다른 사람들과의 관계에 해를 끼쳤다는 것을 안다. 그 심리적 상처는 깊이 새겨질 수 있고 우리의 여생에 영향을 줄 수 있다. 이에 더하여 우리는 죄를 지으면 다시 죄를 짓기가 점점 더 쉬워진다는 것을 안다. 죄가 반복되면 습관이 될 수 있고, 습관은 중독과 같은 뭔가가 될 수 있다.

죄는 그들에게 사회적으로 해를 끼쳤다. 창세기 3장은 아담과 하와 사이의 관계가 더 이상 자신을 내어주는 사랑만으로 규율되지 않는 것을 묘사한다. 우리는 자신을 사랑하듯이 다른 사람들을 사랑해야 한다. 우리가 그렇게 하지 않으면 그것이 우리의 관계들을 파괴한다.

인간이 최초로 죄를 지은 순간에 즉시 시작한 이런 유형의 피해 외에, 다른 유형의 피해들이 이후 세대들에서 확립되거나 강화되었다. 죄가 그들에게 문화적으로 해를 끼쳤다. 창세기 4-6장은 아담과 하와의 후손들이 계속 죄를 짓는 것을 묘사하는데, 급기야 창세기 6:5에 이르러서는 "여호와께서 사람의 죄악이 세상에 가득함과 그의 마음으로 생각하는 모든 계획이 항상 악할 뿐임을 보셨다"고 말한다. 우리의 행동들은 집합적으로 우리의 문화를 형성하도록 도움을 준다. 우리는 모두 오늘날 많은 죄가 허용되거나 심지어 보상되는 문화에서 살고 있다. 이 점은 우리로 하여금 더 많은 죄를 짓도록 유혹한다. 우리 모두 과거의 죄들이 계속해서 현재의 부정의와 불평등과 고통을 낳는 문화에서 살고 있다.

죄가 장기적으로 인간에게 유전학적으로 영향을 준 것으로 보인다. 4장에서 언급된 바와 같이 유전자와 문화는 공진화한다. 문화는 유전적 선택이 일어나는 사회적·물리적 환경에 영향을 준다. 이어서 집단에서의 유전자 빈도가 여러 세대에 걸쳐 문화를 특정한 방향으로 밀어낼 수 있다. 특정한 유전자들이 죄를 유발한다고 말하는 것은 아마도 너무 단순할 것이다. 그러나 가령 폭력을 보상하는 경향이 있는 문화들은 여러 세대에 걸쳐 폭력에 대한 유전적 성향이 좀 더 큰 집단을 만들어 낼 수도 있다. 우리는 이 모든 것이 어떻게 작동하는지에 관한 세부 내용을 전혀 이해하지 못한다. 그러나 현재 우리의 유전자들과 우리의 문화들이 결합하여 우리 조상들의 죄들에 뿌리를 둔 방식으로 우리를 죄로 향하도록 추동하는 것으로 보인다.

여러 세대에 걸쳐 축적된, 죄의 이러한 심리적·사회적·문화적 그리고 심지어 유전적인 영향들은 인간 본성의 타락으로 해석되어야 한다. 오늘날 아무도 죄를 범하는 것을 피할 수 없다. 아직 고의적인 죄를 범하지 않은 유아들도 깨진 상태에서, 깨진 본성을 물려받은 채 태어나는데 설상가상으로 그들을 돌봐주는 사람들과 교사들도 죄악된 사람들이다.

이 외에, 최초의 죄인들이 된 사람들에게 모종의 초자연적인 은사들이 주어져 그들이 원의—또는 심지어 도덕적인 순진함—상태에서 시작해서 유의미한 기간 동안 죄를 피할 능력이 있었다고 하더라도 그들이 죄를 짓기로 선택했을 때 그 은사들도 상실되었다. 그들은 나머지 인간들에게 그 은사들이 주어질 기회를 상실했다. 그 은사들을 상실함으로써 그 이후 모든 인간이 죄인이 되는 것이 불가피해졌다. 이 아이디어에 대한 몇 가지 신학적 이의들과 그 이의들에 대한 답변들은 이 장의 앞 단락에서 논의되었다.

죄로 말미암아 야기된 피해가 주로 하나의 행동을 통한 것이었는가 아니면 여러 행동의 축적을 통한 것이었는가?

창세기 3장은 한 쌍의 불순종한 행동들을 통해 인간이 죄에 빠진 것을 묘사한다. 교회사를 통틀어 많은 신학자는 이 두 사람의 행동으로 말미암아 여러 가지가 근본적으로 변했다고 가르쳤다. 아담과 하와가 특정한 초자연적인 은사들을 잃었거나, 그들의 창조된 본성이 비뚤어졌거나, 두 가지가 모두 일어났다. 그들은 죄를 짓지 않을 수 있는 상태에서 죄를 짓지 않을 수 없는 상태로 바뀌었다. 그들은 죄책을 얻었다. 그들의 모든 후손은 신적 개입이 없다면 자동으로 같은 상태에서 태어나도록 정죄받았다. 창세기 3장 자체는 이 모든 변화가 즉각적으로 일어났다고 명시적으로 가르치지 않는다. 이 내용은 몇몇 신학자들이 성경의 모든 구절을 근거로 추론한 것이다. 7장에서 언급된 바와 같이 교회사를 통틀어 신학자들이 이런 세부 내용 중 몇 가지에 대해서는 의견의 일치를 이루지 못했다.

한 쌍의 불순종 행위의 결과로써 인류 전체에 대해 이 모든 변화가 즉각적으로 일어났다는 이론은 모든 인간이 오로지 한 쌍의 개인들의 후손일 경우 가장 타당성이 있다. 4장에서 논의된 바와 같이, 오늘날 인간의 조상 인구의 크기가 어느 한 시점에 수천 명보다 작았던 적이 없음을 가리키는 과학적 증거에 비춰볼 때 다른 몇 가지 선택지들을 고려할 가치가 있다.

- 타락과 세상에 들어온 죄로 말미암아 야기된 피해는 **주로 모든 인간의 대표로서 행동한 한 쌍의 개인에 의해 범해진 한 쌍의 불순종한 행동들**을 통해 일어났을 것이다. 그들의 불순종의 결과들은 그 한 쌍에게만 적용되지 않고 그 당시에 살아 있던 사람들과 그 이후의 모든 인간에게 적용되었다. (이 답변은 유형 1의 아담과 하와 시나리오를 암시한다.)
- 또는 **한 쌍의 불순종한 행동**들을 통해 최초로 죄를 지은 인간들은 그들에게 추가로 죄를 짓지 않게 해주었을 **초자연적인 은사들을 잃어버렸을 것이다**. 그 과정에서 그들은 그들의 후손이나 다른 사람들이 그런 은사를 얻을 가능성을 즉각적으로 상실했다. 하지만 인간의 본성과 인간의 문화에 대한 피해는 죄와 죄의 결과에 대한 지식이 사회적으로 및 아마도 계

통상으로 나머지 인간에게 퍼짐에 따라 수천 년에 걸쳐 서서히 발달했다. (이 답변은 유형 2의 아담과 하와 시나리오를 암시한다.)

• 또는 타락과 타락의 가장 중대한 영향들은 **한정된 기간에 한정된 집단의 사람들 사이에서 일어난 다수의 행동의 축적**을 통해 일어났을 것이다. 역사의 어느 시점에 하나님은 우리 조상 중 한 집단을 선택해서 그들에게 새로운 계시를 주고 그들과 새로운 관계를 맺고 그들에게 새로운 임무들을 주었다. 도덕적 성숙은 시간과 경험을 필요로 하므로 그들은 도덕적으로 미성숙했지만, 그들이 하나님으로부터 받은 사명은 그들에게 완벽할 것을 요구하지 않았다. 그들은 좀 더 완전한 도덕적 성숙으로 이끄는 순종의 길을 선택했어야 했다. 그들은 반복적으로 불순종의 길을 선택했다. 모든 인간의 운명을 결정한 하나의 행동은 없었고, 한정된 수습(修習) 기간이 있었다. 우리는 이 기간이 정확히 언제 그리고 어디서 있었는지 또는 그 기간이 얼마나 길었는지 알지 못하지만, 하나님께 알려진 그리고 아마도 특별계시를 통해 관련인들에게 알려진 명확한 시작과 끝이 있었다. 그 기간이 끝나고 인간들이 반복적으로 불순종의 경로를 취하기로 결정하고 나자, 개인적으로 및 집단적으로 인간의 노력만으로는 인간에게 미친 그 결과를 돌이킬 수 없게 되었다. 인간의 본성은 죄악되었고, 그것을 속죄하기 위한 그리스도의 구속 사역이 필요했다. (이 답변은 유형 2의 아담과 하와 시나리오를 암시한다.)

• 또는 타락과 죄의 결과는 **장기간에 걸쳐 우리의 전체 조상 집단에게서 점진적으로** 일어났을 것이다. 우리 조상들의 오랜 역사의 전 기간에 걸쳐서 하나님은 각각의 개인이나 집단에게 적절한 일반계시와 때때로 특별계시를 주었다. 하나님의 계시된 뜻에 대한 순종이나 불순종의 개별적

인 행동들은 많은 장소에서 오랜 역사에 걸쳐 여러 번 일어났다. 물론 역사적으로 최초의 죄가 있었지만 그 죄는 관련된 개인이나 개인들에게만 즉각적인 영향을 끼쳤다. 최초의 역사적인 죄가 그것 자체로는 역사적인 두 번째 죄나 세 번째 죄보다 인간에게 중요한 영향을 끼치지 않았다. 각각의 순종 행위는 인간을 하나님과 좀 더 가까운 교제로 이끌었고 각각의 불순종 행위는 인간을 하나님으로부터 멀어지게 했다. 궁극적으로 모든 불순종 행위들의 누적된 영적, 심리적, 사회적 피해들이 인간을 (인간의 노력만으로는) 돌이킬 수 없이 영적으로 하나님으로부터 분리된 길을 가게 만들었다. 이렇게 돌이킬 수 없게 기울어진 시점이 언제였는지 우리가 특정할 수 있는 하나의 구체적인 시점은 없지만, 인간은 오래전에 그 지점을 건넜다. (이 답변은 유형 3 또는 유형 4의 아담과 하와 시나리오를 암시한다.)

타락과 세상에 들어온 죄로 말미암아 야기된 피해는 **주로 모든 인간의 대표로서 행동한 한 쌍의 개인에 의해 범해진 한 쌍의 불순종한 행동들**을 통해 일어났다는 견해를 지지할 이유들이 있다. 창세기 3장은 최초의 인간들의 최초의 죄악된 불순종이 재앙적인 사건으로서 그들과 하나님 사이의 관계, 서로 간의 관계, 그리고 창조세계의 나머지와의 관계를 중대하게 변화시켰다고 묘사한다. 하지만 이 한 쌍의 대표의 불순종 때문에 당시에 살아 있던 모든 인간(지리적으로 넓은 영역에 퍼져 있던 최소 수천 명의 개인)에게 이런 재앙적인 결과들이 닥쳤다는 아이디어에는 신학적인 몇 가지 이의들이 있다. 이 이의 중 몇 가지와 그 이의들에 대한 가능한 몇몇 답변들은 다음 단락에서 논의될 것이다.

한 쌍의 불순종한 행동들을 통해 최초로 죄를 지은 인간들은 그들에게 추가로 죄를 짓지 않게 해주었을 **초자연적인 은사들을 잃어버렸고** 죄의 결과는 나머지 인간에게 사회적으로 및 아마도 계통상으로 좀 더 서서히 퍼졌다는 견해를 지지할 이유들이 있다. 이 답변에 대한 신학적인 몇 가지 이의들과 그 이의들에 대한 가능한 몇몇 답변들은 다음 단락에서 논의될 것이다.

타락과 타락의 가장 중대한 영향들은 **한정된 기간에 한정된 집단의 사람들 사이에서 일어난 다수의 행동의 축적**을 통해 일어났다는 답변을 지지할 이유들이 있다. 구약성서에서 하나님은 특별한 언약과 특별한 임무를 위해 모든 민족 가운데서 이스라엘 민족을 선택했는데 그 선택은 특정한 책임들을 수반했다. 마찬가지로 예수는 자신의 지상에서의 생애와 사역 중에 이스라엘 백성 가운데서 소규모 집단의 추종자들을 선택해서 교회와 모든 민족을 제자로 삼는 과업을 시작하게 했다. 따라서 이 답변은 우리가 성경의 다른 곳에서 하나님이 때때로 인간을 다룰 때 소규모의 사람들로 시작하는 것을 보는 패턴에 부합한다.

이 아이디어에 대한 한 가지 신학적 이의는 창세기 3장이 단지 한 쌍의 불순종한 행동들을 통해 죄가 세상에 들어와서 재앙적인 결과를 가져오는 이야기를 말한다는 것이다. 그러나 이 신학적 이의가 이 답변을 반드시 배제하지는 않는다. 창세기 1장과 2장 모두 하나님이 태양과 별들과 지구와 인간을 포함한 지구상의 모든 생명을 창조한 이야기—이는 수십억 년이 걸린 과정이다—를 고도로 축약된 내러티브로 말한다. 마찬가지로, 창세기 4장은 악기, 농업, 도시, 제철—고고학에 따르면 이런 발달은 수만 년에 걸쳐 일어났다—의 발달이 단지 몇 세대 안에 일어났다고 말한다. 따라서 인간의 반역이 역사적 사실로서는 제한된 기간에 걸쳐 여러 사람에 의해 저질러진 여러 죄악된 행동의 이야기이고 창세기 3장이 이 이야기를 단일한 장소와 시기에 일어난 두 명의 개인의 행위라는 신학적 내러티브로 제시한 것이라면, 이는 우리가 창세기 앞부분의 다른 이야기들에서 보는 패턴에 들어맞을 것이다.

타락과 타락의 가장 중요한 결과들이 복수의 행동이 누적되어 일어났다는 아이디어에 대한 또 다른 신학적 이의는 "누구든지 온 율법을 지키다가 그 하나를 범하면 모두 범한 자가 된다"는 야고보서 2:10에서 나온다. 야고보서는—예수의 가르침을 따라—우리가 하나님의 율법 중 일부만 순종하고 하나님의 기준 중 일부만 충족하고 사는 것으로 하나님께 대해 충분히 선하다고 생각한다면 그것은 자신을 속이는 처사라고 말한다. 하나님은 거룩하다. 우리가 거룩하지 않다면 (그리스도 안에 있는 하나님의 은혜가 없으면) 우리는 하나님께 대해 "충분히 선하지" 않다. 하지만 이 신학적 이의가 반드시 이 견해를 배제하지는 않는다. 성경은 하나님이 오랜 과정을 통해 자신의 목적을 성취할 의향이 있음을—이스라엘 백성의 역사에서, 교회사에서, 그리고 우리 각 사람의 삶에서 하나님이 역사하는 느린 성화의 과정에서—여러 번 보여준다. 아마도 도덕적·영적 성숙에는 시간과 실제 삶의 경험이 필요하므로 인간의 역사의 초기 단계에서 하나님이 기꺼이 오랜 과정을 통해 자신의 창조물들을 의로운 상태로 옮기로 했을지도 모른다.

이 아이디어에 대한 또 다른 신학적 이의들은 죄가 이 최초의 죄인들 집단으로부터 나머지 인간들에게 사회적으로 또는 아마도 계통상으로 퍼지는 것과 관련이 있다. 이런 이의들과 그 이의들에 대해 가능한 답변들은 다음 단락에서 논의될 것이다.

타락과 죄의 결과는 **장기간에 걸쳐 우리의 전체 조상 집단에게서 점진적으로** 일어났다는 견해를 지지할 이유들이 있다. 아마도 하나님께서 기꺼이 성령이 각자의 능력에 따라 각각의 개인들을 인도 및 자극하면서 우리 조상들의 전체 집단과 관련된 장기간의 느린 과정을 통해 일하기로 작정했을 것이다. 앞의 답변에서 언급된 바와 같이 이는 창세기 3장이 고도로 축약된 하나의 이야기 안에서 인간의 오랜 반역 과정을 신학적으로 다시 말한 것임을 암시한다. 이 답변은 우리로 하여금 죄가 최초의 죄인들로부터 나머지 인간들에게 발달상으로 퍼졌다는 견해를 받아들일 것을 요구한다. 이 아이디어에 대한 이의들과 그 이의들에 대한 몇몇 답변들은 다음 단락에서 논의될 것이다.

"죄인"이라는 지위가 어떻게 최초의 죄인들로부터 모든 인간에게 퍼졌는가?

오늘날 모든 인간은 죄인이다. 우리 할아버지 세대에도 그랬고, 그들의 할아버지 세대에도 그랬으며 (적어도) 수천 년 전에도 그랬다.

성경은 죄가 정확히 어떻게 한 세대에서 다음 세대로 전달되는지 말하지 않는다. 7장에서 논의된 바와 같이 신학자들은 여러 이론을 제시했다. 몇몇 신학자는 죄가 부모로부터 자녀에게 전달된다고 말했다. 어떤 신학자들은 죄가 사회적 상호작용과 모방을 통해 문화적으로 전달된다고 말했다. 일부 신학자들은 (의의 상태에 있는 것과 반대되는) 죄의 상태에 있다는 것은 이제 모든 인간에게 적용되는 일종의 영적 지위이며 따라서 모든 인간은 그 상태로 태어난다고 말했다. 또 다른 신학자들은 위의 모든 내용이 옳다고 말했다.

신학자들이 모든 인간은 아담과 하와라는 한 쌍의 개인들의 후손이라고 가정할 경우 죄가 어떻게 한 세대에서 다음 세대로 전달되는가에 관해 다양한 이 이론들은 모두 기능상으로는 거의 동일하다. 그 이론들은 모두 동일한 결과를 낳는다. 죄가 어떻게 전달되든 간에 아담과 하와 이후 오늘날 각각의 아동에 이르기까지 모든 세대는 죄가 있다.

하나님이 진화 과정을 사용해서 인간을 창조했기 때문에 죄가 최초의 인간들로부터 나머지 인간에게 퍼진 방식의 문제는 덜 이론적인 것이 되었다. 우리 모두 한 쌍의 조상으로부터 유래한 것은 아니다. **호모 사피엔스**의 인구 규모가 가장 작았던 병목 중에도 우리 조상 집단은 아마도 넓은 지역에 퍼진, 적어도 수천 명의 개인으로 구성되었을 것이다.

우리는 "죄가 처음에 어떻게 확산했는가?"라는 문제에 대해 몇 가지 가능한 답변을 고려할 수 있다.

- 죄는 **대표**를 통해 확산했을 것이다. 죄를 지은 최초의 인간들은 더 큰 집단 중에서 선택되어 당시에 살고 있던 모든 인간의 대표로서 행동했다. 이 대표들이 죄를 짓기로 선택했기 때문에 당시에 살고 있던 모든 사람과 그 이후의 모든 사람이 "죄인" 지위를 얻었다. (이 답변은 유형 1의 아담과 하와 시나리오를 암시한다.)
- 죄는 문화적 접촉, 모방, 그리고 학습을 통해 죄를 지은 최초의 인간들로부터 다른 인간 집단들에게 **사회적으로** 퍼졌을 것이다. (이 답변은 유형 2 또는 유형 3의 아담과 하와 시나리오를 암시한다.)
- 죄는 부모로부터 자손에게 **계통상으로** 확산했을 것이다. 최초의 죄인들

의 자손이 당시에 살고 있던 다른 집단과 혼혈하자 그들의 자녀들 역시 죄의 영향하에 들어왔다. 궁극적으로 전체 인구가 이런 식으로 계통상으로 통합되었고 그 뒤로 태어나는 모든 인간은 계통수의 어딘가에 최초의 죄인들을 조상으로 두고 있기 때문에 죄인이 되었다. (이 답변은 유형 2 또는 유형 3의 아담과 하와 시나리오를 암시한다.)

- 죄가 **발달상으로** 퍼졌을 것이다. 인지적으로 및 종교적으로 특정한 기준선 이상으로 발달한 개인들만 죄인들로 간주되었다. 처음에는 고립된 개인들이나 아직 그 기준선까지 발달하지 않은 훨씬 많은 개인으로 둘러싸인 소규모의 집단만 죄인들이었을 수도 있다. 유전자-문화 공진화를 통해 차츰 그 기준선을 넘은 개인들과 집단들의 수가 증가했다. 궁극적으로 전체 인구가 그 기준선을 넘었고 죄를 지을 수 있게 되었다. 개인들이 죄를 지을 능력이 발달할 때마다 그들은 죄를 짓기로 선택했다. 어떤 개인도 죄 없는 삶을 살기로 선택하지 않았다. (이 답변은 유형 4의 아담과 하와 시나리오를 암시한다.)

최초의 죄 이후 죄가 어떻게 퍼졌는지에 무관하게 이 네 가지 답변 모두 죄가 모든 인간에게 퍼졌다는 동일한 결과에 도달한다.

대표를 통해 죄가 확산했다는 견해를 지지할 이유들이 있다. 역사의 어느 시점에 하나님이 한 쌍의 개인(또는 소규모 집단)을 선택해서 모든 인간의 대표로서 행동하게 했을 수도 있다. 그들을 아담과 하와로 부르기로 하자. 그들은 하나님과 새로운 종류의 관계를 맺은 최초의 인간이었다. 하나님이 훗날 아브라함 및 사라와 관계를 맺었고, 더 후에 예수를 따르는 무리들과 관계를 맺었듯이 말이다. 하나님은 소수의 개인으로 인류의 역사에 새로운 장을 시작했다. 그들이 순종 및 하나님과의 친밀한 교제를 유지했더라면 그들은 다른 모든 인간이 따를 길을 개척했을 것이다. 하지만 그들을 죄를 지었다. 모든 인간의 대표로서 행동한 그들은 모든 사람을 위한 길을 폐쇄했다. 성경에는 한 개인의 행동이 공동체 전체에 영향을 끼치는 예가 있다. 아간이 야웨의 명령에 반해 여리고에서 약탈품을 챙겼을 때(수 7장) 이스라엘 군대는 다음 전투에서 패했다. 다윗 왕이 인구 조사를 명령함으로써 하나님의 율법에 불순종했을 때(삼하 24장; 대하 21장), 하나님은 전염병으로 이스라엘을 응징했다. 긍정적인 면을 보자면, 제사장들이 공동체 전체를 대표했고 그들을 위해 속죄제를 드릴 수 있었다. 그리고 무엇보다, 그리스도의 의를 통해 많은 사람에게 하나님의 은혜가 온다(롬3:22-26; 5:12-21).

이 답변에 대한 한 가지 이의는 아담과 하와가 선택되기 며칠, 몇 년, 몇 세기 전에 살다가 죽은 사람들의 영적 지위다. 아담과 하와가 매우 오래전—아마도 1백만 년 전 또는 그 이전—에 선택되었다면 우리가 이 문제를 그다지 중요하게 여기지 않을 수도 있을 것이다. 오래전의 우리 조상들의 정확한 지적·사회적·도덕적 능력은 잘 알려지지 않았지만, 그들은 거의 확실하게 오늘날의 우리보다 덜 발달했을 것이다. 하지만 아담과 하와가 훨씬 최근—지난 10만 년 이내—에 대표로 선택되었다면 그 문제는 좀 더 중요해진다. 아담과 하와 직전에 살았던 (우리와 유전학적으로 및 해부학적으로 거의 동일했던) 다른 사람들 역시 하나님의 형상 담지자였는가? 그들에게 그리스도의 구속의 은혜, 부활, 그리고 새로운 창조에서의 삶이란 관점에서 소망이 있는가? 하지만 그런 이의들이 필연적으로 이 견해를 배제하지는 않는다. 성경은 하나님이 우리가 알기를 바라는 것을 말해주지만, 우리가 생각할 수 있는 모든 질문에 답하지는 않는다. 신학자들이 수백 년 동안 관련 질문들(가령 오늘날 복음에 대해 전혀 들어본 적이 없는 사람들, 특히 아이들의 영적 지위는 무엇인가?)과 씨름했지만, 그들이 모두 같은 답변에 도달하지는 않았다. 하나님이 그런 사안들에 대한 판단자이며, 우리는 알지 못하는 채로 만족할 필요가 있을지도 모른다.

대표를 통해 죄가 확산했다는 아이디어에 대한 두 번째 신학적 이의는 그것이 하나님께서 특별한 명령을 하기 전까지는 행동들이 죄악된 것이 아니라고 암시하는 듯하다는 것이다(이는 이 장의 앞에서 논의된 신명론의 한 형태다). 아담과 하와가 대표로 선택될 당시 및 그 직전에 그들과 다른 인간들은 비열한 행동 및 고상한 행동을 향한 성향을 모두 지니고 있었다. 그들은 하나님의 일반계시를 지니고 있었다. 우리 조상 네 명이 아담과 하와에게서 수백 킬로미터 떨어진 곳의 작은 부족 가운데 살고 있었다고 상상해보라. 아담과 하와가 최초로 죄를 짓기 며칠 전에 이 네 명의 개인들이 그들의 이웃으로부터 물건을 훔쳤다. 그들의 양심이 그들에게 자기들이 그 짓을 해서는 안 된다고 말하고 그들은 그것이 그들의 이웃을 해치리라는 것을 아는데, 그들은 수치와 자기들의 부족으로부터 처벌받는 것을 피하려고 몰래 훔친다. 아담과 하와가 아직 죄를 짓지 않았기 때문에 그것은 죄악된 행동으로 여겨지지 않는다. 며칠 후 아담과 하와는—하나님으로부터 계시를 받은 후 모든 인간의 대표로 행동하면서—인간의 최초의 죄를 저지르고, 이로써 모든 인간이 죄인의 지위를 획득하게 한다. 며칠 후 동일한 네 명의 개인이—그 개인들은 여전히 아담과 하와로부터 몇백 킬로미터 떨어져서 그들과 어떤 소통도 하지 않으면서 산다—비슷한 절도행위를 한다. 이제 그 행동이 죄악된 것인가? 이제 일반계시가 그들의 죄에 대해 정죄하기에 충분한가? 신학적으로 볼 때 어떤 행동이 죄악된 것인지가 수백 킬로미터 떨어진 곳에 있는 다른 개인들의 행동에 의존한다고 주장하는 것은 이상하게 보인다. 하지만 이 신학적 이의가 반드시 이 견해를 배제하지는 않는다. 아마도 우리 조상들이 특정한 도덕적 및 사회적 개발 수준에 도달하고 난 후에는 하나님이 아담과 하와의 최초의 죄 전에 저질렀든 후에 저질렀든 그런 모든 절도행위를 인정하지 않았을 것이다. 하나님이 그들에게 일반계시를 주어서 그들이 좀 더 나은 행동을 하도록 그들을 인도했다. 그러나 하나님은 은혜롭게도 인간의 대표들이 모든 인간을 대표해서 죄의 길을 선택할 때까지는 그런 행동들을 죄악된 것으로 판단하기를 유보했을 것이다.

이 답변에 대한 세 번째 신학적 이의는 이 견해가 아담과 하와 당시의 사람들 대다수가 자기들이 저지르지 않았고 자기들이 통제할 수 없었던 행위 때문에 정죄받는다고 암시하는 듯하다는 것이다. 구약성서에서 하나님이 때때로 이스라엘 백성의 몇몇 구성원의 죄 때문에 그 공동체 전체를 처벌한 적이 있다. 그러나 먼 곳에 있는 개인들의 잘못 때문에 많은 개인이 **하나님으로부터 영원히 분리**될 수도 있다는 아이디어는 하나님의 정의라는 성경의 그림에 부합하기 어렵다. 에스겔 18장에서 하나님은 이스라엘 백성이 하나님이 자기 조상들의 죄 때문에 자기들을 부당하게 처벌하고 있다고 불평하는 것을 다룬다. 하나님은 (특히 20절에서) 자신이 한 사람의 죄의 책임을 다른 사람에게 돌리지 않는다고 선언한다. 크리스토퍼 헤이스와 스티븐 허링이 구약성서와 중간기의 유대

문헌에 관해 다음과 같이 쓴 것처럼 말이다:

> "공동의 연대"(즉 사람들이 그들의 대표들이 한 행동의 결과로 고통을 당하거나 그 유익을 누린다) 개념이 충분히 보편적이었지만, 공동의 연대는 어떤 집단이 선악 간에 다른 사람의 행동의 경험하는 방식에 좀 더 초점을 맞춘다. 그럼에도 불구하고 유대인 저자들은 특히 영원한 파멸에 관해서는 한 사람의 죄책을 다른 사람에게 돌리기를 꺼렸다. 유대 문헌이 아담의 타락이 이후 세대들의 심판으로 이어지는 방식에 관해 말할 때, 그것은 언제나 중간의 조건을 포함한다. 즉 타락이 세상에 죄를 들여왔고 이후 세대들이 죄를 범하면 그들이 심판을 받아 마땅하다.[7]

하지만 이 신학적 이의가 반드시 이 견해를 배제하지는 않는다. 아마도 하나님이 아담과 하와 이전의 모든 인간의 이기적이고 해로운 행동들이 정죄받을 만하다고 판단했지만 정죄를 유보했고, 아담과 하와가 의로운 순종을 계속했더라면 모든 사람에게 은혜와 영적 능력을 베풀었을 것이다.

이 답변에 대한 네 번째 신학적 이의는 인간이 죄에 빠진 것과 우리의 욕정—우리가 현재 죄를 피할 수 없는 상태—사이의 신학적 연결과 관련이 있다. (7장에서 논의되었던) 전통적인 원죄 이론들에서는 아담과

7 Christopher M. Hays and Stephen Lane Herring, "Adam and the Fall," in *Evangelical Faith and the Challenge of Historical Criticism*, ed. Christopher M. Hays and Christopher B. Ansberry (Grand Rapids: Baker Academic, 2013), 35(『역사비평의 도전과 복음주의의 응답』, 새물결플러스 역간).

하와의 최초의 죄가 그들에게 즉각적인 변화(영적 은사들의 철회, 그들의 창조된 인성에 대한 변화 또는 둘 모두)를 가져왔고, 그것이 그들을 더 이상 죄를 짓지 않을 수 없는 상태에 처하게 했으며, 그들은 자기들의 모든 후손에게 그 상태를 물려 주었다. 그러나 우리는 이제 우리 조상들이 심지어 아담과 하와 이전에도 유전자-문화 공진화를 통해 발달한, 비열한 행동과 고상한 행동 모두를 향한 혼합된 성향을 가지고 있었음을 안다. 아담과 하와가 (넓은 지역에 퍼져 있던) 좀 더 큰 집단 가운데서 선택되었다면, 그리고 그들의 죄로 말미암아 당시에 살아 있던 모든 인간이 죄인의 지위를 얻게 되었다면 아담과 하와의 죄와 그 집단의 나머지 사람들에게서 나타나는 욕정 사이에 (기적적이지 않은) 인과상의 연결이 가능한 것으로 보이지 않는다. 하지만 이 신학적 이의가 반드시 이 견해를 배제하는 것은 아니다. 아마도 그들의 욕정은 단순히 그런 성향을 극복할 수 있는 초자연적인 은사들이 없을 경우 비열한 행동들을 향하는 그들의 성향이었을 것이다. 아담과 하와에게 그런 영적 은사들이 주어졌음에도 불구하고 그들이 자유의사로 죄를 짓기로 선택했을 때 그들이 그 은사들에 대한 모든 인간의 접근을 상실했을 것이다.[8]

대표를 통해 죄가 확산했다는 아이디어에 대한 다섯 번째 신학적 이의는 "하나님이 다른 쌍을 대표로 선택했더라면 다른 결과를 달성할 수 있었겠는가?"라는 문제와 관련이 있다. 만일 이 질문에 대한 답이 예

8 오늘날 인간에게서 나타나는 욕정은 부분적으로는 우리의 먼 조상들에게서 나타난 것과 같은 이유—그런 성향을 극복할 수 있는 영적 은사들이 없을 경우 비열한 행동을 향하도록 진화된 우리의 성향—에 기인할 것이다. 그러나 오늘날의 욕정은 그 최초의 죄 이후 사람에게서 사람으로 및 세대에서 세대로 전해져 축적된 심리적 및 문화적 효과들도 포함할 것이다.

라면—하나님이 좀 더 큰 집단 가운데서 선택한 다른 쌍이 아담과 하와와는 다르게 행동해서 죄를 짓지 않기로 작정하고 인간을 타락시키지 않았을 수도 있었다면—하나님이 형편없는 예지력으로 우리의 대표를 잘못 선택한 데 대해 비난을 받을 수도 있을 것이다.[9] 만일 그 답이 아니오라면—하나님이 좀 더 큰 집단 가운데서 어떤 대표를 선택했더라도 그들이 아담과 하와와 똑같이 행동해서 죄를 짓기로 작정하고 인간을 타락하게 했을 것이라면—우리는 그 타락이 불가피했는지에 관한 어

9 하나님의 예지와 인간의 자유 의지 사이의 관계는 복잡한 신학적·철학적 문제다. 몇몇 철학자들과 신학자들은 하나님이 어떤 상황에서도 자기의 창조물들의 자유로운 각각의 선택의 결과를 미리 안다는 입장을 취했다. 그렇다면 우리는 하나님이 왜 자유롭게 죄를 지을 사람들을 대표로 선택했는지 물을 수 있을 것이다. 하나님이 타락하지 않은 인간을 목표로 했다면, 그리고 하나님이 각각의 창조물의 선택의 결과를 미리 알았다면 하나님이 계속 순종하고 죄를 짓지 않기로 작정했을 사람들을 대표로 선택할 수도 있었을 것이다. 다른 철학자들과 신학자들은 진정한 자유 의지를 지닌 창조물들을 만들 때 하나님이 자신의 예지를 제한하기로 작정해서 하나님조차 참으로 "자유로운 선택"의 결과를 미리 알 수 없었다고 주장했다(하나님이 각각의 결과의 영향과 각각의 경우 자신의 궁극적인 뜻을 어떻게 달성할지를 미리 알 수 있었더라도 말이다). 그 경우 하나님은 아담과 하와가 자유롭게 죄를 짓기로 작정할 때까지 그들(또는 하나님이 선택한 어떤 대표들)이 죄를 지을지를 확실하게 알 수 없었다. 그 경우 하나님이 왜 단순히 최초의 죄인들을 죽이고(또는 좀 더 자비롭게 그들이 인구의 나머지로부터 격리되어 살도록 허용하고), 순종하기로 작정할 한 쌍의 대표들을 발견해서 타락하지 않은 인간들이 출현하게 될 때까지 또 다른 쌍의 대표자들로 다시 시작하기를 계속하지 않았느냐는 질문이 제기된다. 이 질문에 대해 가능한 대답 하나는 하나님이 아담과 하와가 어떤 선택을 하든 그들의 선택이 그들이 대표하는 모든 사람에게 유효할 것이라고 그들과 언약을 맺었다는 것이다. 그 언약이 맺어진 이상 하나님은 그 결과에 따르겠다는 자신의 약속에 구속되었다. 이 언약은 하나님이 아브라함에게 아브라함의 후손을 큰 민족으로 만들고 그들을 통해 모든 세상을 축복하겠다고 약속한, 하나님과 아브라함 사이의 언약과 유사할 것이다. 이렇게 약속한 이상 하나님은 그들이 순종하든 순종하지 않든 아브라함의 후손들을 통해 일해서 자신의 목적을 이루도록 구속되었다. 이 답변은 하나님이 성경의 다른 곳에서 일하는 방식과 일치할 수도 있다. 그러나 그 답변은 하나님과 아담 및 하와 사이의 관계에 관해 추가적인 가정(그들의 선택이 당시에 살아 있던 모든 사람에게 적용될 것이라는 가상의 언약)을 필요로 하는데, 이에 관해서는 성경이 직접 가르치거나 암시하지 않는다.

려운 질문들에 직면한다. 하지만 이 신학적 이의가 이 답변을 반드시 배제하지는 않는다. 죄가 어떤 의미에서는 불가피했는가에 관한 질문들은 다음 장에서 다뤄질 것이다.

죄가 문화적 접촉, 모방, 학습을 통해 죄를 지은 최초의 인간들로부터 다른 인간 집단들에게 **사회적으로** 퍼졌다는 견해를 지지할 이유들이 있다. 우리 조상들의 역사의 어느 시점에 하나님이 특정한 개인들을 선택해서 그들과 새로운 종류의 관계를 맺었을 수도 있다. 그들은 한 쌍 또는 집중된 역사적 사건에서의 작은 집단이었거나(이는 유형 2의 아담과 하와 시나리오의 한 형태다) 좀 더 오랜 기간에 걸친 많은 개인이었을 수도 있다(이는 유형 3의 아담과 하와 시나리오의 한 형태다). 이 개인들은 하나님께 대한 순종과 성령의 도움으로, 문화적 접촉과 가르침을 통해 나머지 인간들에게 하나님에 관한 지식과 하나님과의 죄가 없는 관계를 퍼뜨릴 수도 있었다. 그러나 그들의 죄가 그들과 하나님, 다른 인간들, 창조세계의 나머지 사이의 관계를 손상했다. 죄의 사회적 확산이 새로운 아이디어나 문화적 혁신의 확산처럼 빠르게 발생했을 수도 있다.

인간의 아이들은 그들의 부모 및 공동체의 돌봐주는 사람들에게 크게 의존한다. 아이들이 그들의 가족, 부족, 문화에서 배우는 내용이 그들의 언어, 동정심, 추론 및 그들의 사고의 모든 측면을 형성한다. 성인들은 그들의 부족에게 자신의 생존을 계속 의존한다. 어떤 개인이나 가족도 그들의 문화로부터 습득한 도구나 훈련이 없이는 생존할 수 없으며, 소통과 교역 그리고 협력이 없이 오랜 기간을 고립되어 생존할 수도 없다. 인간들은 철저하게 상호의존적이기 때문에 일단 죄가 세상에 들어온 이상 죄의 몇몇 영향이 한 집단에서 다른 집단으로 및 대대로 확산하

는 것이 불가피해 보인다.[10]

이 답변에 대한 두 가지 신학적 이의가 앞서 논의되었다. 첫 번째 우려는 아담과 하와가 선택되기 며칠, 몇 년, 몇 세기 전에 살다가 죽은 사람들의 영적 지위의 문제다. 두 번째 이의는 타락이 집중된 역사적 사건에서 일어나는, 유형 2의 아담과 하와 시나리오와 연결될 경우 이 답변이 하나님이 특정한 행동들을 금하는 특별한 명령을 할 때까지는 그런 행동들이 죄악된 것이 아니라고 암시하는 신명론을 요구하는 듯하다는 것이다. 이런 이의들과 이 이의들에 대해 가능한 답변들은 이 단락의 앞에서 논의되었다.

이 답변에 대한 세 번째 이의는 우리 조상들이 최초의 죄 이후 수 세기 동안—수백만 년 전으로 거슬러 올라가는 유전자-문화 공진화 역사를 통해 연합되었으면서도—죄의 사회적 확산이 지역적으로 얼마나 멀리 도달했는가에 따라 판이한 두 개의 **영적** 범주로 나뉘었을 것이라는 점이다. 1세기 전에 분리된, 같은 부족에서 유래한 두 개의 작은 부족이 약 160킬로미터 떨어져 살고 있다고 상상해보라. 그들은 유전자, 문

---

10 Benno van den Toren, "Human Evolution and a Cultural Understanding of Original Sin," *Perspectives on Science and Christian Faith* 68, no. 1 (2016): 17은 다음과 같이 쓴다:
부모와 공동체의 돌봄에 대한 이러한 광범위한 의존은 원죄에 대한 우리의 이해에 유의미하게 기여할 수 있다. 인간의 자손이 그들의 공동체에 의한 사회화에 그렇게 많이 의존한다면 그들은 필연적으로 그들이 양육을 받은 문화의 강한 측면과 약한 측면, 선한 측면과 악한 측면, 심지어 가증한 측면을 모두 물려받을 것이다. 아이들은 자기들을 교육하는 사람들을 신뢰하게 되어 있다. 그래서 부모들은 자녀들의 삶에 매우 큰 유익을 끼칠 수도 있고 매우 큰 악영향을 끼칠 수도 있다. 인간이라는 종의 구성원으로 자란다는 것은 필연적으로 선한 면과 악한 면을 가지고 있는 사회의 특정한 문화적 표현 안에서 사회화된다는 것을 의미한다.…그러므로 그들은 세상과 그들이 자라는 특정한 문화의 관습의 선한 상징적 표시와 악한 상징적 표시 모두를 물려받는다. 죄악된 아이디어들과 죄악된 습관들은 필연적으로 대대로 전달된다.

화, 지능 면에서 거의 똑같지만 서로 소통하지 않는다. 역사의 이 특정한 시점에 한 부족이 아담과 하와의 죄의 문화적 확산과 상호 작용해서 그들 역시 자기들의 죄인으로서의 지위를 알게 되고 타락한 인간의 일부로 여겨진다. 그러나 다른 부족은 아직 죄의 확산하는 영향과 충분한 문화적 접촉을 하지 않았다. 이후 몇 년 또는 몇십 년 동안 그들은 타락한 인간에 속하지 않는다. 그들의 영적 지위와 영원한 운명은 무엇인가? 그들이 첫 번째 부족과 비슷한가 아니면 그 부족과 판이한가? 우리 조상들을—한 집단은 타락했고 다른 집단은 아직 타락하지 않은—판이한 영적 지위로 분리하는 것은 구약성서에서 유대인과 이방인 사이의 구분과 유사하다고 주장될 수 있을 것이다. 그러나 이 유비는 성립하지 않는다. 유대인은 하나님이 아브라함에게 한 약속의 수령자들로서 토라의 언약에 구속되지만, 이방인은 그렇지 않은 것이 사실이다(그래서 그들의 지위는 판이하다). 하지만 로마서 등에서 사도 바울은 유대인과 이방인이 정확히 같은 이유로 자기들의 죄에 대해 정죄를 받는다는 것과 유대인과 이방인이 모두 그리스도 안의 믿음을 통해 은혜로 말미암아 구속될 수 있다는 것을 주장한다. 성경은 우리의 먼 조상들 가운데 (죄의 영향이 모든 인간에게 퍼질 때까지 수백 년 동안) 타락한 사람들과 타락하지 않은 사람들의 두 집단이 있었다는 개념을 직접 지지하지 않는다. 이 시나리오를 작동하게 만들려면 성경에 이 아이디어가 덧붙여질 필요가 있을 것이다. 하지만 이 신학적 이의가 반드시 이 견해를 배제하지는 않는다. 성경은 하나님이 우리가 알기를 원하는 것을 말해주지만 우리가 생각할 수 있는 모든 질문에 답하지는 않는다. 단순히 우리가 그런 것을 알 필요가 없어서 성경이 죄가 사회적으로 퍼진 기간이나 그 기간부터 우리 조상들의 영적 지위나 영원한 운명에 관해 말해주지 않을 수도 있다. 하나님이 그런 사안에 대한 판단자이지 우리는 판단자가 아니다. 그리고 우리는 알지 못하는 채로 만족할 필요가 있을지도 모른다.

죄가 사회적으로 확산했다는 아이디어에 대한 네 번째 신학적 이의는 "하나님이 타락하지 않은 인간을 원했다면, 왜 하나님이 죄가 아담과 하와의 최초의 죄를 넘어 사회적으로 확산되는 것을 막지 않았는가?"라는 문제다. 하나님은 타락한 아담과 하와를 나머지 인간들과 격리함으로써 죄의 확산을 막을 수 있었다. 그랬더라면 하나님이 사울이 실패한 후 다윗을 새로운 왕으로 선택한 것과 비슷한 방식으로 다른 쌍이나 대표자 집단으로 새로 시작할 수 있었을 것이다. 하나님이 궁극적으로 죄에 빠지지 않을 대표자들을 발견할 수 있었고, 그들의 순종이 모든 인간을 궁극적으로 타락하지 않은 상태에 합류하게 할 수 있었다면 왜 그렇게 하지 않았는가? 다른 한편으로 좀 더 큰 집단 가운데서 선택한 어떤 대표자들이라고 할지라도 아담과 하와와 똑같이 행동해서 죄를 짓기로 작정하고 인간을 타락하게 했을 것이라면 우리는 다시금 타락의 불가피성이라는 어려운 문제에 직면한다. 죄가 어떤 의미에서 불가피했는지에 관한 문제들은 다음 장에서 논의될 것이다.

죄가 부모로부터 자손에게 **계통상으로** 확산했다는 견해를 지지할 이유들이 있다. 우리 조상들의 역사의 어느 시점에 하나님이 한 쌍의 개인(또는 아마도 소규모 집단)을 선택했을 수도 있다. 그들을 아담과 하와로 부르기로 하자. 하나님이 이렇게 선택하기 전에 인간들은 비열한 행동과 고상한 행동 모두에 관여하고 있었지만—그들이 일반계시로부터 어떻게 처신해야 하는지에 관해 어느 정도 인도를 받았음에도—하나님이 아직 그들에게 책임을 묻지 않았다. 아담과 하와는 새로운 계시를 받았고 하나님과 새로운 종류의 관계를 맺었으며, 하나님은 그들에게 책임을 지게 했다. 그들은 하나님의 명령을 위반했을 때 죄인이 되었다. 이 지위가 즉각적으로 인구의 나머지에게 수여되지도 않았고, 그것이 사회적 접촉을 통해 퍼지지도 않았다. 그러나 그 지위는 그들의 자손에게 전해졌다. 최초의 죄인들의 자손이 인간의 다른 집단과 혼합됨에 따라 궁극적으로 수천 년 후에는 (4장에서 논의된 바와 같이) 전체 인구가 이런 식으로 계통상으로 통합되었고, 그 후에 태어나는 모든 인간은 그들의 계통수의 어딘가에 이 최초의 죄인들을 포함하게 되었을 것이다. 이 아이디어에 대한 성경의 유사한 예가 있는데, 그 예에서 아브라함의 언약 및 모세의 율법의 축복과 책임이 계통상으로 이스라엘의 자손에게 전해졌지만 이방인에게는 전해지지 않았다.

이 견해에 대한 두 가지 신학적 이의는 죄가 사회적으로 또는 대표를 통해 확산했다는 견해에 대한 이의들과 비슷하다. 첫 번째 우려는 아담과 하와가 그 집단에서 선택되고 죄에 빠지기 며칠, 몇 년, 몇 세기 전에 살다가 죽은 사람들의 영적 지위의 문제다. 두 번째 이의는 이 견해가 일반계시가 특정한 행동들이 죄로 여겨지기에 충분치 않았고 하나님이 특정 행동들을 금지하는 명령을 할 때까지는 그런 행동들이 죄악된 것이 아니었다고 암시하는 듯하다는 것이다. 이 이의들에 대해 가능한 답변들은 앞의 단락들에서 논의되었다.

이 견해에 대한 세 번째 신학적 이의는 아담과 하와가 죄를 지은 후 수천 년 동안 인간의 조상 집단이—수백만 년 전으로 거슬러 올라가는 유전자-문화 공진화의 역사를 통해 통합되었으면서도—그 특정한 부부가 그들의 조상에 포함되었는지에 따라 판이한 영적 범주로 나뉘었을 것이라는 점이다. 이 우려는 죄가 사회적으로 확산되었다는 견해에 대한 이의와 비슷하지만, 죄가 많은 세대를 통해 계통상으로 확산되기 위해서는 오랜 기간이 필요하므로 이 견해는 문제를 심화시킨다. 두 영적 범주가 존재하는 수천 년 동안 많은 사람이 살다가 죽었을 것이다. 아담과 하와가 비교적 최근의 과거, 가령 1만 년 전 안에 존재했다면 이 이의가 특히 문제시된다. (확실하지는 않지만) 그리스도의 때 이후에 살았던 모든 인간은 그들의 계통수의 어느 곳에 약 1만 년 전에 메소포타미아에서 살았던 특정한 부부가 나타날 수도 있다.[11] 이 기간 동안 죄가 전체 집단에 계통상으로 확산됐을 수도 있다. 하지만 이는 여러 세대 동안 인간이라는 종이 판이한 **영적** 지위들을 지닌 두 집단—조상에 아담과 하와가 포함된 집단은 타락한 집단으로 분류되고, 그들이 조상에 포함되지 않은 집단은 타락한 집단으로 분류되지 않는다—으로 갈라졌음을 암시할 것이다. 하지만 이 두 집단은 이 점 외에는 언어, 도구, 그리고 사회적 발달 수준 면에서 비슷했다. 두 집단의 구성원 모두 이교도의 신앙과 관습을 가졌다. 그들의 문화적 유사성과 생물학적 종으로서의 통일성에 비춰 볼 때 단순히 조상에 근거해서 그들을 그렇게 판이한 영적 지위로 할

11 David A. Opderbeck, "A 'Historical' Adam?," BioLogos, April 15, 2010, https://biologos.org/blogs/archive/a-historical-adam; Jon Garvey, "Adam and MRCA Studies," *Hump of the Camel* (blog), http://jongarvey.co.uk/download/pdf /AdamMRCA.pdf; S. Joshua Swamidass, "The Overlooked Science of Genealogical Ancestry," *Perspectives on Science and Christian Faith* 70, no. 1 (2018): 19-35; and S. Joshua Swamidass, *The Genealogical Adam and Eve: The Surprising Science of Universal Ancestry* (Downers Grove, IL: InterVarsity, 2019).

당하는 데 대한 정당성이 있는가? 아담과 하와가 인간이 지난 1만 년 동안 문화적 발달을 이루기 훨씬 전에 존재했다면 이 이의는 덜 어려워진다. 그들이 얼마나 오래전에 존재했는지와 무관하게 몇 가지 신학적 이의들이 남는다. 같은 가족과 부족 안에서 양육된 비슷한 나이의 반쪽 형제자매를 상상해보라. 그들은 유전학적으로 및 지적으로 비슷하다. 그들은 같은 언어, 문화적 관습, 신앙을 공유한다. 그들은 같은 정도로 비열하게 행동하고 고상하게 행동한다. 그들 중 한 명의 부모 한 명은 아담과 하와를 조상으로 둔 반면 다른 한 명의 부모는 그렇지 않다. 이 경우 한 아이는 타락한 것으로 여겨질 것이고, 다른 아이는 타락한 것으로 여겨지지 않을 것이다. 두 번째 아이의 영적 지위와 영원한 운명은 무엇인가? 그것은 첫 번째 아이의 영적 지위와 영원한 운명과 비슷한가 아니면 그것과 근본적으로 다른가? 유대인과 이방인이 같은 이유로 죄인들이고 같은 방법으로 구속된다는 바울의 가르침에 비춰볼 때 두 명의 반쪽 형제자매의 영적 지위를 그렇게 구분하는 것이 성경의 다른 부분과 쉽게 조화되는가? 하지만 이 신학적 이의가 반드시 이 견해를 배제하지는 않는다. 우리가 앞서 지적한 바와 같이 하나님이 그런 사안에 관한 판단자이고 우리는 판단자가 아니다. 따라서 우리는 알지 못하는 채로 만족할 필요가 있을지도 모른다.

죄가 계통상으로 퍼졌다는 견해에 대한 네 번째 신학적 이의(죄가 사회적으로 퍼졌다는 견해에 대한 이의와 비슷하다)는 하나님이 왜 아담과 하와가 자녀를 낳지 못하도록 방지함으로써 죄가 계통상으로 확산하는 것을 막지 않았는가라는 문제와 관련이 있다. 그랬더라면 하나님이 순종적이었을 수도 있는 다른 쌍이나 집단을 대표로 삼아 다시 시작할 수 있었을 것이다. 이 이의는 이 장의 앞에서 논의되었다.

죄가 **발달상으로** 퍼졌다는 견해를 지지할 이유들이 있다. 오늘날 아기들이 아이들로 자랄 때 우리는 그들이 언제 자신의 행동에 책임을 질 수 있게 되는지 모른다. 책임의 정도에 관해 말하는 것이 일리가 있을 수도 있다. 모든 아이가 같은 속도로 성장하는 것은 아니다. 태곳적 우리 조상들에게도 이와 비슷한 일이 일어났을 수 있다. 그들은 유전학적으로 및 계통상으로 통일된 집단이었고 그들의 역사를 통틀어 부족들은 이웃 부족들과 문화적으로 교류했지만, 그들은 (심지어 인구 병목 기간에도) 적어도 수천 제곱킬로미터에 달하는 넓은 지역에 퍼져 있었었다. 몇몇 개인, 가족, 부족들은 아마도 다른 집단보다 일찍 좀 더 높은 수준의 지적 및 도덕적 책임을 발달시켰을 것이다. 궁극적으로 우리 조상들의 모든 집단이 집합적으로 도덕적 책임에 필요한 기준선을 넘는 수준으로 발달했다. 그러나 그 과정에서 하나님이 개인이나 그룹에게 그들 각자의 발달 수준에 적절한 기준을 적용해서 다른 수준의 책임을 지게 했을 수도 있다. 개인들과 그룹들이 서로에게서 죄짓는 것을 배우고 서로의 죄악된 행동의 결과로써 고통을 당했지만, 아무도 다른 사람의 행동에 대해 죄의 책임을 지지는 않았다.

이처럼 발달 중인 집단에 속한 개인들과 각각의 그룹에게 있어서 하나님이 그들에게 준 이성, 동정심, 양심의 은사들은 그들이 어떻게 처신해야 하는지에 대한 일반계시로 여겨졌다. 하나님이 다양한 개인과 그룹에게 다양한 특별계시를 사용해서 그들을 추가로 인도했을 수도 있다. 이 집단에서 역사적인 최초의 죄가 발생했을 수도 있지만, 그것을 알아내려는 노력은 아이들의 삶에서 그들이 고의로 죄를 짓는 특정한 최초의 시기를 알아내려는 노력만큼이나 부질없는 짓이다. 그것은 발달상의 과정이다. 개인 또는 그룹이 자기가 무엇을 해야 할지를 알고 하나님의 계시된 뜻에 순종할지 불순종할지를 선택했을 수 있는 많은 경우가 있었다. 그들이 순종한 경우도 많았고 불순종한 경우도 많았다. 아무도 완벽하게 순종적이지 않았다. 각각의 불순종 행위마다 관련된 개인들과 인간 전체를 하나님과의 올바른 관계에서 멀어지게 했다.

이 견해에 대한 한 가지 신학적 이의는 인간의 창조와 타락의 나중 부분들이 겹치는 시기에 동시에 일어났다는 것이다. 지난 수만 년 또는 수십만 년 동안 하나님은 우리가 과학적으로 유전자-문화 공진화로 묘사할 과정들을 사용해서 계속 우리 조상들을 형성하고 그들의 정신적·사회적 능력을 향상시켰다. 죄가 발달상으로 퍼졌다면, 같은 시기에 개인들과 인간의 그룹들은 때때로 적어도 부분적으로는 자기들이 하나님과 서로를 어떻게 사랑해야 하는지를 이해하면서도 여전히 불순종했을 것이다. 이런 죄악된 선택들의 효과들이 개인, 가족, 문화에 축적되었을 것이다. 하나님이 여전히 인간을 창조하고 형성하는 과정에 있었지만, 하나님께 대한 인간의 죄악된 반역이 그들의 정신적·사회적 능력을 형성했을 것이다.

우리는 이것이 하나님의 창조와 인간의 죄악된 반역이라는 별개의 신학적 개념들을 너무 많이 뒤섞는 것은 아닌지 우려할 수도 있다. 그 두 개념을 구분하면 우리가 단순히 "하나님이 인간을 죄악되게 창조했다"고 말함으로써 하나님의 선하심과 죄에 대한 인간의 책임을 약화하지 못하게 된다. 하지만 이 신학적 이의가 반드시 이 견해를 배제하지는 않는다. 인간이 아닌 창조물에 대한 하나님의 창조와 하나님의 섭리적 감독을 고려해보라. 하나님의 우주 **창조**와 자연 세상에 대한 하나님의 **섭리적인 감독**을 다른 종류의 신적 행동으로 구분하는 것이 신학적으로 유용하다. 현대 과학의 발견들이 있기 전에는 대다수 신학자가 그 두 개념이 신학적으로 구분될 뿐만 아니라 시간상으로도 구분된다고 가정했다. 그들은 별들과 바다와 육지와 종들에 대한 하나님의 창조는 창조의 6일까지 완료되었지만, 하나님의 섭리적 감독은 그 이후 계속되고 있다고 말하곤 했다. 현대 과학을 통해 우리는 놀랍도록 긴 우주의 역사에 관해 배웠다. 하나님은 느린 과정을 통해 **수십억 년에 걸쳐** 계속 새로운 별들, 새로운 바다들, 새로운 섬들, 그리고 새로운 종들을 만들었다. 그리고 하나님은 오늘날 계속 새로운 별들, 새로운 섬들, 그리고 새로운 종들을 만들고 있다. 하나님의 창조 활동과 하나님의 섭리적 활동 사이의 [개념적] 구분은 여전히 유용하지만, 우리는 두 활동이 오랜 기간에 걸쳐 동시에 일어날 수 있음을 배웠다. 이와 유사하게 하나님의 자애로운 인간 창조와 하나님께 대한 인간의 죄악된 반역이 오랜 기간에 걸쳐 동시에 발생해왔다고 할지라도 그것들은 신학적으로 구분되는 활동들이다.

죄가 발달상으로 퍼졌다는 견해에 대한 두 번째 신학적 이의는 이 견해에 따르면 역사의 어느 순간에도 모든 인간이 원의 또는 심지어 도덕적으로 순진한 상태에 있었던 순간이 없었을 것이라는 점이다. 인간 전체적으로 죄가 없었던 적이 없을 것이다. 다양한 시기에 몇몇 개인이 죄를 짓기 전에 잠시 도덕적으로 순진한 상태에 있었을 수는 있을 것이다. 하지만 인간 집단의 대다수는 그들이 최초로 죄를 짓기 전에 도덕적으로 중립적이거나 법적으로 순진한 상태에 있었을 것으로 보인다. 하지만 이 이의가 있다고 해서 반드시 이 견해가 배제되지는 않는다. 타락 전

네 가지 상태 각각에 대한 몇몇 찬반 의견이 이 장의 앞에서 논의되었다.

이 견해에 대한 세 번째 신학적 이의는 이 견해가 아담과 하와를 특정한 역사적 인물들이 아니라 오랜 기간에 걸친 우리의 많은 조상 또는 역사 전체의 모든 인간을 가리키는 문학적·상징적 인물로 이해하는 해석을 요구한다는 것이다. 몇몇 성서학자들은 최상의 해석학적 방법들이 아담과 하와가 실제 역사적 인물이었음을 암시한다고 주장한다. 하지만 이 신학적 이의가 반드시 이 견해를 배제하지는 않는다. 다른 성서학자들은 최상의 해석학적 방법들이 아담과 하와를 상징적인 인물들로 해석하는 것을 허용하거나 심지어 선호한다고 주장한다. 이 해석들에 대한 몇몇 찬반 의견은 7장에서 논의되었다.

이 견해에 대한 네 번째 신학적 이의는 죄의 발달상의 확산이 타락이 불가피했음을 요구하지는 않지만, 타락이 불가피했다는 견해와 훨씬 더 잘 들어맞는다는 것이다. 이 문제들은 다음 장에서 논의될 것이다.

원죄의 죄책이 대대로 전해지는가?

이 장의 앞 단락들은 죄로 말미암아 야기된 영적·심리적·사회적·문화적 피해와 그 피해가 어떻게 인간 전체 집단에 퍼졌을지를 논의했다. 죄책은 어떤가? 교회사에서 아우구스티누스와 몇몇 신학자들은 원죄의 죄책이 한 세대에서 다음 세대로 전해진다고 주장했다. 따라서 아직 고의의 죄를 짓지 않은 유아들조차 죄악된 인간의 본성을 가지고 있을 뿐만 아니라, 어떤 의미에서 유죄 상태에 있다. (7장에서 논의된 바와 같이) 모든 신학자가 이 견해에 동의하는 것은 아니다.

원죄의 죄책이 부모로부터 자손에게 또는 대대로 전해진다는 견해를 지지할 신학적인 이유들이 있다. 전통적인 주장 하나는 아담이 죄를 지었을 때 그가 모든 인간의 "연합적 머리"였기 때문에 그의 행동들이 모든 인간에게 벌을 가져온 것이 정당하다고 말한다. (이 주장은 유형 1의 아담과 하와 시나리오에 가장 가깝게 들어맞는다.)

두 번째 전통적인 주장은 모든 인간이 실제적이고 형이상학적인 통일성을 공유하므로 아이들은 어떤 의미에서 그들의 부모(또는 모든 인간) "안에" 있으며, 우리는 모두 어떤 의미에서 최초의 죄인들 "안에" 있다는 것이다. 세 번째 전통적인 주장은 유아 세례 관행에서 나온다. 7장에서 논의된 바와 같이 아우구스티누스(그리고 이후의 신학자들)는 교회가 유아들에게 세례를 주는 이유 중 하나는 그들이 물려받은 원죄의 죄책을 제거하기 위한 것이라고 추론했다. (이 세 번째 주장이 그것 자체로는 성인 세례를 하는 기독교 교파에서는 별로 중요하지 않을 수도 있지만, 몇몇 교파는 다음과 같은 이 주장에 동의할 것이다: 아무도, 설사 유아라 할지라도, 그리스도 없이는 의롭지 않다; 유아들에게도 그리스도의 구속 사역을 통한 하나님의 은혜가 필요하다.)

원죄의 죄책이 부모에게서 자손으로, 세대에서 세대로 전해진다는 견해에 대한 반대 주장들도 있다. 가장 흔히 인용되는 주장은 그러한 죄책의 이전이 하나님의 정의를 훼손하리라는 것이다. 공동체의 일부 구성원의 행동에 대해 하나님이 이생에서 공동체 전체를 처벌해서 그 공동체에 속한 다른 사람들이 고통을 당하고 심지어 죽임을 당해도 정당할 것이다. 그러나 하나님이 어떤 사람을 다른 사람의 죄로 인해 영원히 정죄하는 것이 정당하겠는가? 그런 아이디어를, 하나님은 한 사람의 죄를 다른 사람에게 돌리지 않는다고 가르치는 것으로 보이는 에스겔 18

장 같은 성경 구절들과 조화시키기 어렵다. 따라서 설사 유아들에게 그리스도의 구속 사역을 통한 하나님의 은혜가 필요하다고 할지라도 그것은 법적으로 유죄인 지위의 상속이 아닌 뭔가 다른 이유 때문이어야 한다.

유죄인 법적 신분을 상속한다는 것은 그 근본에 있어서 우리가 순전한 백지상태로 태어나지는 않음을 의미한다고 보는 것이 이 두 가닥의 신학적 주장들을 조화시키는 한 가지 방법이다. 유아들은 고의로 죄를 범하지는 않았지만, 각자 그들을—그들이 어디에서 또는 어떤 문화에서 자라든—불가피하게 죄를 짓도록 인도하는 본성을 물려받는다. 아무도, 심지어 유아조차도, 그리스도의 구속과 성령의 거룩하게 하는 사역이 없이는 하나님의 거룩한 현존을 대면할 준비되어 있지 않다.

최초의 죄와의 관계에서 인간이 언제 하나님의 형상으로 지음을 받았는가?

최초의 죄와의 관계에서 인간이 언제 하나님의 형상으로 만들어졌는가에 관한 이론들은 우리가 "하나님의 형상"이라는 어구로 무엇을 의미하는가에 어느 정도 의존한다. 5장은 하나님의 형상으로 지음을 받은 데 무엇이 관련되어 있는가에 관해 다음과 같은 네 가지 보편적인 신학 이론들을 묘사했다: (1) 우리의 정신적, 사회적, 도덕적 능력. 특히 인간이 동물들과 구별되는 방식, (2) 타락 전 원의(原義) 상태, (3) 하나님과 인간 사이의 인격적인 관계, 그리고 (4) 우리에게 부여된, 하나님의 대표가 되고 나머지 창조세계의 집사가 되라는 위임. 이 이론들은 배타적이지 않다. 하나님의 형상에 대한 이해에 있어서 이 네 가지 이론을 모두 수용하는 신학자들도 있고 그중 하나 이상을 제외하는 신학자들도 있다.

최초의 죄와의 관계에서 인간이 언제 하나님의 형상으로 지음을 받았는지의 문제에 관해 다음과 같은 네 가지 답변이 가능하다.

- 인간이 하나님의 형상으로 창조된 것과 인간이 죄에 빠진 것은 모두 오랜 기간에 걸쳐 발달상으로 일어났다.
- 최초의 죄가 발생하기 오래전에 인간 전체가 하나님의 형상을 갖추도록 지정되었다.
- 인간 전체가 최초의 죄가 발생하기 직전에 하나님의 형상을 갖추었다고 선언되었다.
- 현대의 **호모 사피엔스**로 이어지는 진화 역사의 어느 시점에 하나님이 좀 더 큰 우리 조상들의 집단에서 소수의 개인을 선택했고 그들만 하나님의 형상을 갖추도록 지정되었다. 그들은 그 직후 죄에 빠졌다. 하나님의 형상 담지자로서 그들의 지위와 죄인으로서 그들의 지위가 사회적으로 또는 계통상으로 전체 집단에 퍼졌다.

인간이 하나님의 형상으로 창조된 것과 인간이 죄에 빠진 것 모두 오랜 기간에 걸쳐 발달상으로 일어났다는 견해를 지지할 이유들이 있다. 이 견해에 대한 몇몇 찬반 의견이 이 장의 앞에서 논의되었다.

하나님의 형상이 우리 인간의 독특한 능력들과 창조세계에 대한 하나님의 집사가 되라는 우리의 위임만을 가리킨다고 가정할 경우 최초의 죄가 일어나기 오래전이나 직전에 인간 전체가 하나님의 형상을 갖추도록 지정되었다는 견해를 지지할 이유들이 있다. 하나님이 오랜 기간에 걸쳐 인간의 정신적·사회적·도덕적 능력을 창조했다. 그 과정의 어느 시점에 하나님이 인간이 창조세계에 대한 하나님의 관리인과 집사로 행동할 능력을 갖춘 발달상의 단계에 도달했다고 판단했을 수 있다. 그 직후 또는 오래 뒤에 하나님이 특별한 관계와 특별한 계시를 위해 좀 더 큰 집단 가운데서 소수의 개인을 선택했을 때 죄가 세상에 들어왔다. 이 견해는 죄가 대표를 통해서나 사회적으로 또는 계통상으로 그 집단의 나머지에 퍼졌을 것을 요구한다. 이 견해들 각각에 대한 몇몇 찬반 의견은 이 장의 앞에서 논의되었다.

인간 종의 역사의 어느 시점에 하나님이 좀 더 큰 우리 조상들의 집단에서 소수의 개인을 선택했고 그들만 하나님의 형상을 갖추도록 지정되었다는 견해를 지지할 이유들이 있다. 이 견해는 하나님의 형상이 적어도 처음에는 하나님으로부터의 초자연적인 은사를 통해 가능해진 원의 상태를 포함할 가능성을 허용한다. 이 개인들이 죄에 빠졌을 때 원의가 상실되었고, 그들 안에 있던 하나님의 형상이 훼손되었지만 파괴되지는 않았다. 이후 하나님의 형상과 타락한 죄인으로서 그들의 지위 모두가 대표를 통해서나 사회적으로 또는 계통상으로 나머지 인간에게 확산했다. 이 견해들 각각에 대한 몇몇 찬반 의견은 이 장의 앞에서 논의되었다.

죄를 통해 어떤 종류의 죽음이 왔는가?

3장과 4장에서 논의된 바와 같이 성경이나 과학은 인간이 죄를 짓기 전에 자연적으로 불멸의 존재였다는 견해를 지지하지 않는다. 성서학자들은 대개 창세기 2-3장을 인간이 필멸의 존재로 창조되었고 생명나무는 하나님으로부터 오는 기적적인 공급을 상징한다는 식으로 해석한다.

죄를 통해 어떤 종류의 죽음이 왔는가라는 질문에 대해 다음과 같은 두 가지 보편적인 답변이 존재한다.

- 죄를 통해 들어 온 죽음은 물리적 죽음이 아니고 **영적** 죽음이다. 물리적 불멸성은 언제나 새로운 창조세계에 대해 의도된 어떤 것이었다(계 22). 그리고 그리스도의 구속 사역이 없이는 죄가 이 창조세계와 다음 창조세계 모두에서 우리를 하나님으로부터 떼어 놓는다.
- 죄를 통해 들어 온 죽음은 **영적 죽음뿐 아니라 이 창조세계에서의 물리적 죽음도 포함한다**. 최초의 인간들이 죄를 짓지 않았더라면 하나님이 은혜롭게 죄가 없는 인간들에게 기적적으로 물리적 죽음으로부터의 자유를 제공했을 것이다.

죄가 **영적 죽음**을 가져왔지만 물리적 죽음에는 책임이 없다는 견해를 지지할 신학적인 이유들이 있다. 창세기 2-3장에서 아담과 하와는 그들이 죄를 지은 당일에 물리적으로 죽은 것으로 보이지 않는다. 그들은 기적적인 생명나무에 대한 접근을 잃었고 따라서 궁극적으로 물리적으로 죽을 운명에 처해졌다. 그러나 그들은 죄를 지은 당일에 하나님의 친밀한 임재에 대한 접근도 상실했다.

하지만 이 답변에는 신학적 이의들도 존재한다. 창세기 3:22-24에서 하나님은 아담과 하와가 그들이 불순종한 상태에서 손을 들어 생명나무 "열매도 따 먹고 영생하지" 못하게 했다. 그리고 많은 신약성서 구절들(특히 롬 5장과 고전 15장)이 죄를 영적 죽음뿐만 아니라 물리적 죽음과도 연결하는 것으로 보인다.

그러나 이런 신학적 이의들이 반드시 이 견해를 배제하지는 않는다. 장 칼뱅은 인간들이 이생에서 (사 65:20-25에서 묘사된 것처럼) 건강하게 장수하다 품위 있는 죽음을 맞도록 창조되었다고 생각했다. 아담이 죄를 짓지 않았더라면, "참으로 최초의 인간이 의로움을 유지했더라면 그가 좀 더 나은 삶을 살았을 것이다. 그러나 몸으로부터 영혼의 분리, 부패, 어떤 종류의 파괴, 요컨대 어떤 격렬한 변화도 없었을 것이다."[12] 죄로 말미암아 이제 물리적 죽음은 때때로 영혼이 몸으로부터 고통스럽고, 불확실하고, 비참하게 분리되고 몸이 파괴되는 것이 되었다. 또한 창세기 텍스트에 등장하는 생명나무는 다른 고대 근동 문헌에서 발견되는 보편적인 문학적 모티프들에 대한 하나님의 적응의 일부일 수도 있다. 이 경우 목가적인 시대의 상실과 불멸의 기회에 대한 상실이 그 모티프들일 것이다. 아마도 하나님이 주위의 메소포타미아 문화와 이집트 문화의 신학과 판이한 신학을 가르치기 위해 창세기 2-3장에 등장하는 이 보편적인 모티프들에 적응했을 것이다. 창세기 2-3장에서(그리고 다른 문헌에 나타난 바와는 달리) 우리는 인간의 죄 때문에 인간이 낙원에서 하나님과의 친밀한 교제 가운데 살지 못한다는 것을 배운다. 이 해석에서 창세기 2-3장에 등장하는 생명나무는 요한계시록 22장에서 재등장하는 곳에서 새로운 창조세계에서 하나님의 현존 안에서의 영생의 약속을 상

12 John Calvin, *Commentaries on the First Book of Moses, Called Genesis*, trans. John King (Grand Rapids: Eerdmans, 1948), 97.

징하는 부활을 지목한다.

죄가 **영적 죽음뿐 아니라 이 창조세계 안에 물리적 죽음도** 들여왔다는 견해를 지지할 신학적 이유들이 있다. 우리 조상들이 죄로 인해 생명나무로 상징되는, 영원히 살 수 있는 가능성에 대한 접근을 상실했기 때문에 인간이 물리적으로 죽는다는 것이 창세기 3장, 로마서 5장, 고린도전서 15장의 가장 단순한 독법이다.

죄가 오랜 기간에 걸쳐 우리의 많은 조상 가운데서 점진적으로 그리고 발달상으로 세상에 들어왔다는 시나리오(유형 3과 4의 아담과 하와 시나리오)들에서는 우리 조상들이 반역의 죄를 저지르지 않았더라면 하나님의 기적적인 공급을 통한 물리적 불멸이 가능했으리라고 상상하기 어렵다(그러나 아마도 불가능하지는 않을 것이다).

죄가 특정한 역사적 인물들을 통해 세상에 들어와서 대표를 통해서나 사회적으로 또는 계통상으로 퍼진 시나리오(유형 1과 2의 아담과 하와 시나리오)들에서는 우리 조상들이 반역의 죄를 저지르지 않았더라면 이 세상에서 하나님의 기적적인 공급을 통해 물리적 불멸이 가능했으리라고 상상하기가 훨씬 쉽다.

혼합된 시나리오들

이 장에 수록된 모든 질문에 대해 가능한 많은 답변을 혼합하고 조화시킴으로써 우리는 "죄가 언제 시작되었는가?"라는 질문에 답할 수 있을 것이다. 앞에서 우리는 가능한 시나리오들을 다음과 같은 네 가지 일반적인 유형들로 분류했다.

1. 인간의 대표자로서 행동하는 특정한 역사적 인물들로서의 아담과 하와.
2. 특정한 역사적 인물로서의 아담과 하와. 죄는 문화나 가계를 통해 퍼졌다.
3. 오랜 기간에 걸쳐 특별계시를 받은 많은 개인을 일컫는 고도로 압축된 역사로서의 아담과 하와.
4. 모두 책임을 질 준비가 되어 있었고 죄를 선택한, 오랜 기간에 걸친 많은 개인을 일컫는 상징적인 인물들로서의 아담과 하와.

이 네 가지 유형들이 완전히 상호 배타적인 적은 아니다. 사실 이 유형들은 특정한 시나리오에서 어떤 요소들이 강조되는지에 따라 다른 유형 안으로 혼합될 수 있다. 예컨대 우리가 첫 번째 유형에서 시작하고 또한 아담과 하와의 죄가 나머지 인간들을 즉각적으로 죄인이 되게 한 것이 아니라 죄가 문화적 접촉을 통해 급속히 퍼졌다고 상정하면, 첫 번째와 두 번째 시나리오가 혼합된다. 우리가 두 번째 유형으로 시작하고 창세기 2-3장의 아담과 하와가 며칠 동안 활동한 한 쌍의 개인 또는 몇 달 동안 활동한 소규모의 수렵-채취자 그룹이 아니라 수십 년 동안 일정한 지역에서 활동하면서 사회적으로 교류한 여러 수렵-채취자 그룹이었다고 가정하면, 두 번째와 세 번째 유형이 혼합된 시나리오가 만들어진다. 우리가 네 번째 유형에서 시작하고 또한 인간이 전체적으로 죄악된 불순종으로 행했지만 역사의 결정적인 시점에 하나님이 한 쌍의 개인들을 선택해서 그들에게 특별계시를 주었고 그들이 순종을 통해 다른 경로를 시작했더라면 하나님이 그 다른 경로를 통해 그들과 더불어 나머지 인간들에게도 은혜를 주었을 것이라고 상상한다면, 네 번째 유형을 첫 번째나 두 번째 유형과 혼합한 시나리오가 나온다.

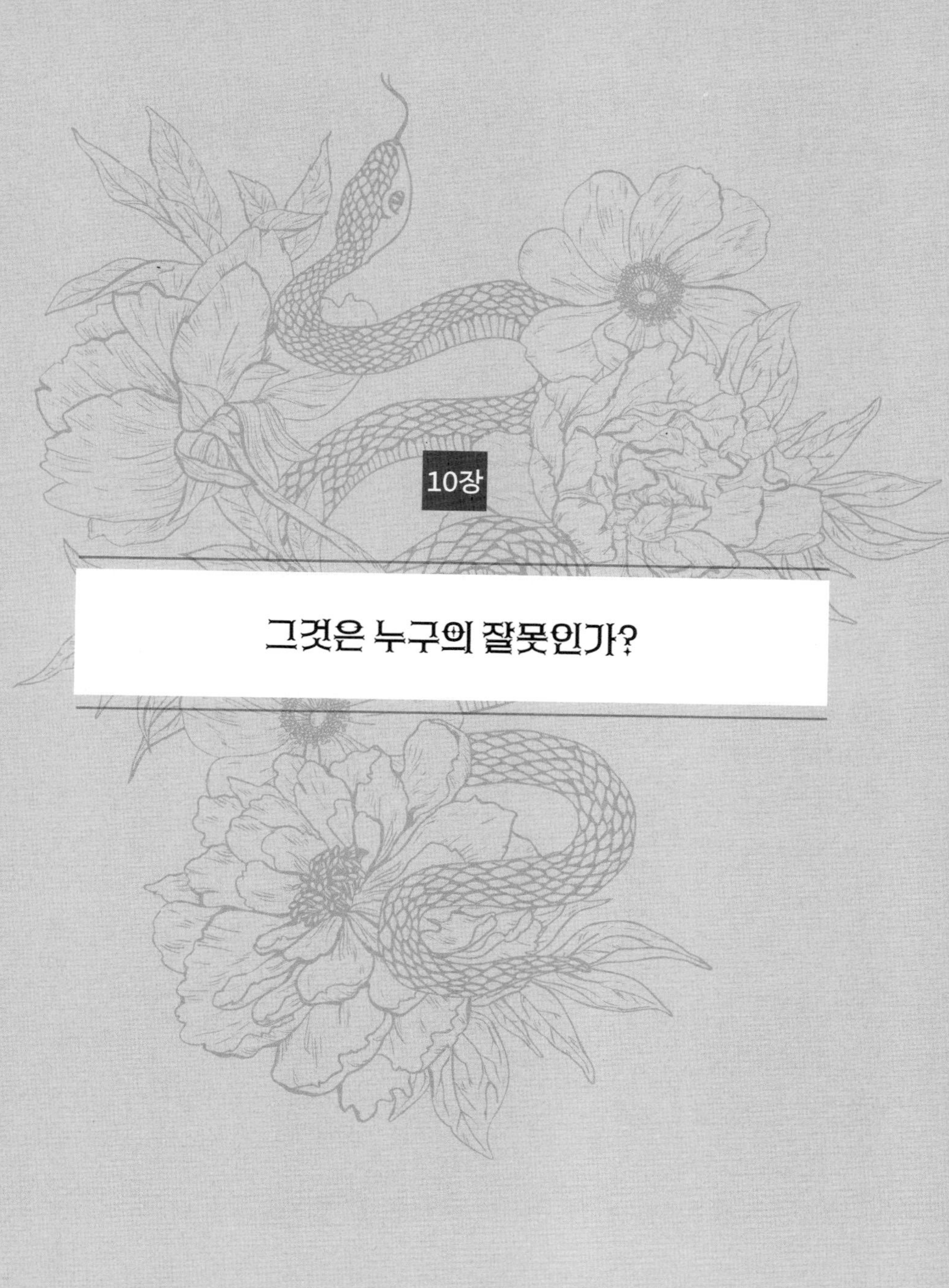

10장

그것은 누구의 잘못인가?

"그것은 내 잘못이 아니다." 이 말은 많은 아이들(그리고 성인들)이 나쁜 짓을 하다 들켰을 때 가장 자주 사용하는 변명이다.

창세기 3:11-13에서 아담과 하와는 죄를 지은 뒤 비난을 전가하려고 노력한다. 아담은 노골적으로 하와를 비난하고 하나님이 하와를 창조한 것을 암묵적으로 비난한다. 하와는 명시적으로 뱀을 비난하고 암묵적으로 (아마도 뱀을 창조하고 그것이 동산에 있도록 허용했을) 하나님을 비난한다. 하나님은 비난을 전가하려는 그들의 시도를 직접 반박하거나 그것을 인정하지 않는다. 하나님은 그들에게 그들의 불순종의 결과들을 말해준다.

이 장의 목적은 비난을 전가하려고 노력하는 것이 아니다. 이 장의 목적은 하나님께 대한 인간의 죄악된 반역이 "피할 수 있었는지" 또는 "불가피했는지" 그리고 어떤 방식으로 그러했는지의 문제에 대한 다양한 답변들을 고려하는 것이다. 인용 부호 안의 단어들이 해독될 필요가 있다.

이것은 가장 오래되었고 가장 어려운 신학 문제 중 하나다. 아우구스티누스는 그 문제에 대한 논쟁에 말려들었고 그 이후 많은 신학자도 그랬다. 그 문제는 하나님에 관한 많은 본질적인 진리들과 밀접하게 관련된다.

만일 우리가 인간에게는 타락을 피할 유의미한 기회가 있었고 역사가 달라질 수도 있었다고 말하면 몇몇 신학자는 이 견해는 하나님의 **주권** 및 **예지**와 양립할 수 없다고 이의를 제기한다. 그런 견해는 그리스도의 성육신과 인간의 구속을 인간이 하나님의 원래 계획을 망친 후 나올 수 밖에 없었던 하나님의 대안으로 만드는 것으로 보인다.

만일 우리가 인간의 타락이 (적어도 그 단어의 어떤 의미에 있어서) 불가피했다고 말하면 어떤 신학자는 이 견해는 하나님의 선함 및 정의와 양립할 수 없다고 이의를 제기한다. 이 견해는 인간의 죄에 대해 하나님이 너무 많은 책임이 있게 만들고 인간의 책임을 너무 많이 축소하는 것으로 보이며, 하나님이 어떤 사람의 죄로 인해 그 사람을 처벌하는 것이 정당한가라는 의문을 제기한다.

인간의 진화에 비춰보면 이 어려운 신학 논쟁에 추가적인 중요성이 있다. 다음 시나리오들을 다시 고려해 보라.

1. 인간의 대표자로서 행동하는 특정한 역사적 인물들로서의 아담과 하와.
2. 특정한 역사적 인물로서의 아담과 하와. 죄는 문화나 가계를 통해 퍼졌다.
3. 오랜 기간에 걸쳐 특별계시를 받은 많은 개인을 일컫는 고도로 압축된 역사로서의 아담과 하와.
4. 모두 책임을 질 준비가 되어 있었고 죄를 선택한, 오랜 기간에 걸친 많은 개인을 일컫는 상징적인 인물들로서의 아담과 하와.

시나리오 유형 3과 4는 흔히 타락이 어떤 의미에서는 불가피했다고 암시하는 것으로 해석된다. 그것은 몇몇 그리스도인이 시나리오 유형 1이나 2를 선호하는 이유 중 하나이기도 하다(그러나 유일한 이유는 아니다). 우리가 살펴보겠지만, 시나리오 유형 3과 4가 타락이 불가피했다는 방향으로 기울기는 하지만 그것을 요구하지는 않는다.

시나리오 유형 1과 2는 종종 타락이 회피될 수 있었다고 암시하는 것으로 해석된다. 그것은 몇몇 그리스도인이 시나리오 유형 3이나 4를 선호하는 이유 중 하나이기도 하다(그러나 유일한 이유는 아니다). 우리가 살펴보겠지만, 시나리오 유형 1과 2가 타락이 회피될 수 있었다는 식으로 해석되기는 하지만 그것들은 반드시 타락이 회피될 수 있었음을 암시하지 않는다.

하나님이 왜 지금 죄와 고통을 막지 않는가?

"하나님이 왜 지금 죄와 고통을 막지 않는가?"라는 질문에 대해 지난 한 세기 반 동안 종종 과정 신학과 관련하여 제안된 한 가지 답변은 하나님의 능력이 제한되었다는 것이다. 이 사상 학파에서 하나님은 "강요"보다는 "설득"에 좀 더 가까운 과정들을 통해 그의 창조물과 함께 일한다. 하나님이 강제력을 갖고 있지 않기 때문에 (또는 결코 강제력을 사용하려고 하지 않기 때문에) 하나님의 창조물들은 자신의 힘을 사용해서 죄악되고 파괴적인 방식으로 행동할 수 있다.

하지만 고전적인 기독교 신학에서 하나님은 전능하고 정의롭고 선하다. 하나님은 "강제"력을 사용할 수 있고 실제로 종종 강제력을 사용한다. 이 점에 관해 고전적인 기독교 신학이 옳다고 가정하면 우리는 어려운 문제에 직면한다. 인간의 죄들은 하나님의 뜻에 반한다. 하나님이 강력하게 행동해서 죄를 막을 수 있다면, 또는 적어도 죄악된 행동의 피해자의 고통을 방지할 수 있다면, 하나님이 왜 좀 더 자주 그렇게 하지 않는가?

성경은 하나님의 뜻에 관해 다음과 같이 (때때로 겹치는) 몇 가지 방식으로 말한다: (1) 하나님이 포고하는(decree) 것들이 있다. 하나님의 포고는 좌절될 수 없다. (2) 하나님이 선호하는(prefer) 것들이 있다. 하나님이 어떤 것들은 기뻐하고 다른 어떤 것들은 기뻐하지 않는다. (3) 하나님의 계율(precept)이 있다. 하나님은 우리가 따라야 할 법칙들과 명령들을 계시한다. (4) 우리의 생애의 특정한 시점들에서 하나님의 인도(direction)가 있을 수 있다. 가령 우리는 특정한 장소로 가라거나 일정 기간 특정한 직업에 종사하라는 부름을 인식할 수도 있다. (5) 하나님이 허용(permit)하는 것들이 있다. 하나님의 포고들은 좌절될 수 없지만, 하나님이 우리가 그의 계율에 불순종하고, 그가 선호하지 않는 것들을 하고, 우리가 그의 인도를 따르지 않는 일을 하도록 허용할 수 있다.[1]

우리는 죄를 지을 때 하나님의 뜻을 불순종하지만, 하나님은 우리가 죄를 짓도록 허용한다. 하나님이 때때로 죄악된 행동의 피해자를 특정한 고통으로부터 보호하기도 하지만, 확실히 하나님은 많은 고통을 허용한다. 하나님이 왜 죄와 죄로 말미암아 야기된 고통을 허용하는가

---

1 이 주제에 관해 좀 더 자세한 내용은 예컨대 R. C. Sproul, *Essential Truths of the Christian Faith* (Carol Stream, IL: Tyndale, 1992), 67-69(『기독교의 핵심진리 102가지』, 생명의 말씀사 역간)을 보라.

는 가장 오래된 또 다른 신학 문제 중 하나인 하나님의 "숨겨짐"의 문제와 밀접한 관련이 있다. 왜 하나님이 가령 자주 그리고 공개적으로 선한 행동을 보상하고 죄를 벌함으로써 그의 존재와 능력을 훨씬 더 공개적이고 극적으로 증명하지 않는가?

성경은 많은 사람이 하나님의 능력이 극적으로 나타나는 것을 목격했고, 그들에게 적절한 이해를 명확하게 설명할 수 있었던 교사들이 있었던 소수의 사례를 포함하고 있다. 이스라엘 자손들은 극적인 많은 기적을 통해 이집트에서의 노예 생활로부터 구출되었다(출 7-15장). 예언자 엘리야는 바알의 예언자들과 공개적인 대결을 벌였고 그 대결에서 하나님이 하늘로부터 기적적인 불을 공급했다(왕상 18:16-45). 예수는 치유 등의 기적을 행했다. 우리는 이 기적들을 목격한 사람들 대다수가 하나님을 향한 신앙과 사랑으로 응답했기를 바랄 수도 있을 것이다. 그러나 실제로 무슨 일이 일어났는가? 최근에 자유를 얻은 이스라엘 백성은 금송아지 우상을 만들었다. 갈멜산에 모인 이스라엘 백성 중 많은 이들이 회개하고 하나님을 예배하는 데로 돌아오지 않았으며, 엘리야는 곧 그의 목숨을 구하기 위해 도망쳤다. 예수의 기적들을 본 많은 종교 지도자들은 좀 더 많은 표적을 요구했고 이어서 예수를 죽일 음모를 꾸몄다.

성경에 수록된 이 예들은 인간의 본성에 관해 있는 그대로를 보여주는 뭔가를 말해주는 듯하다. 하나님이 우리 모두에게 자신의 존재를 극적으로 증명한다고 하더라도, 이것이 하나님이 우리에게서 원하는 종류의 도덕적·영적 성장으로 귀결되지 않을 것으로 보인다. 그것이 역효과를 낳을 수도 있다. 하나님이 언제나 선을 보상하고 악을 처벌한다면 우리가 좀 더 이기적이고 계산적으로 되어서 오직 이생과 다음 생에서 보상을 받기 위해 순종적으로 살 수도 있다. 이것이 욥에 관한 고발자의 의심이었음을 주목하라(욥 1:9-11).

따라서 적어도 부분적으로는 죄와 죄로 말미암아 야기된 고통을 허용하는 것이 인간의 집단적인 선에 유익하기 때문에 하나님이 그것들을 허용하는 것일 수도 있다. 하나님이 달리 행동하면 우리와 하나님 사이의 관계 및 인간 상호 간의 관계의 성격이 바뀔 것이고, 우리가 하나님이 원하는 종류의 사람이 되도록 성장하는 데 방해가 될지도 모르기 때문이다. 『고통의 문제』(*The Problem of Pain*)에서 C. S. 루이스는 하나님이 언제나 고통을 방지하는 세상이라는 개념을 탐구하고 그것이 우리 인간에게 좋지 않을 것이라고 주장한다.[2] 존 힉은 『악과 사랑의 하나님』(*Evil and*

---

2 C. S. Lewis, *The Problem of Pain* (New York: Macmillan, 1962), 34은 다음과 같이 쓴다: 우리는 아마 하나님이…항상 [우리의 자유 의지의 남용의] 결과를 교정한 세상을 상상할 수 있을 것이다. 가령 각목이 무기로 사용될 때에는 풀처럼 부드러워지고, 내가 공기 중에 거짓말이나 모욕하는 말을 나르는 음파를 풀어 놓으려고 시도할 때에는 공기가 내게 복종하기를 거절한다. 그러나 그런 세상은 그릇된 행동들이 불가능한 세상일 것이고 따라서 의지의 자유가 공허한 세상일 것이다. 뿐만 아니라 그 원칙이 그 논리적 결론으로 이어진다면, 우리가 악한 생각들을 꾸미려고 할 때 우리가 생각할 때 사용하는 대뇌의 물질이 그것의 작동을 거부할 것이기 때문에 악한 생각들이 불가능할 것이다. 사악한 사람 주위의 모든 물질이 예측할 수 없는 변경을 겪을 것이다. 하나님이 물질의 행동을 변경해서 우리가 기적으로 부르는 것을 할 수 있고 때때로 그렇게 한다는 것이 기독교 신앙의 일부이기는 하지만, 보편적이고 따라서 안정적인 세상이라는 개념 자체가 이런 경우가 지극히 희귀해야 한다고 요구한다. 체스 게임에서 당신은 상대방에게 임의로 특정한 양보를 할 수 있는데, 그러한 양보와 일반적인 게임의 규칙 사이의 관계는 기적들과 자연법칙들 사이의 관계와 같다. 당신은 룩(rook) 하나가 없이 게임을 하거나 때때로 상대방에게 부주의하게 둔 수를 무르도록 허용할 수도 있다. 그러나 당신이 언제나 그의 형편에 맞게 모든 것을 양보한다면―그의 수들이 언제나 취소할 수 있고 체스판에서 당신의 말들이 그가 좋아하지 않는 곳에 있을 때마다 사라진다면―당신은 전혀 게임을 할 수 없을 것이다. 세상에서 인간들의 삶도 마찬가지다. 고정된 법칙, 인과상의 필요에 의해 펼쳐지는 결과들, 전체 자연 질서는 인간의 보편적인 삶이 그 안에 제한되는 한계들인 동시에 그 아래에서 그런 삶이 가능한 유일한 조건이

the God of Love)에서 다음과 같은 아이디어를 전개한다: "이 세상은 영혼이 발달하는 장소여야 한다. 그리고 그것의 가치는 주로 거기서 어느 특정한 순간에 발생하는 즐거움과 고통의 양을 통해 판단될 것이 아니라 그것의 주된 목적, 즉 영혼이 발달하는 목적에 대한 적합성을 통해 판단되어야 한다."[3]

때때로 우리가 다른 사람의 죄악된 행동의 결과로 고통당하는 것이 우리의 도덕적·영적 발달에 유익하다고 치자. 그리고 우리가 우리 자신 및 다른 사람의 죄악된 행동이 피해자들에게 끼치는 결과를 보는 것이 우리의 도덕적·영적 발달에 필수적이라고 치자. 그래도 하나님이 고통

다. 자연의 질서와 자유 의지의 존재가 관련된 고통의 가능성을 배제하려고 시도하면 당신은 삶 자체가 배제되는 것을 발견할 것이다.

3 John Hick, *Evil and the God of Love*, rev. ed. (New York: Harper & Row, 1977), 250. 이 인용문을 좀 더 넓은 맥락에서 보라:

예수는 우리가 하나님에 관해 생각하기 위한 가장 적절한 방법을 제공하면서 인간에 대한 하나님의 태도와 자기 자녀들의 최상의 이익을 바라는 인간 부모들의 태도 사이의 유사성을 다뤘다. 따라서 "부모의 최고의 사랑이 자기 자녀들이 자라는 환경에 대해 영향을 끼칠 때 어떻게 표현되는가?"라는 질문이 그리스도인이 세상에 대해 이해하는 데 적실성이 있다. 나는 자기 자녀들을 사랑하고 그들이 가능한 최상의 인간이 되기를 바라는 부모들이 즐거움을 유일한 최고의 가치로 여기지 않을 것이 명확하다고 생각한다. 확실히 우리는 우리 자녀들의 즐거움을 추구하고 자녀들을 위해 즐거움을 얻는 것을 매우 기뻐한다. 그러나 우리는 도덕적 고결성, 이기적이지 않음, 동정심, 용기, 유머, 진리 존중, 그리고 무엇보다 사랑할 능력 같은 훨씬 큰 가치 차원에서의 자녀들의 성장을 희생하고서 그들의 즐거움만을 원하지 않는다.…그리고 대다수 부모들에게 있어서 자기 자녀들의 삶을 항상 최고 수준의 즐거움으로 채우는 것보다 그들의 성품의 질과 강함을 강화하기 위해 노력하는 것이 더 중요한 것으로 보인다. 하나님이 창조한 인간에 대한 하나님의 목적과 자녀들에 대한 자애롭고 현명한 부모들의 목적 사이에 진정한 유비가 존재한다면, 우리는 즐거움의 존재와 고통의 부재가 세상이 존재하는 최고이자 최우선적인 목적일 수 없음을 인식해야 한다. 오히려 이 세상은 영혼이 발달하는 장소여야 한다. 그리고 세상의 가치는 주로 거기서 어느 특정한 순간에 발생하는 즐거움과 고통의 양을 통해 판단될 것이 아니라 세상의 주된 목적, 즉 영혼 발달이라는 목적에 대한 적합성을 통해 판단되어야 한다(258-59).

을 줄이기 위해 사안들을 다르게 주선할 수는 없겠는가? 가령 우리는 각자가 컴퓨터 시뮬레이션 같은 곳에서 살고 있다고 상상할 수 있다. 우리 각자는 우리가 "실제 세상"에서 살고 있다고 생각하지만, 우리가 만나는 모든 사람은 시뮬레이션이다. 우리는 (우리 자신 외에) 실제 사람이 실제로 피해를 겪지 않으면서 우리 자신과 다른 사람들이 범한 죄악된 행동의 상상된 결과를 목격할 수 있다. 그것이 더 낫겠는가? 이 제안에 대해 적어도 세 가지 신학적으로 우려되는 결과들이 있다. 우리가 상호작용하고 있다고 생각한 모든 사람이 실제 인간이 아니라면, 그것은 하나님이 계속 우리에게 허위의 무언가를 말한다는 것을 의미할 텐데 이는 성경에 계시된 하나님의 성품과 모순되는 것으로 보인다. 둘째, 그것은 우리가 경험한 모든 고통이 (하나님의 창조물들의 행동으로 말미암아 야기되었고 하나님이 그것을 허용한 것이 아니라) 하나님으로부터 직접 온 것임을 의미할 것이다. 셋째, 즐거운 시뮬레이션에서 살 것인지 또는 덜 즐거운 실제 세상에서 살 것인지에 관한 가상의 선택이 제공될 때 사람들은 흔히 즐거운 시뮬레이션보다 덜 즐거운 실제를 선택한다.[4] 우리는 서로 연결될 필요가 있고 그것을 원한다. 사람들은 일반적으로 자신의 선택이 자신뿐만 아니라 다른 사람들에게도 실제의 결과를 끼치기를 원한다.

더욱이 복음서들(마 16:24; 막 8:34; 눅 9:23), 바울 서신(고후 1:5; 빌 3:10), 그리고 베드로전서(4:13) 모두 그리스도의 고난에 동참하는 것이

4 예컨대 F. Hindriks and I. Douven, "Nozick's Experience Machine: An Empirical Study," *Philosophical Psychology* 31, no. 2 (2018): 278-98을 보라. 이 질문에 대한 많은 철학적 논의와 몇몇 경험적 연구가 Robert Nozick의 책 *Anarchy, State, and Utopia*(New York: Basic Books, 1974[『아나키에서 유토피아로』, 문학과지성사 역간])에 수록된 사고 실험을 통해 고취되었다.

그리스도의 제자가 되고 그의 나라의 일에 참여하는 것이 의미하는 바의 일부라고 말한다.

이 답변들이 우리를 만족시키지는 않는다. 그러나 그 답변들은 전통적인 기독교 신학의 전능하고, 정의롭고, 선한 하나님이 어떻게 오늘날 우리가 세상에서 보는 고통을 허용할 수 있는지를 이해할 수 있는 길을 제공한다.

하나님이 왜 죄를 허용하는 방식으로 인간을 창조했는가?

성경의 마지막 장들은 우리에게 그리스도에 의해 구속받은 사람들이 부활과 마지막 심판(계 20:11-14) 후에 거주할 장소인 새 하늘과 새 땅의 이미지를 제공한다(계 21:1). 하나님의 거처가 그의 백성과 함께 있을 것이다(계 21:3; 22:4-5). 더 이상 사망, 비탄, 울음 또는 고통이 없을 것이다(계 21:4). 그리고 하나님의 구속받은 백성이 모두 성화되었고 이제 항상 하나님의 가까운 현존을 경험하기 때문에 대개 그들이 더 이상 죄를 짓지 않으리라고 가정된다.

하나님이 궁극적으로 그것을 가져올 수 있다면 하나님은 왜 이 세상을 인간들이 죄를 지을 수 있고 비탄, 고통, 죽음이 있는 곳으로 창조했는가?

한 가지 가능한 답변은 때때로 “심미적 논거”로 불린다. 밝고 아름다운 그림을 창조하는 화가가 곳곳에 약간의 어두운 색소와 거친 감촉을 포함함으로써 그림을 한층 더 아름답게 만들 수 있다. 이와 유사하게 어떤 특정한 죄라도 하나님의 뜻에 반하지만, 하나님은 창조세계에 어떤 악이나 죄도 없는 것보다는 극복된 약간의 악과 구속된 몇몇 죄인들이 존재하는 것이 낫다고 여겼을 수도 있다.

이 심미적 논거의 한 형태로서 수정된 "충만의 원리"—가능한 최상의 우주는 있을 수 있는 모든 형태의 존재를 포함하는 우주라는 고대의 철학적 아이디어—의 형태가 있다. 특히 아우구스티누스와 아퀴나스는 이 형태의 철학적 논거를 기독교 신학 안으로 들여왔다.[5] 예컨대 어떤 예술가가 형태는 똑같지만 각기 다른 종류의 금속으로 60개의 조상(彫像)을 만들기로 작정할 수 있다. 납과 주석 조상들은 어떤 의미에서는 금—조상을 만들기에 가장 좋은 금속이라고 할 수 있다—으로 만들어지면 더 좋을 것이다. 그러나 그 예술가는 60개의 똑같은 금 조상들을 가지기보다는 각기 다른 금속으로 만들어진 조상 60개를 가지기를 선호한다. 이와 유사하게 하나님은 여러 수준의 선함을 지닌 많은 종류의 창조물

---

5 Rudi A. te Velde, "Evil, Sin, and Death: Thomas Aquinas on Original Sin," in *The Theology of Thomas Aquinas*, ed. Rik Van Nieuwenhove and Joseph Wawrykow (Notre Dame: University of Notre Dame Press, 2005), 146은 아퀴나스를 다음과 같이 요약한다:

> 하지만 창조된 우주가 완벽하려면 모든 정도의 선함이 실현될 수 있도록 같지 않은 많은 것들이 있어야 한다.…하나의 창조물이 혼자서 완벽한 하나님의 모양을 지닐 수 없으므로 또 다른 하나님을 구성하기 위해…따라서 아퀴나스는 사물들에 나타나는 복수성과 같지 않음은 각각의 창조물이 나름의 방식으로 하나님의 완벽성을 반영하고 그럼으로써 전체로서의 우주가 자신의 창조주의 선하심을 표현하는 다양한 방식에 기여할 수 있도록 하나님에 의해 의도되었다고 주장한다.…이 같지 않음 때문에 우주는 본성이 부패할 수 없고 선함을 영원히 소유하는 영적인 창조물들로만 구성될 수 없다. 최고 등급의 영적 창조물 외에 또 다른 등급의 선한 것들, 즉 육체적인 창조물들이 요구되는데 그것들은 선하지 않게 될 수 있고 존재를 상실할 수 있다. 그러나 심지어 부패할 수 있는 것들조차 전체로서의 우주의 완벽함에 기여하며, 그러므로 그 완벽함은 그것들의 존재를 요구한다.…그리고 악이 존재하는 것은 바로 이 점, 즉 사물이 선하지 않게 될 수 있기 때문이다.…그것들의 부패는 하나님이나 자연에 의해 의도된 것이 아니지만, 여전히 조만간 일어날 가능성이 있다.

을 창조하기로 선택했다, 하나님이 인간보다 우수한 여러 형태의 창조물들을 창조했을 수도 있다. 하나님은 또한 어떤 면에서는 선하지만 완벽하지는 않고, 죄를 지을 수 있는 인간들을 창조하기로 선택했다.

두 번째 가능한 답변은 이것이 하나님이 이루기를 원하는 훨씬 더 큰 선의 불가피한 결과이기 때문에 하나님이 죄를 지을 수 있는 능력이 있는 인간을 창조했다는 것이다. 이 답변의 한 이형은 "자유 의지 신정론"으로 알려졌다. 하나님은 자유롭게 선을 선택하는 창조물들을 원한다. 그러나 하나님은 우리에게 자유를 줌으로써 우리가 죄를 짓도록 허용한다. 앨빈 플랜팅가는 그 논거를 다음과 같이 표현한다.

> 다른 모든 것이 똑같다면 유의미하게 자유로운(그리고 자유롭게 악한 행동들보다 선한 행동들을 더 많이 수행하는) 창조물을 포함하는 세상이 자유로운 창조물을 전혀 포함하지 않는 세상보다 훨씬 가치가 있다. 이제 하나님은 자유로운 창조물들을 창조할 수 있지만, 그것들을 옳은 일만 하게 **만들거나** 그것들이 그렇게 하도록 **결정할** 수 없다. 하나님이 그렇게 한다면 그것들은 유의미하게 자유롭지 않을 것이기 때문이다. 그것들은 옳은 일을 **자유롭게** 하지 않는다. 그러므로 하나님이 **도덕적인 선**을 행할 수 있는 창조물을 창조하려면 도덕적인 악도 행할 수 있는 창조물들을 창조해야 한다. 그리고 하나님이 이 창조물들에게 악을 행할 수 있는 자유를 주면서 동시에 그렇게 하지 못하도록 막을 수는 없다. 우리가 알고 있듯이, 슬프게도 하나님이 창조한 몇몇 자유로운 창조물들이 그들의 자유를 잘못된 방향으로 행사했다. 이것이 도덕적 악의 원천이다. 하지만 자유로운 창조물들이 때때로 잘못된다는 사실이 하나님의 전능이나 선함에 반하는 것으로 여겨지지 않

는다. 하나님은 도덕적 선의 가능성을 제거함으로써만 도덕적 악의 발생을 막을 수 있었을 것이기 때문이다.[6]

아마도 우리가 참으로 도덕적으로 선하기 위해서는 우리에게 악을 선택할 수 있는 자유가 있어야 하고 우리가 경험을 통해 선함의 측면에서 성장해야 할 것이다. 우리는 믿음을 가지고 하나님이 원하는 일들에 순종하는 데 희생이 따르고 명백한 보상이 없을 때에도 그렇게 하기를 배워야 한다. 새 창조에서 꿈꾸어지는 바와 같이 우리가 하나님의 명백하고 즉각적인 현존 안에서 산다면, 하나님의 선하심과 능력이 아주 명백해서 그것들이 우리가 그것들에 반하여 선택할 수 있는 능력을 압도할 것이기 때문에 우리가 악을 선택할 수 없을 것이다. 그러므로 힉이 『악과 사랑의 하나님』(*Evil and the God of Love*)에서 주장하듯이 도덕적 선에서 성장하려면 하나님과 관련해서 인간에게 어느 정도의 분리, 불확실성, 그리고 독립성이 필요하다.[7]

---

6 Alvin Plantinga, *God, Freedom, and Evil* (Grand Rapids: Eerdmans, 1977), 30.

7 John Hick, *Evil and the God of Love*, 281은 다음과 같이 쓴다:

> 유한한 사람들을 자신을 사랑하고 자신에게 사랑받도록 창조하기 위해 하나님은 그들에게 자신에게 반할 수 있는 어느 정도의 상대적인 자율성을 수여해야 했다.…하나님은 인간을 자신으로부터 어느 정도 거리를 두게 해서 인간이 그곳으로부터 자발적으로 하나님께 오도록 해야 했다. 그러나 어떻게 어떤 사물이 무한하고 편재하는 존재로부터 거리를 둘 수 있는가? 확실히 이 경우 공간상의 거리는 무의미하다. 어느 정도 인간의 자율성의 여지를 줄 수 있는 종류의 하나님과 인간 사이의 거리는 인식론적 거리다. 달리 말하자면 하나님의 실재와 현존이 인간의 자연적인 환경이 강제로 인간의 관심을 끄는 방식으로 인간에게 새겨지면 안 된다. 세상은 인간에게 적어도 어느 정도는 "마치 하나님이 없는 것처럼" 보여야 한다. 하나님은 그의 창조세계에 의해 가려진 숨겨진 신이어야 한다. 그는 알려질 수 있어야 하지만, 인간 편에서의 자유로운 인격적인 반응과 관련된 지식 형태에 의해서만 알려질 수 있어야 한다. 이 반응은 우리가 그것을

죄가 회피될 수 있었는가, 아니면 불가피했는가?

자유 의지 신정론과 영혼 발달 신정론이 옳다면—그것들이 하나님이 인간을 죄가 가능하게 창조한 이유를 적어도 어느 정도라도 전달한다면—그것들은 죄가 가능했을 뿐만 아니라 불가피하기도 했다고 암시하는 것으로 해석될 수 있을 것이다. 타락이 회피될 수 있었는지 아니면 불가피했는지에 관한 질문들은 기독교 신학에서 먼 과거인 이레나이우스와 아우구스티누스 시대까지 거슬러 올라간다. 우리는 이 용어들의 의미가 무엇인지를 명확히 해야 한다. 이 질문은 인간의 자유 및 책임과 하나님의 예지와 주권 사이에 어떤 관계가 있는가에 관한 기본적인 질문들과 연결되기 때문에 우리는 이 질문을 순수한 창조물의 관점에서 및 신적 예지를 고려하려고 하는 관점에서 살펴봐야 한다.

순수한 창조물의 관점[8]에서 우리가 죄를 지은 최초의 인간들에게 몇 가지 가능성을 상상할 수 있다. (이 견해들이 어떤 특정한 방식으로 네 가지 유형의 아담과 하와 시나리오와 들어맞지는 않는다.)

1. **타락을 피할 수 있었을 것이다.** 하나님이 초자연적인 은사들을 통해 최초의 인간들을 원의 상태로 고양시켰을 수도 있다. 또는 그들이 원래의 결벽 상태에 있었고 하나님이 장기간에 걸쳐 그들과 협력해서 그들의 성숙도와 도덕적 분별력을 제고할 준비가 되어 있었을 수도 있다. 어떤 경우든 그들에게 하나님께 순종하고 죄를 피할 수 있는 실제적이고 무시할 수 없는 기회가 있었다. 그들이 오랫동안 이렇게 했더라면

통해 세상이 신적 현존을 매개하는 것을 경험하는, 강제되지 않은 해석적 활동 안에 존재한다.

8 신적 예지와 전지(全知)가 결여된 관점.

하나님의 은혜를 통해 그들이 죄가 더 이상 위협이 되지 않는, 도덕적으로 성숙한 의로움의 상태에 도달했을 것이다. 몇몇 그리스도인에게는 이 첫 번째 선택지만 수용될 수 있다. 그들은 다른 세 선택지들은 하나님을 죄에 대해 너무 많은 책임이 있게 만들고 인간의 책임을 너무 많이 제거한다고 주장할 것이다. 이 논거들 중 일부는 이 장의 뒤에서 요약될 것이다.

2. **그들은 순진하고 미성숙한 상태로 시작했고 어떤 특정한 죄도 피할 수 없는 것이 아니었지만, 그들이 성숙해감에 따라 죄를 짓는 것이 궁극적으로 거의 불가피해졌을 것이다**. 죄를 지은 최초의 인간들은 순진하고 미성숙한 상태에서 시작했다. 특별계시와 일반계시를 통해 그들은 자기들의 삶에 대한 하나님의 뜻 같은 것이 있음을 이해하기 시작했다. 그들이 직면한 어떤 유혹도 저항할 수 없는 것이 아니었다. 그러나 그들이 직면한 많은 선택과 도덕적 성숙 수준으로 자라기까지 소요되는 오랜 시간 때문에(또는 이 상태에서 시작한 많은 사람 때문에, 또는 두 가지 이유 모두 때문에) 그들 중 일부가 궁극적으로 죄를 지었다. 각각의 죄를 지을 때마다 그들은 점점 더 큰 불순종의 길을 취했고 하나님의 뜻에서 점점 더 멀어졌다. 궁극적으로, 죄에 의해 그들의 의지들과 문화들이 너무도 부패해서 이제 아무도 더 이상 순진하거나 의로운 상태에서 살 수 없다. 몇몇 그리스도인에게는 이 선택지가 인간이 자기들이 저지르기로 자유롭게 선택한 죄에 대해 책임이 있다는 것과 하나님이 타락이 일어나리라는 것을 미리 알 수 있었다는 것을 긍정한다. 이 견해는 인간이 도덕적 성숙을 향해 나아가는 데는 시간과 경험이 필요하다는 아이디어도 긍정한다.

3. **하나님이 우리를 창조한 수단에 비추어 볼 때 타락이 "필요"하지는 않았지만, 통계적으로 어느 정도 불가피했다**. 죄를 지은 최초의 인간들은 지적, 도덕적, 그리고 영적 미성숙 상태에 있었다. 그들은 비열한 행동과 고상한 행동에 대한 성향을 모두 가지고 있었기 때문에 정확히 도덕적으로 순진한 상태에 있지는 않았다. 그러나 이 성향들이 섞여 있었다고 해서 그들이 자동으로 죄인인 것은 아니었다. 죄는 계시된 하나님의 뜻에 대한 불순종이다. 그들 편에서 어떤 특정한 죄도 피할 수 없는 것이 아니었다. 그러나 사람들의 수와 죄를 지을 기회의 수가 많다 보니 몇몇이 죄를 짓기로 선택했다. 그들이 죄를 지었을 수도 있는 때가 많았기 때문에 그들 중 일부가 죄를 지으리라는 것이 거의 불가피했다. 각각의 죄를 지을 때마다 그들은 점점 더 큰 불순종의 길을 취했고 하나님의 뜻에서 점점 더 멀어졌다. 이 세 번째 선택지가 지난 150년 동안 좀 더 보편화되었다. 이 견해는 부분적으로는 하나님이 인간을 창조하기 위해 사용한 진화적 방법에 관해 우리가 배운 내용을 통해 고취된 앞의 선택지에 대한 수정으로 여겨질 수 있다.

4. **하나님이 우리를 창조한 방식 때문에 죄가 불가피했을 것이고, 하나님은 무언가 이유가 있어서 인간을 그런 식으로 창조했을 것이다**. 우리 조상들은 비열한 행동과 고상한 행동 모두를 행한 성향이 혼합된 미성숙한 상태로 시작했다. 그들이 하나님의 뜻 같은 것이 존재한다는 것을 이해하기 시작했을 때 각자 때때로 죄를 짓기로 선택하는 것이 불가피했다. 이런 의미에서 죄의 가능성과 불가피성이 처음부터 인간 본성의 일부였다. 두 번째나 세 번째 선택지를 받아들이는 사람들은 이 네 번째 선택지가 너무 멀리 나가서 하나님을 죄에 대해 책임이 있게 만들

고, 하나님이 인간의 죄를 기뻐하지 않는다는 내용을 포함하는 성경의 내러티브에 반한다고 주장할 것이다. 이 선택지를 지지하는 논거는 인간이 되려면 근본적으로 어려운 환경에서 도덕적으로 성숙을 향해 성장할 자유와 기회가 있어야 하며, 우리가 인간이 될 수 있는 다른 방법은 없다는 것이다. 정의상 인간의 본성에 그러한 성장이 필요한데, 그것이 하나님이 진화 과정을 사용해서 우리를 창조한 이유이고 하나님이 처음부터 그리스도를 통한 구속을 계획한 이유다.[9]

이 네 가지 가능성 중 어느 것이라도 유형 1과 2의 아담과 하와 시나리오와 들어맞을 수 있는데, 그 시나리오들에서는 타락이 비교적 짧은 기간에 일어난다. 첫 번째를 제외한 세 가지 가능성은 유형 3과 4의 아담과 하와 시나리오에 쉽게 들어맞을 수 있지만, (창조물의 관점에서 타락을 피할 수 있었다는) 첫 번째 가능성은 타락이 많은 개인과 관련하여 장기간에 걸쳐 일어났다는 유형 3과 4에 부합하기 어렵지만, 그것이 불가능하지는 않다. (아마도 하나님이 장기간에 걸친 성화를 향해 기꺼이 우리 조상들과 협력했을 것이다. 이 가능성은 이 장의 뒤에서 논의될 것이다.)

하나님의 예지를 고려하려고 하는 관점에서 우리가 몇 가지 가능성을 상상할 수 있을 것이다. (이 가능성들도 어떤 특정한 방식으로 네 가지 유형의 아담과 하와 시나리오와 들어맞지는 않는다.)

1. **창조물의 관점에서 타락을 피할 수 있었고 하나님은 그 결과를 미리 알 수 없었을 것이다**. 따라서 타락은 하나님의 관점에서 불가피했

---

9 Michael Anthony Corey는 *Evolution and the Problem of Natural Evil*(Lanham, MD: Rowman & Littlefield, 2000)에서 이런 식으로 주장하는 것으로 보인다.

다. 이 견해에 따르면 하나님은 미리 알 수 있는 것을 미리 안다. 그러나 정의상 참으로 자유로운 결정의 결과는 미리 알 수 없다.[10] 이 견해에 따르면 하나님이 창조물에게 진정한 자유 의지를 줄 때 하나님은 자신의 예지에 대해 자발적으로 어느 정도 한계를 둔다. 몇몇 그리스도인에게 있어서 이 선택지는 하나님의 주권과 예지를 너무 축소하기 때문에 신학적으로 받아들일 수 없다. 그러나 이 선택지는 하나님의 예지와 인간의 자유 의지 모두를 긍정하는 다른 선택지들이 직면하는 몇몇 철학적 도전들을 피한다.

2. **창조물의 관점에서 타락을 피할 수 있었고 하나님이 타락이 일어나리라는 것을 미리 알았을 것이다**. 이 견해에 따르면 하나님의 창조물들은 참으로 자유롭게 선택할 수 있었고, 하나님은 창조물들이 선택하기 전에 그것들의 자유로운 선택의 결과를 알 수 있고 실제로 그 결과를 알며, 그것이 논리적으로 모순되지 않는다.[11] 몇몇 그리스도인들에게 있어서는 이 견해가 하나님의 주권과 예지를 이상적으로 보존하는 한편, 인간들이 진정한 자유를 갖고 있으면서도 죄를 짓기로 선택했기 때문에 하나님은 죄에 대해 책임이 없다(그리고 죄에 대해 처벌해도 정당하다)는 것도 긍정한다. 다른 그리스도인들은 이 견해가 논리적 모순을 피할 수 있는지 궁금하게 생각한다.

3. **창조물의 관점에서 타락을 피할 수 있었고 하나님이 타락이 일어날 것을 미리 알았고 그렇게 정했을 것이다**. 대개 칼뱅주의의 몇몇 형태

10 이 특정한 정의에 따르면 결과가 미리 알려질 수 있으면 그것은 자유롭지 않을 것이다.

11 때때로 이 견해를 일리가 있는 것으로 만들기 위해 16세기 예수회 신학자인 Luis de Molina의 이름을 따서 몰리나주의로 불리는 철학적/신학적 학파가 이용된다.

및 장 칼뱅 자신과 관련된[12] 이 견해에 따르면 하나님은 인간이 타락하리라는 것을 미리 알았을 뿐만 아니라 주권적으로 창조 전에 타락이 일어나리라고 정했다. 그럼에도 불구하고 이 견해에서 인간의 죄는 자유로운 선택에 따라 발생했고 따라서 하나님께 벌을 받아 마땅하다. 이 견해에서 "자유로운 선택"은 대개 창조물에 의해 달리 이루어질 수 있었던 선택이 아니라, 외부의 강요가 없이 그 창조물 자체의 본성으로부터 자발적으로 이루어진 선택으로 여겨진다.[13] 몇몇 그리스도인에게는 강력한 하나님의 주권 교리를 통해 하나님이 타락을 미리 알았을 뿐만 아니라 미리 정하기도 했다는 것이 암시된다.

4. **창조물의 관점에서 타락이 거의 불가피했고 하나님이 타락이 일어나리라는 것을 미리 알았을 것이다.** 이 견해에 따르면 죄를 지은 최초의 사람은 진정한 자유 의지를 지녔고 그들이 저지른 어떤 특정한 죄도 불가피하지 않았다. 그러나 사람이 도덕적으로 성숙한 수준으로 자라기까지 오랜 기간이 소요되기 때문에(또는 최초의 집단에 많은 사람이 있었기 때문에, 또는 두 가지 이유 모두 때문에) 그들이 궁극적으로 죄를 지으리라는 것을 하나님이 미리 알았다. 몇몇 그리스도인들에게 있어서 이 견해는 신적 예지와 인간의 자유 의지 사이의 양립 가능성이나 양립 불가능성에 관한 문제를 피한다. 인간은 자유 의지를 가지고 있지만, 그럼에도 불구하고 인간이 성숙한 수준으로 성장하는 데는 오랜 기간이 소요되어서 타락을 어느 정도 불가피하게 만들 것이기 때문에 하나님은 확실히 타

12 John Calvin, *Institutes of the Christian Religion* 3.21.5; 3.23.6-7 (Beveridge trans.), https://www.ccel.org/ccel/calvin/institutes.

13 예컨대 Jonathan Edwards, *Freedom of the Will*(1754)을 보라.

락이 일어나리라는 것을 미리 알았다.

5. **하나님이 우리를 창조한 방식 때문에 타락이 불가피했고 하나님은 이 점을 미리 알았으며 어떤 이유가 있어서 인간을 그런 식으로 창조했을 것이다**. 이 견해에 따르면 인간이 도덕 관념이 없는 이기적인 동물에서 도덕적 책임과 자신을 내어주는 사랑을 지닌 인간으로의 점진적인 발달, 그 과정에서 구속에 대한 인간의 필요, 그리고 그리스도를 통한 구속이라는 하나님의 계획은 모두 처음부터 하나의 통일된 계획의 일부였다. 일부 그리스도인들은 이 선택지를 그리스도를 통한 구속을 세상이 창조되기 전부터 하나님이 계획한 것으로 만들기 위한 논리적인 방법으로 수용한다. 다른 그리스도인들은 이 선택지가 (그리고 아마도 앞의 선택지도) 너무 멀리 나가서 하나님을 죄에 대해 책임이 있게 만든다고 주장한다.

이 다섯 가지 가능성 중 어느 것도 유형 1과 2의 아담과 하와 시나리오와 부합할 수 없다. 네 번째와 다섯 번째 가능성은 유형 3과 4의 아담과 하와 시나리오와 쉽게 들어맞을 수 있지만, (창조물의 관점에서 타락을 피할 수 있었다는 아이디어를 포함하는) 첫 번째부터 세 번째까지의 가능성은 유형 3과 4의 아담과 하와 시나리오와 조화시키기 어렵지만 그것이 불가능하지는 않다.

타락을 피할 수 있었다고 생각하는 네 가지 신학적 이유

타락을 피할 수 있었다는 결론을 지지하기 위해 흔히 다음과 같은 네 가지 신학적 이유가 제시된다:[14]

1. **하나님이 죄를 허용하지만 하나님이 죄의 원인은 아니다**. 우리는 죄를 지을 때 비난을 하나님께 전가하기를 원할 수도 있다. 성경은 그것에 대해 경고한다. "사람이 시험을 받을 때에 '내가 하나님께 시험을 받는다' 하지 말지니 하나님은 악에게 시험을 받지도 아니하시고 친히 아무도 시험하지 아니하시느니라. 오직 각 사람이 시험을 받는 것은 자기 욕심에 끌려 미혹됨이니"(약 1:13-14). 그리고 "우리가 그에게서 듣고 너희에게 전하는 소식은 이것이니 곧 '하나님은 빛이시라. 그에게는 어둠이 조금도 없으시다'는 것이니라. 만일 우리가 하나님과 사귐이 있다 하고 어둠에 행하면 거짓말을 하고 진리를 행하지 아니함이거니와 그가 빛 가운데 계신 것 같이 우리도 빛 가운데 행하면 우리가 서로 사귐이 있고 그 아들 예수의 피가 우리를 모든 죄에서 깨끗하게 하실 것이요"(요일 1:5-7).

이 점으로부터 너무 단순한 주장을 하지 않도록 주의해야 한다. 하나님이 좀 더 큰 목적을 위해 사람들로 하여금 우리가 죄악된 행동이라고 생각하는 행동들을 하도록 정했거나 자극했다고 말하는 몇몇 성경 구절들이 있다. 하나님이 이집트 백성에게 이스라엘 백성을 미워하도록

---

14 이것은 타락을 피할 수 있었다는 결론을 지지하는 이유의 완전한 목록이 아니며, 그 이유 각각에 대해 살이 붙여진 완전한 논거도 아니다. 이것은 간략한 요약으로서만 의도되었다. 이 요점들은 서로를 배제하지 않는다. 그 요점들 중 몇 개 또는 모두가 사실일 수 있으며 그것들은 서로를 강화하고 각각 타락을 피할 수 있었다는 결론에 대한 좀 더 큰 논거의 일부를 구성한다.

자극했고(시 105:25) 파라오의 마음을 여러 번 굳어지게 해서 이스라엘 백성을 보내 주지 않게 했다(출 4:21; 9:12). 하나님이 압살롬이 자기 아버지의 아내들을 빼앗도록 정했다(삼하 12:11). 하나님이 때때로 잔인하고 사나운 백성들을 자극해서 이스라엘 및 다른 나라들과 전쟁을 벌이게 했다(예컨대 사 10:5; 렘 1:15; 11:22; 합 1:5-11).

그리고 하나님이 세상에 구원을 가져오기 위한 좀 더 큰 계획의 일부로서 때때로 이미 죄악된 백성에게 그들의 마음의 죄악된 성향을 따르도록 자극할지라도, 우리는 하나님이 죄가 세상에 들어온 데 대해 인간의 책임을 제거한다고 결론짓지 않아야 한다. 성경은 하나님이 인간이 저지르는 모든 악으로 인해 슬퍼하고 그것에 대해 분노한다고 반복해서 선언한다.

2. **하나님이 처음부터 창조세계가 "매우 좋다"고 선언했다**(창 1:31). "완벽"에 관한 우리의 아이디어를 이 구절 안으로 들여와 읽지 않도록 주의해야 한다. 창세기 1:31에 묘사된 창조세계는 그것의 목적을 달성하기 위해 필요한 질서와 기능을 가지고 있었다. 하지만 그 안에는 여전히 "정복"하도록 인간에게 위임된 많은 것들이 있었다(창 1:28). 그리고 인간은 죄를 지을 수 있다. 더욱이 창세기 3장은 유혹하는 자 뱀이 동산 안으로 들어가도록 허용된 것으로 묘사한다. 하나님이 "매우 좋다"고 하는 창조세계에서 이 모든 것이 사실이다.

하지만 창세기 1-3장의 전체적인 그림은 죄가 처음부터 인간 "안에 내장된" 그림이 아니다. 그 그림은 인간이 하나님을 믿지 않고 불순종하여 죄에 이른 그림이다.

3. **하나님은 의롭다**. 인간의 사법 체계에서도 우리는 여러 수준의

책임을 인식한다. 우리가 인식하기로는 최초의 죄인들이 그들의 죄에 대해 처벌받았다는 것은 그들이 다르게 행동할 수 있었음을 암시한다. 그리고 우리는 하나님이 우리보다 완벽하게 공정하다고 믿는다.

그러나 이 점으로부터 지나치게 단순한 주장을 하지 않도록 주의해야 한다. 기독교 전통 안에는 하나님이 타락이 일어날 것을 미리 알았고(예컨대 아우구스티누스) 심지어 그것을 미리 정했지만(예컨대 칼뱅) 최초의 죄인들이 자신의 의지에 따라 행동했고 외부의 힘에 의해 죄에게 속박된 것이 아니라는 의미에서 "자유롭게" 행동했기 때문에 그들의 죄에 대해 정당하게 책임을 물을 수 있다고 주장하는 사람들이 있다. 그리고 앞서 언급된 성경에 하나님이 어떤 목적을 위해 사람들이 우리가 죄악된 행동이라고 부를 행동(예컨대 파라오가 이스라엘 백성을 보내 주지 않은 것과 난폭한 백성들이 이스라엘과 전쟁을 벌인 것)을 하도록 정하고서 그 죄들을 처벌한 예들이 있다.

그러나 성경에 기록된 하나님의 전체적인 그림은 정의의 하나님이다. 예컨대 에스겔 18장은 다른 사람의 행동이 아니라 각자의 행동에 따라 의인을 보상하고 악인을 처벌하려는 하나님의 욕구에 관해 광범위하게 말한다. 더욱이 하나님이 악을 처벌하지만 하나님은 자신이 은혜를 베풀 수 있도록 악인들이 그들의 사악한 길에서 돌이키는 것을 기뻐한다. "주 여호와의 말씀이니라. '내가 어찌 악인이 죽는 것을 조금인들 기뻐하랴? 그가 돌이켜 그 길에서 떠나 사는 것을 어찌 기뻐하지 아니하겠느냐?'"(겔 18:23)

4. **성육신은 반드시 먼저 타락이 발생하는 것에 의존하지 않았다.** 기독교 전통에는 그리스도의 성육신과 구속 사역이라는 지대한 선을 위

해 인간의 죄가 필요한 선행 조건이었다고 주장하는 **펠릭스 쿨파**(*felix culpa*, 복된 타락) 개념이 있다. 이 아이디어는 유서가 깊으며 특히 성 암브로시우스(337-97) 및 교황 그레고리오 1세(540-604)와 연결되어 있다. 암브로시우스에 따르면 "죄가 천진함보다 결실을 많이 맺었고" 타락이 "우리에게 해보다 유익을 좀 더 많이 가져왔다."[15] 교황 그레고리오 1세는 "확실히 아담이 죄를 짓지 않았더라면 우리의 구속자가 우리의 육체를 취할 필요가 없었다"라고 썼다.[16]

그러나 다른 신학자들은 인간의 죄가 그리스도의 구속 사역에 필요한 선행 조건이었지만 그리스도의 성육신의 선행 조건은 아니었다고 주장했다. 성육신은 창조 때부터 자신의 창조물과 함께 거하기 위한 하나님의 계획의 일부였다. 가령 리처드슨은 다음과 같이 쓴다: "성육신은 자신의 창조물에 대한 하나님의 원래 의도에서 발생한다. 하나님은 세상을 안식의 손님(Sabbath guest)인 예수 그리스도가 와서 거할 수 있도록 창조했다. 즉 세상은 '임마누엘, 곧 하나님이 우리와 함께하기'를 위해 창조되었다. 그러므로 성육신은 죄가 세상에 들어온 후에야 결정된 구출 작전이 아니다. 오히려 그리스도의 도래가 세상을 창조한 하나님의 목적을 실현한다."[17]

15 A. O. Lovejoy, *Essays in the History of Ideas* (Baltimore: Johns Hopkins Press, 1948), 287-88에 인용됨.

16 Lovejoy, *Essays in the History of Ideas*, 288-89에 인용됨.

17 Herbert Warren Richardson, *Toward an American Theology* (New York: Harper & Row, 1967), 131.

타락이 불가피했다고 생각하는 네 가지 신학적 이유

타락이 불가피했다는 결론을 지지하기 위해 흔히 다음과 같은 네 가지 신학적 이유가 제시된다:[18]

1. **몇몇 성경 구절들은 세상이 창조되기 전에 몇몇 사람이 그리스도를 통해 구속될 것을 예정했다고 가르치는 것으로 보인다.**

> 곧 창세 전에 그리스도 안에서 우리를 택하사 우리로 사랑 안에서 그 앞에 거룩하고 흠이 없게 하시려고 그 기쁘신 뜻대로 우리를 예정하사 예수 그리스도로 말미암아 자기의 아들들이 되게 하셨으니, 이는 그가 사랑하시는 자 안에서 우리에게 거저 주시는 바 그의 은혜의 영광을 찬송하게 하려는 것이라. 우리는 그리스도 안에서 그의 은혜의 풍성함을 따라 그의 피로 말미암아 속량 곧 죄 사함을 받았느니라(엡 1:4-7).

> 너희가 알거니와 너희 조상이 물려 준 헛된 행실에서 대속함을 받은 것은 은이나 금 같이 없어질 것으로 된 것이 아니요, 오직 흠 없고 점 없는 어린 양 같은 그리스도의 보배로운 피로 된 것이니라. 그는 창세 전부터 미리 알린 바 되신 이나 이 말세에 너희를 위하여 나타내신 바 되었으니(벧전 1:18-20).

---

18 이것은 타락이 불가피했다는 결론을 지지하는 이유의 완전한 목록이 아니며, 그 이유 각각에 대해 살이 붙여진 완전한 논거도 아니다. 이것은 간략한 요약으로서만 의도되었다. 이 요점들은 서로를 배제하지 않는다. 그 요점들 중 몇 개 또는 모두가 사실일 수 있으며 그것들은 서로를 강화하고 각각 타락이 불가피했다는 결론에 대한 좀 더 큰 논거의 일부를 구성한다.

죽임을 당한 어린 양의 생명책에 창세 이후로 이름이 기록되지 못하고 이 땅에 사는 자들은 다 그 짐승에게 경배하리라(계 13:8).

내가 너희 중에서 예수 그리스도와 그가 십자가에 못 박히신 것 외에는 아무것도 알지 아니하기로 작정하였음이라. 내가 너희 가운데 거할 때에 약하고 두려워하고 심히 떨었노라. 내 말과 내 전도함이 설득력 있는 지혜의 말로 하지 아니하고 다만 성령의 나타나심과 능력으로 하여 너희 믿음이 사람의 지혜에 있지 아니하고 다만 하나님의 능력에 있게 하려 하였노라. 그러나 우리가 온전한 자들 중에서는 지혜를 말하노니, 이는 이 세상의 지혜가 아니요 또 이 세상에서 없어질 통치자들의 지혜도 아니요 오직 은밀한 가운데 있는 하나님의 지혜를 말하는 것으로서 곧 감추어졌던 것인데 하나님이 우리의 영광을 위하여 만세 전에 미리 정하신 것이라(고전 2:2-7).

그러나 이 요점으로부터 너무 단순한 주장을 하지 않도록 조심해야 한다. 이 예정 구절들은 교회사에서 여러 방식으로 해석되었다. 신약성서 저자들은 거듭 그들의 독자들에게 그리스도를 따르고 믿음에서 떨어지지 말라고 촉구한다. 더욱이 앞서 언급된 바와 같이 하나님의 예지가 창조물의 진정한 선택과 양립할 수 있음을 긍정할 수 있는 방법들이 있다. 하지만 세상의 창조 전으로 거슬러 올라가는, 그리스도의 구속을 포함하는 하나님의 계획에 관한 주제가 몇몇 신약성서 텍스트에서 반복된다.

2. **하나님의 주권과 예지는 타락이 불가피했음을 암시하는 것으로 보인다**. 인간의 행동이 하나님의 주권을 방해할 수 없다. 하나님의 주권

적인 의지가 죄 없는 인간이었다면, 그리고 하나님께 그것을 달성할 수 있는 능력이 있었다면 그 일이 일어났을 것이다. 인간의 행동이 하나님으로 하여금 만일의 사태에 대비한 대안을 세우도록 강제하지 못한다.

인간의 개별적인 죄들에 관해 말할 때 하나님이 직접 야기하는 일들과 하나님이 창조물에게 허용하는 일들을 구분하는 것이 중요해 보인다. 그러나 하나님이 인간이 창조되기 전에 그들이 죄에 빠질 것을 미리 알았다면, 그리고 그런데도 인간을 창조했다면 그 구분은 문제가 있게 된다. 논리적으로 다음과 같이 주장될 수 있다: 하나님이 인간을 창조하기 전에 그들이 죄에 빠질 것을 미리 알았다.[19] 하나님이 죄 없는 인간을 원했고 인간이 죄를 짓지 않도록 그들을 다르게 창조할 수 있었다면, 하나님이 왜 그렇게 하지 않았는가? 하나님이 인간이 죄를 지으리라는 것을 알면서 인간을 그런 식으로 창조했다는 사실이 하나님이 죄악된 인간을 의도했음을 암시한다.

죄를 지은 최초의 인간인 "아담과 하와"가 좀 더 큰 집단 가운데서 선택된 실제 역사적 인물이라면 앞 단락의 대안적인 이형은 다음과 같이 전개될 것이다: 하나님이 자신이 선택한 아담과 하와가 죄를 짓기로 작정할 것을 미리 알았고, 순종하기로 작정했을 다른 쌍을 선택할 수 있었더라면 하나님이 왜 다른 쌍을 선택하지 않았는가? 그들의 선택에 대한 하나님의 예지는 하나님이 자신이 의도한 결과를 얻었음을 암시한다. 타락이 불가피해 보인다. 다르게 표현하자면, 하나님이 그 집단에서

---

19 앞서 언급된 것처럼 정의상 자유로운 선택의 결과는 미리 알 수 없기 때문에 하나님이 인간의 타락을 미리 알 수 없었을 가능성이 있다. 나는 이 단락에서 이 가능성을 무시하고 있다.

누구를 "아담과 하와"로 선택했더라도 똑같이 불순종하는 결과를 얻었을 것이라면 타락이 불가피한 것으로 보인다.

이 주장을 너무 단순하게 전개하지 않도록 주의해야 한다. 하나님이 주권자이기 때문에 인간이 하나님께 대안을 마련하도록 강제할 수 없음을 긍정하는 것은 신학적으로 간단한 것처럼 보인다. 그러나 성경에는 하나님이 인간에게 결과가 수반되는 선택을 제공하고 다른 선택에 비해 특정한 선택을 선호한다는 것을 명확히 표현하는 것으로 보이는 구절들이 있다. 그러나 인간이 하나님의 명시적인 희망과 다르게 선택하면 하나님은 그에 따라서 처리한다. 예컨대 이스라엘 백성이 그들 주위의 다른 모든 나라처럼 왕을 달라고 요구했을 때 예언자 사무엘은 그들에게 이것이 하나님의 의도에 반한다고 말하며, 하나님은 심지어 "그들이 나를 버려 자기들의 왕이 되지 못하게 했다"고 말한다(삼상 8:7). 그럼에도 불구하고 하나님은 그들에게 왕을 제공하며 그 왕이 순종하면 그에게 복을 주겠다고 제안한다. 하나님은 다시금 이스라엘 백성에게 그들이 자기에게 순종하면 그들이 그 땅에 머물겠지만 그들이 자신을 거절하면 포로로 끌려갈 것이라고 말한다. 그들은 하나님을 거절하고 하나님이 남은 자들을 데려올 때까지 70년 동안 포로 생활을 한다. 하나님은 또다시 다윗 왕의 후손들이 자기를 충실하게 따르면 그들을 영원히 이스라엘의 왕들로 세우겠다고 약속한다. 많은 왕들이 하나님을 충실히 따르지 않고, 하나님의 약속이 메시아 예수를 통해 놀라운 방식으로 새롭게 실현될 때까지 다윗의 자손들은 수백 년 동안 그 백성을 다스리지 못한다.

아우구스티누스와 그 이후 여러 신학자가 그랬듯이 다음 사항들을

긍정할 수 있다: 하나님이 죄의 직접적인 원인이 아니며, 하나님이 인간을 자유 의지를 지니도록 창조했고, 하나님이 그들이 죄를 지으리라는 것을 미리 알았으며, 하나님이 타락을 허용했고 창세 전에 그것에 대한 계획을 세웠고, 그럼에도 불구하고 하나님이 죄를 처벌하는 것이 정당하다. 그리고 이 경우—자유 의지를 어떻게 정의하는가에 따라—타락이 하나님의 관점에서는 미리 알려졌지만 문제의 창조물의 관점에서는 자유롭게 선택된 것일 수 있다.

그러나 인간이 타락하리라는 것이 그들이 창조되기 전에 미리 알려졌는데도 인간이 그렇게 창조되었다면 타락이 창조세계의 구조 안에 "내장"되지는 않았더라도 어떤 의미에서는 불가피했다는 결론을 피하기 어렵다.

3. **하나님의 궁극적인 자기 계시는 단순히 그리스도의 성육신이 아니라 그의 성육신과 그가 십자가를 통해 이룬 구속이다**. 예수의 제자들이 아버지를 보여달라고 요청하자 예수는 "나를 본 자는 아버지를 본 것이다" 그리고 "내가 아버지 안에 거하고 아버지는 내 안에 계신다"고 대답한다(요 14:8-10). 예수는 우리가 하나님이 누구이고 하나님이 어떤 분인지 이해할 수 있는 궁극적인 계시다. 그리고 우리가 예수의 특징을 생각할 때 가장 두드러진 점은 십자가, 즉 부당한 악에 직면하여 보여준 용서와 자기희생이다.

이 점으로부터 너무 단순한 주장을 하지 않도록 주의해야 한다. 우리는 하나님의 궁극적인 계획이 인간의 죄에 의존했다고 암시하는 것에 관해 주의해야 한다. 아마도 그리스도가 타락하지 않은 인간의 모습으로 성육신했다면 하나님이 십자가 처형 외의 다른 방법을 사용해서 삼위일체 안에 있는 자기희생적인 사랑의 높이와 넓이와 깊이를 인간에게 계시할 수 있었을 것이다.

하지만 예수가 실제로 고난의 한가운데서 사랑과 용서를 제공하는 것을 볼 때—그리고 우리가 그리스도의 고난에 참여함으로써 그리스도의 왕국을 진척시키라는 요구를 받을 때—십자가는 우리를 향한 하나님의 사랑의 궁극적인 자기 계시의 상징으로 남아 있다.

4. **자유 의지/영혼 발달/아가페 신정론들은 타락이 가능했을 뿐만 아니라 다소 불가피했음을 암시할 수도 있다**. 인간은 하나의 집단으로서 진화 과정을 통해 창조되었다. 우리는 어느 정도 자유 의지를 갖고 있다. 우리는 과정을 통해 지적·도덕적·영적 미성숙 단계에서 성숙 단계로 성장한다. 우리는 상호의존적이다. 즉 우리는 공동체 안에서 살고 배운다. 그렇다고 해서 죄가 인간이 창조될 때 인간 안에 "내장"되었다는 뜻은 아니다. 그러나 그것은 상당히 인구가 많았던 우리 조상이 발달하는 오랜 기간에 걸쳐 죄를 피하기가 거의 불가능했을 것임을 암시한다. 타락은 통계적으로 어느 정도 불가피했을 것이다.

이 주장을 너무 단순화하지 않도록 주의해야 한다. 이 신정론들이 반드시 옳은 것은 아니다. 그것들은 성경이 가르치는 내용에서 나온 합리적인 신학적 추론이지만 확실하지는 않다. 또한 이 신정론들이 다소 옳다고 하더라도 그것들을 타락을 피할 수 있는 방식으로 역사적 아담과 하와 시나리오와 결합할 수 있다.

하지만 이 신정론들이 상당히 옳을 수도 있는데, 이 이론들에 대한 가장 간단한 해석들은 타락이 어느 정도 통계적으로 불가피하다는 아이디어와 부합할지도 모른다. 몇몇 그리스도인들은 이 신정론들이 다음과 같이 서로 연결된 사실들에 대한 매력적인 설명을 제공한다고 믿는다: 하나님이 진화 과정을 통해 인간을 창조하기로 선택했다, 하나님이 발달 과정을 통해 각각의 새로운 사람을 창조하기로 선택한다, 하나님이 과정을 통해 우리 각자를 성화시키기로 선택한다, 그리고 하나님이 공동체의 사역을 통해 자신의 나라를 진척시키기로 선택한다.

자유 의지/영혼 발달/아가페 신정론

3장은 하나님의 창조세계가 인간들의 창조 전에 고통과 죽음을 포함한 몇몇 가능한 이유들을 논의했다. 이 장의 처음 절반은 하나님이 지금 고통을 막지 않는 몇몇 가능한 이유들과 하나님이 죄를 허용하는 방식으로 인간을 창조한 몇 가지 이유를 논의했다. 이제 우리는 통일된 하나의 신정론을 논의할 것이다.[20]

크리스천 배리가는 최근의 책에서 그가 하나님이 인간을 창조하기 위한 수단으로 선택한 방법에 대해 "**아가페**/가능성 설명"(agape/possibility account)으로 부르는 것을 묘사한다.[21] 배리가는 **아가페** 사랑을 다음과 같이 정의한다: "바로 예수의 종 되심, 고난, 죽음에서 우리는 **아가페** 사랑, 즉 **자신을 내어주는** 사랑—특히 **하나님께 자신을 내어줌과 외인들과 원수들을 포함한 남을 위해 자신을 내어줌**—을 구성하는 것

20 최근 몇십 년 동안 그런 신정론들이 출간되었다. 이 장은 그것들의 몇 가지 특징들을 결합하는 신정론을 제공한다.

21 Christian J. Barrigar, *Freedom All the Way Up: God and the Meaning of Life in a Scientific Age* (Victoria, BC: Friesen Press, 2017).

에 대한 하나님의 결정적인 설명을 본다."[22] 수십억 년에 걸친 자연적인 물리 과정과 생물학적 진화를 포함하여 하나님이 인간을 창조하기 위해 선택한 방법들에 관해 배리가는 "하나님이 **아가페** 사랑을 할 수 있는 존재들이 출현해서 하나님 및 서로와 **아가페** 사랑 안에서 살 수 있는, 거주할 수 있는 생물학적 틈새들이 출현할 공간과 조건들을 제공하기 위해 우주를 창조했다"고 쓴다.[23]

따라서 하나님은 우리가 어느 정도의 자유 의지를 지니도록 창조했다.[24] 우리는 하나님과 다른 사람들에게 **아가페** 사랑으로 반응하기로 선택할 수 있지만, 도덕적으로 악한 방식으로 행동할 자유도 있다. **아가페** 사랑이 참으로 자신을 내어주려면 그런 자유가 필수적이다.

하나의 종으로서 우리의 도덕적 선택과 **아가페** 사랑의 능력의 발달을 이해하기 위해 먼저 개인의 능력이 어떻게 발달하는지 고려해보라. 개인으로서 우리 각자는 수정란에서 태아, 유아, 아동을 거쳐 성인으로 성장한다. 우리는 추론하고, 계획하고, 공감하고, **아가페** 사랑을 실천할(또는 실천하지 않을) 역량 면에서 성장한다. 우리는 이 일을 공동체 안에서 한다. 우리는 처음에는 우리의 생존뿐만 아니라 우리가 배우는 거의 모든 것을 우리를 돌보는 사람에게 완전히 의존한다. 우리가 나이가 들어감에 따라 우리의 선택들이 우리의 관계들과 우리가 어떤 사람이 되는가에 점점 더 영향을 끼친다.

예컨대 아이들의 두뇌들은 어느 정도까지는 특정한 발달 연령에 언

---

22 Barrigar, *Freedom All the Way Up*, 21.

23 Barrigar, *Freedom All the Way Up*, 21.

24 이 장의 앞에서 인용한 Alvin Plantinga와 John Hick의 글을 보라.

어를 배우도록 구조화되어 있다. 하지만 이 일은 그들이 언어를 사용하는 다른 사람들과 상호 작용할 때에만 적절하게 일어난다. 마찬가지로 아이들의 두뇌들은 걷기, 달리기, 눈으로 따라가기, 가리키기, 던지기, 잡기 등과 같은 신체적인 기술들을 배우도록 짜였다. 이 과정에서 다른 사람들을 관찰하고 다른 사람들과 노는 것이 매우 중요하다. 아이들은 또한 다른 사람들의 고통에 공감하고 동정심을 보일 능력을 "자연적으로" 배울 수 있지만, 적절한 발달은 사람들과의 상호작용과 돌보는 사람들로부터의 가르침에 의존한다. 아이들이 사회적으로 혜택받지 못한 환경에서 양육되면 동정심과 공감 능력이 결핍되게 성장할 가능성이 훨씬 커진다.

이제 당신의 도덕적 선택 능력을 고려해 보라. 당신은 이기적인가 아니면 이타적인가? 당신은 죄 많은 사람인가 아니면 하나님께 순종하는 사람인가? 당신이 20세가 지난 성인이라면 당신의 선택의 자유와 당신이 하는 선택들은 모두 당신의 역사에 의해 형성된다. 그 역사는 당신의 유전적 특질 및 태어나기 전의 환경처럼 당신이 통제할 수 없는 것들과 함께 시작했다. 당신의 역사는 당신의 부모, 교사들, 당신을 돌봐준 사람들, 친구들에 의해 큰 영향을 받았다. 그 역사는 또한 성장하면서 거듭 선택한 선택들을 통해 형성되었다. 당신이 선택할 때마다 당신은 당신 자신의 발달하고 있는 뇌를 형성했다. 이어서 당신의 선택은 당신과 상호작용한 당신의 부모, 교사들, 당신을 돌봐준 사람들, 친구들에게 영향을 주었고, 그것이 당신의 발달에 추가로 영향을 주었다.

각 사람이 생존과 학습을 공동체에 믿을 수 없을 정도로 의존하지만, 자신의 선택이 그들이 어떤 사람이 되는가를 형성하고 나아가 그들의 공동체를 형성하는 이 과정이 하나님이 오늘날 각각의 새로운 인간을 창조하기로 선택한 방법이다. 그리고 하나님이 진화 과정을 사용해서 우리 조상들을 창조했기 때문에, 이것이 하나님이 역사를 통틀어 각각의 새로운 인간을 창조하기로 선택한 방법으로 보인다.

오늘날 우리에게 있어서와 마찬가지로 우리 조상들에게 있어서 이 발달은 고통과 고난 그리고 "자연적인 악"이 있는 세상에서 일어났다. 그것은 행동에 결과가 따르는 세상에서 일어났다. 그것은 우리 조상들이 다른 사람들에게 해를 끼치는 이기적인 행동들의 단기적인 이익과 다른 사람들을 향한 **아가페** 사랑으로 행동하는 것의 단기적인 비용을 미리 알 수 있는 세상에서 일어났다. 그들에게는 두 종류의 행동 모두를 향한 성향들이 있었고, 선택할 어느 정도의 자유가 있었다.

조지 머피는 『속죄의 모델들』(*Models of Atonement*)에서 우리에게 우리 조상들이 이 능력들의 도덕적 및 영적 의미를 막 알게 되었을 때를 상상해보라고 요청한다.

> 자아 인식과 언어 능력을 갖출 정도로 진화했던 최초의 호미니드(사람과)들에 대해 상상해보자. 우리는 그들이 언제 어디에서 살았는지, 그들의 수가 얼마나 많았는지, 또는 그들이 단일한 그룹이었는지를 결정할 필요가 없다. 이 과정에 도달하게 한 진화 과정은 하나님이 자연과정을 통해 일한 과정 중 하나였다. 이 인간들은 추론 및 소통할 수 있는 능력들을 개발했고, 하나님의 말씀을 받고 어느 정도 희미하게 이해하고, 그 말씀을 신뢰하고, 자기들을 향한 하나님의 뜻에 순종할 수 있었다. 우리는 하나님의 뜻이 그들에게 어떻게 표현되었는지 또는 무엇이 창세기에 등장하는 선악을 알게 하

는 나무의 열매를 금지한 것에 해당할 수 있는지를 알지 못한다. 그것은 사람들이 조화롭게 살아야 하는 방식과 관련이 있었을지도 모르지만, 그 점에 관해 우리는 추측만 할 수 있을 뿐이다. 이 최초의 인간들은 하나님이 그들과 그들의 후손들을 완전히 성숙한 인간 및 하나님과의 완전한 교제로 인도하기를 원했던 길의 출발점에 있었다. 원칙적으로 그들은 그 길을 따를 수 있었지만, 그것이 쉽지는 않았을 것이다. 그들은 생존해서 자신의 유전자를 물려줄 수 있게 해준 그들의 조상들의 특질들을 물려받았다. 그리고 이런 특질들로 인해 그들은 어느 정도 이기적인 행동을 하고 하나님이 그들에게 의도한 공동체—하나님, 서로, 그리고 모든 창조세계—로부터 멀어지려는 성향을 지녔을 것이다. 그런 행동들이 그들 안에 구조화되지는 않았지만, 그런 행동에 대한 경향들이 매우 강했다. 그들은 자기를 향한 하나님의 뜻이라고 알고 있는 것들을 신뢰하기를 거절하고 불순종할 수 있었다. 라인홀드 니부어의 말로 표현하자면 죄는 "필요하지" 않았지만 "불가피했다."[25]

마이클 코리는 각 사람이 자신의 도덕적 발달에 가급적 많이 참여할 수 있도록 하나님이 이 과정들을 통해 각각의 새로운 인간과 전체로서의 인간을 창조했다고 주장한다.

이 의미에서 우리는 우리의 세상에 존재하는 다양한 악들이 필요한 동시에 조건부라고 할 수 있다. 악들은 그렇지 않을 수도 있었던 우리의 도덕적 선

---

25 George L. Murphy, *Models of Atonement: Speaking about Salvation in a Scientific World* (Minneapolis: University Lutheran Press, 2013), 65.

택들 및 다른 요인들에 의존하기 때문에 조건부다. 하지만 동일한 조건부 사건들은 선의의 인간들이 존재하기 위해 필요한 이 세상의 특정한 구조적 매개변수들 때문에만 가능하기 때문에 악들은 간접적으로 필요하기도 하다.…

인간들은 그들의 발달 여정의 첫 단계에서 상당한 정도의 행동의 자유를 지녀야 한다. 그들에게는 또한 이 자유의 넓이와 범위를 가급적 최대로 극대화하기 위한 다양한 기회들과 더불어 그들의 생애 내내 가장 적절한 수준의 자유를 개발하기 위한 근저의 잠재력이 주어져야 한다.…

그러나 자유 의지는 그것의 존재론적 "완전성"(그것 자체가 개인의 전반적인 존재론적 건강에 상응한다)에 따라 "강도"가 다양할 수 있으므로 모든 자유 의지의 특성이 전부 아니면 전무인 현상은 아닌 것으로 보인다. 그렇다면 하나님이 우리로 하여금 인간에게 가능한 최고 수준의 자유를 개발하기를 원했고, 심지어 우리의 세상을 매우 중요한 이 특성이 가급적 최대로 발달할 수 있도록 설계할 정도로까지 개발하기를 원했다고 주장하는 것이 일리가 있다.…

이런 사고방식에 따르면 우리의 자유의 견고함은 우리의 인지상의 프로그래밍이 스스로 획득된 정도에 직접적으로 비례한다. 그 이유는 부분적으로는 우리의 의지의 중심의 근원적인 성격과 관련이 있다. 자신의 인지상의 프로그래밍에서 적극적인 역할을 하는 행위자들은 자신의 의지 의식의 성격과 내용 결정에도 도움이 되기 때문이다.[26]

---

26 Michael Anthony Corey, *Evolution and the Problem of Natural Evil* (Lanham, MD: University of America, 2000), 189, 197-98.

불가피성이 없는 자유 의지/영혼 발달/아가페 신정론

이 신정론의 가장 간단한 해석은 우리 조상들은 죄를 지을 자유가 있었고, 이기적인 행동과 이타적인 행동 모두를 향한 성향이 있었으며, 그들의 수가 많았기 때문에 궁극적으로 우리 조상 중 적어도 한 명은 죄를 지었으리라는 것이다. 그리고 인간들의 상호의존성이 매우 크므로 일단 죄가 세상에 들어왔다면 죄가 세상에 퍼졌을 것이다.

우리가 그렇게 하는 것이 중요하다고 믿는다면 이 신정론의 대부분을 긍정하면서도 타락을 피할 수 있었다고 해석할 수 있는 적어도 두 가지 방법이 있다.

첫째, 이 신정론에 창세기 2-3장의 아담과 하와가 실제 역사적 인물이었다는 시나리오(유형 1과 2의 시나리오) 중 하나를 결합할 수 있다. 역사의 중요한 어느 시점에 하나님이 좀 더 큰 집단 가운데서 특별계시와 특별한 관계를 위해 한 쌍 또는 소그룹을 특별히 선발했을 수도 있다. 하나님이 그들에게 초자연적인 은사들을 주어서 그들을 원의의 상태로 들어가게 만들었을 수도 있다. 또는 하나님이 기꺼이 그들과 긴밀하게 협력해서 그들이 장기간의 신앙과 순종의 과정을 통해 도덕적 성숙과 영적 성숙을 얻을 수 있게 했을 수도 있다. 그들이 이런 식으로 계속했더라면 죄가 그들에게 더 이상 유혹이 되지 않았을 것이고 그들은 나머지 인간들에게 하나님과의 이 긴밀한 관계의 축복을 가져다주었을 것이다.

둘째, 만일 하나님이 기꺼이 우리 조상들과 협력해서 오랜 기간에 걸친 성화를 이룰 의향이 있었다면 창세기 2-3장의 아담과 하와가 오랜 기간에 걸친 우리 조상들의 큰 집단을 가리키는 시나리오(유형 3과 4의 시나리오)에서 타락을 피할 수 있었다고 상상하는 것이 가능하다. 몇 가지 유비들이 도움이 될 수도 있을 것이다. 우리 각자의 삶에서 하나님이 우리의 전 생애 동안 계속되고 우리의 협력에 의존하는 과정을 통한 성령의 사역을 통해 우리를 성화시킨다. 구약성서 시대에 하나님은 이스라엘 백성과 세상이 메시아의 등장에 대해 준비가 되기 전에 몇 세기 동안 계속되는 과정에서 이스라엘 백성을 통해 일했다. 오순절에 성령이 강림한 이후 하나님은 여전히 몇 세기 동안 계속되는 과정에서 교회를 통해 이 땅에 하나님의 나라를 진척시키기 위해 일하고 있다. 따라서 하나님이 인간의 여명기에 기꺼이 우리 조상들의 좀 더 큰 집단과 협력해서 그들을 오랜 기간에 걸쳐 좀 더 큰 믿음과 순종의 방향으로 인도하기로 한 것이 하나님의 성품에서 벗어나는 일이 아니었을 것이다. 그러나 하나님은 그들에게 자유도 주었다. 이스라엘 백성이 거듭해서 우상숭배와 불순종을 선택했듯이, 우리 조상들도 계속 불순종을 선택해서 하나님에게서 멀어지는 길로 가게 되었다. 그 길이 불가피하지 않았을 테지만, 그들은 계속 그 길을 따라가서 이제 그리스도를 통한 구속만이 사태를 되돌릴 수 있는 지경에 이르렀다.

11장

각각의 시나리오에 대한 어려운 질문들

인간의 진화를 가리키는 새로운 과학적 데이터에 직면해서 그리스도인들은 여러 대응 방법을 발견했다. 이 책은 네 가지 유형의 일반적인 시나리오들을 묘사하는데, 다음과 같은 이 시나리오들 각각은 원죄의 핵심 교리를 보존하려고 한다.

1. 아담과 하와는 인간의 대표자로서 행동하는 특정한 역사적 인물들이었다.
2. 아담과 하와는 특정한 역사적 인물이었고, 죄는 문화나 가계를 통해 퍼졌다.
3. 아담과 하와는 오랜 기간에 걸쳐 특별계시를 받은 많은 개인을 일컫는 고도로 압축된 역사다.
4. 아담과 하와는 모두 책임을 질 준비가 되어 있었고 죄를 선택한, 오랜 기간에 걸친 많은 개인을 일컫는 상징적인 인물들이었다.

이 책은 또한 예컨대 다음과 같은 몇 가지 특정한 시나리오들을 간략하게 살펴보았다: 인간은 다른 동물들과 공통 조상을 공유하지 않지만 유전학에서 공통 조상을 공유하는 것처럼 보이는 방식으로 기적적으로 **새**

롭게 창조되었다,[1] 모든 인간의 유일한 조상인 한 쌍으로서의 아담과 하와,[2] 좀 더 큰 **호모 사피엔스** 집단 가운데 아담과 하와가 새롭게 창조되었고 그들의 후손이 좀 더 큰 그 집단과 섞였다,[3] 그리고 하나님이 진화

---

1 하나님이 모든 인간을 이런 방식으로 새롭게 창조했다는 견해에 대한 중요한 신학적 이의는 허위의 역사의 외관이다. 4장은 인간과 동물들 사이의 공통 조상을 포함하는 진화의 역사를 가리키는 복수의 독립적이고 상세하며 상호 강화하는 과학적 증거를 묘사했다. 대다수 그리스도인은 하나님이 인간을 새롭게 창조했지만 모든 과학적 연구에 마치 진화의 역사가 성경을 통해 계시된 하나님의 성품과 모순되기라도 하는 것처럼 보이게 만들었다고 결론을 짓는다.

2 4장은 오늘날 인간 집단의 유전자 다양성에서 나타나는 복수의 증거(대립 형질의 다양성, 연관 불평형, 불완전한 계통 분류의 패턴들)를 언급한다. 이들 데이터는 우리 조상 집단이 수백만 년 전에 적어도 수천 명이 존재했다는 가설과 가장 잘 일치한다. 4장의 한 각주가 언급하는 바와 같이 본서가 그 장이 집필되고 있던 당시에 최근의 한 분석은 대립유전자 다양성에 관한 데이터는 그 쌍이 50만 년 이상 전에 살았다면 오늘날 모든 인간이 한 쌍에게서 유래했다는 가설과 가장 잘 들어맞는다(그러나 이를 증명하지는 않는다)고 주장한다. 연관 불평형과 불완전한 계통 분류 데이터에 대한 유사한 재분석이 실시되어야 한다. 대부분의 유전학의 증거와 고고학의 증거는 우리 조상이 몇백만 년 전에 적어도 수천 명이 존재했다는 과학적 결론을 강력히 지지한다. 따라서 본서는 그 합의를 긍정하는 시나리오들을 논의하는 데 초점을 맞춘다.

3 최근에 출간된 S. Joshua Swamidass, *The Genealogical Adam and Eve: The Surprising Science of Universal Ancestry*(Downers Grove, IL: InterVarsity, 2019)는 좀 더 큰 **호모 사피엔스** 집단 가운데 아담과 하와가 새롭게 창조되었고 그들의 후손이 좀 더 큰 그 집단과 섞였다는 시나리오를 제안한다. 오늘날 인간 집단에 존재하는 거의 모든 DNA가 아담과 하와에게서 온 것이 아니라 좀 더 큰 **호모 사피엔스** 집단에게서 왔을 것이기 때문에 이 견해는 오늘날 인간의 게놈에 존재하는 허위의 역사의 외관이라는 신학적 문제를 피할 수 있을 것이다. 하지만 몇 가지 우려가 남는다. 그들의 후손이 주위 집단의 개인들과 혼혈할 수 있으려면 새롭게 창조된 아담과 하와의 염색체들의 유전자 서열이 주위 집단의 개인들(그들의 게놈들은 진화 및 동물들과의 공통 조상을 통해 창조되었다)의 유전자의 서열과 조화될 필요가 있었을 것이다. 더욱이 수정된 접합자로부터 태아, 유아, 아동, 그리고 성인으로 성장하는 전형적인 사람의 신체는 그 역사의 증거를 기록하는 많은 특징을 지니고 있다(예컨대 배꼽, 마모 패턴을 지니는 치아, 흉터, 눈의 수정체의 자외선 손상, 발달 중에 발생한 돌연변이의 역사를 유지하는 몸의 세포들에 나타나는 유전적 키메라 패턴, 만났던 질병들에 대한 기억을 보유하는 면역 체계, 지역의 환경과 가족 구성원들로부터 획득한 위장 기관들의 내부 생물군). 전형적인 성인의 두뇌는 여러 해에 걸친 다른 인간들 및 환경과의 상호작용을 통해 배운 지식과 기술의 증거를 기록하는 배선을

과정을 사용해서 인간을 창조했고 그 과정에서 인간의 선택과 무관하게 타락이 필연적으로 인간의 본성에 내장되었으며, 죄의 실재와 하나님의 구속 계획은 훗날 인간에게 계시되었다.[4] 이 시나리오들에 대한 이의들이 이 책의 앞에서 다뤄졌고 이 대목의 각주들에 요약되었다. 이 시나리오들은 이 책의 초점이 아니지만, 그것들은 다른 사람들이 고려할 수도 있는 몇몇 추가적인 특정한 시나리오들의 개요를 제시하기 위해 이 대목에서 언급되었다.

이 장은 이 책의 초점인 네 가지 유형의 시나리오들에 대한 가장 도전적인 신학적 질문들을 요약한다.

갖고 있다(예컨대 언어 능력, 걷기와 던지기 같은 신체적 능력, 생존 기술, 얼굴 인식, 공감과 동정심, 그리고 도덕적 추론). 새로 창조된 아담과 하와의 신체와 두뇌는 아마도 (허위의 역사의 외관을 피하기 위해) 그런 발달 역사의 증거를 보이지 **않았을** 테지만 그럼에도 불구하고 기능을 발휘했을 것이다. 특히 그들이 어떤 의미에서 하나님 앞에서 좀 더 큰 집단을 대표하고 그들의 후손이 좀 더 큰 집단과 혼혈할 수 있기 위해서는 그들의 두뇌가 주위의 진화한 **호모 사피엔스** 집단과 그다지 다르지 않은 언어 능력과 도덕적 추론 기술을 필요로 했을 것이다. 그러나 그들의 두뇌는 일반적인 발달을 통해 이런 기술들을 배선한 것이 아니라 하나님의 기적적인 **새로운** 창조를 통해 배선되었을 것이다. 이 제안의 신학적 함의는 불명확하며 아직 좀 더 연구되어야 한다.

4 하나님이 우리를 사용하는 데 사용한 방법으로 말미암아 죄와 타락이 인간에게 "내장되었다"는 견해에는 상당한 신학적 도전들이 제기된다. 성경의 여러 곳에서 죄는 우리를 파괴하고 하나님의 뜻에 어긋나는 힘으로 묘사된다. 하나님은 인간의 죄에 대해 분노한다. 하나님이 죄를 처벌하는 것이 마땅하다고 언급된다. 죄는 인간의 선택을 통해 인간의 역사 안으로 들어온 것으로 묘사된다. 성경의 이런 가르침들을 죄가 인간의 선택에 무관하게 하나님에 의해 필연적으로 인간의 본성에 내장되었다는 제안과 조화시키기 어려워 보인다.

역사적 인물로서의 아담과 하와 시나리오들(시나리오 유형 1과 2)에 대한 가장 어려운 여섯 가지 질문들

1. **아담과 하와의 범죄 직전의 주위 집단의 영적 지위와 영원한 운명은 무엇이었는가?** 이 질문은 9장에서 탐구되었다. 한 가지 가능성은 전체 집단이 이미 "하나님의 형상"대로 창조되었다는 것이다. 그러나 그들이 아직 도덕적으로 완벽하지 않고 때때로 서로에 대해 비열하게 행동했지만, 그들은 아직 죄에 대해 책임을 지지 않았다. 그렇다면 우리는 그들의 영원한 운명이 궁금하다(물론 이런 일들에 관해 하나님이 궁극적인 판단자이고 우리에게 이것들을 알려주지 않기로 선택했을 수도 있지만 말이다). 또 다른 가능성은 처음에는 아담과 하와만 "하나님의 형상으로" 여겨졌다는 것이다. 그 경우 죄와 하나님의 형상 담지자의 지위가 동시에 퍼졌을 것이기에 죄가 그 집단의 나머지에 어떻게 퍼졌는가에 관한 문제(아래의 질문 4)가 훨씬 중요해진다.

2. **왜 일반계시가 아담과 하와의 죄 전에는 "중요하지" 않다가 아담과 하와의 범죄 후에는 중요해졌는가?** 이 질문은 9장에서 탐구되었다. 로마서 2장에서 바울은 율법이 없는 이방인들이 "그들의 마음에 새긴" 율법을 갖고 있기 때문에(롬 2:15) 그리스도의 속죄를 필요로 한다고 주장한다. 오늘날 인간들은 그들이 받은 특별계시 때문에만 아니라 그들이 일반계시로부터 분별할 수 있는 것 때문에도 책임이 있다. 하나님은 우리 조상들에게 공감과 양심과 이성을 주어서 그들이 다른 사람을 해쳤을 때 자기가 무슨 짓을 했는지 이해할 수 있게 했다. 아담과 하와가 죄를 짓기 전에는 일반계시가 중요하지 않았는가? 아담과 하와가 죄를 지은 후 일반계시의 중요성이 극적으로 변했는가? 그랬다면 어떻게, 그

리고 왜 변했는가?

3. **아담과 하와에게 특별계시를 주고 그들과 특별한 관계를 시작한 것 외에 하나님이 그들을 모종의 방식으로 기적적으로 변화시켰는가?** 이 질문은 5장과 9장에서 탐구되었다. 제안된 그 변화가 그들의 정신적 능력의 상당한 증가를 포함하는가? 그럴 경우 우려해야 할 틈새의 하나님이라는 신학적 문제가 있는가? 그렇지 않을 경우 제안된 변화가 정확히 무엇이고 기적이 왜 필요했는가? 제안된 변화가 전체 집단에서 일어났는가 아니면 아담과 하와에게서만 일어났는가? 그리고 각각의 답변의 신학적 함의는 무엇인가?

그리고 하나님이 아담과 하와에게 특별한 은사들—그들이 죄를 지은 후 상실한 은사들—을 주어서 그들을 한동안 원의의 상태로 이끌었는가? 또는 하나님이 그들을 도덕적으로 순진하고 미성숙한 상태에서 차츰 성숙한 상태로 끌어올릴 계획이었는가? 각각의 답변의 신학적 함의는 무엇인가?

4. **죄가 어떻게 아담과 하와에게서 그 집단의 나머지에게 퍼졌는가?** 이 질문은 9장에서 탐구되었다. 아담과 하와가 그들의 대표로서 행동했기 때문에 모든 사람이 즉각적으로 죄인이 되었는가(시나리오 유형 1)? 그렇다면 하나님이 몇몇 사람을 그들이 영향력을 발휘할 수 없는 다른 사람의 행동들로 말미암아 정죄함에 있어서 하나님의 정의에 관한 질문들에 우리가 어떻게 답변할 수 있는가? 아니면 죄가 문화적으로나 계통상으로 오랜 기간에 걸쳐 퍼졌는가(시나리오 유형 2)? 그럴 경우 아담과 하와 이후의 세대들에게서 죄가 전체 인구에게 퍼지는 과정에 있던 시기에 인근의 부족들이나 가족들에 속한 두 개인이 왜 단순히 죄가 어

떤 부족이나 가족에게는 퍼진 반면에 다른 부족이나 가족에게는 아직 퍼지지 않았다는 이유만으로 판이한 영적 지위를 가져야 하는가?

5. **아담과 하와에게 참으로 다르게 선택할 기회가 있었는가? 그럴 경우 하나님이 좀 더 큰 집단으로부터 다른 쌍의 개인들을 선택해서 "아담과 하와"로서 행동하게 함으로써 다른 결과를 얻을 수도 있었는가?** 이 질문은 10장에서 탐구되었다. 하나님이 다른 결과를 얻을 수 있었다는 견해는 문제가 있어 보인다. 그것은 하나님이 아담과 하와를 잘못 선택한 것처럼 보이기 때문이다. 하나님이 누구를 선택했든 간에 다른 결과를 얻을 수 없었다는 견해는 (비록 직접 하나님에 의해 야기된 것은 아닐지라도) 타락을 불가피하게 만드는 것처럼 보인다. 각각의 답변의 신학적 함의는 무엇인가?

6. **하나님이 죄 없는 인간을 원했다고 가정하면, 아담과 하와가 죄를 지은 직후에 하나님이 왜 그들을 나머지 집단으로부터 격리하고 새로 시작하지 않았는가?** 이 질문은 10장에서 탐구되었다. 만일 하나님이 좀 더 큰 집단에서 누구를 선택했든 간에 아담과 하와가 죄를 지었을 것이고 하나님이 이것을 미리 알았다면, 죄가 어떤 의미에서는 불가피했던 것으로 보인다(직접 하나님에 의해 야기되지는 않았지만 말이다). 타락을 피할 수 있었고 아담과 하와에게 참으로 죄 대신 순종을 선택할 기회가 있었다면, 하나님이 왜 그들이 죄를 지은 후 (그들의 죄가 나머지 인간에게 퍼지지 않도록) 그들을 다른 인간들로부터 격리하고 함께 일할 새로운 개인들을 선택하지 않았는가라는 질문들이 남게 된다.

장기간에 걸친 많은 개인을 대표하는 인물들로서의 아담과 하와 시나리오들(시나리오 유형 3과 4)에 대한 가장 어려운 여섯 가지 질문들

1. **로마서 5장 등에서 바울이 "한 사람 아담"을 사용하는 것을 우리가 어떻게 해석해야 하는가?** 이 질문은 6장에서 탐구되었다. 많은 신약성서 학자는 바울이 로마서 5장 등에서 아담이 실제 역사적 인물이었다고 가정했다는 사실만으로 우리가 그렇게 믿을 필요는 없다고 주장한다. 그러나 바울은 그 가정을 어떻게 한 사람 그리스도가 많은 사람에게 죄 용서를 가져올 수 있는지에 관한 신학의 중요한 부분을 설명하기 위한 토대로 사용한 것으로 보인다. 우리가 바울이 아담을 사용한 것을 성령이 영감을 인간 저자의 제한된 지식에 적응한 또 다른 예로 여겨야 하는가, 아니면 다른 어떤 것으로 여겨야 하는가?

2. **죄가 세상에 들어온 것에 관해 특별계시가 역할을 했다면 어떤 역할을 했는가?** 이 질문은 5장과 9장에서 다뤄졌다. 공감, 이성, 그리고 양심을 통한 일반계시는 우리가 어떻게 행동해야 하는가에 관해 뭔가를 말해준다. 그러나 일반계시는 (많은 신들이 아니라) 한 분 하나님이 존재한다는 사실과 (우리가 이웃을 사랑하고 원수를 미워할 것이 아니라) 우리의 원수를 사랑해야 한다는 것처럼 중요한 사안들에 관해 명확히 알려 줄 수 있다. 우리가 우리 조상들이 어떻게 오로지 또는 주로 일반계시에 기초해서 죄를 인식하게 되었다고 상상할 수 있는가(시나리오 유형 4)? 또는 특별계시가 타락에서 중요한 역할을 하지만 인간의 타락이 오랜 기간에 걸쳐 많은 개인에게서 일어났다면(시나리오 유형 3) 특별계시가 어떤 형태를 취할 수 있었는가?

3. **그 타락이 어떤 의미에서는 불가피했는가?** 이 질문은 10장에서

탐구되었다. 타락이 오랜 기간에 걸쳐 많은 개인의 죄악된 반역을 통해 일어났다면 사실상 인간이 죄를 피할 기회가 없었던 것처럼 보인다. 만일 타락이 통계적으로 다소 불가피했다면 우리가 어떤 종류의 신정론을 사용해서 하나님이 인간을 그런 식으로 창조한 것을 정당화해야 하는가? 대신 타락을 피할 수 있었다면 우리가 어떻게 타락이 그렇게 오랫동안 피해질 수 있었다고 상상할 수 있는가?

4. **창세기 2-3장의 생명나무와 물리적 죽음이 타락의 결과였다는 바울의 명백한 믿음을 우리가 어떻게 이해해야 하는가?** 이 질문은 9장에서 탐구되었다. 타락이 오랜 기간에 걸쳐 많은 개인의 죄악된 반역을 통해 일어났다면 인간의 물리적 죽음이 어떤 의미에서든 죄가 세상에 들어옴으로써 야기될 수 있었다고 상상하기 어렵다. 그렇다면 우리가 그 구절들을 어떻게 해석해야 하는가?

5. **어떤 의미에서 창조세계가 "매우 좋았고" 죄는 인간의 선택을 통해 세상에 들어온 것인가?** 이 질문은 9장과 10장에서 다뤄졌다. 이 시나리오들에서는 유전자-문화 공진화를 통한 인간 창조의 마지막 단계들—인간의 가장 진전된 정신적 및 사회적 속성들이 발달한 단계를 포함한다—은 오랜 기간에 걸쳐 동시에 일어났고 하나님께 대한 인간의 죄악된 반역도 동시에 일어났다. 우리가 계속 죄가 들어오기 전에 어떤 의미에서는 세상과 인간의 창조가 "매우 좋았다"고 생각할 수 있는가? 그렇다면 어떻게 그렇게 생각할 수 있는가? 아니라면 우리가 그것에 관해 어떻게 생각해야 하는가?

6. **어떤 의미에서는 하나님이 인간의 죄에 대해 "너무 많은 책임"이 있지 않은가?** 이 질문은 10장에서 다뤄졌다. 이 질문은 타락이 불가피했

는가라는 세 번째 질문과 연결되어 있다. 타락이 어떤 의미에서는 불가피했다면 우리 인간에게 죄에 대한 책임이 얼마나 많이 있고, 하나님이 인간의 죄를 심판하는 것이 어떤 방식으로 정당한가?

이 시나리오 유형들이 서로 어떻게 조화되는가?

우리는 어려운 질문들을 포용해야 한다. 교회가 중요한 많은 교리를 신조로 쓰기 위한 충분한 합의에 도달하기 전에 이 교리들은 여러 세기에 걸친 격렬한 토론을 거쳤다. 성경의 신적 영감의 본질 같은 몇몇 중요한 교리들에 관해 교회는 일련의 이론들을 유지한다. 속죄 같은 몇몇 중요한 교리들에 관해 교회는 성경의 가르침의 전 범위에 공정을 기하기 위해 다수의 이론이 필요하다고 결론을 짓고 있다. 우리는 어려운 질문들과 씨름함으로써 배운다. 우리가 교회 안에서 이 문제들에 대해 논쟁할 때 우리가 서로 얼마나 많이 동의하지 않는가에 초점을 맞추기 쉽다. 이 일을 하나님께 영광을 돌리는 방식으로 하기 위해서는 우리가 서로 동의하는 점들도 기억해야 한다.

이 책에서 고려되었던 다양한 시나리오 유형들은 다음과 같은 몇몇 중요한 점에 대해 동의한다.

1. 성경은 하나님에 의해 영감을 받았고 권위가 있다. 성경은 본질상 구속적이다. 성경은 역사적 사건들을 언급한다. 때때로 성경은 역사나 자연 세상에 관한 단순한 정보를 포함한다. 때때로 성경은 처음에는 우리의 현대 문화의 맥락에서 역사나 자연 세상에 관한 단순한 진술처럼 들릴 수도 있지만 사실은 그렇지 않은 것들을 말한다. 교회는 건전한

해석 방법들을 사용해서 협력하고 성령의 인도를 따르는 성서학자들의 연구로부터 유익을 얻는다.

2. 과학이 신학이나 성경 해석을 결정하지 않는다. 때때로 과학이—철학, 고고학, 사회학, 언어학 같은 인간의 다른 연구 분야와 더불어—이전에는 우리에게 명백하지 않았던 특정 해석들의 신학적 어려움에 관해 경보를 발한다. 신학은 이전의 고려사항들뿐만 아니라 새로운 이 고려사항들을 감안해서 궁극적으로 어떤 해석이 생존 가능한지 또는 최선인지를 결정한다.

3. 성경의 많은 곳에서 하나님은 선하고 정의롭고 거룩하다고 가르친다. 죄는 계시된 하나님의 뜻에 대한 반역이다. 우리 조상들의 가장 이른 시기의 죄악된 불순종 행위들이 그들과 그들의 후손들에게 영향을 주었다. 오늘날 모든 인간은 죄를 짓는 경향이 있고 죄를 짓지 않을 수 없다. 예수 그리스도의 성육신, 생애, 죽음, 그리고 부활이 인간의 죄에 대한 하나님의 용서에 핵심적이다.

결론

하나님의 답변은 여전히 그리스도다

하나님의 구출이 없다면 죄가 우리를 하나님으로부터 영원히 떼어놓을 것이다.

우리는 하나님이 죄에 관해 무슨 일을 하고 있는지 알기를 원한다. 하나님은 성경을 통해 많은 역사적 세부사항을 담고 있는 이야기들에서 자신이 하고 있는 일을 우리에게 말해준다. 하나님은 수 세기 동안 이스라엘 백성과 함께 일했다. 하나님은 그들에게 모세의 율법, 시, 그리고 지혜 문학을 주었다. 하나님은 그들에게 예언자, 왕, 그리고 제사장들을 주었다. 기록된 역사에서 우리는 패배와 추방의 이야기들 및 구원과 회복의 이야기들을 본다. 이 모든 것들은 역사에서 하나님의 아들, 즉 삼위일체의 두 번째 위격이 이 땅에 와서 인간으로 성육신하기에 딱 맞는 때로 이끌었다. 하나님의 궁극적인 계시는 일련의 율법이나 신학 이론이 아니라 한 사람이었다. 하나님 자신이 우리 가운데서 살았다. 그리스도는 많은 목격자 앞에서 가르쳤고 치료했고 살았다. 그리스도는 많은 목격자 앞에서 고난을 받고 죽었다가 다시 살아났고 그 목격자들은 그 이야기들을 기록해서 교회에 전해주었다. 하나님은 역사에서 교회를 통해 계속 일한다. 하나님은 오늘도 그 일을 계속한다.

우리는 또한 하나님이 언제 이 세상을 끝내고 죄가 없는 새로운 실재를 알릴지 알기를 원한다. 우리는 정확히 무슨 일이 일어날지 및 그 일이 언제 일어날지에 관한 모든 세부사항을 알기를 원한다. 하나님은 우리에게 이 모든 세부사항을 알려주지 않는다. 하나님은 우리에게 요한계시록을 주었다. 그 책의 예언들은 많은 해석에 열려 있으며, 교회사가 보여주는 바와 같이, 많은 오해에 열려 있다. 하나님은 자신이 우리가 알기를 원하는 것을 우리에게 말해주었다. 하나님이 우리가 알고 싶어 할 모든 것을 우리에게 말해주지는 않았다.

우리는 하나님이 정확히 어떻게 세상을 창조했는지 알기를 원한다. 과학의 시대에 우리 중 많은 사람이 과학적 세부사항과 역사적 세부사항을 알기 원한다. 하나님이 성경에서 이 모든 세부사항을 우리에게 알려주지는 않았다. 대신 하나님은 우리에게 창세기 1장, 시편 104편, 그리고 고대 근동의 원래의 청중이 이해할 수 있었던 방식으로 하나님의 세상 창조에 관해 말하는 다른 구절들을 주었다. 이 구절들은 하나님이 평평한 땅 위의 궁창, 궁창 위와 땅 아래의 원시의 물들을 창조한 것에 관해 말한다. 이 성경 구절들을 통해 하나님은 원래의 청중에게 자신이 그들이 알기를 바라는 내용을 말해주었다. 같은 성경을 통해 하나님은 우리에게 자신이 우리가 알기를 원하는 내용을 우리에게 말한다. 하나님이 우리가 대답하기를 원할 수도 있는 모든 질문에 대한 답을 우리에게 말해주지는 않았다. 그러나 하나님은 우리가 자신의 창조세계를 과학적으로 연구함으로써 역사적인 많은 세부사항을 배울 수 있게 한다.

우리는 기적적인 힘을 사용해서 모든 죄인을 죽임으로써 이곳 이 땅에서의 죄를 끝장낼 것을 우려할 수도 있다. 부분적으로는 그 우려에 답하기 위해 하나님은 창세기 6-9장의 홍수 이야기에 영감을 불어넣었다. 그 이야기는 홍수로 온 땅이 파괴되고 여덟 명의 인간과 몇 마리의 동물들만 생존했다고 말하는 것으로 보인다. 그러나 하나님의 세상을 과학적으로 연구함으로써 우리는 역사를 통틀어 많은 국지적 홍수들이 있었지만 그런 세계적인 홍수는 없었음을 배웠다. 고고학을 통해 우리는 창세기 6-9장이 창세기 1장과 마찬가지로 고대 근동의 문학적 양식과 문화적 가정들을 사용한다는 것을 배웠다. 우리는 창세기 6-9장의 정확한 역사적 세부 내용을 알고 싶겠지만, 하나님이 이 모든 세부 내용을 우리에게 알려주지는 않는다. 이 성경 구절들을 통해 하나님은 자신이 원래의 독자들이 알기 원하는 내용을 말했다. 같은 성경 구절들을 통해서 그는 오늘날 우리에게 자신이 우리가 알기를 원하는 내용을 말한다. 하나님이 우리가 대답하기를 원할 수도 있는 모든 질문에 대한 답을 우리에게 말한 것은 아니다.

우리는 언제 죄가 시작되었는지 알기를 원한다. 이 책에 제시된 다른 시나리오들은 죄가 어떻게 세상에 들어와 퍼졌는지의 **역사**에 관해 동의하지 않지만, 죄의 **실제**에 관해서는 모두 동의한다. 죄의 실제가 죄의 역사보다 중요하다. 교회사를 통틀어 죄의 역사에 관해 다수의 신학 이론들이 존재했는데 결국 그런 모든 이론은 어느 정도 추측에 의존했다.

우리가 지금 직면한 문제는 인간의 진화에 대한 과학적 증거와 원죄를 조화시키는 시나리오들이 없다는 것이 아니다. 시나리오들이 너무 많은데 우리는 어느 시나리오가 최상인지 결정하는 데 어려움을 겪고 있다.

우리는 죄가 정확히 어떻게 그리고 언제 시작했는지 알기를 원한다. 아마도 우리는 창세기 3:12에서 아담이 그랬던 것처럼 우리의 죄에 대해 다른 사람들을 비난하고 싶을 것이다. 아마도 우리는 창세기 3:13에서 하와가 그랬던 것처럼 우리의 죄에 대해 창조세계의 다른 부분들을 비난하기를 원할 것이다. 우리는 아마도 아담과 하와가 암묵적으로 그랬던 것처럼 가급적 비난의 많은 부분을 하나님께 전가하기를 원할 것이다.

아마도 우리의 동기들은 좀 더 나을 것이다. 아마도 우리는 죄가 우리에게 어떻게 피해를 주는지 또는 죄가 어떻게 퍼지는지에 관한 유용한 조직신학을 구축할 수 있도록 역사적 세부 내용을 좀 더 많이 일기를 원할 것이다. 우리는 창세기 2-3장이 우리와 하나님 사이의 관계에 관한 중요한 것들을 말해준다는 것을 배웠지만, 그것은 역사적 세부사항을 많이 말해주지 않는다. 하나님은 원래의 청중에게 자신이 그들이 알기를 원하는 내용을 말해주었다. 하나님은 오늘날 우리에게 그가 우리가 알기를 원하는 내용을 말해준다. 하나님이 우리가 대답하기를 원할 수도 있는 모든 질문에 대한 답을 말해준 것은 아니다.

우리는 하나님이 우리에게 준 것을 갖고 연구한다. 우리는 창세기 2-3장, 로마서 5장, 그리고 성경의 나머지를 갖고 있다. 우리는 자연 세상을 과학적으로 연구함으로써 배울 수 있는 모든 것을 갖고 있다. 우리는 고고학으로부터 배울 수 있는 모든 것을 갖고 있다. 우리는 철학, 역사, 그리고 사회과학들을 통해 인간의 본성과 문화를 연구함으로써 배울 수 있는 모든 것을 갖고 있다. 그리고 우리가 더 많이 배움에 따라 성령이 때때로 우리로 하여금 우리의 교리적 이론들을 다소 조정하도록 자극할 수도 있다. 우리는 이 일을 잘할 수도 있고 그렇지 못할 수도 있다.

특히 하나님이 우리에게 예수 그리스도를 주었다. 그의 언행들은 죄가 있는 세상에서 우리가 어떻게 살아야 하는지를 보여준다. 그의 생애, 고난, 죽음 그리고 부활은 하나님의 자신을 내어주는 사랑의 전체 범위를 보여준다. 우리가 죄가 어떻게 그리고 언제 시작되었는지에 관해 무엇을 배우든, 그리고 어떤 신비들이 남아 있든, 우리는 하나님이 그 문제에 관해 무엇을 하고 있는지를 안다. 우리는 하나님의 승리가 보장된다는 것을 안다. 그리스도는 하나님의 궁극적인 답변이다.

성경 및 고대 문헌 색인

구약성서

창세기

출애굽기

구약성경 외경

신약성경

교부 문헌

죄의 기원

인간의 진화와 원죄 교리

1쇄 발행 2024년 3월 22일

지은이 로렌 하스마
옮긴이 노동래
펴낸이 김요한
펴낸곳 새물결플러스

편 집 왕희광 정인철 노재현 이형일 나유영 노동래
디자인 황진주 김은경
마케팅 박성민
총 무 김명화 이성순
영 상 최정호 곽상원
아카데미 차상희

홈페이지 www.holywaveplus.com
이메일 hwpbooks@hwpbooks.com
출판등록 2008년 8월 21일 제2008-24호
주 소 (우) 04114 서울특별시 마포구 신촌로28가길 29
전 화 02) 2652-3161
팩 스 02) 2652-3191

ISBN 979-11-6129-275-5 93230

책값은 뒤표지에 있습니다.